MARTINA LESON + EICKE SCHÜÜRMANN

TÜRKISCHE TAGEBÜCHER

BERICHT VON EINER REISE NACH WEST- UND INNERANATOLIEN

TRAVEL AIDS

TRAVEL REPORT 3

TRAVEL REPORT 3:
Martina Leson und Eicke Schüürmann
TÜRKISCHE TAGEBÜCHER
Bericht von einer Reise nach West- und Inneranatolien
ISBN 3-88953-002-8

Dieses Buch ist in jeder Buchhandlung oder direkt beim
BUCHVERTRIEB GERDA SCHETTLER
POSTFACH 64, D-3415 HATTORF AM HARZ, GERMANY
erhältlich.

Verantwortlich für den Inhalt: Martina Leson / Eicke Schüürmann
Satz: Gerda Scheuermann
Fotos: Umschlag vorn: Rolf Schettler
Umschlag hinten: Martina Leson
alle anderen Bilder: Martina Leson / Eicke Schüürmann
Karten und Skizzen: Eicke Schüürmann
285 Seiten mit 37 Fotos und 19 Karten und Skizzen
Dieses Buch wurde auf Umweltschutzpapier gedruckt

INHALT

Dies ist ein Reisebuch, geschrieben
von MARTINA LESON, geboren 1956, die es seit ihrer Jugend zu fernen Ländern und fremden Menschen zieht. Weil ihr die Sonne über alles geht, sammelte sie ihre Reiseerfahrungen vorwiegend in südlichen, orientalischen Ländern;

und von EICKE SCHÜÜRMANN, Jahrgang 1959, der schon als Kind den Duft der großen weiten Welt atmete und seitdem reisesüchtig ist, fast ganz Europa bereist hat und zum Reisemobilologen wurde.

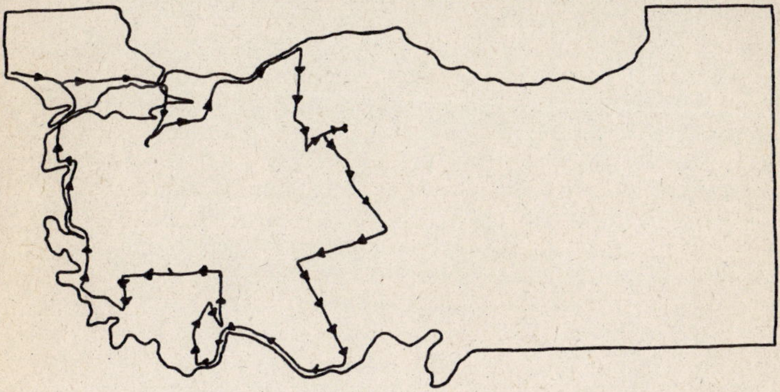

Vorwort

Noch so'n paar Latzhosenfreaks, die ihre bewußtseinserweiternde alternative Reiseerfahrung nun womöglich noch auf hundert Prozent Umweltschutzpapier vermarkten wollen, um damit ihr Müsli zu finanzieren ?
Schon wieder so Leute, die mit einem Campingbus unterwegs sind und meinen, daß sie Individualisten seien, obwohl ihnen die Zulassungsstatistik eigentlich längst das Gegenteil hätte beweisen müssen ?

Langsam, langsam, lieber Leser ! Zugegeben, wir besitzen solche einteiligen Brust– und Beinkleider, Martina sogar mehrere, ja, wir haben viel von unserer Reise gehabt und es ist uns auch nicht fremd, Recycling–Papier in die Hand zu nehmen. Zugegeben, ein

Müsli findet dann und wann auf unseren Tisch und der Urlaub mit dem Camper läßt uns die Illusion größtmöglicher Individualität. — Aber dieses Buch soll dennnoch ein ganz seriöses Unterfangen sein, es ist weder aufgrund der Finanzgier entstanden noch wird es dem eitlen Drang gerecht, sich endlich gedruckt zu sehen. Vielmehr erstaunte uns bei der Vorbereitung unserer Reise das eher magere und über die Werke aus den bekannten herkömmlichen Reiseverlagen kaum hinausgehende Angebot der ansonsten gut sortierten einschlägigenVersandbuchhandlungen (Syro, Därr, Schettler etc.). Fast alle anderen Reiseziele, die die Türkei einrahmen, sind mit mindestens einem Reisebericht oder —führer aus nichtprofessioneller Feder bedacht, allein Anatolien scheint ausgespart.

Sollte denn ein Besuch der Türkei sich gar nicht lohnen ? Doch, er lohnt sich, wir hoffen, auf den folgenden Seiten diese Aussage untermauern zu können. Denn, nun, wo wir voller Eindrücke aus vielen tausend Reisekilometern wieder zurückgekehrt sind, verstehen wir die Lücke im Reiseführerangebot der Selbstgestrickten um so weniger. Unser Buch soll, wenn es natürlich diese Lücke auch nicht ausfüllen kann, doch seinen Platz darin einnehmen. Es hat zwei Eingangskapitel, die einen knappen historischen, politischen und gesellschaftlichen Abriß geben, von dem wir meinen, daß er eine sinnvolle Einleitung in unseren folgenden Reisebericht bietet. Dieser nimmt den größten Teil des Buches ein, belästigt den Leser aber nicht nur mit persönlichen Erlebnissen, sondern versteckt darin auch viele nützliche Informationen, die jedem, der die Türkei bereist, besonders dem auf eigene Faust fahrenden Campingtouristen, dienen können. Für die, die gerne viel lesen, haben wir auch an ein nach Themen geordnetes, recht umfangreiches Literaturverzeichnis gedacht und für die, die gar nicht gerne lesen, ist, ebenfalls im Anhang, ein stichwortartig gegliederter Teil mit Tips untergebracht.
Noch ein Wort zur Aktualität dieses Buches:
Die türkische Gesellschaft befindet sich in einem rasanten Wandel, die politischen Konstellationen lassen sich weniger denn je voraussagen und die türkische Republik, die zur Zeit gar keine ist, öffnet sich, weil's Geld bringt, immer stärker dem Massentourismus. Unsere Schilderung zeichnet eine Reise im Spätsommer 1981 nach, nächstes Jahr kann und wird sich bereits manches stark geändert haben. Gerade deswegen kann unser Bericht nur sehr bedingt ein Reiseführer sein. Insofern bitten wir den Leser um Verständnis, wenn er bei seiner Reise an einen von uns als idyllisch besungenen Platz gelangt und feststellen muß, daß die Idylle inzwischen unter einige hundert Neckermänner aufgeteilt worden ist. Dann dürfte nicht unser verschrobenes Verständnis von Romantik verantwortlich sein, sondern eine unaufhaltsame Entwicklung. In manchem ist die Türkei eben ein Entwicklungsland.

Anatolische Jahrhunderte

Weil wir von einer Reise in die moderne Türkei erzählen wollen, fangen wir am besten gleich mit der alten an. Denn eine wenigstens geraffte, katalogartige Übersicht über die anatolische Geschichte scheint aus mehreren Gründen sinnvoll. Anatolien besitzt Zeugnisse menschlicher Kultur seit deren frühesten Anfängen in der Steinzeit. Die auf türkischem Boden entstandenen Kulturen waren für viele weitere im Mittelmeerraum Anstoß und Vorbild, und selbst wer sich nicht gerade mit archäologischem Spezialisteninteresse durch die Türkei bewegt, wird über so viele und verschiedene Stätten aus grauer und aus bunterer Vorzeit stolpern, daß ihm ein wenigstens grobes Raster zur Einordnung der Stolpersteine angenehm sein dürfte. Auch die heutigen Zustände und Verhältnisse werden aus der türkischen Geschichte verständlich.

Da wir unsere Zeit aber nicht ausschließlich damit ausfüllen wollen, die dicken Bücher gelehrter Historiker abzuschreiben, machen wir's kurz und geben nur einen knappen Überblick.

Früheste Zeugnisse menschlicher Anwesenheit in Anatolien geben uns aus der Altsteinzeit ein Backenzahn, den sich ein Neandertaler ausgebissen und freundlicherweise der Nachwelt in Form einer Versteinerung überlassen hat. Auch fanden sich Skelettreste des folgenden homo sapiens an der Südküste in der Nähe von Antalya. In dem Zeitraum, der den vielleicht 100.000 Jahre alten Backenzahn und die schon so nahe Epoche der Jungsteinzeit, die etwa mit 8000/7000 vor Christus beginnt, umfaßt, spielt sich die (Vor) Geschichte in Höhlen ab, die aber im Laufe der Jahrtausende mehrfach renoviert wurden, zunächst mit Ritzzeichnungen von Tieren und Menschen und später mit gemalten Darstellungen ausgestattet wurden.

In der Jungsteinzeit beginnt ein großer Teil der damaligen Bewohner Anatoliens mit dem Ackerbau. Dadurch verlegen sie auch ihre Wohnsitze aus den Berghöhlen in die Ebenen zu ihren Feldern. Gut 2000 bis 3000 Jahre früher als in Mitteleuropa entstehen erste stadtartige Ansiedlungen. In Çatal Hüyük in Zentralanatolien, 52 km von Konya entfernt, fand man die bisher älteste Stadt, die aus der Geschichte der Menschheit bekannt ist. Für die Archäologie ist dieser Fund in vieler Hinsicht von unschätzbarem Wert, und wir werden weiter hinten, bei der Schilderung unseres Besuchs in Çatal Hüyük, noch ein paar Einzelheiten verraten.

Gehört Çatal Hüyük noch eindeutig zur Jungsteinzeit, so zeigen Funde aus dem 5. vorchristlichen Jahrtausend schon beachtliche Leistungen in der Metallbearbeitung. Der bisher älteste Dolch Anatoliens mit Metallklinge stammt aus Beycesultan, einer Fundstätte an der Quelle des Büyük Menderes, des Mäander. Mit dem Beginn der Bronzezeit, den man auf etwa 3000 vor unserer Zeitrechnung datiert, existieren auf türkischem Boden bereits zahlreiche, regional begrenzte und voneinander unabhängige Kulturen. Außer der Landwirtschaft und der nunmehr schon gewerbsmäßigen Herstellung von Metallprodukten, werden auch die Handelsbeziehungen — nicht immer friedlich — weiter ausgebaut, deren Anfänge sich bis in die Jungsteinzeit (Çatal Hüyük) zurückverfolgen lassen. Das zur Bronzeherstellung notwendige Blei zum Beispiel mußten die anatolischen Völkerschaften aus Mesopotamien einführen.

In Troja, das im Norden der Westküste liegt, finden sich in dieser Epoche zum ersten Mal Keramikwaren, die auf der Töpferscheibe hergestellt sind, einer Erfindung, die in Nord—Syrien, Mesopotamien und Ost—Anatolien schon etwas länger bekannt war.

Unter vielen anderen ist Alaca Hüyük, rund 200 km östlich von Ankara in Inneranatolien, ein weiterer bedeutender Fundort aus dieser Epoche. Aus den dort freigelegten sogenannten "dreizehn Königsgräbern" hat man Grabbeigaben in blendender Hülle und Fülle zu Tage gefördert, unter denen die außergewöhnliche Qualität der Metallgegenstände einzigartig ist.
In den bronzenen Hirsch— und Stierfiguren, zum Teil mit Schnauzen und geometrischen Mustern aus Elektron, einer Legierung aus Gold und Silber, zeigen sich hier Vorformen der späteren heiligen Tiersymbole der hethitischen Götter.

Um das Jahr 2000 vor Christus scheint der Gold— und Silberglanz Anatoliens das Interesse nördlich beheimateter indogermanischer Völker auf sich gelenkt zu haben, jedenfalls dringen einige Eroberer ein und gründen mehrere Fürstentümer. Die Folge ist eine ethnische Umstrukturierung der anatolischen Bevölkerung. Teilweise wird aber dennoch die regionale Eigentümlichkeit Kleinasiens gewahrt. Ebenfalls bleibt es bei der relativen Rückständigkeit des Westens gegenüber dem Osten. So bleibt denn auch im westlichen Landesteil die Schrift unbekannt, während man sich im Osten entschließt, die Schwelle von der prähistorischen Epoche zum historischen Zeitalter zu überschreiten, indem man von nun an zur großen Freude der Archäologen zahlreiche Tontafeln in zunächst assyrischer Keilschrift hinterläßt.

Die ersten solchen Dokumente sind bei Ausgrabungen in Kültepe bei Kayseri gefunden worden und berichten von Handelskolonien, die in dieser Zeit assyrische Kaufleute in Anatolien an den Karawanenstraßen unterhielten. Die Texte befassen sich mit Handelsabkommen, quittierten Warenlisten und Verträgen sowie Heiratsverträgen, Ehescheidungen und Erbrechtsfragen. Die Handelskolonien existierten von der Mitte des 2. vorchristlichen Jahrtausends bis zum Beginn des 18. Jahrhunderts v.Chr. und lagen alle in der Gegend zwischen Konya und Malatya, wobei sie dem Handelszentrum Kültepe, assyrisch Kaneš, angegliedert waren.

Der florierende Handel ermöglichte Anatolien den Export von Edelsteinen, Tieren, Kupfer, Silber und Gold und dadurch den Import von Duftstoffen, Luxusgeweben und der zur Bronzeherstellung im Lande fehlenden Legierung. Die Assyrer störten durch ihre friedliche Anwesenheit die Fortsetzung der lokalen anatolischen Kultur nicht, leisteten aber so eine Art Entwicklungshilfe, indem sie ihr nordsyrische und mesopotamische Elemente zutrugen. Damit wurde der Grundstein für die Entfaltung der hethitischen Kultur gelegt.

Das alte Reich der Hethiter entsteht um etwa 1700 v.Chr., es reicht vom Schwarzen Meer bis zum Mittelmeer. Die Hauptstadt wird Hattuša, das heutige Boğazköy, etwa 200 km östlich Ankara. Sie vertreiben die assyrischen Kaufleute und stellen die Stadtstaaten und Provinzen unter eine zentrale Verwaltung. Das Reich expandiert rasch. Schon der zweite Nachfolger des Reichsgründers, Mursilis I., dringt bis Aleppo in Nordsyrien vor und zieht nach Mesopotamien, wo er Babylon im Jahre 1600 v. Chr. angreift und einnimmt. Da sich das Reich nach einer Episode der Stagnation weiter zur Großmacht entwickelt, wird die ständige Aufrüstung schließlich der zweiten Supermacht der damaligen Welt, den Ägyptern, zu bedenklich, und der Pharao Ramses II. rüstet zum Krieg.

In der Schlacht von Kadesh am Orontes, südwestlich des heutigen Homs in Syrien, können sich die Hethiter gegen Ägypten behaupten und ihre Vormachtstellung in Syrien weiter ausbauen. Die diplomatischen Beziehungen zwischen beiden Mächten werden aber bereits vom Nachfolger des hethitischen Großkönigs, der gegen die Ägypter gekämpft hatte, wiederhergestellt und normalisiert.

Die Macht des hethitischen Großreichs währt bis etwa 1200 v.Chr., als eine neue Einwanderungswelle aus dem Norden für Abwechslung sorgt. Die sogenannten "Seevölker" vernichten auf ihrem Weg

die kretisch-mykenische Kultur, ziehen über Anatolien, wo sie das Hethiterreich in Trümmern zurücklassen, weiter, bis sie schließlich Ägypten bedrohen. Einige Hethiter erholen sich jedoch ein wenig und bilden im Südosten Anatoliens und in Nordsyrien kleinere Fürstentümer, in denen es zu einer neo–hethitischen Kulturblüte kommt, die bis etwa 700 v.Chr. dauert, ehe sie dann vom erstarkenden assyrischen Reich geschluckt werden.
Inzwischen hat sich auch an der Westküste einiges getan, denn griechische Ionier, die um 1000 v.Chr. von eindringenden Völkern verdrängt werden, lassen sich auf den ägäischen Inseln und an der kleinasiatischen Westküste nieder, wo sie zwölf Städte gründen, deren bedeutendste Ephesos und Milet sind.

In Ostanatolien, im Gebiet um den Van–See, kann sich vorerst das Reich Urartu noch halten, ein mächtiges und wohlhabendes Reich mit starken mesopotamischen Kultureinschlägen, das häufig von den Assyrern bedrängt wird und schließlich den Skyten aus dem Nordosten zum Opfer fällt.

Um das unterschiedliche Kulturangebot Anatoliens noch reichhaltiger zu machen, gründen die Phryger, deren Herkunft man aus Südosteuropa vermutet, 750 v. Chr. auf der anatolischen Hochebene ein Reich. Die Hauptstadt wird Gordion, nahe dem heutigen Ankara, welche später durch den "gordischen Knoten" zu Berühmtheit gelangt. Da sie sich in Inneranatolien niederlassen, knüpfen sie zu Assur und Urartu Handelsbeziehungen und verbinden in ihrer Kunst hethitische, assyrische und schon griechische Stilmerkmale. Ihrem in die Mythologie eingegangenen König Midas, dessen Grab man bei Gordion gefunden zu haben glaubt, wird nachgesagt, daß alles, was er berührte, zu Gold wurde. Für die kurze Zeit, in der Phrygien eine Großmacht darstellt, umfaßt es ein so großes Gebiet Anatoliens, daß es als das Erbe des Hethiterreiches gelten kann. Die phrygische Religion trägt Züge, die vorher in Anatolien unbekannt waren. Der Kult der Verehrung der Muttergöttin Kybele und ihres Geliebten Attis war mit ekstatischen Feiern und Selbstentmannung der Priester verbunden.

Der Niedergang der politischen Macht der Phryger kommt den Lydern zugute, einem in Westanatolien beheimateten Volk mit nicht ganz geklärter Herkunft. 680 v.Chr. wird Lydien zu einer wichtigen Macht mit starkem Eroberungsdrang. Die Grenzen werden bis über das heutige Ankara hinaus nach Osten vorgeschoben, im Westen werden bis auf Milet alle Griechenstädte in Abhängigkeit gebracht und im Norden wird die Gegend von Bursa, Bithynien, dazugewonnen.
Der sagenhafte Reichtum Lydiens ist uns durch die Figur des König Krösus überliefert, der sein reiches Reich aber 547/46 an die

Perser verliert.

Das gleiche Schicksal, nämlich die Abhängigkeit vom persischen Großkönig, müssen auch die weniger reichen, aber kulturell sehr hochentwickelten Lykier hinnehmen, die an der Südwestküste wohnen und ursprünglich aus Kreta kamen. Auch für die ionischen Kolonien beginnt die Perserzeit. Für die folgenden Jahrhunderte bleiben die iranischen Herrscher die Herren Anatoliens, 494 v.Chr. haben sie alle ionischen Städte besiegt, als letzte fällt Milet. Den Griechen ist das alles nicht recht, und die Perserkriege beginnen.

Mit den Schlachten von Marathon, Salamis und Plataä (490—479) können die Griechen zwar ihre eigene Haut retten, in Kleinasien jedoch bleiben die Perser die dominierende Macht. Schließlich durchquert 334/333 v.Chr. der Makedonenkönig Alexander der Große Anatolien auf seinem Zug nach Indien, wobei er Persien besiegt. Schon in Alexanders Politik war eine Verschmelzung der mitgebrachten griechischen und der orientalischen Kultur beabsichtigt, und unter den Erben Alexanders, unter denen es zu einer Aufteilung seines Riesenreiches kommt, blüht der Hellenismus zur universalen Zivilisation auf.
Anatolien gerät im Zuge der alexandrischen Erbschaftsverteilung zum einen Teil unter die Herrschaft des Seleukos und zum anderen unter die des Antiochos.

Es dauert nicht lange, bis die Römer mit ihrem Drang zur Weltmacht die Finger nach Anatolien ausstrecken. 190 v.Chr. besiegen sie Antiochos III. von Syrien und bringen damit auch den Osten Anatoliens unter ihren Einfluß.
Rom hat auch einen reichen Erbonkel, denn der König Attalos III. von Pergamon, dem heutigen Bergama, vermacht sein Reich an den römischen Staat. Die Testamentsvollstreckung bringt Rom die Provinz "Asia" ein, die 129 v.Chr. den Westteil Kleinasiens und die damit verbundenen Inseln ausmacht. Nach den Kriegen gegen Mithridates von Pontos 88 – 66 v.Chr. ist dann ganz Anatolien römisch und erlebt einen wirtschaftlichen und kulturellen Aufschwung. Ephesos, heute Efes bei Selçuk und Antiochia, das heutige Antakya, werden zu glanzvollen Metropolen.

In dieser Zeit entsteht die christliche Religion, die schon früh Spuren in Kleinasien hinterläßt. Der Apostel Paulus zieht missionierend durch einige Städte. Von ihm ist der Satz überliefert: 'Gibt es eine größere Stadt als Ephesos?' Beeindruckt von diesem Zentrum der damaligen Welt scheint auch Maria gewesen zu sein, deren Alterssitz man in Efes besichtigen kann.

Die großartige Zeit vergeht, der Partherkrieg des römischen Kaisers

Marc Aurel im Jahre 162 n.Chr., dazu die Pest und noch mehr die Kriege des römischen Kaisers Septimius Severus hinterlassen deutliche Spuren im Land.

In den Blick des Weltgeschehens rückt Kleinasien wieder, als Kaiser Constantin der Große, der 312 zum Christentum übergetreten war, die Stadt Byzantion neu unter dem Namen Constantinopolis gründet. 330 verlegt er seinen Herrschaftssitz von Rom nach Constantinopel. Es entsteht der oströmische Staat, dessen neue Hauptstadt sich dank ihrer günstigen Lage am Bosporus zu großer Blüte entwikkelt und schon bald über 500.000 Einwohner zählt.

Die Grundlagen des byzantinischen Reiches bilden römisches Recht und Verwaltung, griechische Sprache und Kultur sowie der christliche Glaube. Diese Grundlagen scheinen aber auf Dauer nicht auszureichen und Byzanz erhält eine der imposantesten und funktionstüchtigsten Festungsmauern der damaligen Welt. Es ist heute noch sehr viel davon übriggeblieben. Diese Mauern finden das Interesse vieler Besucher, die mit großen Heeren im Laufe der Jahrhunderte von Osten wie von Westen zur Besichtigung und Belagerung an— und meist mit Ehrfurcht vor den Mauern wieder abrükken. So erlebt das byzantinische Reich wechselhafte Zeiten. Die weltlichen Probleme sind jedoch nicht alles, was Byzanz beschäftigt, auch der Patriarch, der Verwalter der geistlichen Belange, sorgt für Aufsehen. Nach einem Streit mit dem Papst, 867 n.Chr. löst sich die fortan "orthodox" genannte Kirche von Rom.

Nach Tausenden von Jahren wird es nun langsam Zeit, daß die Geschichte der Türken in der Türkei beginnt. Dazu war natürlich einiges an Vorarbeit notwendig. Die türkischen Volksstämme haben ihren Ursprung in Zentralasien, von wo aus sie sich seit dem 10. Jahrhundert in westlicher Richtung bewegen. Die ersten Türken, die in den vorderen Orient kommen, sind Soldaten in der Palastgarde des Kalifen von Bagdad. Mit immer neuen Wellen zum Islam übergetretener Stammesgenossen, die auch in den nahen Osten — für sie war es der nahe Westen — kommen, gründen sie jedoch schon bald selbst kleinere Herrschaften und gewinnen rasch an Bedeutung. Besonders der türkische Stamm der Seldschuken hält die Geschichte in Gang, indem er 1055 Bagdad erobert und damit das erste, mächtige türkische Reich gründen kann.

Die Nachbarschaft zum christlichen, byzantinischen Reich läßt sie nicht ruhen, und 1071 bringen sie in einer Schlacht in der Gegend des Van—Sees dem Heer aus Constantinopel eine vernichtende Niederlage bei. 1097 hält ein Kreuzzugsheer sie kurzfristig in der Verwirklichung ihrer weiteren Pläne auf, aber im 12. Jahrhundert gewinnen sie wieder an Boden. Konya wird Hauptstadt des Seld-

schukenreiches. Auch nach dessen Zerfall bleiben die Türken das bestimmende Element im Nahen Osten.
In Anatolien etablieren sich mehrere türkische Fürstentümer, und während man in Byzanz damit beschäftigt ist, daß die Stadt vom Heer des vierten Kreuzzuges 1204 eingenommen und 1261 von den Byzantinern zurückerobert wird, gerät immer mehr Reichsgebiet unter türkische Herrschaft. Zu Beginn des 14. Jahrhunderts entwickelt sich das Fürstentum des Osman I. und seines Sohnes Orhan zu einer bedeutenden Macht. Stadt um Stadt nehmen sie den Byzantinern ab. Von Constantinopel ist bald kaum mehr als das Stadtgebiet übrig, nachdem die Osmanen 1331 Nicäa, das heutige Iznik, erobert haben und 1357 erstmals auf eruopäischem Boden Fuß gefaßt haben.
Noch im Laufe des Jahrhunderts bringen sie Serbien unter ihre Herrschaft. Mehmed II. kann 1453 in Byzanz einziehen. Damit wird die osmanische Herrschaft zum Großreich, das in der Folgezeit ständig wächst.
Nachdem die Vormachtstellung im arabischen Raum mit der Eroberung Kairos im Jahre 1517 gesichert ist, unterwirft Suleiman I. Ungarn und belagert 1529 Wien. Die Türken sind zu einer bedrohlichen Gefahr für das Christliche Abendland geworden. Sie haben Rhodos genommen und stoßen über Tunis nach Algier vor. Als sie 1571 Zypern erobern, bildet sich die "Heilige Liga". Die vereinigte päpstliche, kaiserliche und venezianische Flotte unter Juan d' Austria kann die türkische Armada in der Seeschlacht von Lepanto stoppen. Das Abendland kann noch einmal christlich aufatmen, doch stockt ihm dieser Atem wieder mit der zweiten türkischen Belagerung Wiens 1683.

So ein enormer Expansionsdrang hat natürlich Gründe. Schon Osman und Orhan und alle ihre Nachfolger verstanden sich als "Ghazi", als Glaubensstreiter für den Islam. In den Anfängen, als das osmanische Fürstentum noch zu den ganz kleinen zählte, war die Beute, die sie im Glaubenskrieg gegen das christliche byzantinische Reich errangen, ihre fast ausschließliche Lebensgrundlage gewesen. Im hohen Ansehen, in dem sich der "Ghazi" in den damaligen Zeiten befand, spiegelt sich ein Relikt aus der Zeit der Westwanderung der türkischen Stämme aus Zentralasien wieder, ein militantes Stammeskriegertum nämlich, das nahtlos mit dem Übertritt zum Islam in die Tradition des Glaubenskämpferwesens überging. Daraus entwickelte sich langsam mit der zunehmenden Landeroberung jene islamische Staatskonzeption, nach deren Vorstellung der Sultan, also das politische, weltliche Oberhaupt des Reiches auch zugleich der Führer der islamischen Gemeinde, der Imam, der Kalif sein sollte.

Mit der Niederlage beim zweiten Versuch, Wien einzunehmen, be-

ginnt ein Verfall, der sich durchaus vorher im Inneren schon abgezeichnet hat. In den folgenden Jahrhunderten zeigt sich immer deutlicher eine militärische und politische Überlegenheit der europäischen Systeme, die dem osmanischen Reich ins Handwerk pfuschen.
1822 findet der Aufstand in Griechenland die Unterstützung der Briten, Franzosen und Russen. Der Sultan muß 1830 die Unabhängigkeit Griechenlands akzeptieren. Wegen des zunehmenden politischen Druckes zeichnet sich das 19. Jahrhundert in der Türkei insgesamt durch den Versuch aus,Elemente westlicher,europäischer Zivilisation, Gesetzgebung, Verwaltung und des Militärwesens zu übernehmen.

Zwischen 1839 und 1876 kommt es zu einem umfassenden Gesetzgebungswerk, hinter dessen märchenhaften Namen "tanzimat—i Khayriyye", zu deutsch "wohlwollende Anordnungen", sich die Festschreibung zu spät einsetzender Reformen verbirgt. Wesentlichstes Merkmal dieses Wohlwollens ist die Loslösung vom islamischen Recht, der "Sheriat". Die Anordnungen sind zweifellos am wohlwollendsten mit der herrschenden osmanischen Klasse selbst, die durch Reformen in letzter Minute ihre Herrschaft als solche zu erhalten hofft. Die europäischen Mächte teilen das Wohlwollen nicht so ganz, und der Berliner Kongress von 1878 sanktioniert der Türkei den Verlust Serbiens, Rumäniens, Bulgariens, Thessaliens, Bosniens und der Herzegowina.

Der fortschreitende Auflösungsprozeß bleibt nicht ohne innere Opposition. 1907 gelingt es verschiedenen, "Jungtürken" genannten Gruppen, sich im "Komitee für Einheit und Fortschritt" zusammenzuschließen. Unter den "Jungtürken" sind Armeeoffiziere von den fortschrittlichen Militärakademien besonders zahlreich vertreten. Ihren Forderungen muß sich Sultan Abdülhamid 1908 unter dem Druck einer Militärrevolte in Makedonien beugen und die Verfassung anerkennen. Doch können auch die "Jungtürken" den Niedergang, wenn überhaupt, nur für kurze Zeit aufhalten. Sie übernehmen mehr und mehr die Macht selbst und üben schließlich eine uneingeschränkte Diktatur aus.
Nicht zuletzt vereitelt die Habgier der europäischen Mächte, die das Reich weiter zerstückeln, eine Erholung des osmanischen Staates.

1914 tritt die Türkei an der Seite Deutschlands in den I. Weltkrieg ein; das erweist sich allerdings als ein schlechtes Geschäft, und 1918 besetzen die Alliierten Istanbul. Ihre Bedingungen sind hart: Die Osmanen müssen ihre Armee demobilisieren und das ganze Land der Besetzung durch Land— und Seestreitkräfte der Siegermächte öffnen. Italiener, Griechen und Franzosen nehmen in der Türkei Quartier, Türkisch — Armenien wird ein selbständiger Staat.

Unter diesen Bedingungen wächst die türkische Nationalbewegung, und als General Mustafa Kemal 1919 mit der Order des Sultans, die in Anatolien fortbestehenden Truppenreste aufzulösen, in Samsun landet, einem von Briten besetzten Gebiet, fällt es ihm leicht, die meisten der lokalen türkischen Widerstandsgruppen zu einer nationalen türkischen Bewegung zusammenzufassen.

Im September 1919 folgen Nationalkongresse in Sivas und Erzurum, die Kemals Führungsanspruch und die Ziele der Bewegung festlegen. Gefordert werden neben dem Selbstbestimmungsrecht der Türken die Abschaffung der sogenannten "Kapitulationen", in denen Teile der osmanischen Volkswirtschaft an Ausländer verpachtet worden waren und die Öffnung von Bosporus und Dardanellen für die internationale Schiffahrt.

Die Türkisch — Armenische Republik in Ostanatolien wird aufgelöst, in Ankara wird die türkische nationale Regierung gegründet. Im März 1921 räumt Italien das von ihm besetzte Territorium, im Spätsommer 1921 kommt es zur Entscheidungsschlacht am Sakarya—Fluß, bei der die Griechen geschlagen werden und nach Izmir fliehen, wo sie die Stadt in Brand setzen und daraufhin von der britischen Flotte abtransportiert werden.

Am 29. Oktober 1923 wird die Türkei zur Republik erklärt, das Sultanat und wenig später auch das Kalifat abgeschafft.

Damit waren die Grundlagen für die Entfaltung eines demokratischen, weltlichen Staates gegeben. Mustafa Kemal, von seinen Anhängern mit dem Namen "Vater der Türken", "Atatürk", bedacht, setzte gegen den überlebten, islamisch — mittelalterlich zurückgebliebenen osmanischen Staatsaufbau eine politische Konzeption, die er in sechs Punkten zusammenfaßte:

— Nationalismus
  Errichtung eines türkischen Nationalstaats, zugleich eine scharfe Abgrenzung gegen expansionsorientierte "pan—türkische" oder "pan—islamische" Phantasien.
— Säkularismus
  Strikte Trennung von Staat und Religion. Damit verbunden war die Aufgabe der islamischen Reichsidee, deren Verwalter die Türken jahrhundertelang gewesen waren.
— Republikanismus
  Die Form des republikanischen Staates sollte Bestrebungen nach Wiederherstellung von Sultanat und Kalifat entgegenwirken.
— Populismus
  Gleichheit der Bürger ohne Ansehen von Rasse, Sprache und Glauben.

– Etatismus
  Konzentration der Wirtschaft in der Hand des Staates, weil die Gesellschaftsstruktur der Republik kein finanzkräftiges Bürgertum für wirtschaftliche Privatinitiative vorweisen konnte.
– Reformismus
  Hinter diesem Wort verbirgt sich der Wille nach einem dauerhaften dynamischen Umwandlungs– und Fortentwicklungsprozeß von Staat und Gesellschaft.

Auf der Basis dieser Grundlagen wurde 1926 die internationale Jahreszählung, eine europäische Gesetzgebung, das Frauenstimmrecht und die Einehe, die Abschaffung des Islam als Staatsreligion, die Einführung der Lateinischen Schrift, die Abschaffung des Fez, der Austausch des wöchentlichen Feiertags vom islamischen Freitag auf den Sonntag, die Einführung metrischer Maße und einiges andere durchgeführt.

Mustafa Kemal kannte keine Opposition (viermal zwischen 1925 und 1937 wurden Kurdenaufstände blutig niedergeschlagen) und regierte mit der von ihm als politisches Instrument gegründeten "Cumhuriyet Halk Partisi", der CHP, was sich mit "Republikanische Volkspartei" übersetzen läßt, bis zu seinem Tode 1938. Die CHP blieb über seinen Tod hinaus bis zum Ende des zweiten Weltkriegs im Besitz der Regierungsgewalt.

Zwischen 1001 Nacht und McDonalds

Einige Bemerkungen über die moderne Türkei und ihre Gesellschaft

Vor einem Jahrzehnt entschwand die letzte leibhaftige Erinnerung an die Märchen aus tausendundeiner Nacht den ungläubigen Blikken der westlichen Zeitgenossen, als 1971 in einem Altersheim der letzte Eunuch, der Sultan Mohammed V. bis 1918 treu gedient hatte, verstarb. Zu dieser Zeit hatte die auswärtige Schuld der Türkei die unvorstellbare Höhe von 2,521 Milliarden Dollar erreicht und die Republik in eine Abhängigkeit manövriert, die jeder Behauptung einer türkischen Souveränität hohnlachte.

Hatten die kemalistischen Reformen im Ganzen auf den Aufbau einer nationalen Industrie gesetzt, so blieb der Agrarsektor eher das Stiefkind. Zwar wurde er schon in der kemalistischen Periode subventioniert, seine Eigentumsverhältnisse änderten sich jedoch nicht. Der aus dem osmanischen Reich datierende Großgrundbesitz besaß weiter, und zwar nicht nur Grund und Boden, sondern auch Grund zur Zufriedenheit, denn der lokale Feudalismus blieb — teilweise bis heute — bestehen.

Nach dem zweiten Weltkrieg erwies sich die wenig fortgeschrittene Industrialisierung und die große intakte agrarische Tradition als sehr vorteilhaft, zwar nicht für die Türkei, in jedem Fall aber für die USA. Da Europa nach dem Krieg dringend auf Lebensmittel und Rohstoffe angewiesen war, wurde die Türkei ab 1947 durch den Marshall—Plan zum Futterlieferanten für Europa gemacht und damit tendenziell in einen regelrechten Agrarstaat zurückverwandelt.

Der Nachfolger Atatürks, Inönü, scheiterte hauptsächlich am Versuch, die längst fällige Landreform doch noch durchzusetzen. Seine Regierung überwarf sich mit den Sowjets, gab die Neutralitätspolitik auf und öffnete das Land weit den USA. Damit war eine Tendenz zur Privatisierung der Wirtschaft, die bisher staatlicher Reglementierung unterworfen gewesen war, eingeleitet. Es kam zur Spaltung der bis dahin in Einparteienherrschaft regierenden CHP und zur Gründung der hauptsächlich den Großgrundbesitz und die dünne Schicht des Finanzbürgertums vertretenden Demokratischen Partei. Sie setzte sich für ein freieres Wirtschaftssystem ohne staatliche Intervention und ohne Schutzzölle ein.

Als sie 1950 den Wahlsieg davontrug, war die Folge ein Zustrom von Dollars, eine Fülle von Industrialisierungsprojekten, eine rapide Zunahme der Verschuldung und schließlich eine galoppierende Inflation. Neben ihrer Wirtschaftshilfe schuf die USA der NATO, in die die Türkei 1952 eintrat, mit einer Militärhilfe von zunächst 100 Millionen Dollar einen strategisch unersetzlichen Eckpfeiler. Bereits 1953 umfaßte der türkische Militäretat ein Drittel des gesamten Haushaltes.

Die Regierung Menderes verstärkte durch weitere Aufnahme hoher US–Kredite zur Technisierung und Kapitalisierung der Landwirtschaft das Elend der am Rande des Existenzminimums lebenden armen Landbevölkerung noch, weil z.B. die Form der extensiven Bewirtschaftung der Benutzung von Kunstdünger nicht gerecht werden konnte. Als Folge einer großen Massenarbeitslosigkeit der Landarbeiter setzte eine Landflucht ein, darüber hinaus wurde ein selbst für orientalische Verhältnisse ungewöhnliches Maß an Korruption erkennbar. Das Militär – durchaus der fortschrittlichen kemalistischen Tradition verpflichtet – hielt ein Eingreifen für angebracht.

Im Mai 1960 wurde die Regierung gestürzt, Ministerpräsident Menderes und einige seiner Kabinettsmitglieder wurden zum Tode verurteilt und hingerichtet. Ein aus Offizieren zusammengesetzter "Ausschuß der nationalen Einheit" bereitete eine neue Verfassung vor, die 1961 in Kraft trat und als vorbildlich gelten konnte. In der Präambel wurde der Putsch grundgesetzlich nachträglich legalisiert. Der Geist der Verfassung jedoch bewirkte, so grundgesetzlich er auch sein mochte, grundsätzlich wenig.

Die als Nachfolgeorganisation der nach dem Putsch verbotenen Demokratischen Partei entstandene "Gerechtigkeitspartei", "AP" (Adalet Partisi), die im Februar 1961 gegründet worden war, setzte sich bald durch. Sie war die Partei Suleiman Demirels, dessen Familie als die drittreichste der Türkei gilt. Ihr scharf reaktionärer Kurs, der den unter Atatürk bis zur Bedeutungslosigkeit geminderten Einfluß des Islam neu belebte, bedeutete eine extrem reformfeindliche Politik. Das führte zu unerträglichen sozialen Spannungen, zu Landbesetzungen, Unruhen in der Industriearbeiterschaft und zur Bildung einer revolutionären Studentenbewegung, schließlich zur

Eskalation von Terror und Gegenterror.

Nach zehn Jahren mehr rechter und schlechter Demokratie griffen die Generäle, abermals unter Berufung auf Atatürk und sein unvollendetes Reformwerk, erneut ein. Vor die Reformen hatten sie jedoch Ruhe und Ordnung gesetzt, weshalb Presse— und persönliche Freiheiten eingeschränkt wurden. Tausende Linker, insbesondere Intellektuelle, wanderten in die Gefängnisse, darunter auch einige Professoren, die an der kaum 10 Jahre alten Verfassung mitgearbeitet hatten. Deren Arbeit erledigten die Generäle nun selbst; es kam zur Änderung von 55 Grundgesetzartikeln.

Die kleine Hoffnung auf stabilere demokratische Verhältnisse, die aufkam, als Bülent Eçevit 1972 den Vorsitz der CHP einnahm und mit ihr 1974 einen Wahlsieg über Demirels AP errang, hat sich inzwischen auch schon zerschlagen. Nicht nur, daß die CHP bei der Regierungsbildung auf eine Koalition mit der MSP, der Nationalen Heilspartei, die einen religiös — islamischen Nationalismus verfolgte, angewiesen war, auch scheiterte Eçevits Politik einer Loslösung der türkischen Wirtschaft von der internationalen Abhängigkeit und sein erfolgversprechendes Sanierungsprogramm für die Landwirtschaft an Ränkespiel und Intrigen der multinationalen Konzerne und der Staaten, die dahinter stehen.

Die daraufhin zur Macht gelangende "Nationalistische Front" mit dem Ministerpräsidenten Demirel an der Spitze steuerte einen ähnlichen Kurs wie schon ein knappes Jahrzehnt zuvor, nur daß sie ihre Parlamentsarbeit mehr und mehr in den Straßen von der faschistischen Organisation MHP unter Alparslan Türkes vertreten ließ. Die unausweichliche Eskalation von Terror und Gegenterror setzte wieder ein, diesmal mit überhaupt noch nicht gekanntem Ausmaß. Nach zehn Jahren wechselnden Demokratieverständnisses war es dann wieder so weit.

Zeit für einen Militärputsch. Zeit für eine neue Verfassung.

Inzwischen ist die Situation des Ausnahmezustandes überwunden, doch statt der nach der Gesetzmäßigkeit der türkischen Geschichte zu erwartenden Rückkehr zu demokratischen Verhältnissen ließ sich das Obristenregime im vergangenen Herbst auf Dauer installieren. An der Spitze dieses mit dem Putsch vom 12. September 1980 zur Macht gelangten Regimes steht nunmehr als Präsident, nichts desto trotz aber in Uniform, General Kenan Evren; und der "Präsidentschaftsrat", der ihm zur Seite steht, ist ausschließlich mit hohen Militärs besetzt. Vom Volk wird Evren als zweiter Atatürk gefeiert, als Friedensstifter und Einer des Volkes. Bald wird er einlösen müssen, ob er und seine Politik diesem Anspruch gerecht werden können.

Die türkische Gesellschaft hat mit ganz speziellen Problemen zu kämpfen. Vor einem halben Jahrhundert kam eine schmale intellektuelle Elite unter Führung von Mustafa Kemal Atatürk zu dem Schluß, daß man nur mit einer gewaltigen Modernisierungswelle, die möglichst alle Lebensbereiche erfassen sollte, die Trümmer des osmanischen Reiches vor der völligen Streichung aus der Landkarte retten könnte. Dies brachte der von seinem Volk so Hochverehrte in einer Jetzt–oder–nie–Aktion als eine Art "Revolution von oben" zustande, zumindest schuf er die Theorie einer modernen Türkei, die fortan als die tatsächliche Türkei gehandelt wurde.

So kann man, 50 Jahre nachdem den Türken die Demokratie verordnet wurde, einige Widersprüche feststellen: Das Territorium der Türkei liegt zu 97 % auf asiatischem Gebiet, aber sie sucht den Anschluß an die europäische Gemeinschaft. Fast zwei Drittel der Erwerbstätigen sind in der Landwirtschaft beschäftigt, aber die Türkei versteht sich gern als moderne Industrienation. Ihre Bevölkerung ist zu 98 % mohammedanisch, doch rechnet sie sich nicht zur islamischen, sondern zur westlichen Welt. Fast die Hälfte der Einwohner sind Analphabeten, aber die Staatsverfassung enthält ein komplettes demokratisches System. Die Verfassungen garantierten immer wieder alle freiheitlichen Rechte, doch wurden diese eine Zeit lang genutzt, sah sich das Militär gezwungen, den Ausnahmezustand herbeizuputschen.

Die Verwirklichung des Reformwerkes Mustafa Kemals und seine Verankerung in der davon betroffenen Gesellschaft geht kaum über einen ungeheuren Personenkult hinaus. Atatürk zu verehren, ist fast jedem Türken selbstverständlich. Und jeder Putsch ist gut und jeder Terror gerechtfertigt, solange man sich nur auf den Vater der Türken beruft. Dabei sind die Ursachen für die immer noch vorhandene Rückständigkeit in vielen Teilen des Landes in seinen eigenen Reformprogrammen angelegt. In seiner Eile, das Land zu reformieren, verordnete der eilige Vater seinen Türken, die vor dem Gesetz nun alle gleich waren, einige Ungerechtigkeiten.

Bei der Industrialisierungskampagne, deren Erfolg er als Grundlage aller weiteren Entwicklung ansah, bevorzugte er den Westen des Landes ganz erheblich vor Zentral– und Ostanatolien, denn der Westen war infrastrukturell besser erschlossen und ließ sich schneller modernisieren. Den Blick fest auf die Industrialisierung geheftet, entging dem General die völlige Stagnation der gesellschaftlichen Entwicklung in den agrarisch strukturierten Landesteilen. Über die Tatsache, daß die 780.576 Quadratkilometer große Republik unter ihren derzeit gut 40 Millionen Einwohnern nicht von einer völlig einheitlichen Volksgruppe beherrscht wurde, sondern von unterschiedlichen, täuschte er sich mit dem bemerkenswerten Satz hinweg, von nun an gebe es nur noch Türken. Unter seiner Regierung glich der Status des hauptsächlich von Kurden besiedelten Südosten eher dem einer Kolonie, in der hin und wieder mal mehr, mal weniger Ausnahmezustand herrscht, als einem integrierten und fortschrittsgesegneten Landesteil.

Die islamisch – osmanischen Traditionen konnten wesentlich besser überleben, als sich die Politiker der frühen Republik es gedacht hatten. Nach dem zweiten Weltkrieg begann sich diese konservative Strömung immer stärker zu äußern. Mit den Wahlsiegen von Demokratischer Partei und Gerechtigkeitspartei, dem Auftreten der Nationalen Heilspartei und den Faschistenorganisationen der Grauen Wölfe kam die Antwort aus dem Osten des Landes gegen die entwicklungsmäßige Zurücksetzung. Die Landbevölkerung wurde zum Träger anatolischer Kultur schlechthin stilisiert, womit sich weniger ein Kulturbegriff des Großteils dieser Landbevölkerung verbindet, als der Versuch der herrschenden Großgrundbesitzer, ihre traditionelle Machtstellung aufrechtzuerhalten.

Immerhin leben 57 % der Türken auf dem Lande, die meisten sehr schlecht. Die Türkei ist also nach wie vor ein Agrarstaat. Obwohl die Landwirtschaft die meisten Menschen beschäftigt, und am Gesamtexport der Türkei vier Fünftel von Agrarerzeugnissen bestritten werden, erbringt die Landwirtschaft nur 27 % des Bruttosozialproduktes. Immer noch ist die Türkei verurteilt, jährlich 500.000 t Getreide einzuführen. Das hat Gründe, die hauptsächlich in der stark überalterten landwirtschaftlichen Produktion liegen. Intensive Bodennutzung findet sich fast ausschließlich in den Küstenregionen von Mittelmeer und Schwarzem Meer. Hier werden in der Hauptsache Exportartikel erzeugt, Obst und Trockenfrüchte also, Tabak und Baumwolle.

Der traditionellen, wenig mechanisierten und stark extensiven Landwirtschaft in Zentral– und Ostanatolien läuft eine aus dem islamischen Gottesstaat des osmanischen Reiches weitgehend unversehrt übernommene Eigentumsstruktur parallell. Während nämlich 82 % der Bauernfamilien gar keinen oder nur extrem wenig Boden besitzen, befindet sich nahezu ein Drittel des gesamten zur Verfügung stehenden bearbeiteten Bodens im Besitz von nur etwa 2 % der Familien.

Die mangelnde Existenzgrundlage für viele dieser Landarbeiter, die ohnehin schon häufig nur saisonal Beschäftigung finden, etwa zu einem Ernteeinsatz, verringert sich durch einen hohen Bevölkerungszuwachs ständig. Je nach Informationsquelle wird angegeben, daß die türkische Bevölkerung trotz der immer noch hohen Säuglingssterblichkeit jedes Jahr zwischen 2,7 und 4% zunimmt. Durch die dauernde Unterbeschäftigung und den ständigen Zuwachs grassiert schon seit längerem starke Arbeitslosigkeit unter den Landarbeitern. Zur Zeit bewegt sich die Zahl bei etwa 1,3 Millionen.

Viele Menschen wandern deswegen in die Städte ab, die aber den enormen Zuzug auch nicht verkraften können und deren Slums aus den Nähten platzen. Allein in den 10 Jahren von 1960 bis 1970 verdoppelte Ankara, Zentrum eines besonders trostlosen Einzugsgebietes, seine Einwohnerzahl und zur gleichen Zeit zogen 700.000 Menschen nach Istanbul, das sind pro Jahr 70.000 – also durchschnittlich 200 Menschen pro Tag ! –, die Bevölkerungsmenge ausgewachsener Kreisstädte.

Die Leute kommen aus Dörfern, von denen etwa die Hälfte über einen Anschluß ans elektrische Netz verfügt und von denen gerade ein Viertel Straßen hat, die sommers wie winters befahrbar sind. Aus einer generationenlang überlieferten Gesellschaftsstruktur, die ihre ganze Erfahrung ausmacht, strömen sie, belastet mit einer unzeitgemäßen Tradition, die sie nicht länger am Leben halten kann, in die Städte. Als vollends Entwurzelte müssen die meisten sich hier darüber klarwerden, daß die Industrie, selbst viel zu schwach und unter chronischem Mangel an geschulten Facharbeitern leidend, nicht in der Lage ist, sie zu beschäftigen. Die zahlreichen kleinen Dienstleistungsgewerbe wie Schuhputzer oder Sesamkringelverkäufer arbeiten in den Metropolen auch schon dermaßen personalintensiv, daß kaum ein Familienauskommen damit zu bestreiten ist.

Vielen Türken bleibt nur noch die Emigration in westliche Industriestaaten. Wer kann ermessen, was das für einen Menschen bedeuten muß, der, wie ellenlange Generationen vor ihm, wenn er sein Dorf einmal für eine dringende Erledigung in der Kreisstadt auf einem Eselsrücken verlassen hatte, mit Gesprächsstoff für mehrere Wochen aus dem Glanz der Stadt wieder heimkam ?

Individualität, Familienplanung, Wohnen in der Kernfamilie (Eltern mit ihren nicht erwachsenen Kindern), ja sogar schon Wohngemeinschaften unverheirateter Partner sind Neuerungen der westlichen, städtischen Kultur. In den Zentren der Europäisierung, den grossen Städten Istanbul und Izmir und an einigen Orten der reichen Südküste, schreitet der Zerfall traditioneller Lebensformen am gewaltigsten voran.
Industriestaatlich – europäische Muster ersetzen hier einen Großteil alter Verhaltensweisen, man kann sagen, daß die Vorstellungen Atatürks hier am ehesten Wirklichkeit geworden sind.

In den etwa 40.000 türkischen Dörfern hingegen äußert sich Neues allenfalls im Vorhandensein eines amerikanischen Straßenkreuzers aus den späten Fünfzigern, der hier sein Dasein als Sammeltaxi fristet und im Rückgang des Teekonsums zugunsten von Coca – Cola. Ein starkes Gefälle zwischen der Fortschrittlichkeit des westlichen Landesteiles und dem anatolischen Osten ist immer zu berücksichtigen, wenn man über die türkische Gesellschaft spricht, doch kann man, wenn man das im Hinterkopf behält, vorsichtig durchaus etwas über das Leben auf dem Dorf, das das Leben der meisten Türken ist, aussagen.

So ein Dorf setzt sich aus verschiedenen Familien zusammen, aber nicht die Familie, sondern eher der Haushalt ist der Kern der Dorfgemeinschaft. Das Haus ist der Wohnraum, verbunden mit einem kleinen Stück Land oder vielleicht einem Geschäft, in dessen Rahmen das Familienleben betrachtet wird. Da das "hane" (Haus) vom Vater auf den Sohn vererbt wird, sieht man, daß mit "Familie" eigentlich nur die männliche Linie gemeint ist, mit allen Familienmitgliedern verschiedener Generationen, die gerade am Leben sind. Die Töchter nämlich verlassen die väterliche Familie mit ihrer Hochzeit und gehen in das "hane" ihres Ehemannes über.

Innerhalb des "hane" ist die "akraba", die Verwandtschaft, streng hierarchisch geordnet. Jede Person hat im Rahmen eines genau bezeichneten Ranges zugewiesene Tätigkeiten. Der älteste Mann ist das Oberhaupt der Familie und formaler Besitzer des hane. Ihm obliegen Entscheidungsgewalt und Verantwortung für den gesamten häuslichen Betrieb, Geldgeschäfte und alle Außenkontakte. Das sind etwa Einkäufe in der Stadt, Vertretung der Familie vor Behörden, Begrüßung und Gespräch mit Gästen und anderes mehr. Traditionell ist der Mann derjenige, welcher die Religion ausübt, zwar sind seit Atatürk auch Frauen berechtigt, eine Moschee zu besuchen, doch wird das auf dem Lande kaum praktiziert. Mit den Forderungen des Koran hängt es auch zusammen, daß der Mann für das Benehmen der Familie, ihr Ansehen und ihre Ehre verantwortlich ist. Letztere ist, sollte sie einmal Schaden genommen haben, mit allen Mitteln wiederherzustelllen. Diese Auffassung schließt Blutrache nicht aus!

Eine der weiteren gewichtigen Aufgaben des Familienoberhauptes ist das Aussuchen der passenden Frau für seine Söhne. Hier haben weder die jungen Männer noch die Mädchen etwas mitzureden, es ist allein ein Geschäft zwischen den jeweiligen Vätern. Und ein Geschäft ist das allemal, denn da, wie wir gleich sehen werden, der Frau eine unersetzliche Rolle als Arbeitskraft zukommt, versucht der Vater des Mädchens den Brautpreis möglichst hoch zu schrauben. Ganz richtig, die Frauen werden käuflich erworben. Je nach finanzieller Situation der Familie wird auch gern ein hoher Preis bezahlt, weil eine teure Braut für den Sohn eine Prestigefrage ist. Damit erschöpfen sich die Tätigkeiten des ältesten Mannes auch schon fast, außer daß er, solange er je nach Lebensalter noch keine herangewachsenen Söhne hat, schwere körperliche Arbeiten wie Pflügen oder Ernten übernimmt. Diese Belastungen sind aber ja zum Glück jahreszeitlich begrenzt und mindestens den ganzen Winter kann er beruhigt seinen schweren Prestigetätigkeiten nachkommen, am liebsten mit seinesgleichen im Teehaus sitzend, an der "nargile", der Wasserpfeife, nuckelnd und die Neuigkeiten besprechend.

Der älteste Sohn ist natürlich auch eine ganz besondere Figur, denn wenn man irgendwie "ältest" ist und dann noch männlich, so bedeutet das immer eine Machtposition. Als selbstverständlicher Nachfolger seines Vaters hat er, wenn so etwas wie ein kleiner Bauernhof oder ein Geschäft existiert, die Erbberechtigung, das Haus erbt er allemal. Wenn er erwachsen ist, wird er an seine spätere Verantwortung gewöhnt, indem er im Auftrag des Vaters Geschäfte erledigt und sich so frühzeitig in die Führung eines Haushaltes einlebt. Von seinen Geschwistern wird er ehrfurchtsvoll nicht bei seinem Namen gerufen, sondern mit "ağa bey", älterer Bruder/Herr, angeredet.

Seine Mutter bemüht sich stets um ein gutes Verhältnis zu ihm, denn der Erbe stellt die automatische Altersversorgung seiner Eltern da. Unter Umständen ist er auch für seine Brüder eine wichtige Person, denn wenn die Existenzgrundlage seiner Erbschaft ausreicht, besonders bei Händlerfamilien, ist er verpflichtet, seinen jüngeren Brüdern dort Arbeit und Einkommen zu gewähren. Die Rangabstufung ist dann meist sehr deutlich. Als Geschäftsinhaber ist der "ağa bey" gut gekleidet und führt die Verkaufsgespräche, während sein eine Nummer billiger gewandeter Bruder beflissen den Tee kocht, anbietet, die Waren ausbreitet und das Gekaufte einpackt und als Laufbursche des Geschäftes fungiert.

Über den Werdegang von Söhnen allgemein ist zu sagen, daß ihre Erziehung prinzipiell von der der Töchter abweicht, kleine Jungen dürfen ungestüm draußen herumtoben und wenn sie zur Beteiligung an der zur Lebenserhaltung des "hane"—Betriebes notwendigen Arbeit herangezogen werden, so ist dies freier und mit Erlebnissen verbunden. Typische Arbeit für Jungen im Grundschulalter ist etwa das Schafehüten. Von ihren Müttern werden die Söhne stärker verwöhnt als die Mädchen, was mehrere Gründe hat. Während die Mädchen mit der Hochzeit aus dem Haus gehen, bleiben die Söhne, und die Eltern leben mit ihnen bis zu ihrem Tod. Da diese Söhne die Rente ersetzen, ist natürlich ein gutes Verhältnis angebracht. Außerdem ist eine Frau nur etwas wert, wenn sie möglichst viele Söhne geboren hat. So ist es möglich, daß noch ein psychologisch erklärbarer Aspekt der größeren Mutterliebe hinzukommt, weil die Frau jedem ihrer Söhne eigentlich dankbar sein muß, daß sie ihn gebären durfte, weil ihr eigener sozialer Status dadurch steigt.

Ab einem Alter von etwa sechs Jahren geht die Sohneserziehung in die Hände des Vaters über, wobei das Erziehungsmuster relativ einfach ist. Der Vater tritt als Autorität auf und erzwingt sich absoluten Gehorsam. Der Sohn erwirbt ein starres Grundmuster an Einstellungen und Entscheidungshilfen, etwa Lehren aus dem Koran und lernt, das als absolut richtig akzeptierte Verhalten seines Vaters zu imitieren. Der Mutter kommt nur mehr die sanfte Rolle der liebevollen Trösterin ihres Sohnes vor der Härte des Vaters zu.

Da Söhne als zukünftige Männer außenkontakt– und diskussionsfähig sein müssen, erachten inzwischen schon viele Väter den Schulbesuch ihrer Söhne für wertvoll. Nach dem aufgezeigten Familienmodell wird der Schulbesuch von Mädchen, die ja auch dann im Haushalt als Arbeitskraft fehlten, meistens noch für überflüssig gehalten. Bis so etwa zum sechsten Lebensjahr haben Kinder beiderlei Geschlechts keine speziellen Aufgaben. Sie werden von den Frauen und älteren Mädchen beaufsichtigt und von ihren Müttern ziemlich verwöhnt.

Sobald die Mädchen ein Alter erreichen, das man hierzulande mit schulpflichtig bezeichnen würde, werden sie stufenweise in die vielfältigen Aufgaben einer Hausfrau und Mutter eingeführt. Zunächst helfen sie ihrer Mutter, Schwägerin und Schwester bei einfacheren Küchenarbeiten, ab einem Alter von etwa acht Jahren übernehmen sie die ersten eigenverantwortlichen Aufgaben, besonders das Wasserholen vom oft recht weit entfernten Dorfbrunnen und das Spinnen von Schaf– oder Ziegenwolle, das ohne Hilfsmittel mit der Handspindel erledigt wird. Ihnen bleibt keine oder nur sehr sporadisch Zeit zum Schulbesuch, denn bis zum Heiratsalter (zwischen 12 und 17 Jahre) müssen sie alle weiblichen Tätigkeiten beherrschen.
Und das sind sehr viele: Zur Frauenarbeit zählt alles, was zur Erhaltung der Funktionsfähigkeit des "hane" nötig ist, damit ist ihr Tätigkeitsbereich aber nicht ausschließlich auf das Haus beschränkt. Sie sorgen für die Ernährung der Familie, teils indem sie die Lebensmittel aus ihrer eigenen Feldarbeit gewinnen, teils durch Verarbeiten gekaufter Waren. Bei der Feldarbeit werden sie nur saisonal bei Arbeiten, die höhere Muskelkraft erfordern, von Männern unterstützt, sonst erledigen sie, was an landwirtschaftlichen Arbei-

ten anfällt. Frauen halten das Haus instand, so ein Lehmhaus braucht zum Beispiel jedes Jahr einen neuen Bewurf. Sie sorgen für die Ausbesserung der Kleidung, ihre Pluderhosen nähen sie selber. Um das Haus zu beheizen, hacken sie mit oft völlig stumpfen Beilen Holz. Als Schmuck für das Haus und wärmende Unterlage im Winter, aber häufig auch als Einnahmequelle für die Familie, knüpfen oder weben sie manchmal auch noch Teppiche. Besonders die unverheirateten Mädchen müssen sich dranhalten, damit sie neben ihrer Belastung durch ihren Anteil an diesen Arbeiten noch für ihre Aussteuer sorgen können. Bis zu ihrer Hochzeit häkeln sie Tücher, Stolen und Deckchen aus filigranhaften Mustern und nähen bunte, spiegelnde Metallplättchen an ihre Kopftücher. Was man sich als westeuropäischer Heißluftherdbenutzer und Tiefkühlkostvertilger kaum kompliziert genug vorstellen kann, ist die Zubereitung türkischer Speisen. Durchschnittlich viermal die Woche muß die türkische Frau Brot backen. Yoghurt kann man auch nicht immer kaufen, und wenn, können sich die meisten Familien den Gekauften nicht leisten. Also macht die Türkin ihn selber. Gehört eine Frau nicht zu einem Bauernhaushalt, so erwartet der Mann für die so entfallende Feldarbeit abends ein mehrgängiges Menu.
Was eine gesunde Frau bedeutet, kann man wohl in etwa ermessen. Da eine Familie eines heiratsfähigen jungen Mannes sich oft mit der Begleichung des Brautpreises sehr verausgabt – der Brautpreis kann durchaus einem Jahreseinkommen der Familie entsprechen – muß sich erweisen, daß sich die Investition gelohnt hat. Für die junge Schwiegertochter, "gelin" genannt, die neu in ein "hane" kommt, beginnt eine sehr schwere Zeit. Sie steht zunächst auf der niedrigsten Stufe der weiblichen Karriereleiter und kann von allen Familienmitgliedern zu Arbeiten herangezogen werden. Sie muß alle niederen Tätigkeiten ausführen und sich dabei allen ihren neuen Verwandten gegenüber als zuvorkommend, geduldig, flink und ausdauernd erweisen.

Aus ihrem demütigen Status kann sie sich nur befreien, indem sie Söhne gebiert. Bekommt sie nur Töchter oder gar keine Kinder – die Schuld trägt in jedem Fall sie – kann der Mann sie verstoßen. Eine regelrechte Scheidung ist aber meist zu kompliziert, außerdem ginge dem Haushalt die womöglich teuer erworbene Arbeitskraft verloren, weswegen der Mann in diesem Fall, wenn seine finanzielle Situation es zuläßt, eine weitere Frau heiratet. Das kommt häufig vor, obwohl seit Atatürk die Polygamie verboten ist.

Ist Allah ihr aber gnädig und schenkt sie endlich einem Sohn das Leben, so steigt sie sozial auf und tritt in den Stand der "hanim", das bedeutet verheiratete Frau mit mindestens einem Sohn. Sie teilt sich mit den anderen Frauen und Mädchen des Haushalts die vielen Arbeiten in einer Form von Arbeitskollektiv, was sie die zahlreichen Belastungen bewältigen läßt. Die Frauengemeinschaft ist der einzige Rahmen, in dem die Frau Bestätigung erfährt. In der Beziehung zu den Kindern und den Frauen im Dorf können sie ihre gefühlsmäßigen Bedürfnisse erfüllen.

Natürlich haben diese sozialen Kontakte keinen offiziellen Charakter und gehen nicht über das Dorf hinaus, das wäre in jedem Fall Männersache, aber sie sind wichtig für das seelische Gleichgewicht der anatolischen Frauen.

Den höchsten Status, den eine Frau erreichen kann, ist der einer "nine", einer Großmutter, die möglichst ausschließlich Söhne hat und männliche Enkel vorweisen kann. Die "nine" ist innerhalb des Hauses den Männern gegenüber weisungsbefugt und darf mit ihnen essen, die Männer haben sich ihren Anordnungen zu fügen.

Wir haben es also mit zwei getrennten Welten zu tun, mit je einer für Frauen und einer für Männer. Zwischen beiden gibt es sehr wenig Bereiche, die sich überschneiden und wo das zwangsläufig vorkommt, wird die Trennung künstlich verdeutlicht. Reiche Häuser zum Beispiel sehen getrennte Räume für Männer und Frauen vor, die meisten Häuser verfügen aber nur über einen Raum. Dort wird der Geschlechterunterschied durch die Sitzordnung dokumentiert. Auf der einen Seite sitzen die Männer mit den herangewachsenen Knaben, auf der anderen die Frauen, Mädchen und kleinen Kinder. Wird das Essen aufgetragen, langen die Männer als erste zu. Frauen und Kinder müssen sich mit dem begnügen, was übrig bleibt.

Die Ehe ist demnach also ein reiner Wirtschafts– und Nutzungsvertrag und basiert allenfalls auf zufälliger Zuneigung. Da beiden Vertragspartnern das "Kleingedruckte" von vorneherein klar ist, kommt es sehr selten zu Ehekrach in unserem Sinne. Man trifft häufig Familien, je nach der Gegend, an beliebten Ausflugszielen beim Picknicken. Zwar spielen die Väter mit ihren Söhnen und die Müttor mit ihron kleinen Jungen und Töchtern, aber die ganze "akraba" ist um den Grill versammelt, auf dem Hammelrippen schmoren.

Das Dorf bildet die der Familie übergeordnete Gemeinschaft. Es ist auch hier die starke Geschlechtertrennung zu beobachten, die Männer sitzen im Teehaus und denken nach, die Frauen treffen sich in der Backstube oder am Brunnen und unterhalten sich ein wenig oder singen, während sie darauf warten, daß das Brot gar wird oder der Krug voll. Durch den großen Grad an Verschwägerung hängt aber auch irgendwie das ganze Dorf miteinander zusammen. Da das Leben sehr öffentlich ist und eigentlich gar keine Privatsphäre existiert, ist die soziale Kontrolle fast total. Einmal kontrolliert so jede Geschlechtergruppe ihre eigenen Mitglieder, ob sie sich auch normengerecht verhalten, zum anderen bedeutet für jeden einzelnen das Vorhandensein einer als Gruppe auftretenden Lobby des anderen Geschlechtes immer den Zwang der Normeneinhaltung. Ein Mann kann nämlich seine Frau nicht ungebührlich und willkürlich züchtigen, weil hinter der Frau eine Frauenvertretung steht, die beurteilt, ob die Strafe in etwa gerechtfertigt ist oder nicht.

Auch das Dorf ist gekennzeichnet von einer patriarchalischen Hierarchie, ähnlich wie die Familie. Der Wert der einzelnen Frauen hängt in diesem Verbund vom Status der Ehemänner ab. Bei der Rangabstufung achten die Bewohner eines Dorfes auf folgende Merkmale: Grund– und Bodenbesitz, Beruf, Einkommen und Verbrauchsmuster (kann er sich Coca–Cola leisten ?) stellen die ersten Fragen dar, gefolgt von Alter, Familienstand, Sippenzugehörigkeit. Ein weiterer wichtiger Bewertungsgrund liegt in Frömmigkeit, religiösem Wissen und moralischer Ehrsamkeit.

Diese Struktur läßt sich ohne Schwierigkeiten weiterzeichnen. Noch heute ist für viele Dorfbewohner der Großgrundbesitzer, dem sie in einer Form beinaher Leibeigenschaft ausgeliefert sind, nicht ein abschaffungswürdiges Relikt aus einer ungerechten Vergangenheit, sondern eine durch Allah mit Reichtum gesegnete Vaterfigur. Durch das generationenlange Erlernen von blindem Gehorsam und den festen Glauben an den Islam, der lehrt, daß jeder auf dem Status verharrt, den das Schicksal, "kismet", ihm zugewiesen hat und daß der Glückliche reich und mächtig ist, gelingt es noch zu wenigen, ihre Abhängigkeit zu durchbrechen. Der Feudalherr ist eine Autoritätsfigur, für den die Dorfbewohner arbeiten, von dem sie aber auch – hierin liegt das patriarchalische Moment – im Falle von Krankheit und Invalidität Anspruch auf Versorgung haben – wie mangelhaft diese Versorgung auch immer sein mag. Wenn z.B. Wahlen ausgeschrieben sind, fragen sie zu einem gut Teil ihren Grundherrn, wo sie ihr Kreuzchen machen sollen, lesen kann den Wahlzettel ohnehin kaum einer.

Wenn man über diese Tradition ein wenig nachdenkt, kann man auch den pompösen Atatürk – Kult verstehen, einen Kult, der den ersten sich zumindest selbst so verstehenden Demokraten mit Denkmälern ehrt, die sonst kaum Diktatoren zuteil werden. Auch der Beiname des Geehrten, Vater der Türken, bekommt ein deutlicheres Gewicht und weist eine eindeutigere Richtung, als wenn bei uns jemand so lapidar von den Vätern des Grundgesetzes spricht.

Diese Traditionen sind hartnäckiger als ein halbes Jahrhundert aufgepfropfter Formaldemokratie, und eine türkische Revolution, wie die Reformen Mustafa Kemals gern bezeichnet werden, hat wohl nicht stattgefunden. Die revolutionären Züge sind dadurch verklärt, daß der führende Kopf zum Oberpatriarchen zurechtfrisiert wurde und so einen ehrenvollen Platz unter seinen Landsleuten einnehmen kann. Diese werden noch eine gute Weile brauchen und ihr Bildungsdefizit aufholen müssen, bevor sie ihren Vater verstehen können.

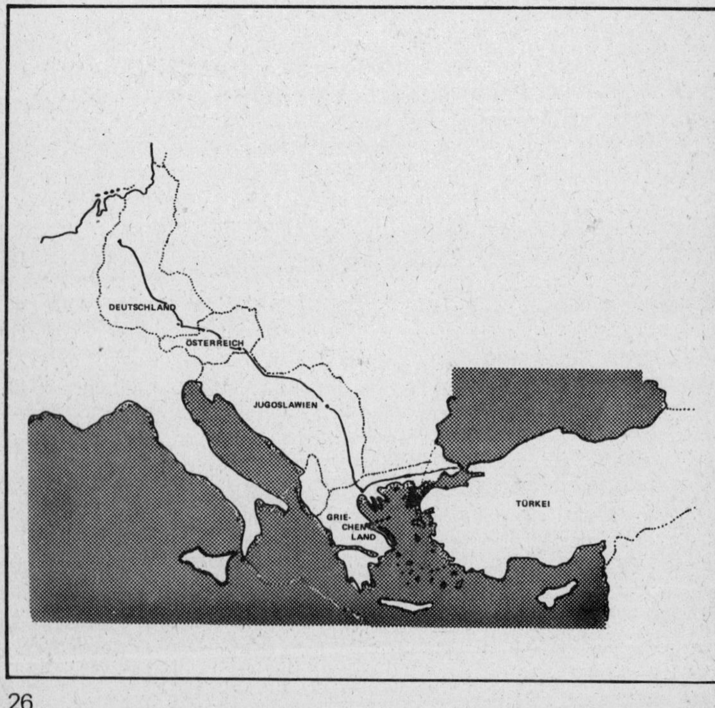
DEUTSCHLAND
ÖSTERREICH
JUGOSLAWIEN
GRIE-
CHEN-
LAND
TÜRKEI

TÜRKISCHE TAGEBÜCHER

Reisebericht

1. Teil: Die Anreise

Am Freitag, den 21. August 1981 starteten wir, von den Reisevorbereitungen endgültig urlaubsreif und von der Lektüre über unser Reiseziel ganz ungeduldig, nach einem gemütlichen Abschiedsfrühstück am späten Vormittag und erreichten ohne ungewollten Aufenthalt oder Stau über die Strecke Frankfurt — Würzburg (A3) — Erlangen/Nürnberg — München (A 9) — Umfahrung München (A 99) — Rosenheim (A 8). Die Nacht verbrachten wir auf dem Gelände der Autobahnraststätte am Irschenberg. Während der Fahrt trösteten wir uns über das schlechte Wetter mit der Hoffnung, bald in einem sonnigen Agrarland zu faulenzen. Unsere Einstimmung auf das Reiseziel wurde durch eine schier nicht abreißen wollende Kette von Autos nach Deutschland zurückkehrender Türken auf der Gegenfahrbahn unterstützt, hauptsächlich ältere Ford—Transits mit bizarr bepackten und in Plastikplanen eingeschlagenen Dachgestellen, aber auch ältere PKW—Modelle aus der Zeit des Chrom— und Blechbarock. Ganze Familienclans wanderten da aus ihrem Land, in dem sie ihre Ferien verbracht hatten, zurück. Es schien uns so, als ob alle 1500.000 türkischen Gastarbeiter gleichzeitig eine Völkerwanderung angetreten hätten. Wir hatten ernste Befürchtungen, ob wohl noch ein paar in der Türkei zu besichtigen wären.

Der nächste Tag war immer noch feuchtkalt — nieselig, und wir hofften, hinter den Alpen auf besseres Wetter zu stoßen. Die Fahrerei ließ sich gut bewältigen, denn die Tauernautobahn ist zum großen Teil fertiggestellt, die wichtigsten Teilstücke jedenfalls mit den beiden Tunnels auf dem Abschnitt Flachau — Rennweg. (siehe dazu ADAC—Motorwelt 1/82: Auf der Tauernautobahn geht die österreichische Polizei jetzt konsequent gegen Temposünder vor. Die Höchststrafe liegt bei 10.000 Schilling (1.440 Mark). Radarmessungen werden vor allem im Tauern— und Katschbergtunnel durchgeführt.)

Zwar ist diese Strecke mautpflichtig und kostet von April bis Oktober für eine einfache Benutzung 180,— ÖS (ungefähr 26,-- DM) und in den Tunnels herrscht bei starkem Verkehr fürchterlicher Abgasgestank, aber sie ist sehr schnell. Wenn man Zeit hat und das Wetter klar ist, lohnt es sich natürlich, die Maut zu sparen und die alte Bergstrecke zu benutzen. Nach Spittal gelangt man auf eine Schnellstraße, auf der es weiter nach Klagenfurt geht.

Wir hatten uns überlegt, statt des eher langweiligen und inzwischen ja streckenweise auch schon gebührenpflichtigen Autoput durch Jugoslawien, der ja zudem für seine hohe tägliche Unfallrate berüchtigt ist, das Drautal südlich der ungarischen Grenze entlangzufahren, wobei wir uns darüber im Klaren waren, zwar nicht so schnell wie möglich, aber dafür beschaulicher und etwas entspannter durch den Balkan zu gelangen.
Deshalb fuhren wir über Klagenfurt hinaus über Völkermarkt nach Lavamünd, wo man über eine kleine, verschlafene und wenig frequentierte Grenzstation mit freundlichen Zöllnern nach Jugoslawien einreisen kann. Das Wetter jenseits der Alpen war nun in der Tat etwas freundlicher und es machte viel Spaß, auf der kleinen und nicht sehr guten Straße zu fahren und die Landschaft zu genießen. Uns fiel gleich auf, daß es viel mehr Laubbäume gibt als zu Hause, die Drau, die hier Drava heißt, fließt zäh und lehmschwanger an den Anglern vorbei, die an vielen Stellen ihr Ufer säumen.
Es erwies sich sehr schnell, daß wir doch vergessen hatten, etwas an der Grenze zu erledigen, denn beim nächsten Stop an einer Tankstelle wurde unsere Reisekasse erheblich in Anspruch genommen, weil wir keine Treibstoffgutscheine eingekauft hatten. Die gibt es in Jugoslawien nicht nur für Benzin und Super, sondern auch für Diesel, der uns so umgerechnet 1,48 DM kostete, eine beträchtliche Summe für einen Liter des öligen Stoffes, der hier mit ganz besonders schönen schwarzen Wolken verbrennt. Nach Maribor wird die Straße besser, aber auch etwas befahrener und führt weiter von der Drava entfernt durch große Felder. Bis Varaždin sieht man hauptsächlich Maisfelder. In dieser Gegend, kurz vor Varaždin, hatten wir für den Tag genug und suchten uns einen schönen Nachtplatz, von der Straße nicht einsehbar, zwischen einem Mais— und einem Tabakfeld. Der Platz war schön ruhig, aber zu unserer Verwunde-

rung teilten wir ihn mit zahllosen Mücken und Schnaken. Das ist eine Verwunderung, die so ein insektizidgesegneter, betonumweltgeschädigter und bei dem Anblick von Landwirtschaft sofort an Heuschnupfen leidender, kurzgesagt, vollzivilisierter Großstadtmensch in jedem Urlaub wieder erfährt: Was da so alles kreucht und fleucht !

Die Aussicht auf unser eigentliches Ziel ließ uns den kommenden Sonntag trotz unsommerlicher Temperaturen und ebensolchem Nieselregen gutgelaunt beginnen. Zwischen Tabak–, Mais– und Sonnenblumenfeldern führte uns die Straße durch zunächst abwechselungsreiche Gegend, durch Osijek weiter nach Novi–Sad über eine Brücke, auf der man gegen eine Gebühr von 20 Dinar die Donau überqueren kann.

Östlich von Belgrad beginnt dann das Abenteuer, zumindest, wenn man doof genug ist, es sich unnütz schwer zu machen und es in Strömen gießt. Weil wir uns nämlich immer noch wegen der Gebührenpflicht scheuten, von Belgrad weiter in Richtung Niš endlich doch den Autoput zu benutzen, gerieten wir, nachdem wir uns zunächst in den Ausläufern Belgrads gehörig verfahren hatten, schließlich auf die Straße nach Kragujevač, die etwa parallel zur E 5 verläuft. Diese Straße zeichnete sich nicht nur dadurch aus, daß sie sich in immer neuen Variationen aus Kurven, Schlaglöchern und Bodenwellen zusammensetzte, sondern trotz Sonntag auch von zahlreichen Heuwagen, die sich am liebsten hinter Kurven aufhalten, von festtäglich gekleideten Radfahrern sowie vielen motorisierten Ausflüglern bevölkert wurde.

Wo es die letzteren hinzog, wissen wir nicht, jedenfalls hatte sich das Wetter inzwischen zu einem regelrechten Unwetter gewandelt und als wir nach Einbruch der Dunkelheit etwa 40 km vor Kragujevač einen Platz für die Nacht gefunden hatten, waren wir beide recht meschugge geworden vom ewigen Hin und Her der Scheibenwischer und dem Auf und Ab des Wagens. Wer gerne sein Auto vor Erreichen des Reiseziels noch einmal so richtig durchtesten möchte, sollte unbedingt unsere Strecke nachvollziehen, anderen Reisenden, die auf eine Heimkehr im möglichst unversehrten Fahrzeug spekulieren, möchten wir doch eher zum Autoput raten, zumindest bei Witterungsbedingungen, unter denen beschwerliche Wegverhältnisse nicht durch die Nähe zur blühenden Natur wettgemacht werden, sondern die Nerven strapazieren.

Diese Lektion reichte uns, und wir wollten am nächsten Tag versuchen, den Autoput zu erreichen, was einem laut Karte in Svetozarevo glücken sollte. Die Fahrt bis dorthin, wie gehabt bei mal mehr und mal weniger strömendem Regen, wurde durch von nun an immer häufiger auftretende "Killerwellen" bereichert, Querwellen in der Fahrbahn, die in ziemlich regelmäßigen Abständen entstanden sind und auf denen sich der Wagen in gleichförmigen Schwingungen immer mehr aufschaukelt, um bei der nächsten Senke um so härter in die Federn gedrückt zu werden. Man kann diese Bodenwellen, besonders bei so einem Regen, sehr schlecht sehen, darf auf keinen Fall in diese Wellen hineinbremsen, da das die Last auf die Federn noch verstärkt und riskiert, wenn man zu schnell ist, durchaus gebrochene Blattfedern oder Achsen.

Unsere sich beständig gegen Null entwickelnde Stimmung — wie kann man sich auf ein Reiseziel freuen, daß man offensichtlich nicht mehr zu seinen Lebzeiten erreichen wird ? — wurde durch die Tatsache, daß wir immer noch die Wagenheizung eingeschaltet hatten, auch nicht gerade gehoben. Aber unsere zwangsläufig erworbene Geduld ließ uns dann eher gleichmütig ertragen, daß das Schild, das in Svetozarevo den Weg zum Autoput wies, in einer ungewöhnlichen Beziehung zu seiner Zielangabe stand. Der Weg, dem wir laut Schild folgten, führte mit einer Brücke über die heißersehnte Schnellstraße hinweg, ohne daß es in der Nähe eine Auffahrt oder so etwas gegeben hätte. So reichte unser erster Anlauf nur zu einer Besichtigung, bei der wir uns vom Vorhandensein der Autobahn überzeugen konnten. Beim nächsten Ort klappte es dann, in Paračin erreichten wir den Betonplatten—Highway.

Um uns die Sinnlosigkeit unserer streßreichen Abstecher auch deutlich genug vor Augen zu führen, mußten wir nun feststellen, daß der Put auch auf den schon autobahnartig ausgebauten Abschnitten noch längst nicht überall gebührenpflichtig ist, sondern daß nur schon mal die Schilder stehen, aber noch keine Maut kassiert wird.

Über den üblichen Weg von Niš über Skopje und von dort nach Titov Veles kamen wir auf nun sehr guten Straßen bei allerdings starkem Verkehr gut voran. Die Gegend ist ab Skopje besonders schön, wo der Vardar, dessen Tal die Straße folgt, sich tief in die Berge eingeschnitten hat. Man bemerkt einen deutlichen Unterschied zum Nordwesten des Landes, die Leute wirken insgesamt ärmlicher, die Häuser sind kleiner und stehen teilweise unverputzt manchmal im Müll.
Kinder bevölkern Tankstellen und reißen sich darum, gegen ein kleines Bakschisch Scheiben waschen zu dürfen. Immer noch dankbar für die im Wagen eingebaute Heizung und nach wie vor bei Regen gelangten wir an die griechische Grenze, als es gerade dunkel wurde. Über die früher einmal mautpflichtige, inzwischen offensichtlich wieder kostenfreie Autobahn fuhren wir noch bis Thessaloniki, wo wir am Ende der Hafenpromenade im Schutz des Wahr-

zeichens von Thessaloniki, dem Weißen Turm, der nur auf Postkarten und Werbeplakaten weiß ist, neben anderen Wohnmobilen und Campingbussen einen Platz für die Nacht fanden. Als wir Thessaloniki tags drauf mit überquellenden Gullys, schlammschlabbernden Baustellen und überfluteten Straßen verließen, hatten wir nicht einmal mehr Lust auf eine Portion Loukoumades, jene siruptriefenden Teigbällchen, die uns aus sonnigeren Tagen so gut in Erinnerung geblieben waren.

Zwar fuhren wir nun, Richtung Kavala, durch eigentlich schöne Landschaft, typisch hellenisch hügelig, aber die Obststände am Straßenrand lagen verwaist und ohne Auslagen traurig in der Nässe, und der Strand des Mittelmeeres, an dem wir bald entlangfuhren, lockte überhaupt nicht. Kaum zu glauben, daß das Griechenland sein sollte.

Dem schönen, in eine steile Felsbucht geklebten Hafenstädtchen Kavala gönnten wir dank des anhaltenden Regens nur zehn Minuten Aufenthalt, in denen wir am Hafen entlangschlenderten und uns von den bunten Fischerbooten aufmuntern ließen. Kavala wäre eine ausgedehntere Besichtigung wert gewesen, doch fühlten wir uns irgendwie zu feucht, um Zitadelle oder römische Wasserleitung näher zu inspizieren.

Die Fahrt ging weiter, durch Industrieanlagen über Xanthi, in dessen Umgebung sich eine riesige Tomatenkonservenfabrik befindet, die ihre Blechdosen mit den Erzeugnissen der Bauern aus der Umgegend füllt. Der Saft von hunderttausenden von Tomaten, vermischt mit dem reichlich vom Himmel fallenden Wasser hatte das gesamte Erdreich und sämtliche Pfützen rot eingefärbt. Unsere Nasen bedankten sich aufrichtig, daß es statt knallender Sonnenhitze ausnahmsweise regnete, als wir den Berg faulender Tomatenschalen hinter der Fabrik passierten.

Alexandroupolis ist dann die letzte Stadt vor der Grenze. Zahlreiche kleine Straßenaltärchen, zur Sicherheit der Reisenden an Bahnübergängen, einspurigen Brücken oder gefährlichen Kurven postiert, erinnern, obgleich sie sich in ganz Griechenland finden, den Türkeitouristen daran, daß er im Begriff ist, christlichen Boden zu verlassen. Aber wichtiger als das letzte Altärchen vor dem Islam erschien uns die letzte Tankstelle vor dem Grenzübergang, denn in Griechenland ist der Diesel mit Abstand am billigsten, weswegen wir auch hier unseren Kanistervorrat auffüllten: Umgerechnet kostete der Liter hier 78 Pfennige.

Die letzten Kilometer bis zur Grenze sind vollständig militarisiert. Die trostlosen Hügel würden aber auch ohne Fotografierverbot nicht zum Ablichten reizen, vorbeikommende Marschkolonnen erinnern an die überschwengliche Sympathie, mit der sich Griechen und Türken begegnen. Die Grenze zwischen den beiden Staaten bildet hier der Evros, die Brücke über ihn wird vorne von griechischen und hinten von türkischen Soldaten bewacht.

Am griechischen Zoll geht alles recht schnell und unbürokratisch, die Station ist gerade dabei zu schließen. Hingegen erfordert die Einreise in die Türkei, wenn wir sie auch nicht kompliziert nennen wollen, doch einige Geduld. Seit das Militär in der Türkei regiert, scheint es nötig zu sein, daß jede Amtshandlung, die ein ziviler Zöllner ausgeführt hat, von einem Soldaten nachvollzogen wird. Wenn man die Brücke überquert hat, wobei sich im Angesicht der entsicherten Maschinenpistolen zur Dokumentation friedlichen Willens Schrittempo empfiehlt, muß man sich auf dem Gelände der Zollstation links einordnen und den Wagen auf einer der dort befindlichen Parkbuchten abstellen. Sodann begibt man sich in das Gebäude der "Pasaport Polis", rechts vom Duty Free Shop, wo man für jede Person einen Zettel mit den persönlichen Angaben, der voraussichtlichen Reisedauer und dem Reisezweck ausfüllen muß. Mitsamt den Pässen sind diese Zettel dann dem diensthabenden Paßpolizisten über die Theke zu reichen.

Martina macht bei dieser Gelegenheit ihre erste deutliche Bekanntschaft mit der türkischen Mannesehre.
Denn unter dieser ist es offensichtlich, daß der Beamte die Pässe und Zettel aus ihrer Hand entgegen nimmt. Obwohl sie ihm die Papiere ausdauernd unter die Nase hält, fertigt er reihenweise Männer ab, die in der Schlange hinter ihr stehen. Erst als Eicke ihm die Dokumente anbietet, nimmt er sie wie selbstverständlich entgegen und setzt, ohne einen Blick hineinzuwerfen, seine Stempel, einen für das Siegel und einen mit seiner Faksimileunterschrift.

Martina sieht ihre Überflüssigkeit ein und zieht sich in das Auto zurück, während Eicke mit seinem Paß und den Wagenpapieren sein Heil bei der "Pasaport Control" versucht. Hier wird das Auto in den Paß eingetragen, aber der Diensthabende weiß nicht so recht, was er von Eickes wortkarg geradebrechten Ausführungen halten soll und wünscht das Fahrzeug in Augenschein zu nehmen. Ein dabeistehender Soldat findet das auch ganz interessant und kommt mit. Sie begnügen sich mit einem kurzen Blick durch die geöffnete Schiebetür, und wir bekommen an Ort und Stelle ein "oto/caravan" eingetragen, mit einem Inventar von zwei Personen, damit nur ja auch alles zusammen wieder ausgeführt wird.

Wir dürfen weiterfahren. Es ist inzwischen schon völlig dunkel geworden und der grelle Lampenschein gibt der waffenstarrenden

Grenzstation eine unsympathische Atmosphäre. Wir sind froh, hier wegzudürfen. Kaum haben wir aber das Gebäude der Paßkontrolle umfahren und uns wieder auf die Straße begeben, werden wir schon wieder angehalten. Aus einem kleinen Wachhäuschen am Fahrbahnrand treten Soldaten heraus, um die Pässe in Augenschein zu nehmen. Sie schauen genau nach, ob auch alle Stempel da sind. Schließlich will der Letzte durchs offene Wagenfenster erst ein Händchen von "Madame", was er, wenn auch unwillig, bekommt, dann ein Küßchen, was ihm nicht mehr gegönnt wird. Die Pässe bekommen wir trotzdem zurück.

Wir fahren noch so etwa zwanzig Kilometer in die Nacht hinein, die Straße ist sehr gut.
Die gesamte Reiseliteratur über die Türkei warnt vor Nachtfahrten, das wissen wir, aber hier sind wir ja noch im europäischen Teil, eigentlich noch nicht so ganz richtig in der Türkei. Doch rechtfertigt schon dieser Abend die Bücher: Entgegenkommende, sofern sie den Luxus eines oder auch zweier funktionierender Fernscheinwerfer haben, blenden grundsätzlich nicht ab. Nachdem wir das kapiert hatten, kommt uns plötzlich fast mitten auf der Fahrbahn ein unbeleuchteter Traktor mit zwei Heuwagen entgegengetuckert, den wir buchstäblich erst im letzten Moment sehen. Nach dieser Lektion sind wir sehr dankbar für einen Parkplatz, der bald darauf auf der linken Straßenseite auftaucht und durch ein richtiges Parkplatzschild gekennzeichnet ist. Ungeduldig auf die Türkei, die uns erwartet, schlafen wir beim Klang der Regentropfen auf das Blechdach ein.
In der Frühe schon kommen Bauarbeiter, um irgendetwas mit unserem Parkplatz anzustellen. Der fremde Klang türkischer Stimmen und das Klappern ihrer Werkzeuge wecken uns. – Es regnet nicht mehr, statt dessen scheint die Sonne durch eine dicke Dunstschicht. Wir fahren über eine schöne breite und gute Straße schnurgerade durch eine Gegend, die nicht wesentlich anders ist als unmittelbar vor der Grenze auf griechischer Seite. Jungen, die Schafe und Ziegen hüten, winken uns vom Straßenrand zu. Hinter Tekirdağ finden wir einen Stichweg von der Straße ab auf ein freies Stück Land direkt am Marmara–Meer.

Ein kurzes Bad im recht sauberen Wasser an einem Strand für uns ganz alleine – nur in einiger Entfernung sind ein paar picknickende Türken – danach ein gemütliches Frühstück, zum ersten Mal in diesen Ferien draußen. Nur sind die Stühle, die wir in blauen Plastikmüllsäcken auf dem vorderen Dachgestell transportieren, etwas feucht, aber es macht kaum etwas aus.

Die Straße folgt weiter der Küste und führt häufig an Feriensiedlungen vorbei, die wahrscheinlich reichen Istanbulern gehören.

Manche entgegenkommende Autofahrer, besonders LKW—Fahrer, kriegen den Mund buchstäblich nicht mehr zu, wenn sie Martina am Steuer sehen. 12 Kilometer vor Silivri mündet die E 5, die von Niš in Jugoslawien über Sofia durch Bulgarien führt und bei Edirne die Türkei erreicht, in die Straße, auf der wir uns gerade befinden. Der Verkehr wird dichter und hektischer, immerhin fahren wir auf der Hauptverkehrsader zwischen Europa und Asien.

Den Straßenverkehr mit chaotisch bezeichnen zu wollen, erscheint uns ziemlich arrogant, denn er setzt unser Verhalten als das richtige voraus. Der türkische Verkehr funktioniert eben anders, aber durchaus effizient. Natürlich erfordert er von einem mitteleuropäisch disziplinierten Verkehrsteilnehmer viel Konzentration, aber er fließt und eignet sich zum Mitschwimmen.
In der Gegend von Büyük Çesmeke merkt man langsam, daß man sich in den Vororten Istanbuls befindet. Der Verkehrsstrom reißt überhaupt nicht mehr ab, die Bebauung geht von Ort zu Ort weiter, zum großen Teil Hochhäuser. Es ist sehr staubig. Zwei Polizisten auf Motorrädern machen Kunststückchen vor und liefern sich dann ein Wettrennen. Noch zucken wir bei jeder Hupe, die irgendwo phantasievolle Triolen von sich gibt, zusammen, aber das gibt sich bald. Die Kompressorhörner der Busse und Lastwagen zu ignorieren, gelingt uns allerdings bis zum Ende der Fahrt nicht.

Waghalsige Überholmanöver, mit denen türkische Verkehrsteilnehmer Gelegenheit haben wollen, unseren Wagen von vorne zu sehen, halten uns in Spannung, Autos kommen einem am Rand der Fahrbahn entgegen oder ordnen sich, von links kommend, unter deutlichem Hupen bei starkem Gegenverkehr in nicht vorhandene Lükken ein, aber es passiert nie etwas.

Bei Bakirköy, einem schon recht nahen Vorort von Istanbul, quartieren wir uns dann auf dem Campingplatz "Londra–Camping", der sich an eine Shell–Tankstelle anschließt, ein. Der volle Name dieses nicht billigen, aber für einen längeren Istanbulaufenthalt empfehlenswerten Platzes ist:"Londra–Camping Istanbul, Tourism and TIR Organisation, Londra Asfaltı, Bakirköy". Die Organisation dort ist fast schon unangenehm perfekt, jedenfalls alles andere als orientalisch, der Standard durchaus mit mitteleuropäischen Campinganlagen vergleichbar. Was aber das Wichtigste ist, man hat seine Ruhe. Durch geschickte Lage hinter den Gebäuden hört man kaum etwas von dem sechsspurigen Londra Asfaltı, wo Tag und Nacht Auto an Auto vorbeirast. Auch der in der Nähe gelegene Flughafen stört so gut wie gar nicht, womit dieser Platz denen, an denen die Straße vorher vorbeiführt, ein deutliches Plus voraus hat.
Das Gelände ist eben und hat zahlreiche schattenspendende Bäume. Die Ausstattung besteht aus genügend Toiletten, Duschen mit Warmwasser (ebenso an den Waschbecken), einem Schwimmbad, einem Geschäft, Bungalows für Reisende ohne Zelt oder Wohnwagen, Kleinküchen für Zeltwanderer und einem Restaurant. Der Service ist zuverlässig, denn das Hauptgeschäft dieser Organisation bilden die Trucker, deren große Zahl ein reibungsloses Funktionieren voraussetzt. Auf dem angrenzenden Gelände, vom Campingplatz mit Stacheldraht abgetrennt, stehen mindestens zweihundertfünfzig schwere LKWs, fast ausschließlich Sattelzüge aus aller Herren Länder. Täglich fahren welche weg und kommen neue hinzu. Für die Fahrer gibt es ein ebenfalls der Shell–Tankstelle angegliedertes Hotel, in dem sich die Rezeption für den Campingplatz, eine Post und ein kitschtriefender Souvenirladen befinden.

Am Tor zum Campingplatz werden wir von einem Bediensteten freundlich begrüßt, dessen Edelstahlgebiß trotz seines gutmütigen Willkommenlächelns gefährlich silbrig funkelt.
Die Anmeldung erfolgt natürlich nur durch den Mann, wobei die Atmosphäre für ein allein in der Rezeptionshalle auftauchendes weibliches Wesen vielleicht auch nicht die Einladendste ist. Man muß hier ein Personaldokument hinterlegen und erhält dafür eine Karte mit der Hinterlegungsnummer. Für solche Fälle ist es gut, sowohl Reisepaß als auch Personalausweis bei sich zu haben. So kann man prinzipiell den Paß behalten, wozu unter dem türkischen Militärregime jeder verpflichtet ist. Die häufigen Kontrollen haben uns davon überzeugt, daß diese Verpflichtung auch überprüft wird. Außerdem benötigt man seinen Paß natürlich auch, wenn man einen Scheck einlösen will.

1981 kostet der Campingplatz pro Person und Nacht 200,-- TL (etwa vier Mark) und für den Campingbus 150,– TL, uns kostet also eine Übernachtung (ohne einen Stromanschluß für 220 Volt, den man bekommen kann) 550,– TL, was zur Zeit ca. 11,-- DM sind. Eine billigere Möglichkeit ist es natürlich, den Wagen gegen eine geringe tägliche Parkgebühr am "Hippodrom" in Istanbul abzustellen. Dort sieht man sehr viele Wohnmobile stehen. Uns ist es aber die Investition wert, denn nach jedem Tag hektischer, lärmender und quirliger Stadt, voll von neuen Eindrücken, finden wir die Ruhe und die warme Dusche des Londra–Camps erholsam und stärkend für den nächsten Tag. Außerdem können wir unser Auto mit all unseren Habseligkeiten wirklich beruhigt auf dem Campingplatz zurücklassen. Streng dreinblickende und deutlich sichtbar bewaffnete Wächter patroullieren regelmäßig auf dem Gelände.

Vom Campingplatz aus sind es noch etwa sechs Kilometer bis nach Istanbul, wenn als Stadtgrenze die alte Theodosische Landmauer aus byzantinischer Zeit gilt. Breite Einfallstraßen führen an den Stellen der ehemaligen Stadttore hindurch. Diese Stellen tragen auch noch die Namen der alten Stadttore, der Londra–Asfaltı erreicht Istanbul am "Topkapı", dem Kanonentor. Mit dem Taxi zu fahren, ist auch in Istanbul sehr teuer geworden, seit das Benzin es geworden ist. Sich also für die vielleicht zehn oder zwölf Kilometer bis zum Stadtkern dem ergrauten Chevrolet anzuvertrauen, dessen Fahrer sich mit einem beständigen "Hello Taxi" am Campingplatz anpreist, entspricht nicht unserem Budget.
Auch nach beharrlichem Aushandeln, was man bei jeder Taxifahrt unbedingt vorher tun muß, will er nicht unter 800 TL gehen, nachdem er bei 1000,– angefangen hatte. Zwanzig Mark aber finden wir, können wir in Deutschland für dieselbe Strecke mit dem Taxi bezahlen. Weil wir es aber zuhause nie tun, verzichten wir jetzt auch, schweren Herzens natürlich, besonders Eicke, denn wer führe nicht gerne mal in einem Chevrolet von 1962 oder wann auch immer.

Statt dessen benutzen wir die zahlreich verkehrenden "Minibüsleri", eine türkische Nahverkehrsspezialität sondersgleichen. Das sind, wie der Name vermuten läßt, kleine Busse mit etwa zehn bis fünfzehn Sitzplätzen, die im Privatbetrieb laufen und zu normierten Tarifen den gesamten Nahverkehr zur Grenze des Stadtkerns andienen. Unablässig fahren sie bestimmte Strecken auf und ab, so schnell sie können, jagen sich gegenseitig unter wildem Gehupe, rasanten Beschleunigungs– und Bremsmanövern und akrobatischen Überholpartien die Kundschaft ab. Kundschaft ist jeder, der irgendwie zu dicht am Straßenrand steht. Der Minibüs fährt heran und aus der halbgeöffneten Tür schreit der herauslehnende Schaffner ihm das Ziel ins Gesicht. Personalintensiv wie jedes Dienstleistungsunternehmen in der Türkei sind auch die Minibüsleri. Außer dem

Typisch türkisches Transportmittel: Minibüsleri

Schaffner, der oft genug ein Kind ist, gibt es noch den Fahrer und den "Mekaniker", also das Personal, was man auch in größeren Bussen antrifft.

Von einem Busfahrer, mit dem wir in den folgenden Tagen einmal fahren, hören wir, daß so ein Minibüs fünf Millionen TL kostet, Maschine und Getriebe etwa drei Jahre halten und der Bus sich bis dahin amortisiert hat. Außer ein paar ganz alten Peugeot–Modellen gibt es in Istanbul ausschließlich eine Minibüskonstruktion, die am Ort hergestellt wird und mit Motoren von Magirus Deutz bestückt ist, die 125 PS leisten, was den kleinen Dingern vermittels eines Fünfganggetriebes zu katzenhafter Wendigkeit verhilft. Obwohl der Motorenlärm schon imposant genug ist und man diese Autos offenbar auch so schaltet, wie man spricht, nämlich laut und deutlich, gehört es zum Service eines besseren Minibüsunternehmers, wenn dies alles und das pausenlose Hupkonzert noch von einem eiernden Cassettenrecorder untermalt wird, dessen gleichförmig seltsam fremde orientalische, getragene Musik den mitteleuropäischen staunenden Touristen vollends entrückt.

Am romantischsten ist es natürlich, bei Dunkelheit einen Minibüs zu benutzen, wenn das Wageninnere von bunten Lämpchen erleuchtet ist, von denen manche einen Wackelkontakt haben. Der Fahrer fährt dann eben einhändig und drückt mit der anderen Hand die Leuchte zurecht, denn die Fahrgäste haben Anrecht auf rotes oder blaues Licht. Es ist sowieso Sitte, statt mit Scheinwerferlicht lieber mit Innenbeleuchtung zu fahren, wovon man am besten mehrere zur Auswahl hat.

Die Fahrerei mit den Minibüsleri geht erstaunlich schnell und kostet bis Topkapı, also zur Stadtgrenze, 20 TL und weiter bis Aksaray, der Endstation unserer Minibüsleri nochmal 12 TL, zusammen also etwa sechzig Pfennige. Zum Taxi eine wirkliche Alternative, natürlich nicht ganz so komfortabel, aber wir wollen ja nicht zu zimperlich sein — die Sitze der Taxis sind vielleicht weicher, aber mit demselben schönen Plastik überzogen. Insofern bleibt es sich gleich, auf welchen Polstern man schwitzt.

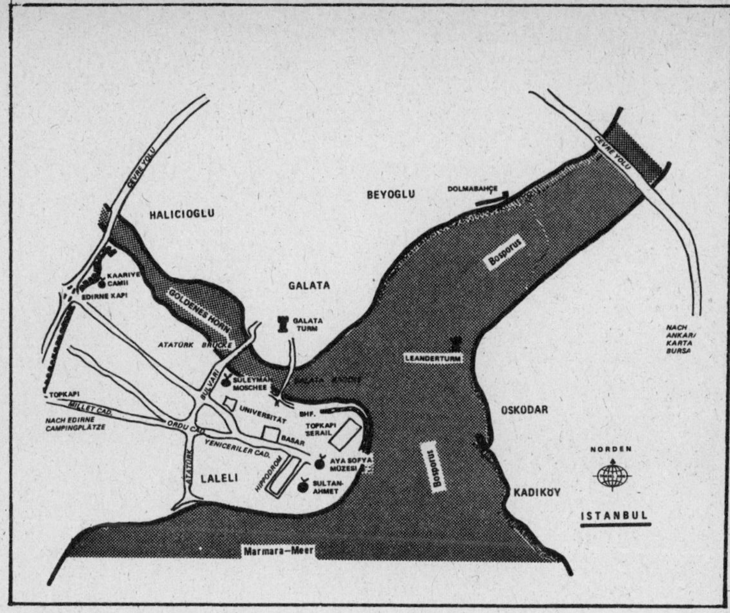

2. Teil: İSTANBUL

İstanbul ist nicht die Türkei. Istanbul ist eigentlich keine orientalische Stadt. İstanbul ist weiß Gott (oder weiß Allah ?) keine europäische Stadt. Istanbul ist eine Qualität für sich. Wer Istanbul richtig kennenlernen will, kann dies nicht erledigen, wenn er auf einer Türkeireise hier ein paar Tage Station macht. Diese Stadt ist bestimmt eine eigene Reise wert. Wir wollen also auch nicht behaupten, sie zu kennen, doch haben wir einiges von ihr entdeckt.

Am Mittwoch, den 26. August, nutzen wir den Nachmittag, um eine erste Tuchfühlung mit dieser riesigen Stadt zu bekommen. Von Aksaray, wo wir dem Minibüs entstiegen sind, laufen wir durch viele schmuddelige Nebengassen mit hauptsächlich Autozubehörgeschäften und Reparaturwerkstätten talwärts. Wir fühlen uns ein bißchen unsicher. Dies ist nicht das glänzende Konstantinopel der Humanisten, nicht das kunstschatzschwangere Byzanz der Reiseführer. Dies scheint eine moderne, laute, schmutzige, quirlige und überaus lebendige Metropole zu sein, ein Schmelztiegel voller finster blickender Räuber und Mörder, elegant gekleideter Herren, verarbeiteter Alter, die in schmierigen Lokalen Tavla spielen, modischer Damen und verschleierter, strenggläubiger Frauen, bewaffneter Militärpatroullien, Touristen in Tweed oder Kaftan, mit Kamera oder Harem.

Diese Stadt läßt uns keine Zeit, sie langsam zu erfahren, sie schwappt mit Mengen im Moment unverarbeitbarer Eindrücke über uns hinweg und wir sind plötzlich mitten drin. Dankbar, aus den engen Gassen entlassen zu werden, erreichen wir an der Kreuzung von Atatürk – Bulvari und Filorya Sahil Yolu, der Küstenstraße, das Ufer des Marmara–Meeres. Ein breiter Gehweg führt am Rand dieser vielbefahrenen Straße am Meer entlang um die Nase von Sarayburnu herum zur Galatabrücke, einem der belebtesten Zentren Istanbuls. Während wir da so entlangflanieren und den Kindern zuschauen, die hier baden oder den geduldigen Anglern, die eine dünne Schnur in den Händen halten und warten, daß ein Fisch anbeißt, hält plötzlich ein leerer Linienbus neben uns.

Der Fahrer, genauer gesagt, der Wanst mit einem kugeligen Kopf oben drauf, der den Bus steuert, macht heftige Zeichen, daß wir einsteigen sollen. Er erklärt uns sehr freundlich, daß er ohnehin bis Eminönü fahre. Das ist der Stadtteil auf dieser Seite des Goldenen Hornes am Anfang der Galatabrücke. Noch ganz verwirrt von den vielen fremden Eindrücken und ganz und gar unbedarft im Umgang mit türkischen Männern, mit Sicherheit an diesem ersten Tag auch noch überhaupt nicht fähig, deren Absichten einzuschätzen, steigen wir ein. Es stellt sich heraus, daß der Gute lediglich eine blonde Frau, Martina, gesichtet hat und dieses Objekt zu betatschen wünscht. Eicke bekommt mehrere Komplimente, deren Wortlaut und Gestik ihn an bekritzelte Klotüren erinnern, daß er so eine Frau im Bett hat. Martina hat sich recht weit nach hinten zurückgezogen, der Fahrer ergötzt sich durch ständige Blicke in den Rückspiegel an ihr. Der Bus findet seinen Weg unter der in regelmäßigen Abständen betätigten Hupe offensichtlich auch ohne daß man auf die Straße gucken müßte. Wir steigen endlich aus. Eicke ist sich noch nicht bewußt, daß er als letzter aussteigen sollte, um die Kontrolle über sein begehrtes Wertobjekt zu behalten. So gelingt es dem Busfahrer, als Martina aussteigt, nicht nur durch ihre Haare zu streichen, sondern en passant noch das Gewicht der linken Brust festzustellen. Es fällt, zumal wenn man sich zuhause auch noch mit feministischen Theorien auseinandersetzt, einem Mann recht schwer, so als Besitzer und Beschützer eines weiblichen Stückes Fleisch aufzutreten und dieses Eigentumverhältnis allezeit durch den richtigen grimmigen Blick gegen jeden potentiellen Anfasser zu dokumentieren.

Das Dilemma einer Frau ist nämlich dies: Nur wenn sie allein ist, hat sie ein gewisses Recht, gegen Belästigungen selbst Protest einzulegen. Ist ein Mann bei ihr, hat er die Verantwortung und wenn er nicht rechtzeitig klar macht, daß er es nicht allzu schön findet, wenn seine Frau jedem Zugriff ausgeliefert ist, kann sie selbst wenig dagegen tun. Natürlich trifft das Alles nicht durchweg auf alle türkischen Männer zu. Wir wollen gleich ganz deutlich sagen, daß wir grosso modo nur gute Erfahrungen gemacht haben und sehr anständige Männer kennengelernt haben. Istanbul ist ein besonders anmacheträchtiges Pflaster, aber auch hier lernt man recht schnell, wirklich hilfsbereite Freundlichkeit von belästigender Geilheit zu unterscheiden. Dies sei nur zur Ehrenrettung der Türken ausdrücklich angemerkt! Natürlich ist man solchen Zugriffen als Tourist besonders dann ausgesetzt, wenn man den ersten Tag in Istanbul ist, sich gleich hineinstürzt, aber noch nicht beherrscht, rumzulaufen und alles anzustaunen, gleichzeitig die Besitzverhältnisse eindeutig zu dokumentieren, ohne sich menschlich abzukapseln. Das geht alles am zweiten Tag schon viel besser. Istanbul erfordert zur Besichtigung, wenn man sie genießen will, eine Kombination aus Gelassenheit und Spannung.

In Eminönü, wo wir aus dem Bus gestiegen sind, pulsiert das Leben Istanbuls, Autobusterminal, Bahnhof, Ausläufer des Bazars, Verkehrschaos, Menschenmassen, die sich über die Fußgängerüberführung zu den Dampferanlegestellen bewegen, Automassen, die sich zäh darunterher wälzen, Hupen, Schreien, Tuten von Schiffen, tausend Wohlgerüche und mindestens ebensoviele Gestänke des Orients, von allem so viel, daß wir genug erste Eindrücke gesammelt zu haben glauben.

Hier unten in Eminönü liegen viele Bankfilialen, aber sie schließen alle um 17.00 Uhr, sodaß unser Plan, uns bei einem schönen Essen zu erholen, mangels Geld vorerst aufgeschoben werden muß. Am Hauptbahnhof vorbei laufen wir die Ankara Caddesi hinauf und dann die Ordu Caddesi entlang, nicht mehr scharf auf neue Impressionen lassen wir Beyazit mit seinem Bazarviertel rechts liegen und wandern weiter nach Aksaray hinunter, wo wir an der Minibüs Endstation ankommen.

Mit dem Ende des Tages ist der Andrang hier enorm geworden. Man quetscht sich jetzt zu zwanzig und mehr in die Minibüsleri, in denen man nicht aufrecht stehen kann und läßt sich durch die Gegend schaukeln. In dieser ungewöhnlichen abgeklappten Haltung, durch die vielen Leiber am Hinausgucken gehindert, ist die Istanbuler Rush–hour ein besonderer Genuß.

Am Topkapı müssen wir umsteigen. Wie sollen wir bloß den richtigen Wagen nach Bakirköy ergattern ? Unser Türkisch ist ja schon mies genug, aber so einen Ausrufer unter hundert anderen und ebensovielen Hupen zu verstehen, ist ein bißchen viel verlangt. Hier machen wir eine Erfahrung, die für unseren Türkeiaufenthalt typischer ist, als die vorhin geschilderte mit dem Busfahrer. Ohne daß wir gefragt hätten, tritt ein Mann an uns heran und erkundigt sich auf Englisch nach unserem Ziel, bugsiert uns, wir wissen nicht wie uns geschieht, in einen eben abfahrenden Minibüs, den er auch selbst benützt und diskutiert lange mit dem Fahrer, daß er auch nur ja am richtigen Campingplatz anhalte. Bei solchen Diskussionen im Bus, die wir noch öfter miterleben, beteiligt sich nach und nach fast jeder Fahrgast und Recht hat dann der, der am lautesten argumentiert. Wir jedenfalls brauchen uns um Nichts zu kümmern. Um viertel nach acht kommen wir müde und hungrig wieder an. Istanbul hat uns gefangen genommen und wir können es kaum erwarten, mehr davon zu kosten.

Die Fahrt am nächsten Mittag in die Stadt hinein macht uns klar, wie vernünftig es ist, nicht mit dem eigenen Wagen zu fahren. Eine Lektion Istanbuler Verkehr lernen wir vor Topkapı, wo sich ein Stau gebildet hat, der die gewöhnlich in drei oder vier Fahrbahnen genutzte Straße sechs– bis achtspurig bevölkert. Fünf Wagen stossen gleichzeitig auf eine Lücke zu, die höchstens für einen halben reicht, Taxis und Minibüsleri bemühen sich, von der äußerst linken Spur zur äußerst rechten hinüberzuwechseln, weil dort vielleicht ein Fahrgast steht. Es sieht hoffnungslos festgefahren aus, aber ausdauerndes Hupen bringt auf mysteriöse Weise den Verkehr wieder in Gang.

Auf dem Weg von Aksaray stadteinwärts, der uns heute schon vertrauter vorkommt, suchen wir uns als erstes eine Bank, die Euroschecks eintauscht. Die Ziraat Bankasi, bei der einem so etwas gelingen soll, führt auch tatsächlich das EC–Zeichen im Fenster. In Beyazit, gegenüber dem gedeckten Bazar auf der Yeniçeri Caddesi finden wir eine Zweigstelle. Vom Kunden werden nichts weiter als eine dreiviertel Stunde orientalische Geduld und acht Unterschriften verlangt, auf die Umrechnungsformulare werden speichelbeleckte Gebührenmarken geklebt, der halbe Paß wird abgeschrieben, aber nur in Auszügen. So wird das Feld für "ausstellende Behörde" nur mit "Der Oberstadtdirektor", der ersten Zeile des entsprechenden Stempels, gefüllt. Aber immerhin, Geld bekommen wir reichlich. Bei der von Tag zu Tag fortschreitenden Inflation ist es sinnvoll, öfters kleinere Beträge umzutauschen, da der Kurs ständig günstiger wird.

Danach schlendern wir durch die Bazarstraßen und staunen über Geschäfte, die das Angebot eines mittleren Kaufhofs auf dem

Der Bazar – Verwirrendes Herz der Stadt

Raum einer durchschnittlichen Telefonzelle unterbringen. Wir bewundern Menschenmassen, Handelsdispute, Lastenträger mit Kiepen oder anderen Tragevorrichtungen, Wasserverkäufer mit ihren abenteuerlichen Geschirren, Teeträger, Sesamkringelverkäufer und Plastiktütenhändler. Nach einem schönen Einkauf von Käse, Obst und Gemüse ziehen wir uns zur Erholung in den Gülhane Parki unterhalb des Topkapı Sarayi zurück, wo wir uns mit riesigen Pflaumen und Feigen erfrischen.

Hier im Gülhane Parki gefällt es uns sehr gut, die dicken Mauern und hohen alten Bäume schirmen ihn völlig vom Trubel der Großstadt ab. Wir schauen türkischen Familien beim Picknicken zu, spazieren ein wenig durch den Park und wundern uns über einige Familien, deren vielleicht zwischen sechs und zehn Jahre alte Söhne mit einer bombastischen Uniform geziert sind. Ein Anzug aus graublauem Tuch, mit Streifen an der äußeren Hosennaht und riesigen Epauletten auf den Schultern, dazu ein capeartiger Umhang, eine goldverzierte Schirmmütze, eine brokatgeschmückte Schärpe und schließlich eine Art Marschallsstab, dazu ein Knabe, der meist einen etwas wehleidigen Gesichtsausdruck hat — was mag das sein ? Später erfahren wir von einem Türken, mit dem wir uns unterhalten, daß dies, wie er sich deutschradebrechend ausdrückt, "Tag ist, wenn abgeschnitten". Die Beschneidung des Jungen ist also nicht nur ein großer Festakt zu Hause, wo der Knabe auf Spitzendecken und goldbrokatverzierten Kissen aufgebahrt wird und des Messers harrt, das da kommen soll, sondern auch ein öffentlich dokumentiertes Ereignis, mit dem der eben Gehäutete in die Männerwelt eingeführt wird. Das über den neuen Status offensichtlich nicht sehr glückliche Gesicht des Beschnittenen erklärt sich wohl von selbst.

Durch solcherlei Besichtigungen verpassen wir die rechte Zeit, um noch Einlaß ins Topkapı Sarayi zu bekommen, denn, wie die Aya Sofya, bei der wir es genauso vergeblich versuchen, schließen diese Museen, die um 10 Uhr aufmachen, um 16 Uhr. Vor der Blauen Moschee, die gegenüber der Aya Sofya liegt und türkisch Sultanahmet genannt wird, weil dieser sie erbauen ließ, sitzen wir eine Weile, denn die Moschee ist wegen Gebetszeit bis 18 Uhr für Touristen nicht zugänglich. Wir reden ein bißchen mit einem Schüler, der im Gymnasium Deutsch lernt und, wie er sich vornehm ausdrückt, "in Konversation üben" möchte. Des Herumsitzens und der recht gezwungenen Konversation überdrüssig, verabschieden wir uns höflich und sehen uns die Blaue Moschee von außen an.

Ein freundlicher junger Mann spricht uns mit einer Mischung aus tadellosem Englisch und gut verständlichem, wenn auch nicht einwandfreiem Deutsch an, ob wir Interesse hätten, das Teppichmuseum zu besichtigen, was sich links von Sultanahmet befinde. Wir verneinen, weil wir uns über seine Absichten nicht ganz im Klaren sind. Statt dessen erbietet er sich sofort, uns den Einsiedler zu zeigen, der in den byzantinischen Trümmern hinter der Moschee leben soll. Die Trümmer sehen wir deutlich, aber den Einsiedler natürlich nicht, erstens, weil es sich für einen ordentlichen Eremiten gehört, sich zurückzuziehen, zweitens weil wir auch schon unversehens am Geschäft des jungen freundlichen Mannes angelangt sind, der uns nunmehr bittet, die restliche dreiviertel Stunde bei einem Tee zu verwarten. Er erbietet sich, uns die Moschee zu zeigen, bedauert, daß sie zur Zeit geschlossen habe und beauftragt seinen im Geschäft assistierenden jüngeren Bruder, Tee zu kochen.

In den Arkadennischen unter der Moschee unterhält er ein Teppichgeschäft mit staatlicher Konzession und handelt zu amtlich festgesetzten Preisen mit Teppichen, die er, nach seinen eigenen lebhaften Erzählungen, selbst produziert. In der Gegend von Kayseri, aus der er stammt, habe er von seinem Vater fünfhundert Knüpfstühle geerbt und unterhalte dort, wie er sich ausdrückt, Mädchen, die die Teppiche knüpfen. Er ist sehr stolz auf seinen Reichtum, den ein dicker Ring mit rotem Stein und teure Kleidung zur Schau stellen. Während wir dieses und vieles mehr erfahren, breitet sein Bruder nach und nach mehrere kleine Gebetsteppiche vor uns aus, alles natürlich auf Anweisung seines "ağa bey". Offensichtlich hat er durch die Unterhaltung herausbekommen, daß diese kleinen Teppiche eventuell mit unserem Budget in Übereinstimmung zu bringen wären, wenngleich er natürlich, geschickt wie er ist, mit keinem Wort erwähnt, daß er beabsichtigen könnte, uns einen verkaufen zu wollen.

An jedem Stück, eines schöner als das andere, erklärt er uns mit geduldiger Hingabe, die sich nicht so anhört, als habe er dieses schon hunderten von Touristen vor uns erzählt, welche Details beachtenswert sind, daß sich bei seinen Teppichen, zumindest bei den kleinen, 49 doppelte Knoten — die aus der Geschichte bekannten Gordischen Knoten — auf dem Quadratzentimeter befinden. Die Farben, die allesamt aus Naturfarben bestünden — Kunstfarben greifen das Material an — symbolisieren alle etwas Besonderes: Rot bedeutet Reichtum, Glückseligkeit und Freude; Grün ist die heilige Farbe, die Farbe des Propheten Mohammed und des Paradieses; Blau schützt vor dem bösen Blick, ist die Farbe des Adels und der Pracht; Gelb schützt vor allem Bösen und Schwarz bedeutet das Reinigen vom weltlichen Schmerz.

Auch den Aufbau eines klassischen Gebetsteppiches bekommen wir erklärt. Stets ist die Gebetsnische, der "mihrab", die sich in den

Moscheen an der nach Mekka gerichteten Seite befindet, abgebildet. In dieser Nische ist ein stilisierter Lebensbaum abgebildet, dem je nach farblicher Kombination besondere Bedeutungen zukommen.

Nach zwei Stunden hat er uns tatsächlich mürbe. Die Schönheit dieser Teppiche läßt uns überhaupt nicht mehr los. Besonders ein Blauer, zu fünfzig Prozent aus Seide, zu fünfzig Prozent aus Wolle, fasziniert uns. Der Händler merkt sehr deutlich, daß wir uns einem Entschluß nähern, übergeht das aber gekonnt, bietet uns den fünften oder sechsten Tee an, verteilt Zigaretten, parliert über völlig andere Dinge und läßt nebenbei auch fallen, daß er Euro–Schecks annimmt. Sein Bruder räumt in aller Ruhe die Kollektion auf, damit wir den, für den wir uns entschieden haben, noch einmal allein und in Ruhe begutachten sollen. Schließlich wickelt und klappt er ihn zu einem handlichen Paket zusammen und verschnürt dieses in Packpapier.
Diesen Kauf haben wir immer noch nicht bereut. Preisvergleiche in hiesigen Teppichhäusern weisen unser Stück als ein rechtes Schnäppchen aus. Weiter im Landesinneren bekommt man allerdings manchmal solche Teppiche um fünfzig Mark, ostanatolische anderer Machart, meist ganz aus Wolle, auch um hundert Mark billiger. Für Interessenten sei dies angemerkt.
Unter Führung unseres Teppichhändlers gehen wir nun die Blaue Moschee besichtigen. Er sagt, früher einmal Kunst studiert zu haben, ob das stimmt oder nicht, seine Führung ist ausgezeichnet, er erklärt mit großem Sachverstand, nur ist er ein bißchen schnell.

Der große Moscheekomplex wurde in den Jahren 1609 bis 1616 unter Ahmet I. von dessen Hofarchitekten errichtet. Die Moschee steht auf dem Platz eines byzantinischen Kaiserpalastes. Vor dem Kuppelbau liegt ein Hof etwa gleicher Abmessungen; die Wahrzeichen dieser Moschee sind die sechs Minarette, einmalig in Istanbul. Im Inneren ruht die 43 Meter hohe Kuppel auf den sogenannten Elefantenfüßen, vier mächtigen Pfeilern, die allerdings in ihrer erschlagenden Wirkung auf den Betrachter etwas gemildert werden, dadurch daß sie mit wunderbaren Fayencen verkachelt sind. Die Farbgebung der Fliesen bis in Fensterhöhe und die durchgängige Bemalung in Blautönen erklärt den Beinamen "Blaue Moschee".

Noch bis ins 19. Jahrhundert war dies die Hauptmoschee Istanbuls, in der der Sultan den religiösen Festen beiwohnte und wo sich alljährlich die Mekkapilger sammelten, um mit ihrer Karawane loszuziehen. Zu den in mehreren Lagen übereinanderliegenden Teppichen im Innenraum erklärt uns unser Führer, daß es das Ziel jeden gläubigen Moslems sei, einmal so reich zu sein, daß er der

Vom religiösen zum touristischen Mittelpunkt: Die Blaue Moschee

Moschee einen Teppich spenden könne. Im vorderen Teil, direkt unterhalb der bunt verglasten Fenster, die nach Mekka weisen, zeigt er auf zwei Reihen völlig identischer Teppiche, die ein Teppichfabrikant hier gestiftet habe, schränkt den Wert der Ware aber sogleich ein, weil es sich um Maschinengeknüpfte handelt.

Im hinteren Teil des Betraumes machen wir ein durch Vorhänge abgegrenztes Abteil aus. Unser Führer murmelt etwas von Emanzipation. Seit den Reformen Atatürks sind in der Türkei auch Frauen zum Betreten einer Moschee berechtigt. Die Geistlichkeit wurde dieser Bestimmung schweren Herzens gerecht, indem sie solche Abteile schuf, wo die Frauen in einer versteckten Ecke nicht so sehr als Fremdkörper auffallen.

Der Besuch einer Moschee kann sehr unterschiedlich sein. Einmal kommt es natürlich sehr stark darauf an, ob man sich auf dem Land oder in der Stadt befindet. Aber auch in Istanbul selbst gibt es Unterschiede. In einer dermaßen von Touristen besuchten Moschee wie der Blauen ist es nicht einmal nötig, daß Touristinnen ihre Haare verhüllen. Man kann sich völlig frei bewegen und braucht keine Skrupel beim Fotografieren zu haben. Natürlich ist es nicht gut, Betende zu knipsen. Der Islam verbietet es, Abbilder von Menschen zu machen, weshalb ja auch in der islamischen Kunst so gut wie keine figürlichen Darstellungen vorkommen. Dieses Gebot hat sich inzwischen mancherorts sehr gelockert, besonders in den Auflösungszentren der Tradition, Istanbul und Izmir. Dennoch gilt es nach wie vor als Sakrileg, Betende abzulichten. Wir finden, daß man diese Vorschrift unbedingt achten sollte. Ähnlich vorsichtig muß man sein, wenn es darum geht, Frauen zu fotografieren, was prinzipiell nur bei sehr verwestlichten — und damit fotografisch meist uninteressanten — ohne Weiteres möglich ist. Jede Frau verliert ihre Ehre, die ihr Mann dann wieder herstellen muß, wenn man sie fotografiert. Vor—, Um—, Rück— und Nachsicht sind also vor weiblichen Schnappschüssen angebracht.

Doch zurück zum Moscheebesuch. Fast alle Moscheen sind mit mehr oder weniger dicken Lagen Teppichen ausgelegt, in reichen städtischen Moscheen liegen sie in bis zu acht Schichten übereinander. Man gibt seine Schuhe am Eingang ab, wo sich Regale dafür befinden oder trägt sie in der Hand mit sich. Manchmal gibt es auch riesige Überpantoffeln, die vor der Moschee ausgegeben werden. Frauen sollten darauf achten, dem islamischen Anständigkeitsverständnis gerecht zu werden; Shorts, Minis, Tangas und andere textile Nichtigkeiten wie schulter— oder armfreie und tief ausgeschnittene Oberbekleidung werden zwar von allen türkischen Männern gern gesehen, sind aber in einem Gotteshaus tabu. Schon in den unbekannteren Moscheen Istanbuls, erst recht in denen außerhalb der Stadt, ist es empfehlenswert, daß weibliche Besucher ihre Haare bedecken. Unter einem Kopftuch — Martina benutzt erfolgreich einen Pullover — müssen dann alle Haare verschwinden, kein einziges darf so vorwitzig sein und Allahs Frieden stören. In den strengislamischen Gebieten Zentral— und Ostanatoliens ist der "ungläubige" Besucher selten ein gern gesehener Gast in der Moschee, Fotografieren ist in diesen Gebieten auf jeden Fall eine zu starke Provokation.

An den Brunnen vor der Moschee herrscht immer Betrieb. Der Gläubige muß sich nämlich vor Betreten des Betraumes Gesicht, Hände und Füße waschen. Der Besucher muß das nicht. Als wir die Blaue Moschee verlassen, begleitet uns der Teppichhändler noch ein Stück des Weges und verabschiedet uns dann mit formvollendeter Höflichkeit und vielen Segnungen, Martina bekommt sogar einen Handkuß. Wir machen uns auf den Heimweg, finden im Vorbeigehen auf der Ordu Caddesi in Richtung Aksaray auf der linken Straßenseite eine Bäckerei, die dunkles Brot anbietet, unser letztes dunkles, wohlschmeckendes Brot für sechs Wochen.

Mit dem Minibüs geht és heimwärts,wir werden wieder von netten hilfsbereiten Leuten in die richtigen Wagen bugsiert und man bemüht sich allseits um eine angeregte Unterhaltung mit uns. Leider ist so etwas für eine Frau in männlicher Begleitung immer ziemlich frustrierend, denn das Gespräch läuft grundsätzlich nie über sie, sondern über den dazugehörigen Mann. Sie wird allenfalls bei bestimmten Verständigungsschwierigkeiten, bei denen sie helfen kann, eingeschaltet. Bei uns ist es dankenswerterweise so, daß Eicke so gut wie überhaupt kein Französisch spricht, Martina aber recht gut, womit sie sich bei den Malen, bei denen wir auf Französisch angeredet werden, am Gespräch beteiligen kann.

Den schönen und erlebnisreichen Tag beschließen wir mit einem Abendessen aus unseren Gemüseeinkäufen und einer unserer Fleischkonserven. Draußen vor dem Wagen sitzen wir noch lange bei einem trockenen türkischen Rosé und Kerzenschein.

Freitag, der 28. August, wird ein anstrengender Kulturtag. Nach Anfahrt per Minibüs und Durchwandern unserer Standardstrecke stürzen wir uns gleich in die Hagia Sophia, oder, wie der korrekt amtliche Name lautet, ins "Aya Sofya Müzesi". Seit 1932 ist dieses Gebäude, das zunächst eine Kirche und später eine Moschee war, nämlich ein Museum. Doch bevor wir Einlaß in die verblichene Pracht bekommen, machen wir die Bekanntschaft der türkischen Eintrittspreisregelung. Während die einzelnen Preise natürlich je nach Besichtigungsgegenstand voneinander abweichen, ist das System überall in der Türkei das gleiche: Touristen werden mehrfach geschröpft, sie zahlen einmal pro Person und dann nochmal das Doppelte bis Fünffache des Personeneintrittspreises für jeden Fotoapparat. Diese Einnahmequelle ist todsicher, denn welcher Tourist kommt schon ohne Kamera. Unseren begabten Lesern schlagen wir vor, auf Skizzenblock und Bleistift umzusteigen, beides darf unverzollt in die Kulturstätten mitgenommen werden. Untalentiertere Zeitgenossen, die in der Lage sind, dies mit ihrem Gewissen zu vereinbaren, können sich der unangenehmen Geldausgabe wenigstens teilweise entziehen. Prinzipiell glaubt jeder Portier völlig richtig jeden Touristen im Besitz einer Kamera. Wegen des hohen Ansehens, welches die Frau in der Türkei genießt, glaubt er aber nicht unbedingt, daß sie fotografieren dürfe, wenn das schon der Mann erledigt. Eicke hängt sich also immer beide Fotoapparate um und zahlt nur für einen, der zweite Apparat wird anscheinend, gerade weil er nicht versteckt ist, für Zubehör gehalten. Als wir diesen Trick endlich raushaben — lange hinter Istanbul — klappt er eigentlich immer. Im Fall der Hagia Sophia muß man sich die Preisrelation so vorstellen: Während à Person rund eine DM zu zahlen ist, ist ein Fotoapparat gleich ungefähr drei DM wert.

Die Kirche der "Heiligen Weisheit", was Hagia Sophia auf Griechisch heißt, ist der wichtigste byzantinische Bau von Istanbul. An ihrem Platz befanden sich seit Konstantin dem Großen Kirchenbauten gleichen Namens, aber Justinian hatte sich in den Kopf gesetzt, hier das prächtigste Bauwerk seines Reiches errichten zu lassen. Für

Glanz aus Byzanz: Goldmosaik an der Hagia Sophia

Gesamtkosten von 18 Tonnen Gold beendeten über 10.000 Menschen den Bau innerhalb von nur fünf Jahren. Doch ein Erdbeben brachte 557 die Kuppel schon wieder zum Einsturz. Die Kirche wurde wieder aufgebaut und konnte 562 zum zweiten Mal geweiht werden.

Dieser Kirchenkomplex war aber nicht nur in seinen Ausmaßen gigantisch, in ihm war auch ein riesiger Stab geistlicher Würdenträger und Bediensteter beschäftigt. Der Kirchenschatz war so wertvoll, daß das Heer des vierten Kreuzzuges 1204 es für besser hielt, ihn fortan in Europa aufzubewahren und die Hagia Sophia kurzerhand plünderte. 1453 eroberten die Osmanen Istanbul. Der Hagia Sophia wurde nach ihrer Bekehrung zum Islam und geringfügigen Umbauten die Ehre zuteil, die Hauptmoschee der neuen Hauptstadt des Osmanenreiches zu werden. Wegen des koranbedingten Verbots, Bilder von Menschen zu haben, wurden die kostbaren christlichen Mosaiken, die den Kirchenraum geschmückt hatten, übertüncht. Der Innenraum wurde aber baulich nicht wesentlich verändert, wobei dem Gebäude seine Ausrichtung von Nordwesten nach Südosten sehr zugute kam, denn so wies es bereits nach Mekka und die islamischen Innenarchitekten begnügten sich damit, eine Gebetsnische (mihrab), eine Kanzel für den Vorbeter (mimber), eine Sängertribüne und die großen runden Schilde, die auf grünem Grund, der heiligen Farbe, die Namen der ersten Kalifen in goldenen Kalligraphien tragen, einzufügen. Später wurde noch eine Loge errichtet, von der aus der Sultan den Gottesdiensten folgen konnte.

Das Äußere des Baues wurde um einige Strebepfeiler und vier Minarette erweitert, ferner wurden die für einen Moscheekomplex typischen Hofanlagen mit Grabmalen (türben), Armenküche und Brunnen angefügt. Mit dieser Ausstattung bestückt, gingen einige Jahrhunderte an der "Aya Sofya" vorbei, in denen immer mehr Konkurrenten erbaut wurden, so daß sie selbst endlich baufällig wurde und verfiel. Sultan Abdülmecit ließ sie von 1839 bis 1848 von einem Schweizer Architekten restaurieren, der zur Sicherung der Kuppel einen doppelten eisernen Ring konstruierte.

Unter dem islamischen Gipsstuck entdeckte der Schweizer die byzantinischen Mosaiken. Er legte sie frei, um sie abzeichnen zu können, mußte aber die, die im Betraum selbst lagen, wieder übertünchen. Im Giebelfeld über dem Eingang zur Vorhalle durfte ein Mosaik auf goldenem Grund frei liegenbleiben, das in der Mitte die Muttergottes mit dem Jesuskind darstellt, links flankiert von Kaiser Justinian mit einem Modell der Hagia Sophia und rechts von Kaiser Konstantin dem Großen mit einem Modell von Byzanz.

Der eigentliche Betraum selbst mißt vom Boden bis ins Zentrum der Kuppel 55,6 Meter und die Kuppel überspannt 33 Meter. Seit dem Jahre 1932 ist der Komplex ein Museum, weswegen die Teppiche herausgenommen worden sind. Die eigenwillig ruhige orientalische Feierlichkeit ist damit aus dem Raum entfernt und die Ausstattungsstücke aus islamischer Zeit wirken ungewöhnlich in diesem Raum, der einen, gerade wegen dieser Ausstattung, auch nicht so sehr an eine Kirche erinnert. Das ganze Gebäude strahlt einen entrückend interessanten musealen Muff aus; auf jeden Fall lohnt sich ein Besuch.

Als wir wieder hinaustreten, erholen wir uns erst einmal auf einer Parkbank im ehemaligen "Hippodrom", dem byzantinischen Nürburgring. Von der ursprünglichen Gestalt freilich ist kaum noch etwas zu sehen, der Platz heißt heute "At Meydanı". In der Achse der alten Rennbahn liegt eine Grünanlage und außenherum, wo sich früher Ben Hurs Nachfolger jagten, parken Taxis und Wohnmobile, am Fahrbahnrand gibt es Teestuben und Andenkenläden. Einzig die Monumente, die die Rennbahnachse verziert haben, stehen heute noch.

Das älteste Denkmal Istanbuls, die Schlangensäule, hat hier seinen Platz. Nach dem Sieg über die Perser 470 v.Chr. bei Plataä wurde die Säule von den Griechen aus dem Metall erbeuteter Waffen gegossen.
Als Weihegabe wurde sie in Delphi im Apollon — Heiligtum aufgestellt, von wo sie Kaiser Konstantin nach Byzanz schaffen ließ. Erhalten sind nur noch die ineinander verschlungenen Leiber der drei

Immerwiederkehrende Verlockung: Frisch geröstete Maiskolben

Schlangen; ihre Köpfe und der ursprünglich darauf stehende Dreifuß sind verlorengegangen.
Dikilitaş, der ägyptische Obelisk, ist ebenfalls ein Denkmal, was eigentlich gar nicht nach Istanbul gehört, sondern von Kaiser Theodosius I. 390 n.Chr. in Ägypten geklaut wurde. Ursprünglich stand der 25 m hohe Obelisk, den Thutmosis III. (1502 bis 1448 v.Chr.) errichten ließ, in Karnak. Der Marmorsockel, auf den er dann in Byzanz gestellt wurde, trägt Bilder aus dem Leben Theodosius I.

Örme Sütün ist auch ein Obelisk, allerdings ein nackter. Er ist 32 m hoch und wurde im 10. Jahrhundert errichtet. Die prächtigen vergoldeten Bronzeplatten, mit denen er verkleidet war, raubten die Kreuzfahrer 1204.
Was schließlich klein, dick und knubbelig gar nicht zu den schlanken Säulen und Obelisken passen will und doch im ehemaligen Hippodrom steht, ist ein Brunnen, den Kaiser Wilhelm II. Istanbul stiftete. Das Hippodrom ist ein schöner Platz, die Eindrücke der Hagia Sophia zu verarbeiten und sich auf neue vorzubereiten, mit denen das Serail der Sultane auf uns wartet.

Der konservierte Märchenglanz aus tausendundeiner Nacht im Topkapı – Sarayi – Museum liegt an der schönsten Stelle Istanbuls, auf der Halbinsel von Sarayburnu, mit Blick über das Goldene Horn, den Bosporus und das Marmarameer. Schon Mehmet II., der Eroberer Istanbuls, begann an dieser Stelle 1462, Palastanlagen bauen zu lassen. Bis 1855 diente der immer weiter ausgebaute "Kanonentorpalast" (Topkapı Sarayi) als offizieller Sitz der Sultane des osmanischen Reiches. Diese Sultane regierten ein Areal, was von der Steiermark bis Ägypten und von Algerien bis Saudi-Arabien reichte, am liebsten inmitten eines phantastischen Gartens, wo sie dem Zwitschern der Vögel lauschen und den Duft der Blumen schnuppern konnten. Zum Schutz vor großer Hitze hielten sie sich dabei gerne in kleinen Pavillons auf, die ihnen durch großzügige Verglasung und geschickte Lage jederzeit einen schönen Rundblick über die Stadt, das Goldene Horn oder den Bosporus gewährten.

Dieser Vorliebe entspringt eine Palastarchitektur, die sich von mitteleuropäischem monumentalen Schlösserprunk deutlich unterscheidet. Auf den ersten Blick wirkt die ganze Anlage so. als hätte jeder Sultan an den Stellen, die ihm zusagten, irgendwelche Gebäude errichten lassen. Grob gesehen, hat man einen Park mit ungeordnet hineingestreuten Baugruppen vor sich. Dennoch unterliegt das gesamte Sarayigelände einer viergeteilten Ordnung in drei Höfe und einen Palastgarten. Von Hof zu Hof wird die Zahl der Zutrittsberechtigten kleiner, bis schließlich der Palastgarten nur noch der Familie des Sultans, ihm selber und ausgewählten Bediensteten of-

Entführung in das Serail, Märchen unter den Arkaden des Sultanpalastes

fensteht.

Bevor wir jedoch das erste Serailtor durchschreiten, fällt uns direkt davor ein schönes Brunnenhaus auf. Brunnen prägen das Stadtbild des alten Istanbul ganz stark. Häufig hing dort ein kleiner Becher an einer Kette, mit dem man sich am Brunnen erfrischen konnte. Manchmal saß auch ein Geistlicher hinter dem Gitter, der dem Dürstenden den Becher samt Segnungen herausreichte. Der Brunnen hier stammt aus dem Jahr 1728 und wurde unter Ahmet III. errichtet.

Das erste Hoftor ist schon sehr alt und steht seit der Zeit Mehmets II., des Eroberers, dort. Es hat auf jeder Seite neben dem Durchgang eine Nische, in denen die Köpfe der Hingerichteten aufgehängt wurden. Die Jandarmasoldaten, die hier auf und ab patroullieren, erinnern uns daran, daß die Zeit der Exekutionen nicht der versunkenen Geschichte orientalischer Sultane angehört, sondern immer noch lebendig ist. Wir gehen durch das Tor und finden einiges vor, was man in einem Sultanspalast nicht unbedingt erwarten würde. Mengenweise wartende Taxis, ein Busparkplatz, das, was von der Irenenkirche aus byzantinischer Zeit noch restauriert werden konnte und das sehr empfehlenswerte archäologische Museum. Früher gab es hier wohl mal öffentliche Gebäude und Kasernen, aber davon ist nichts übrig geblieben.

Wir versuchen unser Heil ein Tor weiter, nämlich am 1524 erbauten "Bab–i–Salam", dem Tor des Heils. Mit dem zweiten Serailhof be-

Touristisches und alltägliches Istanbul: Blick vom Bagdad-Kiosk auf Beyoğlu

ginnt dahinter der eigentliche Palastbezirk. Rechts liegt der gigantische Küchentrakt, der zehn Schornsteine trägt. Die Küchen dienen heute als Ausstellungsräume für die kostbare Sammlung chinesischen, japanischen, europäischen und türkischen Porzellans aus dem Besitz der Sultane.
Der Gebäudekomplex gegenüber beherbergt den großen Ratssaal der Wesire und daran anschließend den Harem. Diese beiden sehenswerten Palastteile haben leider wegen Restaurierungsarbeiten geschlossen und wir können nicht hinein.

Also gehen wir weiter und kommen zum dritten Tor, dem "Bab—i—Saadet", was Tor der Glückseligkeit bedeutet. Wenn man da hindurch ist, läuft man geradewegs auf den Audienzsaal zu. Der Thron, auf dem der Sultan die ausländischen Gesandten empfing, ist über und über mit Gold und Edelsteinen verziert, sodaß er eigentlich keinen sehr bequemen, sondern eher einen etwas pieksigen Eindruck macht. Aber was so ein richtiger Sultan gewesen ist, wird auch sicher eine entsprechend polsternde Speckschicht gehabt haben. Hinter dem Audienzsaal gelangen wir wieder in einen Hof. Das einzige freistehende Gebäude ist die direkt vor uns liegende Bibliothek Ahmets III. aus dem 18. Jahrhundert.
Leider ist auch sie verschlossen, sodaß wir nur durch die tief herabgezogenen Fensterscheiben einen Blick auf die kostbare Innendekoration werfen können.

Diese Bibliothek kann sich von ihrem Aufbau her kaum mit europäischen Bibliotheken vergleichen, denn im Islam ist das einzig relevante Schriftstück der Koran, andere Bücher haben einen weit untergeordneten Rang, daher gibt es auch wesentlich weniger Bücher anderer Disziplinen. Bekannt und überliefert sind einige türkische Chroniken. Ahmets III. Büchersammlung soll viertausend Handschriften bewahren, aber wir können uns nicht davon überzeugen.

Der Serailhof wird von einigen Gebäuden umrahmt, die durch eine Arkadenreihe miteinander verbunden sind. Schräg links vor uns führt eine Tür in ein Gebäude, das erst vor einigen Jahren allgemein zugänglich wurde. Die Sultane besuchten es nur einmal im Jahr. Hauptsächlich türkische Touristen und welche aus anderen orientalischen Ländern drängen hier hinein. Phantastische Fayencekacheln schmücken Außen– und Innenwände, ein Schild an der von zwei kunstvoll gearbeiteten Hängelampen flankierten Eingangstür bittet die Touristen, die Heiligkeit des Ortes zu achten und sich mit der angemessenen Feierlichkeit hineinzubegeben.

Drinnen werden islamische Reliquien aufbewahrt:
Nicht nur Mantel, Schwerter, Bogen, Siegel des Propheten Mohammed, sondern auch seine Barthaare in einer goldenen Dose locken die Pilger. Außerdem gibt es noch Siegel, Korane und Schwerter der Kalifen und Sultane.

Die übrigen Räume, die zugänglich sind, liegen an der Stirnseite und im rechten Seitentrakt des Sarayi. In ihnen sind die Schätze aus tausendundeiner Nacht hinter Glasvitrinen ausgebreitet. Da dem orientalischen Leben das Sammeln von Gegenständen hohen ideellen Wertes fremder ist als der in unseren Breitengraden vorherrschenden Auffassung, finden wir den immensen Reichtum der Sultane nicht in Gemäldegalerien, Kunstsammlungen oder Bibliotheken mit Werken möglichst aller Fachgebiete. Statt dessen wird der Reichtum in übermäßig verzierten Gebrauchsgegenständen sichtbar gemacht. Die ausgestellten alltäglichen Gegenstände — Möbel, Schreibgeräte, Waffen, Kleidung oder Dessertschalen mit Löffelchen — sind bis zur vollkommenen Absurdität in Luxus aufgelöst. Dem nichtsultanischen mitteleuropäischen Betrachter, der sich von blendender Vitrine zu Vitrine weiterschleppt, kommt manche Überladung harmloser Kaffeelöffel mit zig verschiedenen Edelsteinen und –metallen wie dekadente Geschmacklosigkeit vor. Erholsam sind da die Ausblicke zwischendurch, mal in den Garten, mal über die Stadt.

Besondere Erwähnung verdient vielleicht das Uhrenmuseum, in dem astronomische Uhren, große Prunkstanduhren, aber auch kleine Taschenuhren ausgestellt sind, alles aus dem persönlichen Besitz der Insassen von Topkapı Sarayi, zum großen Teil Geschenke ausländischer Staatsgäste an den jeweiligen Sultan. Aus Dankbarkeit Mustafa Kemal Atatürk gegenüber, der dieses alles der Öffentlichkeit zugänglich machte, zeigen die Uhren allesamt die Sterbezeit des Türkenvaters an. Das jedenfalls sagt ein Schild dort.

Hinter dem dritten Serailhof finden wir es am schönsten. Hier sind wir im Palastgarten, der mit mehr oder weniger großen Pavillons, sogenannten Kiosken, bebaut ist. Vielleicht finden wir es hier so schön, weil uns der gerade betrachtete Prunk so erschlagen hat, aber man ist hier unbestritten an der schönsten Stelle Istanbuls. Von der Spitze Sarayburnu aus kann man über die Wipfel der alten großen Bäume des Gülhane–Parki hinweg einen Rundblick geniessen, mit dem man das Zentrum Istanbuls voll erfaßt: Marmarameer, Bosporus und Goldenes Horn trennen Alt–Stambul, auf dessen Spitze wir stehen, von Beyoğlu, dessen Galata–Turm so deutlich über den Gassen hinaufragt, und Üsküdar, der asiatischen Seite dieser Stadt. Wie herrlich muß das sein, hier zu leben und sich zum Beispiel im Bagdad–Kiosk aufzuhalten. Dieser Pavillion wurde unter Murat IV. zum Gedenken an die Eroberung von Bagdad 1638 erbaut.

In unseren Gedanken läßt sich der Sultan in dem angenehm kühl verkachelten Raum auf einem der langgestreckten, matratzenartigen Sitzpolster nieder. Auf dem niedrigen Tischchen vor ihm ist Tee serviert worden.
Schon wieder Tee, ich kann ihn nicht mehr sehen, räum' ihn wieder ab. Den neben ihm auf dem Divan liegenden Koran läßt er achtlos und uninteressiert in eine Nische des kunstvoll geschnitzten und mit Einlegearbeiten versehenen Wandregales gleiten und stiert eine Weile gelangweilt auf die mit kleinen Perlmuttplättchen eingelegten Holzflügeltüren, auf denen das durch die bunten Fenster eindringende Licht glitzert. Gähnend kommt ihm eine Idee zur Zerstreuung. Ich werde mir'was vortanzen lassen, denkt er und ruft nach einem Eunuchen. Lächelnd und gleichmütig, als täten sie nichts lieber als das, erscheinen drei Bauchtänzerinnen. Wie gut, daß es euch gibt, es ist schrecklich, gar nichts zu tun zu haben, sagt der Sultan und steckt ihnen ein paar Geldstücke in den Gürtel.....

Hier im Palastgarten gibt es auch noch ein Café und Restaurant, von dessen Terasse man über die Reste der alten byzantinischen Seemauer, die zu der parallell laufenden Eisenbahnlinie einen seltsamen Kontrast bildet, über den Bosporus, in dem leuchtend weiß der Leanderturm steht, auf Üsküdar und somit Asien blicken kann. Der Leanderturm ist nach der Sage benannt, derzufolge Leander vom Ufer bis zu dem Turm schwamm, um Hero heiraten zu können. Diese Sage spielt aber eigentlich in den Dardanellen, sodaß wir eher die türkische Bezeichnung "Kizkulesı", Mädchenturm, so genannt nach einer hier eingeschlossenen Sultanstochter, empfehlen wollen.

Wir verlassen das Topkapı Sarayi, nachdem wir in besagtem Café versucht haben, die ungeheuren Eindrücke von Prunk und Herrlichkeit mit Hilfe einer Portion Eiscreme ein wenig zu verdauen. Vielleicht ist man vom Blinken der Edelsteine und vom Pomp der Kleidungsstücke nicht gar so unvoreingenommen geblendet, wenn man sich ein klein bißchen zu vergegenwärtigen versucht, unter welch gnadenlosem Regime diese Schätze angehäuft worden sind. Nicht nur nach außen war die Osmanenherrschaft hart. Schon von Mehmet II., dem Eroberer, stammt der Erlaß eines Gesetzes zur Sicherung der Thronfolge, dessen Wortlaut war: "Die meisten Gesetzesgelehrten haben es für erlaubt erklärt, daß, wer immer von meinen erlauchten Kindern und Enkeln zur Herrschaft gelangt, zur Sicherheit der Ruhe in der Welt seine Brüder hinrichten lasse. Danach mögen sie handeln."
Wie oft wohl in den Nischen des ersten Serailtores Köpfe gehangen haben mögen ?

Trotz allem noch nicht gesättigt in unserem kulturverschlingenden Besichtigungswahn, machen wir uns auf eine leicht veränderte Heimwegroute. Als wir am großen gedeckten Basar, "Kapalıçarşı", vorbei sind, halten wir uns etwas rechts und laufen über den grossen Platz vor dem mächtigen Tor der Universität, der von Tauben, hastenden Menschen, patroullierenden Jandarmasoldaten, blinden Losverkäufern und Sesamkringel feilbietenden Kindern belebt wird. Unser Ziel ist die Moschee Süleymans des Prächtigen, eines der bedeutendsten Werke türkischer Baukunst, das 1557 vom Hofarchitekten Sinan in einem der Hagia Sophia ähnlichen Baustil begonnen wurde. Die Süleyman–Moschee beherrscht von allen möglichen Blickpunkten Istanbuls aus das Stadtbild, nur natürlich nicht, wenn man ganz nah dran ist und sich dann verläuft.

Schließlich finden wir eine Moschee, die wir für die Süleymans halten, doch entlarven wir sie recht schnell als die falsche. Dies ist dafür aber keine Touristenmoschee und wir sehen viele Gläubige, die den islamischen Feiertag, den Freitag, begehen. Mitten in dieser Feierlichkeit, an der wir uns nur ganz vom Rande aus zu beteiligen trauen, spricht uns ein heimaturlaubender Türke aus Hannover an. In der Nähe des Ausgangs genieren ihn seine betenden Glaubensgenossen viel weniger als uns. Nachdem er Eicke gefragt hat, ob Martina seine Frau sei und ihm bescheinigt, sie sei gut, deutet er mit einer globalen Geste in den Betraum und meint, das sei alles sehr teuer hier, er glaube, die Kuppel sei dreißig Meter hoch. Wir bedanken uns für die informativen Auskünfte, finden uns in der Moschee voller Betender etwas fehl am Platz und treten, zu müde, um noch die Moschee Süleymans des Prächtigen aufzusuchen, den Rückweg an.

Am Gebäude der Stadtverwaltung, welches zu Ehren des Atatürkjahres besonders festlich geschmückt ist (Atatürk hätte 1981 seinen 100. Geburtstag), vorbei schleppen wir uns über den lauten Bürgersteig des viel und chaotisch befahrenen Atatürk—Bulvari und sind froh, unsere müden Füße in einem Minibüs unterstellen zu dürfen. Alle weiteren Kunstschätze und Sehenswürdigkeiten Istanbuls müssen sich bis zu unserem nächsten Besuch gedulden. Es gibt hier noch so viel anzuschauen ! Aber für jetzt haben wir erst einmal genug getankt, wir möchten ja auch nicht dank eines Schnellbesichtigungsverfahrens nachher alles durcheinanderwerfen.

Istanbul scheint etwas beleidigt zu sein, weil wir ihm nicht die gebührende Besichtigungszeit gönnen und entläßt uns am letzten Samstag des August mit nahezu völlig bedecktem Himmel. Nach der Abrechnung auf dem Londra—Camp mischen wir uns problemlos unter den staufrei über die Autobahn fließenden Verkehr. Die Autobahn folgt auf europäischer Seite dem Verlauf der theodosianischen Landmauer und hat an großen Abfahrten jeweils eine am Topkapı und eine am Edirnekapı. Mit der innersten der drei Brücken, der "Haliç Köprüsü" überquert sie das Goldene Horn und führt dann durch Neubauviertel, Industrieanlagen und moderne Stadtteile durch "Beyoğlu", den Teil Istanbuls, der auf der nordöstlichen Seite des Goldenen Hornes liegt. Wir fahren dicht am Taksim Platz vorbei, dem Zentrum des modernen Istanbul mit vielen Restaurants und abendlichem Leben, oberhalb von Galata. Ortaköy ist dann der letzte Stadtteil auf europäischer Seite. Südlich liegt der Dolmabahçe—Palast, in den Sultan Abdülmecit I. 1833 seine Residenz verlegte. Dolmabahçe heißt "gefüllter Garten", und gefüllt ist dieses verschwenderisch ausgestattete Schloß bestimmt; vierzehn Tonnen Gold sind in den über zweihundert Räumen verbaut. Aber nicht deswegen steht das Gebäude in hohem Ansehen der Türken, seine nationale Bedeutung fällt dem Palast durch den 10. November 1938 zu, an dem Mustafa Kemal Atatürk hier verstorben ist.

Der asiatische Stadtteil, der Ortaköy gegenüberliegt, heißt Beylerbeyi, beide werden durch den Bosporus getrennt. Seit 1973 braucht man nicht mehr die Fähre zu bemühen, was von Eminönü aus immer noch möglich ist, sondern kann den Bosporus in einer Höhe von 64 Metern über dem Wasserspiegel auf einer Hängebrükke überqueren. Die freie Spannweite von 1074 Metern hat der Brücke den Ruf der längsten Hängebrücke Europas eingetragen. Wir fragen uns ernsthaft, wer die Brücke in ihrer ganzen Länge und mit allen ihren sechs Fahrspuren einfach zu Europa geschlagen hat – schließlich ist sie mindestens genauso asiatisch wie europäisch. Wie dem auch sei, gegen eine Gebühr von 200 Lira, etwa vier Mark, dürfen wir auf ihr den Erdteil wechseln, wovon man freilich überhaupt nichts merkt.

Wir fahren weiter auf der Autobahn und sehen rechterhand Teile von Üsküdar liegen, dessen Bebauung nicht abreißt und sich mit Betonhochhäusern und jeder anderen Form von Unterkünften das Ufer des Marmarameeres entlangzieht. Die Autobahn ist zur Erhaltung der Kondition des Autofahrers mit zahlreichen Fußgängerüberwegen und Kreuzungen aufgelockert. Wir nehmen die Abfahrt nach Kartal, weil wir uns den Umweg auf der vielbefahrenen Strasse über Izmit sparen wollen. Wir sind nämlich nach Bursa unterwegs, und die langgestreckte Bucht des Marmarameeres zu umfahren, an deren Spitze Izmit liegt, würde gegenüber der Fähre einen Umweg von rund 140 km ausmachen. Mit der Fähre zu fahren ist nicht nur beschaulicher (was wäre ein Urlaub ohne Fähre ?), sondern im Endeffekt auch billiger. Allerdings ist es angebracht, sich mit etwas orientalischer Geduld zu wappnen.

Wir warten eine Stunde auf die Fähre und vertreiben uns die Zeit mit dem Verzehr von Sesamkringeln, die ein Opa an der Anlegestelle feilbietet. Ein Jandarmasoldat weist uns einen Parkplatz gegenüber dem Kassenhäuschen zu und geht dann mit Eicke ein Billet kaufen, wobei dieser 500 Lira für den Minibüs und je 20TL pro Person loswird, das macht zusammen etwa knapp elf Mark. Zu sehen bekommen wir auch noch was, denn ein unglaubliches Ding von Bus rangiert sich vor unserem Wagen ein, eine überlange Karosse mit bunten Farben und abgefahrenen Reifen, einem riesigen Dachgestell mit großen Ölfässern und mengenweise Gepäckstücken. Das Kennzeichen nennt als Heimat dieses Ungetüms Syrien und die Insassen scheinen die Fußballspieler der syrischen Nationalelf zu sein.
Ganz sicher sind wir uns aber nicht, jedenfalls sind die sich ihrer muskulösen Schönheit ganz offensichtlich sehr bewußten jungen Männer ständig von Kindern umlagert, während ein älterer Fetter, wahrscheinlich der Manager, mit den Offiziellen der Hafenbehörden irgendetwas durch die freundliche Überlassung einiger Schachteln Zigaretten regelt.

Die Fähre kommt. Einige Eselskarren sind schon vorher auf den Kai gefahren. Auf sie werden jetzt Waren, besonders Gemüsekisten verladen. Eine unglaubliche Menge von Fußgängern ergießt sich mit Sack und Pack von der Fähre auf das Festland. Unterdessen warten schon genauso viele Fußgänger ganz nervös, um endlich, ob krummer Opa oder Baby, im Laufschritt die menschenleere Fähre zu stürmen. Jeder hofft auf einen Sitzplatz, am besten im "Salonu", wo man sich vor Wind und Wetter geschützt gut ausruhen kann. Nach diesen Völkerwanderungen rollen endlich die Autos von Bord, abenteuerliche LKWs, Minibusse, meist Ford—Transit, und Kamyonets, das sind Fahrzeuge mit einem PKW—Vorderteil und hinten einer offenen Ladefläche, aber auch stolz aufgereckte Motorradfahrer auf der typischen Türken—Harley, der meist alten, barock geschwungenen Zweizylinderzweitakt—Jawa. Nach einer kleinen Ewigkeit dürfen jetzt die Autos in Richtung Bursa auf die Fähre. Leider ist es immer noch ziemlich bedeckt und recht kühl, sodaß wir uns nach einem Tee, den einer der zahlreichen auf der Fähre rumlaufenden Verkäufer anbietet, ins Auto setzen und verträumt die, wenn auch trübe, Sicht aufs Meer und das sanfte Auf und Ab der Wellen bei den Klängen von Pink Floyd genießen.

Bis Yalova, wo man wieder auf die Straße von Izmit trifft, braucht die Fähre etwa eindreiviertel Stunden. Hinter Yalova klettern wir in bewaldete Hügel, manchmal mit Bächen, und haben auf guter Straße, teils autostraßenartig ausgebaut, schöne Ausblicke. Zwanzig Kilometer hinter Yalova fahren wir bei Orhangazi am äußersten Zipfel des Sees von Iznik vorbei. Die Straße folgt jetzt in westlicher Richtung einem Tal und berührt bei Gemlik noch einmal das Marmarameer.
Danach überqueren wir eine Bergkette und fahren durch das fruchtbare Nilüfer—Tal auf Bursa zu.

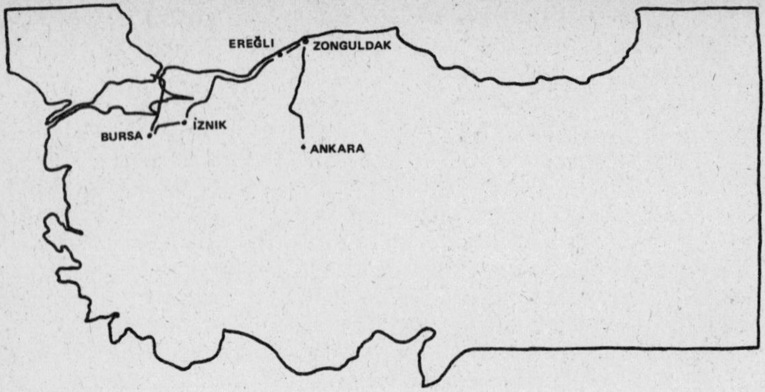

3. Teil: BURSA, IZNIK, SCHWARZMEERKÜSTE

Die Stadt Bursa hat den Beinamen "die Grüne". Sie liegt malerisch am Fuße des Nordhanges des Uludağ, eines mächtigen 2543 m hohen Bergmassivs, übrigens eines der wenigen erschlossenen Skigebiete der Türkei. Wenige große Straßen gliedern die alte osmanische Hauptstadt. Um die zentralen Bauten der Moscheen haben sich alte Stadtviertel mit engen, verwinkelten Gassen und ebensolchen Häusern erhalten. Wir sehen Bursa schon von weitem vor uns liegen. In der Stadt angekommen, halten wir uns auf den großen Straßen und gelangen problemlos in die Nähe von Grüner Moschee und Grünem Mausoleum, den bedeutendsten Sehenswürdigkeiten. Ab dem Atatürk Bulvari sind diese Bauten sogar ausgeschildert. Wir stellen den Wagen auf einem gekennzeichneten Parkplatz ab. Wer sucht, kann freilich auch überall in irgendwelchen Nebenstraßen parken, denn hier kostet uns der Spaß eine Mark Parkgebühr.

Als erstes besuchen wir das Grabmal Mehmets I. (1413 – 1421), das sogenannte Grüne Mausoleum, "Yeşil Türbe". Der Name kommt von den grünen Fayencekacheln, mit denen das Gebäude innen und außen verkleidet ist. Auch der Sockel des Sarkophages und dieser selbst sind ganz verkachelt. Auf dem Sarg steckt am einen Ende nach alter Tradition der Turban des Verstorbenen, damit man weiß, wo das Kopfende ist. Die Fliesen sind hier blau und tragen Koransprüche in arabischen Kalligraphien. Besonders großartig sind die mit blau und gold gemalten Fliesen, die am Eingang in dreidimensional gefalteten Sternen, künstlichen Stalaktiten ähnlich, das Portal ausfüllen. Als wir uns an den satten Farben sattgesehen haben und wieder ins Freie treten, spricht uns auf den Stufen vor der Türbe ein Mann sehr höflich auf Deutsch an. Er fragt, ob wir Deutsche wären und ob er sich mit uns unterhalten dürfe.

Freundlich bietet er uns an, uns die Grüne Moschee, "Yeşil Camii", zu zeigen. Martina muß alle ihre Haare unter ihrem Tuch verbergen, Salih, so heißt unser Führer, ist erst zufrieden, als kein einziges mehr hervorlugt. Wir ziehen unsere Schuhe aus und stellen sie am Eingang ab. Kaum sind wir drinnen, umfängt uns wieder diese fremde Feierlichkeit der immer in Stille und im gedämpften Licht daliegenden Moscheen. Salih wird vom Portier oder wie man den Menschen direkt hinter dem Eingangsportal auch immer bezeichnen mag, sehr devot begrüßt. Weil der Innenraum im spärlichen Dämmerlicht offensichtlich für Touristenaugen zu dunkel ist, weist Salih den Bediensteten am Eingang an, Licht einzuschalten. Uns ist es peinlich, die wenigen in der Moschee versammelten Gläubigen dadurch aus der Andacht gerissen zu haben, aber wir sind ja nicht mehr in den rechthaberischen teutonischen Landen, niemand regt sich hier darüber auf oder hält die Szene auch nur einer Kopfwendung für würdig. Staunend werden wir nun durch die ganze Moschee geführt und sollen auch die wundervollen Kacheln, sogar im "Mihrab", der Gebetsnische, anfühlen. Während wir ihm über die Teppiche folgen, erzählt uns Salih ganz leise, daß die Moschee vom Hofarchitekten Mehmets I. erbaut und 1423 eröffnet wurde. Wir sehen Nebenräume, in denen in regalartigen Wandnischen Fächer für Korane eingearbeitet sind. Nicht losreißen können wir uns von der Schönheit der Kacheln, deren Farbgebung für den Namen der Moschee verantwortlich sind. Besonders schön sind auch hier wieder die stalaktitenartigen Dekorationselemente, mit denen auch das Hauptportal von außen geschmückt ist. Als wir hinausgehen, sagt Salih dem Mann am Eingang, daß er das Licht jetzt wieder ausmachen dürfe und lädt uns zu einem Tee in einen der gegenüberliegenden drei großen Teegärten ein.

Mit einem Pullover kann man es trotz bedeckten Himmels gut auf der überdachten Terasse aushalten. Es ist ganz toll, hier zu sitzen, nichts zu tun, die Aussicht über die Stadt talwärts in die Ebene hinein zu genießen und ganz bewußt die Luft des grünen Bursa einzuatmen. Während Istanbul mit dem Mief einer hygienisch vollkommen überforderten Riesenstadt zu kämpfen hat, verdankt Bursa seiner Lage und, verglichen mit Istanbul, bescheideneren Größe trotz einiger ortsansässiger Industrien eine schöne klare saubere Luft. Salih fängt an, mit uns zu plaudern. Wir erfahren, daß Bursa mit etwa 350.000 Einwohnern die fünftgrößte Stadt der Türkei ist. Die bedeutendste Industrie am Ort ist ein Autowerk, wo in Lizenz Fiat–Wagen hergestellt werden.

Beim zweiten Tee klärt uns Salih darüber auf, daß er einen drei-

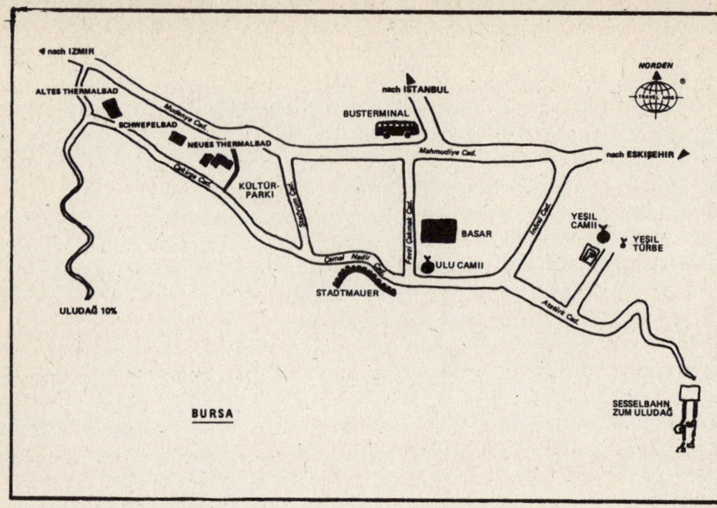

monatigen Intensivkursus Deutsch hinter sich hat, was ihm genügte, um bei Daimler–Benz in Stuttgart in sechs Monaten ein Diplom als Maschinenbauingenieur zu erwerben. Für seine drei Monate Deutschkurs kann er sich erstaunlich gut verständlich machen. Nach seinen lebhaften Ausführungen, die wir nur zum Teil voll verstanden haben, ist er jetzt ein hohes Tier in der Stadtverwaltung, sein klangvoller Amtstitel 'il imâr müdürlüğü' heißt wörtlich so etwas ähnliches wie "in der Stadt Direktor". Er muß immer irgendwelche Kontrollen machen, immer bedeutet allerdings eine sehr flexible Arbeitszeit.
Beim vierten Tee erzählt er uns, daß ihm am Wochenende manchmal furchtbar langweilig ist, so zum Beispiel heute, weswegen wir so eine Art gefundenes Fressen für ihn darstellen. Schon schmiedet Salih Pläne, was er mit uns alles in und um Bursa noch anstellen möchte. Der etwa vierzig Jahre alte Herr Stadtdirektor ist ein grosser Witzbold, der ständig mit seinem spärlichen Deutsch zu irgendwelchen Kalauern aufgelegt ist.

Über dem soundsovielten Tee ist es langsam Abend geworden und wir bekommen Hunger. Wir bitten unseren neuen Reiseleiter, uns ein gutes Restaurant zu zeigen und laden ihn zum Essen ein. Da Türken im Angesicht eines Autos nicht in den Sinn käme, zu Fuß zu gehen, fahren wir im Dunkeln durch die uns noch völlig unbekannte Stadt. Salih dirigiert vom Beifahrersitz aus. Zu seinem großen Bedauern beteiligt sich Eicke nicht an der schönen türkischen Sitte, nur mit Innenbeleuchtung zu fahren, weil er das Gefühl hat, zwar besonders gut gesehen zu werden, aber selbst völlig blind durch die Dunkelheit zu fahren. Als Kompromiß einigen wir uns auf Standlicht.

Immerhin lohnt sich der Weg mit dem Wagen, denn wir finden einen guten Nachtplatz. Salih führt uns nämlich in den "Kültürparki" am Westrand des Stadtkerns, wo es sich an einer Hecke auf dem großen Parkplatz für "Kültürparki" und Stadion gut für eine Nacht bleiben läßt. Hinter dem Eingangstor, an dem Salih den Eintritt für uns bezahlt, erwartet uns eine weitläufige Anlage, deren Park aus Rosen, Rasen und Bäumen besteht, zwischen denen man auf gepflasterten Wegen lustwandeln kann. Springbrunnen verbreiten angenehmes Plätschern. Für Kültür sorgt das über Lautsprecher verbreitete Fernsehprogramm, zahlreiche Büdchen mit irgendwelchen Attraktionen, die aber wegen der späten Stunde schon geschlossen haben und mehrere Restaurants, die nach der Ausstattung zu urteilen, zu den besseren gehören.

Wir lassen uns zu allen Restaurants führen, denn Salih besteht darauf, daß er uns jedes zeigen muß, bevor wir uns für eins entscheiden. Schließlich versuchen wir es irgendwo, doch hier ist heute abend geschlossene Gesellschaft und wir kriegen am Rande etwas von einer türkischen Hochzeit mit. In dem großen Terassenrestaurant halten sich bestimmt hundertundfünfzig Menschen auf, eine Kapelle gibt türkische "müzik" von sich und einige der Frauen tanzen. Viele Männer sitzen ganz dicht um die Tänzerinnen herum und ergötzen sich an den so schwer nachzumachenden harmonischen Wellen mit denen die weiblichen Körper vor ihnen auf und ab wogen. Manche bekommen Geld in den Gürtel gesteckt, wenn den Männern der Tanz gefallen hat. Wir sehen alte Frauen am Rande, die sich die Hände mit Henna verziert haben.

Nachdem wir ein bißchen gestaunt haben, ziehen wir uns in ein anderes Restaurant zurück. Das Lokal liegt im Freien um einen Springbrunnen herum, der von verschiedenen Neonröhren beleuchtet, lila, orange und grün schillert. Die Vornehmheit des Ortes, an dem wir uns von der vielgepriesenen türkischen Küche zu überzeugen gedenken, ist unübersehbar. Schwere Decken belasten die Tische, es gibt Stoffservietten; und ein Haufen unterschiedlich dekorierter Kellner ist beflissen bemüht, jeder Äußerung eines Wunsches zuvorzukommen. Je livrierter so ein devoter Mensch ist, desto höher ist sein Rang. Salih berücksichtigt kurz die Abmessungen des Tisches und bestellt dann. Zuerst bekommen wir Salat aufgetragen aus Tomaten, Pepperoni, sehr scharfen Zwiebeln, Gurken und allerlei Gewürzen. Eine Schale mit einem ganzen wabbeligen — durch das beigegebene Grünzeug auch nicht appetitanregender wirkenden — Lammhirn überlassen wir Salih, der unsere Ignoranz zwar nicht versteht, das Hirn aber mit sichtlich großem Genuß unter lautem Schmatzen vertilgt. Die Türken, die ohnehin am liebsten den ganzen Tag über irgendwelche Kleinigkeiten essen, machen recht kleine Portionen. Das hat nichts mit Knauserigkeit zu tun, vielmehr kommt es dem Wunsch entgegen, von möglichst vielen Gerichten probieren zu können. Im übrigen setzt es den geselligen Türken in den Stand, wenn er gerade vom Essen kommt und zufällig ein paar Freunde trifft, auf einen kleinen Mundvoll mit ihnen eine "lokanta", ein Restaurant, zu besuchen.

Nach und nach gibt es nun ein Gericht aus gekochtem Hammelfleisch und Reis, darauf Şiş Kebab, eine Art Schaschlikspieß, und schließlich noch Hähnchen. Wir zählen zu unseren Gästen inzwischen nicht mehr nur Salih, sondern auch einen Freund von ihm, den er uns als Beamten aus der Stadtverwaltung vorstellt. So tafeln wir dort zu viert, Allah scheint gerade woanders hinzugucken, jedenfalls trinken die beiden Türken genauso von dem ausgesprochen guten, tiefroten und schweren, aber dabei durchaus recht trockenen Wein wie wir. Eicke sorgt für Unterhaltung: Erst fängt er sich einige Rügen ein, daß er zu hastig esse. Salih behauptet, er wisse jetzt endlich, warum die Deutschen alle Magengeschwüre hätten — sie essen eben zu schnell. Außerdem drohe Eicke bei einer derartigen Geschwindigkeit der Nahrungsaufnahme, daß er davon so zunehme, daß er schon nächstes Jahr aus Gewichtsgründen den "Minibüs" gegen einen "Otobüs" eintauschen müsse.

Das zweite Mal erregt er Aufsehen, als ihm ein halber Hahn vorgesetzt wird. Wären wir doch bloß nicht in so einem stinkvornehmen Restaurant, denkt er und müht sich, mit Messer und Gabel Herr des Geflügels zu werden. Unsere türkischen Gastgebergäste grinsen sich einen. Da bringt der Kellner auch schon ein Tellerchen mit einem feuchten Lappen, die Szene ist gerettet und ohne sich weiter durch die Benutzung von Hilfswerkzeugen zu blamieren, kann Eicke seinen Hahn endlich vernünftig vertilgen. Zum Nachtisch lassen wir "kavun" kommen, eine Zuckermelone, von der man überhaupt nicht genug schwärmen kann. Solche Völlerei zu viert in einem guten Restaurant hat natürlich ihren Preis, unsere Reisekasse wird um 2007 TL ärmer, umgerechnet um die vierzig Mark.

Nach dem Essen führen wir unsere Bäuche noch ein wenig spazieren, Salihs Freund verläßt uns, nachdem wir ihm zu seiner großen Freude eine halbe Schachtel Marlboro aus unserem Bakshishzigarettenbestand gelassen haben. Wir gehen ein paar Spazierwege auf und ab, als plötzlich der Strom ausfällt. Das Licht ist aus, die Lautsprecher sind stumm. Salih nimmt das zum Anlaß, den Abend zu beschließen und bringt uns zum Ausgang zurück. Am Wagen verabschiedet er sich mehrere halbe Stunden lang und verspricht, morgen früh um zehn Uhr bei uns zu sein. Dann geht er nach Hause. Inzwischen ist auch der Strom in den "Kültürparki" zurück-

gekehrt und während wir versuchen, einzuschlafen, dringt von fern die Musik von der Hochzeit zu uns, vermischt mit schrillen Teilen des Fernsehprogramms. Aber punkt Mitternacht ist alles still und wir schlafen sehr gut, wahrscheinlich liegt das mit an der guten Bursaer Luft.

In weiser Voraussicht eilen wir uns mit dem Aufstehen am Morgen – als wenn wir nicht Ferien hätten (!) – und sind gerade fertig, als Salih um halb zehn auf der nicht vorhandenen Matte steht. Er hat ein Brot mitgebracht, das noch warm ist und eine Thermoskanne Tee. Er meint, wir sollten auf dem Berg frühstücken, da wäre die Luft frischer. Also machen wir uns auf den Weg und fahren die 35 km Serpentinenstrecke auf den Uludağ. Die Straße, bis auf das oberste Stück zwar eng, aber gut, führt bis in 2.000 m Höhe. Man kann auch vom anderen Ende Bursas aus mit einer Seilbahn hinaufgondeln, was vielleicht empfehlenswerter ist als die mit zunehmender Höhe für den Wagen strapaziöser werdende dreiviertelstündige

Autofahrt. Am Straßenrand will Salih plötzlich, daß wir anhalten, springt aus dem Wagen und kommt nach einiger Zeit bepackt mit Mengen von Obsttüten wieder. Soviel Obst wie hier haben wir selten gegessen. Übrigens schmecken die Äpfel noch nach Apfel und nicht nur nach gleichgroß. Während sich der Weg den Berg hinaufschlängelt, gewährt er immer wieder tolle Ausblicke ins Land hinein.

Unzählige schöne einsame lauschige Plätzchen gibt es hier, aber wir lassen sie alle links oder rechts liegen, denn wir haben einen Türken dabei. Der würde nicht im Traum daran denken, sich irgendwo allein hinzusetzen und dieses Alleinsein schön zu finden, geschweige denn zu genießen. Türkisch ist die Geselligkeit, die Nähe und wenn man auch nicht gerade mit seinen Nachbarn sprechen will, rückt man ihnen doch möglichst nah auf die Pelle. Wir halten also auf einem Parkplatz an der Bergstation der zweiten Sektion Gondelbahn an, und bereiten unser Frühstück vor, für das Salih einige im Freien vor einer Hütte plazierte Tische und Stühle auserkoren hat.

Diese Hütte scheint einen Grill zu beherbergen, aber um diese Tageszeit ist noch nicht viel los, sodaß wir niemanden stören. Zwar scheint die Sonne heute und es ist klar, aber trotzdem ziemlich kühl. Lange haben wir nicht mehr so eine gute, klare, würzige Luft geatmet. Um uns herum sind schon einige Familien mit Picknicken beschäftigt, und Salih erklärt uns diese undeutsche Auf–die–Pelle–rücken–Mentalität. Da drüben sitzt eine Familie, sagt er, Ihr geht jetzt nach Hause und sagt "Wir haben eine Familie gesehen". Aber ihr wißt gar nichts von ihr und hättet sie genausogut nicht gesehen haben müssen. Erst wenn man hingeht und mit den Leuten spricht, lernt man etwas über sie, was man mitnehmen kann. Als Salih zuende philosophiert hat, möchte er uns etwas vom Berg zeigen und fragt, ob wir wohl mit dem Auto fahren wollen.

Wir würden ja gerne hier wandern und so bitten wir ihn vorsichtig, ob wir nicht ein klein bißchen spazierengehen könnten. Als erstes besichtigen wir einen Haufen von Kitschläden, die sich um die Gondelbahnstation herum angesiedelt haben. Meist werden hier Holzarbeiten verkauft, obwohl sie nicht unseren Geschmack treffen, besteht Salih darauf, daß wir keinen Laden auslassen. Schließlich kauft er Martina zu ewigem Andenken einen Kugelschreiber. Bei unserer weiteren Erkundung des Naturschutzgebietes und Nationalparks Uludağ, dessen Befahren mit einem Minibüs immerhin 60 TL Eintritt kostet, folgen wir den unzähligen willkürlich entstandenen Trampelpfaden, die zur besseren Orientierung meist von Müll gesäumt sind.

Mehr und mehr Familien finden sich auf den Lichtungen ein, um bei offenem Feuer oder am mitgebrachten Grill den Sonntag zu verpicknicken. Wir entdecken lose Marmorbrocken in herrlichen Farben von strahlend weiß bis blutrot. Hin und wieder lassen wir uns auf einem Stein oder einer Lichtung nieder und Salih versucht, uns eine Lektion Türkisch beizubringen. Dann laufen wir wieder ein Stück, kaufen an einem Stand ein großes Glas Uludağ—Honig und sehen uns auf der anderen Seite der Seilbahnstation um.

Hier, auf den mehr oder weniger ebenen Hochflächen leben viele Familien den ganzen Sommer über in großen Zelten, die manchmal noch hölzerne Verschläge als Anbauten haben. Es gibt einige Wasserstellen auf und an dem Berg, die klares, sauberes, weiches Wasser führen. So verbringen diese Leute, von deren Familie ein Mitglied in der Stadt arbeitet, und das nötige Geld verdient, womit sich der Rest versorgen läßt, den ganzen Tag mit Schlafen, Reden, Essen und Spielen. Es scheint ihnen sichtlich gut zu gehen. In einem Gespräch mit solchen Camp—Bewohnern, von dem Salih uns leider nur wenig übersetzen kann, erzählt uns der Chef des Familienclans, wie letzte Nacht ein Wildschwein durch den Wald gebrochen ist, das Zeltlager in Aufregung versetzte und schließlich geschossen worden ist. Großartig schauspielernd macht er gestenreich klar, wie gut das geschmeckt habe. Leider war unsere Verständigungsmöglichkeit zu schwach, wir hätten zu gern erfahren, ob Wildschwein nach den Vorschriften des Islam auch zu Schweinefleisch zählt und somit verboten ist. Das kräftige Augenzwinkern des Mannes bei der Schilderung des Jagdfestgelages könnte immerhin darauf hindeuten.

Damit wir aber nur ja auch alles richtig kapieren, was da gestern nacht vorgefallen ist, wird uns der Tathergang am Modell rekonstruiert. Zwei weitere Campbewohner tauchen auf, sie haben aus einer Aubergine, in die sie vier Stöckchen gesteckt haben, einen wütenden Eber gebastelt, der nun unter Zurücklassung grausiger Verwüstungen dahergaloppiert und schließlich, von einer imaginären Kugel getroffen, sich zweimal überschlägt und liegenbleibt. So macht die gefährliche Aubergine einen lebensecht toten Eindruck.

In ihrer paradiesischen Aufenthaltsform wirken die Leute hier frei und offen, besonders fällt uns auf, daß sich auch Frauen zwanglos am Gespräch beteiligen, sie tragen hier das Kopftuch lose übergeworfen, eher als Schutz vor dem gelegentlich recht scharfen Wind und aus der Gewohnheit einer Sitte, aber verschleiert oder scheu sind sie bestimmt nicht.

Am Nachmittag fahren wir zurück ins Tal, Salih erweist sich einmal mehr als überaus nützlich, denn er verhandelt mit einem Tankwart, dessen Tankstelle eigentlich schon geschlossen hat, über einen Ölwechsel. Wir sind gespannt, ob sich der betagte Diesel mit dem türkischen Öl, Marke Petrol Ofisi, wohl anfreunden kann. Zu teuer ist es keineswegs: Zu den fünf Litern, die der Mann lose einfüllt, kaufen wir noch zwei in Dosen, alles zusammen kostet uns 1800 TL, etwa 35 Mark. Sogar eine Dichtung hat der Tankwart parat, Eicke hätte auch keine große Lust gehabt, lange in den Werkzeug– und Ersatzteilbeständen zu wühlen, um eine eigene hervorzukramen. Die Verpackung des Öls macht einen ordentlichen Eindruck, es steht "Dizel yağı" drauf, was "Öl für Dieselmaschinen" heißt. Eine Spezifikation suchen wir natürlich vergeblich, aber immerhin weist eine Deckelstanze auf "SAE 30" hin. Wir sind damit ausgesprochen zufrieden, wie sich während der Weiterfahrt herausstellt.

Dankbar, daß Salih, dessen unbestrittene Liebenswürdigkeit beginnt, anstrengend zu werden, sich wiederum einige halbe Stunden lang verabschiedet und uns verläßt, wollen wir heute abend nicht wieder zu dem Parkplatz am "Kültürparki", sondern fahren ein Stück aus Bursa raus, Richtung Uludağ. Wir kommen an einem kleinen Dorf vorbei, dessen Zentrum eine riesig weit ausladende Platane bildet. Um den Stamm herum ist ein Gartenlokal in zwei Etagen angelegt. Der Baum ist so stabil, daß er gut acht bis zehn Meter waagerecht aus dem Stamm gewachsene Äste, selbst dick wie alte Bäume, trägt. Er scheint völlig gesund zu sein und ist reichlich belaubt, ein Schild nennt das Alter dieses Holzkolosses: 570 Jahre. Auch hier, wir haben uns schon daran gewöhnt, sitzen viele picknickende Leute, die ihr angeregtes Palaver mit lauten Essgeräuschen untermalen und sich damit beschäftigen, auf dem Grill neben dem Tisch Hammelrippchen zu wenden.

Auf dem Parkplatz am Fuße der Platane steht ein Hochzeitsauto. Klar, daß es noch blanker gewienert ist, als türkische Autos es ohnehin schon sind. Zusätzlich zu blendender Sauberkeit ist es mit vielen Blumenblüten beklebt, hauptsächlich Nelken. Auf der Heckscheibe ist aus diesen Blüten ein Monogramm aufgebracht. Weiße und rote Bänder sind von der Kühlerhaube über das Dach zum Kofferraum gespannt und vorne auf dem Kühler thront eine Puppe. Diese Puppe bringt uns in Interpretationsschwierigkeiten, denn wir denken zunächst, sie sollte wohl Kindersegen darstellen. Wenn sich Türken aber lieber Söhne wünschen, wieso sitzt dann auf jedem Hochzeitsauto eine weibliche Puppe ? Entweder symbolisiert dieses Stück Plastik nun die Braut oder doch die erwarteten Kinder, nur bietet die türkische Industrie wahrscheinlich noch keine sexualpädagogischen Plastikprodukte an, sodaß keine Wahl bleibt.

Wir verlassen das Dorf und quartieren uns auf einem Parkplatz an der Straße ein, wo es eine Wasserstelle mit Trinkwasser gibt. Solche

Wasserstellen sind in der Westtürkei sehr häufig und haben auch um diese Jahreszeit ausreichend Wasser. An vielen steht ein Schild "su içelebilir", was "Trinkwasser" bedeutet, manchmal ist nur das Symbol eines Wasserhahnes abgebildet. Auch in Inneranatolien trifft man gelegentlich auf solche Brunnen, nur sucht man meist vergeblich nach Wasser. Das ist dann oft nur noch in den Dörfern zu bekommen. Die Qualität des Wassers läßt sich überhaupt nicht mit der der wasserhaltigen Chemikalien vergleichen, die aus den meisten deutschen Leitungen sprudeln und noch vor dem Schlukken die Zunge desinfizieren. Nein, das türkische Wasser ist etwas ganz Besonderes, sehr oft plätschert einem da ein weicher, klarer, sauberer und wohlschmeckender Genuß vor die Füße.

TÜRKISCHES HOCHZEITSAUTO – MIT POMP UND PUPPE

Die Türken sind auch alle mächtig stolz auf ihre Quellen und wundern sich, wenn der Tourist sich ziert, einfach davon zu trinken. Warum auch Skrupel haben, die Türken trinken ja alle davon, denkt sich Eicke und bekommt, obwohl sonst nicht besonders empfindlich, die märchenhaftesten Durchfälle seines Lebens, das heißt, eigentlich fällt da gar nichts mehr durch, es fließt nur noch. Aber wenigstens haben wir so unsere Reiseapotheke nicht ganz umsonst mitgenommen.

Doch was tun ? Wasser in Flaschen, zum Beispiel das berühmte kohlensäurelose Mineralwasser in den geriffelten eineinhalb–Liter Plastikflaschen, mit denen sich sonst der ganze Süden tränkt, gibt es nicht in der Türkei. Das einzige Mineralwasser, was überall angeboten wird, ist stark kohlensäurehaltiges Sprudelwasser in 0,2-l

Fläschchen, die allerdings etwas sehr umständlich zur Versorgung in einem Campingbus sind. Die einzige Möglichkeit, außer tankweise Trinkwasser zu importieren, ist, den flüssigen Stolz der Türken mit Mikropur–Tabletten zu trüben oder durch eine Filterpatrone zu pumpen, nur dann kann man davon ausgehen, daß sich Gaumen und Darm gleichermaßen über den ungewohnt chlorfreien Genuß freuen. Wir haben natürlich an derlei Expeditionsausrüstung nicht gedacht, weil wir bei der Vorbereitung unserer Fahrt die Türkei für zivilisiert genug hielten, daß man dort Trinkwasser kaufen könnte. So behelfen wir uns später, für unterwegs immer eine große Flasche Tee zu kochen, doch ist das relativ viel Arbeit und kalter oder lauwarmer Tee ist vielleicht nicht jedermanns Geschmack.

Doch zurück zu unserem Nachtplatz, dessen Brunnen der Anlaß für diesen wasserhaltigen Exkurs gewesen war. Wir setzen uns noch eine zeitlang auf die hohe Böschung am bergseitigen Fahrbahnrand, wo wir über Bursa hinweg auf die Bergkette bei Orhangazi und bis zum Marmarameer schauen können, wo die Sonne sich langsam ans Untergehen macht. Talwärts herrscht ziemlich starker Verkehr, denn mit dem Abend verlassen Hunderte picknickender Türken den Uludağ. Manche halten hier noch einmal, um kurz auszusteigen und zu gucken, was es gibt, andere, weil sie Martinas lange blonde Haare aus einem Augenwinkel erspäht haben und sie einer genaueren Besichtigung für würdig erachten. Einige hupen auch nur, wenn sie im Vorbeifahren "ein avrupäisch (Avrupa = Europa) Frau mit die gelbe Haare" entdeckt zu haben glauben. Diese immer als "gelb" bezeichneten Haare sind ein ganz schönes Verhängnis. Selbst wenn Martina sie hochsteckt, reicht das deutsche Blond noch für genügend viele Männerphantasien – in langweiligerweise stets dieselbe Richtung – aus.

Genug Autos fahren aber auch einfach so vorbei und wir finden es interessant, von schräg oben auf die extravagant beladenen oder bemannten/befrauten Ladeflächen der Kamyonets und LKWs zu sehen. Da türmen sich ganze Haushaltsauflösungen zu bestimmt vier Metern Höhe auf der kleinen Ladefläche so eines Anadol–Kamyonets und obendrauf throhnt der Opa, der darauf achten muß, daß nichts herunterfällt. Auch LKW–Führerhäuser haben nur eine begrenzte Passagierkapazität, weswegen meist noch irgendjemand oben sitzen muß. Der sieht natürlich auch gern was von der Landschaft und sitzt darum entspannt und gemütlich auf der obersten Kante der Bordwand, wo er die Füße baumeln lassen kann. Ganz beliebt ist auch der Sitz auf dem Ersatzreifen auf dem Fahrerhausdach.

Ein Kamyonet kommt vorbei, da schunkeln vier Personen, eine flotte Melodie auf den Lippen, im Schneidersitz auf der Ladefläche und klatschen dazu rhythmisch in die Hände. Die Zipfel der bunten Kopftücher der Frauen flattern im seltsam scharfen Licht der untergehenden Sonne, Kinder in gestopften Nadelstreifenhosen und zu großen Gummihalbschuhen versuchen freihändig auf der Pritsche eines Kleinlastwagens zu stehen. Ein Junge winkt uns aus einem Kofferraum zu, das Wageninnere ist proppenvoll, vielleicht sitzen acht oder zehn Leute da drin, und doch ist es nur ein kleiner PKW.

Wieviele Leute haben da erst in so einem der zahlreichen amerikanischen Straßenkreuzer Platz ! Diese Autos, die aussehen, als wären sie unversehrt aus "Seventyseven–Sunset–Strip" entlaufen, dienen meistens als "Dolmuş", als Sammeltaxi. Jeder Fahrgast zahlt nur für seinen Platz, und es passen ungeheuer viele Leute hinein, weswegen diese Spritsäufer auch heute noch relativ preiswert verkehren. Benzin und besonders Superbenzin sind auch in der Türkei wahnsinnig teuer geworden, sodaß man auch hier das Energiesparen entdeckt zu haben scheint: Fast lautlos rollen viele dieser überbesetzten Karossen an uns vorüber, die Motoren sind abgestellt, solange es bergrunter geht. Auch Motorräder rollen übrigens besser, wenn man sie mit drei Leuten besetzt. Gegen überhitzte Bremstrommeln bei diesen Talfahrten schützen, zumindest in den LKW–Führerhäusern und an den Minibussen, in dicken silbernen Lettern mit kunstvoller Umrandung versehene Segnungen wie "Bismillah", "Maşallah" oder "Allah korusun". Einer Familie scheint das Picknicken auch im Dunkeln noch Spaß zu machen. Als die schließlich auch nach Hause fährt, haben wir gar nichts mehr zu gucken, ausserdem wird es rapide kühler und wir ziehen uns ins Auto zurück.

Am Morgen fahren wir noch einmal nach Bursa herein, wobei wir dem Schild "Kamyon Otobüs – Şehir Merkezi" folgen. Bursas Innenstadt hat so viele kleine winklige Gäßchen, daß es uns angebracht scheint, hier oberhalb der Stadt an der alten Stadtmauer entlang geleitet zu werden. "Şehir Merkezi" heißt Zentrum, wir kommen ungefähr bei der Grünen Moschee wieder hinein. Weil der gebührenpflichtige Parkplatz gerade gegenüberliegt, steuern wir ihn an und frühstücken in der Sonne auf der Parkplatzmauer. Gestärkt mischen wir uns nun ins Bazargetümmel, dieses Einkaufszentrum liegt hinter der "Ulu–Camii", der Großen Moschee, die eines der ältesten osmanischen Bauwerke ist.

Das Bazarviertel überrascht uns durch sein eher gemäßigtes Menschenmassenaufkommen, vielleicht liegt das auch daran, daß es Montag vormittag ist, jedenfalls macht alles einen durchaus ruhigen Eindruck. Im geschlossenen Bazar, also dem in großen Hallen untergebrachten Handelsareal, gibt es viele viel zu ordentliche Läden mit Schaufensterscheiben und Auslagen, die schon fast so aussehen, als seien sie von einem Dekorateur dahindrapiert. Wenig Publikum belebt die Gänge, und der Geräuschpegel ist dementsprechend relativ niedrig. Hier schreien einem nicht gleich siebenundzwanzig Händler im selben Augenblick "Du Deutsch — nix kaufe, nur gucke..." ins Ohr, hier wird man nicht gevierteilt, weil sich zu viele Anbieter gleichzeitig bemühen, das Opfer in ihren Laden zu ziehen. Nur in den hinteren Ecken und in der unteren Etage dieses Bazars sind ein paar Familien und einige Frauen, zahlreiche Strenggläubige in schwarzen Gewändern und ganz verschleiert an wühltischartigen, frei im Mittelgang ausgebreiteten Angeboten zu finden, die dort die schönste rosa Plastikschüssel oder einen grellbunten Stoff für ihre neue Pluderhose aussuchen.

Es gibt zahlreiche Geschäfte, die phantastischen Goldschmuck ausliegen haben, hauchdünne Ohrgehänge, filigrangearbeitete Ringe mit Armreifen für jeden Geschmack. Das Schmuckstück wird beim Kauf gewogen, bezahlt wird nach Gramm, der Preis für ein Gramm Gold hängt jeweils im Schaufenster oder an der Tür aus. Weil der Goldpreis ständig schwankt, ist die Auskunft, daß er bei unserem Besuch in Bursa für 22 Karat ungefähr 31,-- DM beträgt, nur als Orientierung zu verstehen.

Bursa wird vom Reiseführer als ein Zentrum der Seidenverarbeitung gerühmt, aber wir müssen sehr lange suchen, bis wir überhaupt einige Geschäfte finden, die mit Seide handeln. Und auch hier fließt nicht die glänzende Meterware von bunten Stoffballen über die Ladentheke, in fein säuberlich gestapelten Kartons liegen fertige Seidentücher geschichtet, wohl türkischer Produktion, aber eben industriell hergestellte Exportartikel mit eingedrucktem Warenzeichen. Wir quetschen uns in eines der Minigeschäfte hinein. Drei Frauen in zu engen Popelinemänteln, die als moderner Akzent den Überrock ersetzen, und Kopftüchern sind hier mit dem Aussuchen des richtigen Stoffes für irgendetwas beschäftigt. Leise, aber eindringlich beraten sie, fühlen nacheinander immer wieder den einen, dann den anderen Stoff an und gestikulieren durcheinander.
Als sie fertig sind und sich für ein Stück gewagter Farbkomposition entschieden haben, müssen wir rückwärts den Laden verlassen, damit sie 'rauskönnen, so eng ist es hier.

Der freundliche, kurze, dickliche Chef, dem der Kaufmannsberuf hell aus den Augen strahlt, holt uns nun geduldig Karton um Karton sehr geschickt mit einer Stange aus den obersten Regalen, hebt mit einer tausendmal geübten Handbewegung die Deckel ab und faltet gekonnt von jedem Seidentuch, das er uns zeigt, soviel auf, daß wir Muster und Farben erkennen können. Es ist nicht so einfach für jemanden, der mit mitteleuropäischem Geschmack belastet ist, in einem türkischen Bazar einen schönen Seidenschal auszusuchen. Inzwischen wird der Junge nach Tee geschickt, damit uns die Wahl leichter fällt. Wortreich erklärt uns der Chef, wie willkommen wir ihm sind, er habe deutsche Freunde. Um uns das zu beweisen, kramt er aus einer Schublade einen antiquierten Briefumschlag hervor, dem er eine leicht verknitterte Fotografie entnimmt. Die unscharfe Vergrößerung zeigt eine frisch ondulierte, weißhaarige Dame und einen grinsenden Fettwanst, dazu erkennen wir im Hintergrund selig lächelnd den Ladenbesitzer. Leider kennen wir die Leute ja nicht, aber wir versichern ihm, wie nett sie seien.

Schließlich helfen Tee und Plaudereien, bei denen wir uns auf eine Mischung aus Französisch, Englisch, Türkisch und Deutsch einigen, einen passenden Seidenschal zu finden. Umgerechnet etwa zehn Mark scheinen dafür auch nicht zu viel zu sein.

Etwas belebter als im "Kapalı Çarşı", dem gedeckten Bazar, geht es in den offenen Bazarstraßen zu, wir laufen durch einige Nebenstraßen, durch den Fleischmarkt und durch den Gemüsemarkt. Bei starker Sonneneinstrahlung lassen sich hier weiße Tücher über die Straßen spannen, Seile sind von Hauswand zu Hauswand über die Straßenschlucht gezogen, auf denen die Tücher heute wegen mäßiger Hitze gerefft sind.

Wir gönnen uns eine Pause in einem Teegarten links der "Ulu—Camii", in dem, wie üblich, außer Martina und zwei weiteren Touristinnen, keine Frauen sitzen. Dafür benutzen umso mehr, vorwiegend ältere Männer die allesamt zur Straße hin ausgerichteten Stühlchen. In den meisten Teegärten stehen die Stühle nicht um den Tisch herum, sondern flankieren ihn links und rechts, die Sitzfläche zur Straße orientiert, denn hier gibt es 'was zu sehen.

Wir beobachten einige Männer, die Tavla spielen und andere, die so vertieft in das Nuckeln an ihrem Wasserpfeifenmundstück scheinen, daß sie kaum noch etwas um sich herum wahrnehmen. Diese "Nargilehs", die Wasserpfeifen, sehen stabiler und irgendwie gebrauchstüchtiger aus als die in den Touristenecken der Bazare und den Souvenirgeschäften. Sie sind weitgehend schmucklos, ohne Firlefanz und dickwandiger, zudem größer als die meisten Andenkenexemplare. Außerdem scheinen sie ein gehöriges Gewicht zu haben, denn die Jungen, die hier kellnern, müssen sich damit sehr abmühen.

Während wir da so sitzen, kommen immer wieder sogenannte "Fliegende Händler" durch den Garten. Warum sie so heißen, ist

uns schleierhaft, die meisten von ihnen sind entweder zu jung, um flügge zu sein, oder so alt und tatterig, daß sie wahrscheinlich abstürzen würden.
Kinder mit Schuhputzkästen, die wegen ihrer blinkenden Messingbeschläge, ihrer phantasievollen Form und den kuppelartig getriebenen Deckeln der Schuhcremebehälter aussehen wie eine Kreuzung aus einer venezianischen Gondel und einer Moschee, bieten ihre Dienste an. Manche dieser Wichs– und Wienerausrüstungen sieht aus, als sei sie schon durch mehrere Generationen vererbt und gepflegt worden. Auch die Sesamkringelverkäufer versuchen, ihren Umsatz im Teegarten zu erhöhen. Die eher schwache Resonanz der vor sich hindösenden, wasserpfeiferauchenden oder Tavla spielenden Kundschaft scheint sie aber nicht weiter zu belasten.

Ein Glas Tee kostet hier, wie fast überall in der Türkei, zehn Lira, also zwanzig Pfennige. Tee ist das Nationalgetränk der Türken, der im Land selbst an der Schwarzmeerküste um Rize angebaute Tee reicht aus, um den Bedarf der Türkei zu decken. Seinen Platz als Nationalgetränk bekommt er allerdings streitig gemacht, wer es sich leisten kann, greift gern zu Coca–Cola, außerdem wird immer mehr Bier getrunken. Die größte inländische Brauerei ist "Efes–Pilsen–Birasi", gefolgt von Tuborg, das in Lizenz gebraut wird.

Viele Türken würden auch gern den Tee zugunsten eines klassischen türkischen Mokka, dem "kahve", stehenlassen, doch gibt es seit ein paar Jahren keinen Kaffee mehr in der Türkei. Durch die nahezu bankrotten Staatsfinanzen sah sich die Regierung vor die Frage gestellt, ob sie von den verbliebenen paar Devisen lieber Erdöl oder Kaffee einführen solle. Natürlich entschied sie sich für das Öl. Manchmal trifft man wohl noch auf einen Wirt oder Gastgeber, der Kaffee anbietet. Dann allerdings läuft der Nachschub über inoffizielle Kanäle, meist über den Bruder, Schwager, Onkel oder sonstwen, der gerade als Gastarbeiter in Deutschland weilt. Wird man zum Kaffee eingeladen, ist dies die höchste Ehre, leistet man sich diesen Luxus in einem der wenigen über Nachschubquellen verfügenden Lokale, kann eine Tasse Kaffee durchaus vier Mark kosten.

Vergeblich suchen wir, nachdem wir den Teegarten verlassen haben, nach Salih, den wir zum Abschied noch einmal zu einer ausgemachten Zeit in einem Restaurant in der Nähe treffen wollten. Das ist sicher nicht ganz schön, andererseits sind wir auch ganz froh, ohne stundenlange Abschiedszeremonien Bursa verlassen zu können.

Wir machen uns auf den Weg nach Iznik, dem antiken Nicäa. Der Straßenverkehr in Bursa fesselt uns so sehr, daß wir zwar in die richtige Richtung, aber auf die falsche Straße geraten. Wir sind auf einer Nebenstraße gelandet, die fast parallell zur Hauptstraße nach Demirtaş führt. In den Ausläufern von Bursa kommen wir an zahlreichen Autowerkstätten vorbei, die aussehen wie alte Schmiedewerkstätten. Offene Feuer lodern in den Essen, wo mit schweren Hammerschlägen Metall bearbeitet wird.

Die Straße nach Demirtaş ist viel malerischer als der ausgebaute Schnellweg, den wir ja noch dazu kennen, weil wir auf ihm schon gekommen sind. Büsche und Bäume säumen die schmale Teerdekke; zwischen Bursa und Demirtaş, was wieder am Fuße einer Bergkette liegt, fahren wir durch die Nilüfer—Ebene. Der Fluß versorgt auch jetzt, am letzten Tag des August, die Felder noch mit ausreichend Wasser. Plötzlich wird die Straße schlechter. Immer mehr Schlaglöcher tauchen auf, bis es fast nur noch Loch an Loch gibt, sinnloserweise sind einige Stege der Straßendecke stehen geblieben. Sie verschwinden auch bald, wir sind auf einem unbefestigten Weg. Unsere Position läßt sich auf der Karte nicht ganz nachvollziehen, denn das Dorf liegt ein ziemliches Stück links von uns, vor uns hört der Weg auf und die Berge fangen an, Wegweiser gibt es keine. Doch auch am Ende der Welt sind Türken freundlich und hilfsbereit zur Stelle. Wie von ungefähr taucht ein Landrover auf und hält, ohne daß wir uns irgendwie bemerkbar gemacht hätten. Wahrscheinlich sieht unser Wagen so ratlos aus. Einer der zahlreichen Insassen steigt aus und erklärt den Weg durch Demirtaş zur Straße nach Orhangazi. Bereitwillig fährt er dann vor uns her, allerdings wird der Abstand immer größer, denn wir haben keinen Landrover und den Weg kann man zeitweilig nur vermuten.

Bis in den Ort folgen wir dem Geländewagen über ungedeckte Fahrspuren, dann verlieren wir ihn, aber die Richtung ist ziemlich eindeutig. Das Dorf selbst verfügt auch über eine Art Straßenbefestigung, allerdings weniger aus Rücksicht auf Fahrzeuge als vielmehr zur Sicherung gegen Abschwemmung, denn die v—förmig angelegte Straße dient als Abwasserleitung. So etwa alle dreißig Zentimeter ist hier ein riesiger Pflasterstein in die Erde eingelassen, die breiten Fugen bis zum nächsten sind reichlich ausgewaschen. Überall an den Häusern sehen wir Gestelle, auf denen Tabakblätter zum Dörren ausgelegt sind. Kurz vor der entscheidenden Kreuzung steht der Landrover und wartet auf uns.
Heftige Zeichen des Fahrers bedeuten uns die richtige Strecke.

Hinter Demirtaş bekommen wir wieder Teer unter die Räder und nach etwa zwei Kilometern stoßen wir auf die Schnellstraße nach Orhangazi. Ungefähr fünf Kilometer hinter Gemlik biegen wir auf eine kleine, gemütliche Straße Richtung Iznik, Adapazari ab, die am Südufer des "Iznikgölü", eines vielleicht dreißig mal zehn Kilometer großen Sees entlangführt. Verträumte Dörfer, deren Mittelpunkt das vom männlichen Teil der Dorfbevölkerung vollbesetzte Teehaus ist, wechseln mit lichten Olivenhainen ab. Häufig blinzelt das Ufer einladend durch die Bäume.

Bei einem passend scheinenden Feldweg biegen wir ab und sind etwas enttäuscht, daß das Ufer hier stark verschilft und mit allerlei Grünzeug bewuchert ist und der Strand steinig. Kaum sind wir ausgestiegen, da kommt ein älterer Mann auf uns zu, in seinem Gefolge ein halbes Dutzend männliche Dorfjugend. Noch bevor wir zuende denken können, daß wir 'mal wieder vergeblich nach einem entspannenden Plätzchen für uns beide alleine gesucht haben, tritt der Alte auf Eicke zu und begrüßt ihn auf die traditionelle türkische Art, wobei er zunächst die rechte Hand aufs Herz legt, sich tief verbeugt und einen endlosen Gruß mit einigen Segenswünschen äußert, von dem wir nur einmal so etwas wie "Allah" und einmal "Salam", was "Heil" bedeutet, zu verstehen glauben. Danach reicht er Eicke die Hand und begrüßt ihn mit dem normalen "Merhaba", was gewöhnlich ausreicht und schlicht unserem " Guten Tag " gleichkommt. Hocherfreut über unsere Marlboro läßt er gleich noch mehr türkisch vernehmen. Immerhin bekommen wir nach einiger Zeit heraus, daß er uns für Franzosen hält. Doch ist er es auch zufrieden, als wir uns dann als "alman", deutsch, entpuppen. Martina ist bei diesem Gespräch wieder einmal mehr schmückendes Beiwerk als anwesende Person, und so ist es Eicke, dem der Alte unter heftigen Gesten bedeutet zu folgen.

Den holperigen Weg weiter, durch eine kleine Furt und viele Wellen und Senken aller Art führt er ihn in die Nähe eines kleinen Bauernhofes, vor dem ein wunderbarer Platz liegt. Das sandige Ufer ha Grasnarbe genug, um unser Auto zu tragen, einen schattenspendenden Baum, unter dem man parken kann, Sonne, von der man sich bräunen lassen kann und einen völlig sauberen, kaum steinigen, schilflosen Zugang zum See. Hier also sollen wir den Minibüs abstellen, darauf beharrt der Mann. Die formvollendete Höflichkeit, mit der wir begrüßt worden waren, setzt sich fort, denn als wir unseren Parkplatz gewechselt haben und uns zum Baden fertigmachen, sind unsere Begleiter plötzlich verschwunden. Das muß man ihnen sehr hoch anrechnen, denn sicherlich sind wir ja die Attraktion des Tages und Unterbrechung in einem ewig gleich verlaufenden Alltag. Außerdem ist eine Frau im Badeanzug gewöhnlich eine Sensation, denn solche enganliegenden Kleidungsstücke gibt es, von emanzipierten Ausnahmen an Süd– und Westküste einmal abgesehen, nicht. Türkische Mädchen dürfen höchstens bis zu einem Alter von zehn, elf Jahren ins Wasser und dann mit aller pludriger Kleidung, die sie gerade anhaben. Die ausgesprochene Höflichkeit läßt uns das weiche, warme und klare Wasser des Sees genießen, ohne daß Martina sich als Ausstellungsobjekt vorkommen muß. Erst als wir wieder aus dem Wasser sind, uns umgezogen und die nassen Sachen auf eine rasch gespannte Leine gehangen haben und uns noch etwas in die warme Nachmittagssonne setzen, tauchen Ibrahim Vural, wie der Alte heißt, und seine Anhängerschaft wieder auf.

Auch jetzt behandeln sie Martina mit eben so viel Höflichkeit im Blick, wie es ihre Neugier erlaubt. Die Jugend sitzt ehrfürchtig im Halbkreis, und Ibrahim bemüht sich um Konversation. Wir unterhalten uns zwei Stunden lang, mit einem Mischmasch aus Türkisch, Gesten und flüchtigen Zeichnungen in den Sand. Einer der Knaben aus dem Kreis der andächtig Staunenden wird uns als der englischen Sprache mächtig vorgestellt. Doch alles, was er sagt und stereotyp mit dem Lächeln eines, der rein gar nichts versteht, wiederholt, ist "wattsjurnaim", was er in der wiedergegebenen Phonetik anbringt.

Ibrahim gefällt unser Einweg–Feuerzeug aus dem Supermarkt ganz wahnsinnig gut, das merken wir schnell. Als wir es ihm schenken, lehnt er es zunächst strikt ab, nimmt es dann aber mit einer überschwenglichen, herzlichen und so echten Dankbarkeit an, daß es uns fast peinlich ist. Wir erklären ihm daß es nicht nachfüllbar ist, aber das schmälert seine Freude überhaupt nicht. Wie bei Türken üblich, will er sogleich wissen, was es gekostet hat. Das gilt bei uns als unartig, doch die türkische Gesellschaft kennt kein Understatement, und der soziale Status richtet sich nach dem Reichtum, der sich wieder im Verbrauchsmuster äußert. Es ist für Ibrahim also wichtig, zu wissen, welche Kaufkraft der Erwerb eines Einweg–Feuerzeuges voraussetzt. Wir glauben, daß er sich fast weniger an dem Feuerzeug an sich, obwohl ihm Farbe und Form gefallen, freut, als an dem Besitz dieses Dinges. Um die Geschichte der Übereignung dieses Feuerzeuges auch noch vor seinen Enkeln dokumentieren zu können, bittet er um unsere Adresse, die er partout auf eines von Martinas Zigarettenpapierchen geschrieben haben möchte. Zwar kann er sie nicht lesen, denn er ist Analphabet, aber er wickelt das Papier so gut es geht um das Feuerzeug und verstaut beides in der Brusttasche seines Hemdes. Im Laufe unseres Gespräches nestelt er mehrfach das gute Stück aus dem Hemd, um es liebevoll zu betrachten.

Als Gegenleistung bekommen wir eine große Schüssel grüner Feigen, von denen wir ein paar essen. Wir sollen den Rest einpacken, denn es gibt schon wieder etwas anderes, einer der Jungen hat den Kopf einer Sonnenblume geholt, alle picken sich Kerne daraus, die sie gekonnt in den Mund stecken, mit den Zähnen aufknacken, die Schale lässig und beiläufig ausspucken und den Kern zerkauen. Wieder einmal sind Eickes Eßgewohnheiten oder besser Unbeholfenheiten Anlaß zu allgemeiner Erheiterung. Nicht vorstellbar, daß es jemanden gibt, dem das Sonnenblumenkernvertilgen nicht das Selbstverständlichste von der Welt ist ! Wie lustig das doch sein kann, wenn da so ein komischer Tourist sich mit den Fingern halbe Schalen aus den Zähnen fisseln muß. Zum Abschied, bevor wir das Gruppenfoto schießen, für das sich alle in ihre schönste und männlichste Positur werfen, will Ibrahim uns noch gerne seine eigene Adresse geben, die der älteste Knabe, der, der Englisch spricht, in unser Reisetagebuch einträgt.

Wir fahren weiter, durch ganz unbeschreiblich schöne Landschaft am See entlang, von dem wir nun wissen, daß Leute wie Ibrahim Vural Flußkrebse darin fangen, die in einer Konservenfabrik verarbeitet und nach Frankreich exportiert werden. Für ein Kilo Krebse zahlt die Fabrik 1000 Lira an die Fischer, das sind zwanzig Mark. Bei unserer Weiterfahrt fällt uns der deutliche Unterschied zwischen Stadt und Land auf. Die Frauen, die uns am Straßenrand entgegenkommen, verhüllen sich, sofern sie es nicht schon sind, hastig und wenden sich ab. Etwa fünfzehn Kilometer vor Iznik kommen die Berge ganz dicht an den See und die Felsen fallen schroff zum Ufer ab.

Iznik nimmt heute nur einen kleinen Teil der Stadtfläche des antiken berühmten Nicäa ein. Die Stadt liegt am Ostufer des Sees und wird noch fast vollständig vom antiken Mauerring mit an die viereinhalb Kilometer Länge umschlossen. Die bewegte Geschichte Izniks beginnt mit der Gründung im 4. Jahrhundert v.Chr., später war es Hauptstadt eines Königreiches, wurde in byzantinischer Zeit Bischofssitz und Schauplatz des ersten und siebten ökumenischen Konzils. Herrscher der Stadt waren nach den Byzantinern Seldschuken, Kreuzfahrer und schließlich die Osmanen. Im 16. Jahrhundert gelangte Iznik noch einmal zu einer Blüte, der Sultan hatte eine persische Keramikmanufaktur hier angesiedelt, von der die schönen Fayencekacheln stammen, mit denen auch das Topkapi—Sarayi in Istanbul teilweise verziert ist. Wir kommen von Süden durch das "Yenisehir"—Tor in die Stadt hinein, lassen die Ruinen von römischem Stadion und Theater links liegen und biegen etwa genau in der Stadtmitte nach rechts ab.

Diese Stadt macht einen seltsamen Eindruck. In den mächtigen Mauern von einst hat sich eine Ansiedlung erhalten, die für solch eine Bewehrung viel zu mickerig erscheint. Verschlafen wie die Hunde auf dem Straßenpflaster vegetiert das ganze Iznik vor sich hin. Irgendwie scheint wenig los zu sein, so wenig, daß man bereits auf Straßenschilder verzichten kann. Im Ort weiß sowieso jeder, wo er hin muß. Polizisten erteilen aber gern und freundlich Auskunft, und es ist richtig, daß wir an den Ruinen der ehemaligen Konzilskirche "Hagia Sophia", die in osmanischer Zeit zu einer Moschee verwandelt wurde und im 18. Jahrhundert niederbrannte, rechts abbiegen und uns auf das "Letke"–Stadttor zubewegen müssen. Kurz vor diesem Tor liegt linkerhand die Grüne Moschee, einer der ersten osmanischen Zentralkuppelbauten. Die wurde 1391 fertiggestellt und hat ihren Namen nach dem mit leuchtend grünen Fayencen verkleideten Minarett. Schräg hinter der Moschee liegt ein kleines Museum, das griechische und römische Funde sowie alte Fayencen aus der persischen Manufaktur bewahrt.

Fruchtbare westanatolische Landschaft östlich von Iznik

Wir verlassen Iznik und klettern fast genau nach Osten in die Berge hinauf, hinter uns steht die untergehende Sonne ganz knapp über dem Wasserspiegel des "Iznikgölü" und verwandelt die Straße in ein goldenes Band. Traktoren, Eselskarren und LKWs bevölkern plötzlich die Fahrbahn, es scheint, als wollten alle schnell noch vor dem Dunkelwerden nach Hause. Wir wollen das auch und finden schließlich einen schönen Parkplatz, versteckt hinter einer Böschung, auf einem Bergrücken. Von hier aus haben wir einen Blick über ein weites Tal auf die gegenüberliegenden Anhöhen. Unten sehen wir Lichter glitzern, dort liegt ein Dorf. Es ist ganz ruhig, von weit her dringt Hundegebell zu uns herauf. Ein paar überladene Lastwagen quälen sich noch durch den Abend. Wenn man sie zum ersten Mal schwach hört, dauert es eine Ewigkeit, bis sie vorbei sind und nochmal so lange, bis man sie endlich nicht mehr hört. Als auch sie nicht mehr fahren, schlafen wir in völliger Ruhe und klarer, nach Kiefern duftender Luft ein.

Der folgende erste September beginnt gemütlich und viel harmloser, als er sich noch entwickeln will. Bei Mekece kommen wir wieder auf eine breit ausgebaute Hauptverkehrsstaße, die bis Adapazari führt. Hier kreuzen wir die E 5, die von İzmit nach Ankara durchläuft. Auf dieser Straße herrscht ein unglaublicher Verkehr, er scheint um so stärker, je mehr man sich auf kleinen Nebenstraßen 'rumgetrieben hat. Zum Glück müssen wir diesen Tag und Nacht vom Schwerlastverkehr heimgesuchten Highway nur überqueren. Wir lassen uns durch Adapazari drängen, eine betriebsame und hektische moderne Industriestadt und sind recht froh, als uns die Flucht auf die beschauliche Nebenstraße nach Karasu, Richtung Schwarzmeerküste gelungen ist.

Sattes Grün: Haselnußanbau im Pontischen Gebirge

Da wollen wir nämlich hin, um ein paar Tage irgendwo am Strand, vielleicht in einer lauschigen Bucht für zwei, richtig Ferien zu machen, ohne irgendetwas anzugucken, ohne dauernd freundlichen, aber auf Dauer anstrengenden Leuten zu begegnen. Wir möchten gerne einfach nur so daliegen und die zahlreichen Eindrücke, die wir jetzt schon so hopplahopp hintereinander in Istanbul, Bursa und Iznik und unterwegs gesammelt haben, ohne seit der strapaziösen, verregneten Anreise je richtig verschnauft zu haben, verdauen. Es heißt, dieser Teil der Schwarzmeerküste zwischen Karasu und Zonguldak sei touristisch wenig oder gar nicht erschlossen. Was das heißt, erfahren wir heute.

Bis Karasu durchfahren wir ein ebenes Gebiet mit reicher Landwirtschaft, der Ort selbst macht einen knoddelig verschlafenen Eindruck, einzig ein paar Hühner überqueren hektisch und aufgeregt die Straße und versuchen dabei mit heftigen Flügelbewegungen, das Auto zu erschrecken. Wir suchen die Straße nach Akçakoca und geraten auf eine breite Sandpiste. Die Tiefe der sichtbaren Autospuren stimmt uns bedenklich. Die Spuren sind aber relativ zahlreich und wir beschließen zu glauben, auf der richtigen Straße zu sein. Vorsichtige untertourige Fahrweise bringt uns auch gut hindurch und wir sind erleichtert, als wir merken, daß der Spuk nur zwei Kilometer dauert. Als wir wieder gute Teerstraße unter den Reifen haben, steigt unsere Stimmung merklich an: Wo es Sand wie Sand am Meer gibt, muß es ja auch Meer geben. Sandstrand wäre uns eigentlich ganz recht.

Unsere Freude hat bis Akçakoca Zeit, sich wieder gegen Null zu bewegen, denn die Strecke läuft ziemlich weit von der Küste entfernt, zeitweilig sind wir in einer reichlich sumpfigen Gegend. Große Dünen versperren die Sicht auf das Meer, wir wissen nie, wie weit es bis zum Strand wirklich ist. Mehrere Stichwege, die wir ausprobieren, enden in Unzufriedenheit. Entweder führen sie zu Bauernhöfen oder sie kapitulieren vor einer Düne. Immer wieder halten wir an, laufen beschwerlich auf eine Düne hinauf, sehen dahinter noch drei weitere und ahnen dort das Meer. Die Straße, die jetzt einwandfrei ist, läuft breit und schnurgeradeaus dahin, aber man hüte sich, zu schnell zu fahren. Kühe weiden mit Vorliebe mitten auf der Fahrbahn, meistens entschließen sich solche Rindviecher gerade dann, die Straßenseite zu wechseln, wenn man nah genug dran ist, um Schwierigkeiten mit dem Bremsweg zu bekommen. Auf deutsche Hupen reagieren sie kaum. Da sind doch die müden Rinder besser abzuschätzen, die einfach in Grüppchen zu dritt oder viert auf dem warmen Teer liegen und sich sonnen. Die bleiben nämlich meistens liegen und lassen sich geduldig umfahren.

Um Akçakoca herum gibt es ein bißchen Badebetrieb, die Gäste sind meist türkischer Herkunft. Zu unserer großen Freude führt ein mit Betonplatten ausgelegter Stichweg über die Dünen. Wir fahren ihn begierig entlang und kehren im Angesicht vieler Hütten, eines Hotels und weniger Gäste, aber überhaupt keines Schattens und nicht gerade idyllischer Schönheit des Ortes gleich wieder um. Die Leute scheinen auf uns gewartet zu haben, alle wenden sich uns freudig zu, endlich Unterhaltung. Uns ist da im Moment wenig nach, aber wie sich im Nachhinein sagen läßt, sind unsere Ansprüche zu hoch, und wir hätten besser da bleiben sollen. Hinter Akçakoca fangen die Berge an, ohne daß wir bislang die Gelegenheit wahrgenommen hätten, unserer Badelust zu frönen. Nach Ereğli zu gibt es noch einige Badebuchten, aber wo es zugänglich ist, sind sie auch bevölkert.

Die Küste wird steiler, immer steiler, bis sie schließlich als schroffe Steilküste ins Meer abfällt. Die Landschaft ist einzigartig, unversehens gelangen wir ins größte und bedeutendste Haselnußanbaugebiet der Welt. Der Straßenbelag ändert sich wieder, das heißt, es gibt bald gar keinen mehr. Endlos schlängelt sich der Weg um jeden Berg herum, der ins Meer vorstößt und dann wieder tief in die Buchten hinein, von wo man Anlauf für den nächsten Berg nimmt. Die malerischen Dörfer liegen ganz und gar im Grünen. Wenige, von weitem wie Würfel aussehende Häuser, scheinen ohne Ordnung in die Landschaft gestreut und durch zufällige Nähe ein Dorf zu bilden. Manchmal sind diese Bauten ganz aus Holz, das Erdgeschoß ist offen und wird von einem Gerüst gebildet, das das Obergeschoß trägt. Unten sind Trockengestelle oder Eselsparkplätze, im ersten Stock sind die Wohnräume untergebracht. Bei manchen Häusern besteht das Untergeschoß auch aus Ziegelmauern, das Wohngeschoß ist aber fast durchweg aus Holz. Oft haben die Schwarzmeerhäuser einen quadratischen Grundriß. Sie sind mit einem Ziegeldach gedeckt, das symmetrisch zu allen Seiten gleichmäßig abfällt. Die Anlage dieser Dörfer zeigt eine überaus geringe Abstimmung auf Autoverkehr. Selten sind die Häuser mit befahrbaren Straßen verbunden, sie ragen einfach aus dem Grün hervor, schmale Trampel– und Eselspfade durchziehen das Dorf. Dementsprechend sieht man hier auch außer ein paar LKWs, ganz selten Taxis, nur Busse, die hochbeinig auf besonders kurzen Fahrgestellen mit hochgelegten Luftfiltern schon recht abenteuerlich aussehen und gut zu den von ihnen befahrenen Straßen passen.
Das Angebot dieser zu bewältigenden Unterlagen reicht von ganz annehmbaren Schotterpisten bis zu geröllfeldartigen, grobklobigem Untergrund, den wir mit Vorliebe an den unvorstellbaren Steigungen antreffen. Dort ist nämlich der Schotter schon weg, die letzten Steinchen werden beim Drüberfahren ins Abseits geschossen.

Die grüne, unberührt scheinende Idylle wird jäh unterbrochen von den Städten Ereğli und Zonguldak, den größten Kohle– und Stahlzentren der Türkei. Um diese Städte herum sind die Wegverhältnisse manchmal etwas besser, aber zwischen den beiden Industriezentren erwartet uns der anstrengendste Teil unserer "Expedition". Unser Wunsch nach einem erfrischenden Bad im Schwarzen Meer ist nach wie vor ungebrochen, nur bewegen wir uns meist zwischen fünfzig und hundert Meter über dem Meeresspiegel. Bei einem Versuch, den Strand zu erreichen, müssen wir drei Furten durchqueren, von denen die längste etwa dreißig Meter lang ist, weil sie das Flußbett sehr schräg angeht. Die Fahrbahn aus kindskopfgroßen Wackersteinen liegt so durchschnittlich dreißig Zentimeter unter Wasser. Wegen der Sonneneinstrahlung auf die leicht gekräuselte

Wasseroberfläche kann man den Grund nur schlecht sehen. Eicke krempelt sich die Hose bis zu den Knien hoch und watet die Passage Schritt für Schritt auf der ganzen Breite ab. Bei so einer Wassertiefe muß man nicht nur auf herausragende Blöcke achten, die unversehens eine Ölwanne abreißen können, sondern auch auf Lücken in der vorgesehenen Fahrbahn. Tiefere Stellen als dreißig Zentimeter können schon bedeuten, daß die Karosserie anfängt, unter den Wasserspiegel zu geraten. Dadurch besteht die Gefahr, daß an Schiebetür und Heckklappe Wasser eindringt. Die Durchfahrt ist aber problemlos, der Auspuff versinkt blubbernd unter Wasser.

Zwischen Haselnüssen und Halden: Schwarzmeerküste vor Zonguldak

Diese Fahrerei lohnt sich überhaupt nicht, denn der Strand ist steinig, die Bucht liegt in kühlem Schatten und ist einem scharfen Seewind ausgeliefert. Einige Fischerhütten links und rechts blicken unsympathisch auf uns hinab, wir finden es hier nicht so schön, daß wir länger bleiben wollen. Also geht es durch die gesammelten Furten zurück. Beim Versuch, den Wagen bei der Durchquerung der langen Durchfahrt zu fotografieren, rutscht die zur Feier des Tages in einen weißen Rock gewandete und mit weißen Schuhen chic gemachte Martina im Lehm am Ufer aus, schliddert über die Steine und landet im Wasser, wobei sie sich gehörig das Schienbein aufschürft. Die Schuhe sind schon weniger chic, als sie sich wieder erhebt, der Rock erinnert an eine mißglückte Batik, was der Fotoapparat mit Lehmwasser anfängt, soll sich noch zeigen. Einige

Frauen, die am gegenüberliegenden Ufer aus scheuer Entfernung Zeuge dieser Szene werden, wundern sich über diese bekloppten Touristen, die alles fotografieren müssen, selbst einen halbausgetrockneten, lehmschwangeren Spätsommerfluß.

Nun schminken wir uns das Baden endgültig ab, die zwei, drei Tage Faulenzen auch. War Ereğli schon eine stinkige Industriestadt mit Werften und Industriehafen, schrecklich vielen LKWs und drekkigen Hochhäusern, immerhin aber einem Atatürk–Kültürparki direkt am Meer mit zwei Ruhebänken und drei Bäumen im Angesicht einer Werft, so steht Zonguldak dem in nichts nach, nur daß es bedeutend größer ist. Zwar wird vorher die Straße etwas besser, immerhin teilweise geteert, doch macht der Kohlenstaub alles grau und häßlich. Es sieht schon interessant aus, die Fördertürme für die Kohlebergwerke direkt auf dem Strand stehen zu sehen und Halden daneben, die halb im Wasser, halb auf dem Land aufgetürmt liegen. Dennoch gewinnen wir der Stadt in ihrer ganzen schmutzigen, ruhelosen und ungesunden Betriebsamkeit keinen Reiz ab, es hetzt uns, diese Gegend zu verlassen. Im fahler werdenden Nachmittagslicht winden wir uns aus Zonguldak auf stufigen, gebrochenen Betonplatten, Pflastersteinen, löchrigem Teer oder einfachem Schotter Richtung Çaycuma/Devrek in kurzer Zeit auf zweihundert Meter Höhe hinauf. Die Schluchten sind eng und steil, der Liebreiz der Landschaft ist vor Zonguldak stehengeblieben.
Schroff und abweisend scheinen die Felsen, obwohl die Vegetation auch hier noch reichhaltig ist. Viele Hänge sind zu steil zur Bewirtschaftung und wild bewachsen.

Plötzlich geraten wir auf eine nagelneue Trasse, frisch geteert, so neu, daß noch Mittelstreifen und Randmarkierungen fehlen. Diese Straße ist so neu, daß sie nicht auf unserer Karte eingezeichnet ist. Fahren ist wieder Fahren, nicht mehr nur von Loch zu Loch und Stein zu Stein hüpfen. Das Auto hat wieder vier Gänge, und voller Freude über den nervenschonenden Teer liefern wir uns der Straße bedingungslos aus, ohne zu wissen, wohin sie genau führt.

Solche neu in die Landschaft gelegten Trassen sind typisch für das Arbeitsbeschaffungsprogramm der Militärregierung. Überall im Lande werden Straßen gebaut, die Arbeiter leben in großen Camps in der Nähe der Baustellen. Die Militärs bekämpfen damit nicht nur die hohe Arbeitslosigkeit im Land, sie sichern sich auch die Sympathie der vielen LKW–Besitzer und Busunternehmer, deren Zahl man nicht unterschätzen soll. Jede Straße hat natürlich auch eine strategische Bedeutung, weswegen militaristisch ausgerichtete Regimes seit jeher dazu neigen, deren Ausbau voranzutreiben. Bei den derzeit in Angriff genommenen Projekten sieht es allerdings eher so aus, als versiegten die Geldquellen, bevor alle neuen Straßen eröffnet werden können.

Wir denken im Moment sehr wenig kritisch über die mögliche strategische Wichtigkeit der Straße nach, sondern freuen uns einfach über ihr Vorhandensein. Sie zu befahren ist schon fast so schön wie ein Bad im Schwarzen Meer. In einem Wäldchen an einem Fluß, 10 km vor Çaycuma finden wir einen Nachtplatz, der von der Straße kaum einsehbar ist.

Nach diesem Tag, den wir nicht mit "Mein schönstes Ferienerlebnis" überschreiben wollen, folgt gerechterweise ein angenehmerer. Unbehelligt wachen wir am Morgen auf unserem Platz auf und können in der Sonne frühstücken. Als wir dann auf der guten Straße weiterfahren, stellt sich heraus, daß sie auf die alte Verbindung von Devrek über Mengen nach Yeniçaga an der E 5 führt und nicht überall neu, aber doch weitgehend gut ausgebaut ist. Einzige Problemstellen sind ein fast ein Kilometer langer Tunnel, ein riesiges endloses schwarzes Loch, das sämtliches Licht in seiner Feuchtigkeit absorbiert. Wir hätten gerne Fernlicht und Suchscheinwerfer eingeschaltet, aber vor uns fährt ein Ford Transit, den offensichtlich ein wegkundiger Türke lenkt. Wenn er nicht so langsam gefahren wäre, hätten wir bestimmt einen Achsbruch oder so etwas bekommen, denn wir wären viel zu schnell in den Tunnel hereingedonnert. Drinnen gibt es Schlaglöcher, in die ein ganzes Rad hineinpaßt, dazu unverschämt tief. Außerdem ist das Tunnelgewölbe innen nicht ausgemauert oder verputzt, sodaß große Felsbrocken, die oben rausgefallen sind, auf der Fahrbahn liegen. Dank unseres Vorausfahrers, dessen eines Rücklicht sogar funktioniert, können wir die schlimmsten Stellen umfahren.

Grausig ist es immer wieder, und wir zucken auch jedesmal, obwohl wir es schon kennen, zusammen, wenn man sich so auf die Straße im Tunnel konzentriert und dann ein LKW in die Unterführung hineinfährt. Grundsätzlich reizt jeder Tunnel jeden türkischen LKW—Fahrer, seine Mitmenschen mit dem Klang seines Kompressorhornes zu beglücken. Wegen dieser oft sekundenlang betätigten Drucklufttantaren liegen auch so häufig Steine auf der Fahrbahn, weil die Hupfrequenzen das Gewölbe erschüttern.

Die zweite Überraschung auf dieser Strecke ist eine Ortsdurchfahrt unmittelbar vor der Einmündung auf die E 5. Die Straße führt hier ganz gerade auf den Ort zu und biegt, wenn die Häuser anfangen, rechtwinklig nach rechts ab. Dank dieser Kurve bremsen wir ziemlich ab, die Bebauung tut ein Übriges, damit wir die Geschwindigkeit herabsetzen. Denn in der Nähe von Häusern muß man immer ganz vorsichtig fahren. Nicht nur Kinder, auch Frauen, Hühner, Opas und Rinder unterschätzen Fahrzeuge. Hinter der Kurve gibt es plötzlich keine Straße mehr! Von jetzt auf gleich führt eine hohe Stufe von der Teerdecke auf eine Fahrbahn, die Ähnlichkeit mit einem ausgetrockneten Flußbett hat. Am letzten Haus des Dorfes erklimmen wir wieder eine Stufe und fahren auf der Asphaltstraße weiter. Ob es hier eine Bürgerinitiative gegen den Ausbau der Hauptstraße gibt ?

Den ganzen Weg begleiten uns abwechslungsreiche, dicht bewaldete Hügel und Berge, zur E 5 hin wird es zunehmend karger. Auf der E 5 haben wir jetzt noch etwa hundert Kilometer bis Ankara. Laut Karte überqueren wir zwei Pässe, einer davon ist 1580 m hoch, aber auf der gut ausgebauten Straße merken wir sie kaum. Es herrscht ziemlich viel Verkehr, besonders internationale Lastzüge beleben durch spannende Überholmanöver das Straßenbild. Plötzlich hören wir vorne rechts ein regelmäßiges Klacken. Auf dem Seitenstreifen halten wir, ohne Schatten in der sengenden Mittagssonne, an. Eine Kontrolle ergibt nichts: Weder ist das Vorderrad ungebührlich warm, noch ist die Antriebswelle irgendwie beschädigt. Auch sitzen alle fünf Radmuttern fest, die Felge zeigt kein Spiel. Sollten wir von den seltsamen Wegen, die wir gestern bewältigt haben, Staub, Sand oder Abrieb in der Bremse haben ? Das wäre ja nicht das Schlimmste. Eins jedenfalls steht fest: Hier mitten in der Sonne am hohen Mittag werden wir nicht anfangen, die ganze rechte Seite zu zerlegen, um Krümelchen in der Bremstrommel zu suchen, wenn es nicht unbedingt nötig ist.

Also steigen wir wieder ein und fahren, ratlos und mit gespitzten Ohren, weiter, aber das Geräusch meldet sich nicht mehr. Der Wagen fährt ganz normal, bremst ganz normal, lenkt sich ganz normal. Uns soll das recht sein. Die Straße führt nun durch öde, karge Hochtäler, deren Bewuchs aussieht, als sei er unter dem Solarium eingeschlafen. Später fahren wir durch schroffe Felslandschaft. Vom offensichtlich beabsichtigten Ausbau der Fernverkehrsstraße zu einer vierspurigen Autobahn liegen von den Sprengungen überall dicke Felsbrocken direkt am Rand und vereinzelt auf der Fahrbahn.

In ebeneren Landstrichen tauchen auch noch gelegentlich magere Rinder auf. Bei ihrem beliebten Spiel:"Komme ich heil auf die andere Seite?" gibt es hier wesentlich mehr Verlierer als auf den wenig befahrenen Straßen am Schwarzen Meer. Verrenkte Kadaver am staubigen Wegrand zeugen davon. Hinter dem fast nicht bemerkten zweiten Paß gibt es nur noch Mondlandschaft. Das Hochland ist, natürlich besonders im September, eine einzige riesige karge, brachliegende Felswüste, von einzelnen ausgedörrten stacheligen Sträuchern und hin und wieder auch von ein paar niedrigen, grünlichen Gebüschen betupft. Kaum Besiedlung sehen wir, nur Öde, soweit man gucken kann. Wir überqueren trockene Flußbetten, die von der Sonne rissig geworden sind, fahren an einem See vorbei – da muß jemand den Stöpsel rausgezogen haben, jedenfalls fehlt der Inhalt. Nicht einmal mehr Wasserstellen und Obstverkäufer muntern einen auf, wo sollten sie auch schon herkommen.

Gespeichertes Leben für Ankara: Steppenstausee bei Kazan

Vor Kazan erfreut dann eine linkerhand liegende Talsperre die trocken gewordenen Augen. Dieser Stausee versorgt Ankara mit Trinkwasser, auch sein Wasserspiegel ist um diese Jahreszeit schon mächtig abgesunken, was wir an den blankgespülten und nicht bewachsenen Uferstücken sehen können. Die Umgebung von Ankara ist arm an bepicknickbaren Ausflugsgebieten, weswegen auch das nicht gerade üppig bewachsene, aber doch immerhin gleichmäßig grüne Ufer zu einem Erholungsziel für stadtmüde Ankaranesen erklärt worden ist. Um den durch das schwache Grün etwas unklar bleibenden Wert des Areals vollends ins Bewußtsein zu heben, führt eine geschwungene Straße, von Bogenlaternen gesäumt, auf eine Schranke zu, in deren Wärterhäuschen ein livrierter Parkportier gegen Aushändigung von fünfzehn Lira drei Billetts à fünf Lira abgibt, zwei weiße für die Personen, die den Ort besuchen und ein rosafarbiges für den Wagen, der die Besucher transportiert.

So in Spannung versetzt, was uns denn da erwartet, dürfen wir die Schranke passieren. An der ersten Weggabelung steht eine riesige

Wegweisertafel, auf der im großen Maßstab das gesamte Gelände abgebildet ist. Hier gelangt man zu Restaurants, dort in einen Teegarten. Neugierig rollen wir weiter. An der Staumauer angekommen, erkennen wir, daß manches noch im Bau ist, besonders auf der trockenen Seite der Mauer nach Ankara zu, liegt ein großes Arbeitercamp. Offensichtlich wissen das auch die ausfluginteressierten Bürger von Ankara. Wir scheinen hier ausnahmsweise tatsächlich alleine zu sein, trotz bombastischem Einfahrtsritual mit Schranke und Pförtner, angelegten und sogar geteerten Wegen, überschattetem Picknickplatz an der Mauer und einer Vielzahl von Parkplätzen sehen wir keine Menschenseele hier. Das gefällt uns, damit es so bleibt, ziehen wir uns auf einem nur geschotterten Weg so weit wie möglich ans andere Ende des Stausees zurück, wo wir bald auf eine Art Wendeplatz geraten, in dessen äußerste Ecke als einzig aufragendes Gewächs ein vielleicht knapp zwei Meter hoher staubiger Busch steht. Wir rangieren das Auto so nah es geht an diesen spärlichen Schattenspender heran, sodaß er uns gnädigerweise einen Teil der rechten Fahrzeugwand vor allzuviel Sonneneinstrahlung schützt.

Da wir uns hier einige Zeit lang häuslich niederlassen wollen, vom Lärm der E 5 genügend geschützt, in dieser öden Gegend einen erfrischend grünblauen See unter uns vor Augen und ganz allein, spannen wir noch eine extra dafür mitgenommene helle Überzeltbahn als Sonnendach. Der See liegt eine steile Böschung hinab ungefähr zwanzig, dreißig Meter unter uns. Die Landschaft scheint hier künstlich angelegt zu sein. Terassenartig ist Geröll steil aufgeschichtet, gegen Abrutschen durch angepflanzte Krüppelsträucher gesichert.

In dieser schattenlosen, staubigen, dürftigen Gegend, in der die heiße Luft des frühen Nachmittags über dem trockenen Erdboden wabert, treibt es uns, das Wasser ganz von nah zu sehen. Wir kraxeln ungeschickt von Terasse zu Terasse, bei jedem Schritt drohen wir, mit einer sich stets lösenden kleinen Geröllawine schneller am Wasser zu sein, als uns lieb ist. Bald erreichen wir Ufer, welches zu wasserreicheren Jahreszeiten "Land unter" meldet. Hier wachsen keine Sträucher, die die Steine beieinanderhalten. Die Rutscherei wird noch lustiger. Hier unten ist es angenehm kühl, außerdem trocknet einem die Luft nicht so Mund und Rachen aus. Allerdings gestaltet sich der Aufenthalt am kühlen Strand etwas unbequem, denn das steile Ufer mit dem sich bei jedem noch so vorsichtigen Schritt abwärts bewegenden Untergrund droht uns ständig mit einem ungewollten Bad. Das aber ist in einer Trinkwassertalsperre natürlich verboten, außerdem — wie sollten wir der Erfrischung ein Ende machen, man kommt gewiß leichter 'rein als 'raus. Um wenigstens die Klimaverbesserung eine Zeit lang zu genießen, verharren wir in einer reglosen Kauerstellung. Zwar hat man so wenig Kontakt zur Untergrundbewegung, kommt sich aber bald recht blöd vor. Als es reicht, arbeiten wir uns mühsam, zwei Schritte auf der Stelle, einen voran, den Berg hinauf. Dabei erweist sich die eben hockend empfundene Erfrischung bald als abgelöst von peinlicher Achselnässe. So gesehen hätten wir grad' so gut oben bleiben können.

Wir sitzen ein paar Stunden da und lesen, legen uns auch für eine Weile in die Sonne. Wir haben uns entschlossen, auch die Nacht hier zu bleiben, der Platz ist so schön ruhig und abgelegen, etwas Besseres zu finden erscheint uns in diesem öden Landstrich als unwahrscheinlich. Doch wir wären nicht in der Türkei, wenn wir alleine blieben.

Aus dem Nichts taucht plötzlich stoppelbärtig ein mittelalter Türke auf, wünscht flüchtig nuschelnd ein "Merhaba" und nimmt Platz. Er sitzt da am vorläufigen Ziel seiner Wünsche, denn er hat sich genau gegenüber von Martina niedergelassen. Um sein Besichtigungsobjekt besser beobachten zu können, schiebt er sich die spekkige Schirmmütze in den Nacken. Mit einer Mischung aus Zoobesucher im Exotenhaus und unverhohlener Geilheit starrt er unverwandt auf Martina. Ihm ist ganz offensichtlich egal, wie lange er da so sitzen wird, zur Beruhigung wandern die zehn oder zwölf Glasperlen am Lederriemchen wieder und wieder durch seine Hand, ganz langsam, unentwegt. Dummerweise beherrscht er das Perlendurchdiefingergleitenlassen, ohne hinsehen zu müssen, sein Blick ist frei geradeaus auf Martina gerichtet. Eicke müht sich, seine drei Brocken Türkisch zu einer Konversation zu verbinden, aber der Kerl möchte nur schauen. Peep—Show in Kazan. Außerdem scheint er bedeutend weniger mit Intelligenz belastet zu sein, als die Leute, die wir vor ihm kennengelernt haben, denn bei der schleppenden Unterhaltung blitzt niemals ein Licht des Verstehens in seinen leeren Augen auf. Wir tauschen eine halbe Schachtel Marlboro gegen eine halbe mit türkischen Samsun,später merken wir, daß er die Gelegenheit nutzt, um sich unser vorletztes, zum Glück schon zu drei Vierteln leeres, Einwegfeuerzeug unter den krummen Nagel zu reissen. Es fällt ganz schön schwer, nach all den netten, freundlichen Menschen der letzten Tage plötzlich mit so einem parasitären Stoppelbart umzugehen.

Martina hat es schon lange nicht mehr ausgehalten, von den ekeligen Blicken am ganzen Körper betatscht zu werden und sich ins Auto verdrückt. Es ist zu ärgerlich, wegen dieser Anstiererei aus der Sonne vertrieben zu werden, aber diese ruhige, zeitunabhängig scheinende, unausgesetzt aufdringliche Erniedrigung hält wohl keiner stundenlang aus. Der Mann indes strengt sein sonnengedörrtes Hirn an, um Mittel und Wege zu finden, ein Stückchen Martina zu erhaschen. Obschon im Besitze unserer Marlboro, der ersten Pakkung, um die es uns leid tut, bittet er um "tütün", das heißt Tabak. Er hat nämlich mitbekommen, daß Martina ihre Zigaretten selber dreht und nun lechzt er nach einer Zigarette, deren Blättchen von Martinas Zunge befeuchtet und mit ihrem Speichel zugeklebt ist. Ausdrücklich bittet er darum, sie nicht selber drehen zu müssen. Obwohl er damit an Martina einen Wunsch geäußert hat, schlägt sein Plan, ihrer dabei angesichtig zu werden, fehl, denn Eicke bringt ihm mit kaum noch bemühter Freundlichkeit den Glimmstengel.

Todsicher ersinnt sein Hirn den nächsten Schachzug. Er denkt sich eine richtige Frauenarbeit aus und äußert den Wunsch nach einem Schluck Wasser. Denkste ! Erstaunt muß er Eickes hochgradige Emanzipation zur Kenntnis und aus dessen Hand den nunmehr uninteressant gewordenen Trank entgegennehmen. Hatten wir uns gedacht, durch mehr und mehr eingefrorene Freundlichkeit und Martinas langdauernde Abwesenheit unseren Platz doch noch für die Nacht nutzen zu können und den speckmützigen Kerl durch Geduld zum Weggehen zu bewegen, so gilt das nächste "Denkste!" uns. Nichts in der Welt bringt unseren Gast weg von hier.

Ärgerlich beginnt Eicke, die Sonnenplane abzubauen. Doch auch die offensichtlichen Vorbereitungen zu unserer Abreise trennen uns nicht von unserem anhänglichen Peep–Show–Besucher. Im Gegenteil, er zeigt sich beim Zusammenklappen der Campingstühle behilflich. Während Eicke in der geöffneten Fahrertür auf dem Radkasten steht und die Stühle auf dem Dachträger verstaut, fühlt er plötzlich etwas an seinen Waden entlangstreichen. Ein Blick nach unten läßt ihn nur noch das Hinterteil des Türken erkennen, seine nimmersatten Augen suchen im Inneren Martina und die übrigen Reichtümer abzuschätzen. Jetzt reicht's ja wohl bald. Hätte Eicke nicht ein T–Shirt an, würde ihm sicherlich der Kragen platzen. Hastig zurrt er die Stühle auf dem Dach fest und springt nach unten. Da sitzt doch der Mann tatsächlich auf dem Fahrersitz und grinst mit einem Anflug unbedarften Besitzerstolzes vor sich hin. Er möchte mit, egal wohin. Als ihn schließlich recht ungehaltene Gesten und scharfe Brocken Türkisch, die alle etwas mit "Nein" zu tun haben, hinausgescheucht haben, fängt er seelenruhig an, um eine weitere Schachtel Marlboro erst zu betteln, dann zu handeln. Uns ist das alles zuviel und wir sind froh, ihn im Rückspiegel kleiner werden zu sehen.

Es dauert ein Weilchen, bis wir unsere Laune wieder aufgepäppelt haben. Der livrierte Pförtner, der formvollendet beflissen die Schranke für uns hebt, entlockt uns kaum den Anflug eines Schmunzelns. Immer noch sauer grummeln wir uns auf Ankara zu, wobei die Feststellung, daß links und rechts der Straße kein Baum, kein Strauch, kein gar nichts vorhanden ist, wo man vernünftig übernachten könnte, nicht wesentlich zu unserer Erheiterung beiträgt. So kommt es, daß wir uns nach etwa dreißig Kilometern Fahrt auf dem "BP–Mocamp Susuzköy" wiederfinden. Angesichts der trost– und schutzlosen Mondlandschaft ringsum ist das "BP Kervansaray Mocamp" ein empfehlenswerter Aufenthalt, allerdings ziemlich teuer. Für die eine Nacht, die wir da verbringen, müssen wir a Person 250 TL hinlegen und für den Wagen nocheinmal 175 TL. Mit der daraufkommenden dreiprozentigen Umsatzsteuer zahlen wir also rund 700 Lira. Vierzehn Mark für einen eingezäunten Streifen wüstes Ödland ist schon eine enorme Leistung, preislich gesehen.

Aber wir wollen uns nicht beschweren, der Standard des Platzes ist, auch wenn wir darauf nicht angewiesen sind, enorm hoch. Die Bäumchen, die auf dem kleinen Gelände angepflanzt sind, wachsen aus verständlichen Gründen trotz intensiver Pflege langsam, werden aber schon in wenigen Jahrzehnten Schatten spenden können. Trotz unmittelbarer Nähe zur E 5 ist der Platz nicht laut. Duschen, Toiletten und Waschräume beiderlei Geschlechts sind in ausreichender Zahl vorhanden, es gibt Warmwasser und – als Sensation – Klopapier. Kochküchen mit mehreren Gaskochern und Abwaschbecken komplettieren die Ausstattung. Die Sauberkeit ist beeindruckend. Neben dem Büro gibt es eine kleine Verkaufsstelle für Brot und Bier und andere Kleinigkeiten. Auf dem Gelände, das mit einer verbrannten Grasnarbe bedeckt ist, stehen verstreut nette grobe Holztische und –bänke, an denen man unter angenehm mildem Laternenschein noch bis tief in die Nacht sitzen und sich unterhalten kann. Dabei fallen uns die bewaffneten Patroullien auf, die ihre Runden ziehen. Für schattigen Aufenthalt während des Tages sorgt eine ganze Reihe überdachter Tische und Bänke in der Nähe der Sanitärgebäude. Die Streben der Bedachung sind mit Rankpflanzen bewachsen. So müssen wir sagen, daß der Platz wohl teuer ist, aber mit hoher Qualität den Aufenthalt angenehm macht.

Auch wir kommen wieder zu Laune, als wir im Dunkeln unter dem berankten Dach sitzen, wo wir unser Abendbrot mit einem jungen Heidelberger teilen und plaudern. Er erzählt von seiner Reise, die er allein mit seiner Enduro–Maschine macht, von den Abenteuern, die hinter ihm liegen und von den Zielen, die in Syrien und im Iran noch auf ihn warten. Wir steuern dies und jenes von unserer jetzigen und früheren Fahrten bei.

Die Bevölkerung des Campingplatzes ist recht gering. Außer uns und dem Motorradfahrer sehen wir noch zwei deutsche VW–Busse, eine französische Familie mit Auto und Caravan und einen für extremere Verhältnisse hergerichteten Ford–Transit aus Italien. Die Atmosphäre auf diesem Platz ist eine völlig andere als auf einem Campinggelände im Schwarzwald. Alle hier Lagernden sind auf der Durchreise, alle sind Leute mit enormem Fernweh und mehr oder weniger einschlägigen Reiseerfahrungen. Gleichmütig am Fahrzeug vorgenommene Handgriffe, als Genuß empfundene und dankbar angenommene Warmwasserduschen, gegenseitige Hilfestellung bei Sprachschwierigkeiten an der Rezeption schaffen eine seltsame, unterschwellige, unausgesprochene Gemeinsamkeit unter solchen Reisenden, die schweigende Gewißheit, daß jeder jedem bei einer etwaigen Panne so gut wie möglich helfen würde. Wir vergessen bald den Preis für dieses Wohlfühlen und der angenehme Luxus unseres Domizils rückt unser unangenehmes Erlebnis vom Nachmittag in den Hintergrund.

Wir gönnen uns ferienmäßiges Ausschlafen, frühstücken gemütlich nach einer erfrischenden Dusche und machen uns in bester Laune nach Ankara auf.
Die Hauptstadt der Türkei, Atatürks Vision und Ruhestätte, betriebsame Zweimillionensiedlung und modernes Zentrum eines riesigen Einzugsgebietes erwartet uns nach starken Erlebnissen verlassener Dörflichkeit. Wie wird das wohl sein ?

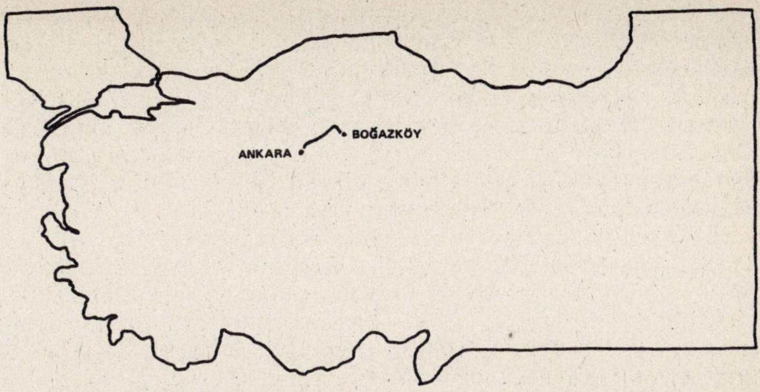

4. Teil: ANKARA UND BOĞAZKÖY

Ankara ist eine häßliche, aus den Nähten platzende und sich die umliegenden Hügel hinauf in die Öde ergießende Großstadt. Den Stadtrand und die Vorstädte beherrschen "Geçe Kondus", wörtlich: "Über Nacht gebaute Häuser", Elendsviertel der Tag und Nacht wachsenden Bevölkerung. Im Zentrum ist das Treiben zwischen der modernen Fassade von breiten Boulevards und glas- und metallblitzenden Hochhäusern hektisch und laut. Alte Bebauung existiert fast nur um den Burgberg herum.

Ankara hat an allen Perioden anatolischer Geschichte Teil, der Burgberg wurde schon von den Hethitern befestigt, die Phryger gründeten die Stadt. Kelten, Römer und Byzantiner hinterließen Spuren. 315 und 358 war Ancyra, wie es damals hieß, Tagungsort kirchlicher Konzile, und später wurde die inzwischen Angora heissende Stadt von Arabern und Türken umkämpft.
Dennoch gerät Ankara, in dem es noch 1918 nur 25.000 Einwohner gab, erst mit Beginn der türkischen Republik in den Mittelpunkt. Mustafa Kemal plant, seine Hauptstadt hier im Zentrum Anatoliens einzurichten und läßt neben der Altstadt großzügige Straßenanlagen, Parks und gewaltige Gebäudekomplexe errichten. Bei den Planungen unterliegt man aber leider der Fehleinschätzung, daß Ankara im Jahre 1980 etwa 300.000 Einwohner haben würde. Wahrscheinlich sind es aber bald schon 3.000.000. Für die Überbevölkerung steht nicht nur kein geeigneter Wohnraum zur Verfügung, sie hat auch mit einer enormen hygienischen Unterversorgung zu kämpfen.

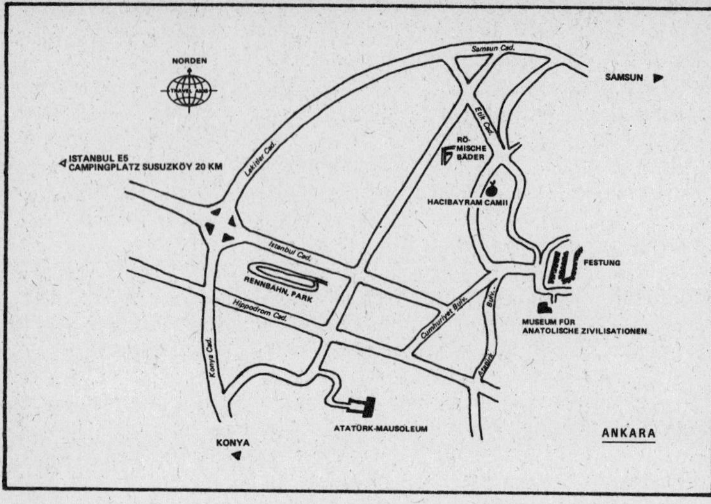

Im Übrigen gibt es kaum Arbeitsmöglichkeiten in dieser Stadt, deren Industrie gering ist, deren Umland traditionell verteilt und außerdem Steppe ist. Die Bürokratie der Staatsverwaltung kann nicht die unausgebildeten, zum großen Teil analphabetischen Massen aus den Geçe Kondus beschäftigen. Daß die Hauptstadt seit 1946 auch Universitätsstadt ist, hilft den Slumbewohnern ebenfalls wenig. Infolgedessen knubbeln sich die Konkurrenten im Dienstleistungsbereich. Kaum irgendwo in der Türkei gibt es so viele Schuhputzer, fliegende Händler, Zigarettenverkäufer, Getränkeanbieter. Das Verkehrsaufkommen einer Hauptstadt kann auch eine Großzahl von Taxifahrern, Minibüsfahrern, Schaffnern, Mechanikern, Angestellten der städtischen Verkehrsbetriebe verkraften. Doch auch diese Arbeitsstellen sind nicht dem Menschenangebot aus den ständig wuchernden Slums gewachsen, die die Grüngürtel der Stadt aufzehren und zersetzen, die auch im Stadtgebiet selbst immer weiter expandieren. Das Nobelviertel Cankaya sieht sich bedroht: Geçe Kondus wachsen ihm entgegen.

Wir machen die Bekanntschaft der gefürchteten sommerlichen Dunstglocke Ankaras. Es ist heiß und stickig. Das verdankt die Stadt ihrer schüsselartigen Lage, im Winter bedeutet es oft Smog, denn die Luft zieht kaum ab. Der erste Eindruck, den Ankara auf uns macht, ist ein recht unwirtlicher. Dies ist zwar der Regierungssitz, die wirtschaftliche Macht und das internationale Flair Istanbuls nötigen Ankara jedoch in die zweite Reihe. Das merken wir allenthalben, die glänzenden Fassaden der Neustadt blenden uns dabei nur einen Augenblick, denn die Modernisierungsproblematik, die das ganze Land heimsucht, zeigt sich hier, unter dem Glanz moderner, westlicher Hauptstadthochhausarchitektur, am deutlichsten. Der Kontrast zwischen den Prachtstraßen und den Geçe Kondus einerseits, zwischen der wohnblockartigen Hochhausarchitektur und den davor aus der Zeit gerissenen dörflichen Gesichtern andererseits läßt den Besucher nicht ohne Beklemmung die zukunftsweisende Vision des Türkenvaters nachvollziehen. Die meisten Leute, die uns hier auf den überfüllten Gehsteigen begegnen, sind nicht Städter. Und doch leben sie mit zwei Millionen Menschen auf einem engen Raum.

Auf unserem Weg durch die Stadt halten wir kurz vor dem Aufstieg zum Burgberg an. Wir wollen unseren Geldvorrat aufstocken und denken, daß man in der Hauptstadt der Türkei Gelegenheit hat, Euroschecks loszuwerden. Während wir an einigen Geschäften vorbeigehen, hasten die Menschen in einer uns inzwischen völlig ungewohnten Eile an uns vorüber.

Zielstrebig steuern wir die Filiale der Ziraat—Bankasi an, mit deren Service wir in Istanbul gute Erfahrungen gemacht haben. Nachdem der Schalterbeamte staunend das rechteckige hellblaue Stück Papier angestarrt hat, das wir ihm überreichen, und den fremden Klag unserer Worte "Euroscheck" mehrmals im Kopf zu repetieren scheint, ihnen aber keinen Sinn abgewinnen kann, sucht er Hilfe bei einem dienstälteren Kollegen. Der erklärt uns dann, daß wir zur Hauptstelle müßten und beschreibt uns den Weg. Es ist nicht weit.

Die schon recht betagte Inneneinrichtung der Hauptstelle besteht im Schalterraum aus einer langen Marmortheke, an deren Stirnseite zwei abgegriffene Holzverschläge als Kassen untergebracht sind. Dem Besucher stehen ein paar abgewetzte Sitzgelegenheiten zur Verfügung. Ein schier endloser Papierkrieg beginnt. Zu der uns bereits aus Istanbul bekannten Zeremonie der acht Unterschriften gesellen sich hier noch verschiedene Absegnungsverfahren durch ranghöhere Angestellte. Zwischen den hinter der Theke an den ausgeleierten Schreibmaschinen spielenden Kindern wandern Paß, Euroscheckkarte und Scheckformular weiter, bis sie schließlich verschwunden sind. Mit viel Geduld erleben wir auch ihr Auftauchen noch mit. Den Höhepunkt bildet der Auszahlungsmoment. Der im Abzählen von Geldscheinen offensichtlich nicht sehr geübte Mann am Kassenschalter müht sich Ewigkeiten lang ab, um endlich einen beträchtlichen Haufen antiquierter, zerknitterter Geldscheine vor uns aufzutürmen. Wir verlassen die Bank, bringen das Geld und uns hinter unseren vier Blechwänden in Sicherheit und fahren auf den Burgberg hinauf.

Auf den Ruinen der Zitadellenmauern sind Häuser und Hütten auf-

Geschichte und Gegenwart Ankaras:
Wohnhäuser auf den Fundamenten der Zitadelle

gebaut, hier haust die ärmere Bevölkerung der Metropole, die Architektur strahlt eine gewisse provisorische Nonchalance aus. Ein Schwarm von Kindern, die sich zwischen neugierigem Bestaunen und Betteln kaum zu entscheiden wissen, umgibt uns, als wir zwischen zwei schattenspendenden Bäumen einen Parkplatz gefunden haben und aussteigen. Von hier oben hat man einen Blick über Ankara in seiner ganzen Häßlichkeit, man sieht die im wabernden Staub pulsierende Großstadt vor einer Kulisse karger, öder, wüster Hügel.

Doch aller Mißmut ist schnell vergessen, als wir das einzigartige archäologische Museum besuchen, das Museum für anatolische Zivilisationen. Versöhnlich liegt es in einem kleinen Park mit etlichen Ruhebänken. Das Museum ist in restaurierten historischen Gebäuden untergebracht, einem Bazar von ca. 1470 und einer Herberge aus derselben Zeit. Während die dreistöckige Herberge für die Verwaltung des Museums, für Restaurierungsatelier, Photolabor, Bibliothek, Vortragsraum und Depot umgebaut wurde, dient der ehemalige gedeckte Bazar als Ausstellungssaal. Von außen wurde das historische Aussehen der Gebäude vollständig und sorgfältig wiederhergestellt, das Innere des Bazars jedoch seinem neuen Zweck angepaßt. Von den ehemaligen Ladennischen, in die das gesamte Gebäude unterteilt war, wurden lediglich fünf erhalten, um die ursprüngliche Gestalt zu veranschaulichen. Im Übrigen sind die Zwischenwände entfernt worden, sodaß nun ein an die fünfzig Meter langer und achtzehn Meter breiter Hauptraum, von zehn Kuppeln bedeckt, und ein durch vier Türen mit diesem Raum verbundener Umgang vorhanden sind. Im Zentralsaal befinden sich große Steinwerke aus der hethitischen Großreichszeit und der späthethitischen Periode, im Umgang sind in chronologischer Reihenfolge Kleinfunde ausgestellt.

Wir müssen am Eintrittsschalter unsere Fotoapparate abgeben. Nicht einmal gegen Gebühr darf eine Kamera mit hinein. Das ist um so bedauerlicher, als man zwar verschiedene Serien zu je sechs Diapositiven kaufen kann, die Ausstellungsstücke wiedergeben, diese jedoch unter mangelhafter Qualität leiden. Das fällt beim ersten unvergrößerten Anschauen gegen das Licht nicht so sehr auf, erst zuhause auf der Leinwand. Besser ist das Geld in einigen Broschüren angelegt, zum Beispiel einem reich bebilderten Führer durch das Museum, der ein guter Begleiter durch die Sammlung ist, oder einem ähnlichen Werk über Hattuša. Der Eintritt mit 20 TL à Person ist erstaunlich billig. Sinnvoll ist es, den Besuch als Rundgang zu gestalten und rechts vom Museumseingang anzufangen. Hier kann man die frühesten Funde besichtigen, zuerst aus der Altsteinzeit. Ein Raum ist der jüngeren Steinzeit gewidmet, hier ist originalgetreu ein Haus aus Çatal Hüyük rekonstruiert. Die folgende Abteilung enthält Funde aus der Übergangszeit zwischen Jungsteinzeit und früher Bronzezeit, dem Chalkolithikum. Die Ausstellung der frühen Bronzezeit enthält Vitrinen mit den Funden aus den Fürstengräbern von Alaca Hüyük, kostbare Hirschfiguren aus Bronze, Gold, Silber und Elektron. Hier befinden sich auch die Sonnenscheiben und Kultstandarten der Hattier. Mit dem Ende der Vitrinen aus der frühen Bronzezeit sind wir an der Südseite des Umgangs angekommen. Dieser Raum zeigt die Überreste aus der Zeit der assyrischen Handelskolonien und die Anfänge des Hethiterreiches, vom Alten Reich bis zur Großreichszeit. Am Ende des Raumes befindet sich die Stele von Sultanhan mit hethitischen Hieroglyphen.
Nun empfiehlt es sich, statt weiter dem Umgang zu folgen, erst den mittleren Saal zu besichtigen. Wir betreten ihn durch die dem Museumseingang entgegengesetzt liegende Tür und halten uns rechterhand, um zuerst die Stücke aus der Großreichszeit zu sehen und dann an den Funden der späthethitischen Periode vorbei zu unserer Eingangstür zurückzukehren. Wieder im Umgang angekommen, können wir uns an einer großen Landkarte orientieren, auf der alle Fundorte der im Museum aufbewahrten Stücke eingetragen sind. Von dort gehen wir weiter, schauen phrygische Sachen an, dann lydische. Ein weiterer Raum beherbergt urartäische Werke. In der letzten Abteilung, vom übrigen Museum durch ein paar Treppenstufen optisch abgehoben, liegen die restaurierten fünf Ladennischen des Bazars. In ihnen sind phrygische Kybelestatuetten ausge-

stellt, die letzten Vitrinen sind nicht mehr so interessant, unter der Überschrift "Klassisches Zeitalter" fallen hier griechische und römische Kleinfunde, hauptsächlich Münzen, und solche aus seldschukisch/osmanischer Zeit zusammen.

Der Rundgang endet an einem Platz, der durch einige terassenartige Absätze mehrere Sitzgruppen bildet.
Pflanzen und eine Theke mit gekühlten Getränken machen eine Pause behaglich. Hier lehnen wir uns eine Zeitlang zurück und lassen das eben Bestaunte Revue passieren. So viele Kulturepochen wollen erst einmal sortiert und verdaut werden ! Dabei hilft der Aufbau des Museums sehr. Trotz der chronologischen Fülle des Angebots ist die didaktische Darbietung der Funde so geschickt, daß auf begrenztem Raum und mit einem angemessenen Zeitaufwand ein Gesamtüberblick und ein Verständnis der kulturellen Entwicklung Anatoliens erreicht wird.

Im Gegensatz zu anderen berühmten archäologischen Sammlungen, wo sich das Auge des Betrachters bereits an siebenundzwanzig nahezu identischen Vasen stumpfgesehen hat, bis ihm der Übergang zu einer neuen Kulturepoche bei der achtundzwanzigsten Vase nicht mehr auffällt, hat man sich in Ankara offensichtlich die Devise "Weniger ist oft mehr" zu Herzen genommen und von jedem charakteristischen Stück nur einige wenige Exemplare ausgestellt. Damit wurde der Umfang der Sammlung handlich, aber kompakt. Zur einigermaßen gründlichen Betrachtung sollte man mindestens einen halben Tag einrechnen. Wir kommen am späten Vormittag am Museum an, sodaß wir uns während der einstündigen Mittagspause im Park ausruhen, etwas im Museumsführer lesen und Konzentration für die weiteren Ausstellungsstücke sammeln können. Die Eintrittskarten bleiben über die Mittagspause gültig.

Nach unserem Museumsbesuch beengt uns die Realität des modernen Ankara fast noch mehr als vorher und wir verzichten darauf, Mustafa Kemal Atatürk in seinem Mausoleum zu beehren, wie es unser ursprünglicher Plan gewesen war. Stattdessen verlassen wir Ankara, so schnell wir können. Der Straßenverkehr hier erfordert, gegen das Flensburger Gewissen auf Kreuzungen zuzuhalten, egal, ob die Ampeln gerade rot oder grün zeigen. Nicht, daß wir aus purem Übermut die Rotphasen ignorieren oder es einfach so den einheimischen Autofahrern abgucken würden, man kann gar nicht anders. Denn wer anhalten würde, verursachte damit einen Auffahrunfall. Uns ist das Wagenheck lieb und teuer, weswegen wir uns, von einer wütenden Fahrzeugmeute gehetzt, in die Kreuzungen hineinschieben lassen. Unser Ziel ist Boğazköy, um dahin zu kommen, müssen wir die Straße nach Samsun finden. Das gelingt uns nach einigem Suchen auch, in den Ausläufern von Ankara begleiten uns noch lange links und rechts der breiten Straße Geçe Kondus und es ist schrecklich staubig, trocken und stickig. Viel Verkehr, nach Belieben anhaltende Busse und wohlgemut die Straße querende Fußgänger, die den Verkehrsstrom nicht zu bemerken scheinen, im Rückspiegel ein ungeordnetes Häusermeer, so entläßt uns die Hauptstadt.

In Elmadağ biegen wir von der Hauptstraße ab, denn wir müssen noch einkaufen. Obwohl der Ort relativ groß ist, macht er einen tief verschlafenen Eindruck. Er verfügt über keine einzige asphaltierte Straße, nur über staubige Schotterwege. Kein Schild weist ins Zentrum, in das wir fast automatisch auch so gelangen. Wir kaufen viel Obst an einem Stand, unterhalten uns in Bruchstücken diverser Sprachen mit einem Teil der reiferen, männlichen Jugend und machen uns noch auf die Suche nach Brot, Eiern und Käse. Das alles finden wir bald in einer Nebenstraße im Geschäft eines freundlichen, beinahe zahnlosen Opas, dessen Hauptauslage Schuhe sind.

Verkehr belebt die Einöde: Autobahn von Ankara nach Samsun

Wir fahren weiter über Kırıkkale nach Delice auf der mal besseren, mal schlechteren, sich gerade im Ausbau zur vierspurigen Autobahn befindenden Schnellstraße. Immer karger werden die Berge, immer öder die Landschaft. Um diese Jahreszeit sieht man nicht einmal mehr Schafherden hier, keinen genießbaren Halm könnten sie aus dem knochentrockenen Boden zerren. Der Wagen wird ziemlich heiß, zur Temperatur kommt die Höhe hinzu. Schließlich erfrischt etwa hundert Kilometer östlich von Ankara ein Fluß unsere gedörrten Augen. Wein, dessen Rebstöcke ganz niedrig am Boden buschartig gehalten werden, damit die Blätter den Trauben und dem Boden Schatten geben, Stoppelfelder, die Getreideanbau vermuten lassen und Äcker, auch Sonnenblumenfelder beleben uns etwas.

Zwischen Delice und Sungurlu stehen viele Jungen am Straßenrand, die Trauben verkaufen. Vorsichtige Fahrweise ist angebracht, denn die Traubenverkäufer stehen lange mitten auf der Fahrbahn und halten ihre Ware vor den Kühler, sie springen erst im letzten Moment zur Seite. Acht Kilometer hinter Sungurlu biegt rechts die Straße nach Boğazköy, nach Alaca Hüyük und Hattuša ab. Es ist eine gemütliche kleine Straße, die einem Flußlauf folgt. Mit einiger Phantasie können wir uns aus den abgeernteten Stoppelfeldern, die den Weg säumen, eine liebliche Frühjahrslandschaft vorstellen. Ein schmaler Baumstreifen zeichnet den Flußlauf nach. Die Bäume sind an den Ufern entlang angepflanzt, damit sie dem Wasserlauf Schatten spenden und im Sommer allzu starke Verdunstung verhindern. So kommt es, daß Boğazköy einen recht grünen und sympathischen Eindruck auf uns macht.

Unsere Karte führt uns etwas an der Nase herum, denn sie hat einen Eintrag für einen Campingplatz, der hinter dem Ruinenfeld der antiken Stadt liegen soll. Wir fahren also schnurstracks durch das heutige Dorf Boğazköy hindurch, dessen Häuser wie vor Jahrtausenden gebaut sind, mit einem Unterbau aus groben dicken Steinen und einem Obergeschoß aus luftgetrockneten Ziegeln. Viele Kinder laufen schreiend mit, Gänse verlassen unter deutlichem Protest und Flügelschlagen die Fahrbahn, Hunde, die sonst lieber der Ruhe pflegen, schrecken hoch und fühlen sich veranlaßt, scharf hinter uns herzubellen, bevor sie sich wieder niederlegen. Eine steile, kurvige Straße führt durch das Dorf, Jungen bedeuten uns, wir sollten anhalten und sie mitnehmen. Sie wollen uns Führer durch Hattuša sein. Am Dorfausgang passieren wir den Dreschplatz, wo Frauen sich auf Schlitten von Eseln über das am Boden gleichmäßig verteilte Getreide ziehen lassen. Gänse verzehren unter aufgeregtem Geschnatter die Spreu.

Kurvig und eng führt uns der Weg im schwindenden Tageslicht zu den Ruinen der hethitischen Hauptstadt hinauf, nur finden wir am Ende der Straße keinen Campingplatz, sondern nur einen Knaben, der uns zunächst durch die Ruinen führen will, was wir für heute dankend ablehnen, daraufhin "original hitit"(=hethitisch) Münzen und Tontafeln verkaufen will. Weder an diesen Stücken interessiert noch von ihrer Originalität sonderlich überzeugt, lehnen wir auch dieses ab. Einen Moment überlegen wir, ob das nicht ein geeigneter Nachtplatz sei, recht idyllisch am Löwentor der Residenz des hethitischen Großkönigs, als heulend eine Windbö den Wagen unge-

heuerlich durchbeutelt und der aufgewirbelte Staub nur so am Blech knistert. Wir finden es schon weniger idyllisch, dazu kommt, daß nun schon drei Jugendliche uns mit ihren "Hitit, hitit" Tontäfelchen bedrängen. Also beschließen wir, für die Nacht wieder ins Flußtal zurückzukehren und im Ort zu übernachten.
Uns wird eine große Ehre zuteil. Auf dem Rückweg nämlich treffen wir ein Tor weiter, noch immer auf dem Burgberg, einen Polizisten mit seinem Streifenwagen, den wohl ein ereignisloser und langweiliger Dienst—Tag zu einem Plausch mit dem Wächter im Kassenhäuschen der Ruinenstadt hier hinauf geführt hat. Die beiden unterhalten sich, umringt von einigen Kindern und Jugendlichen. Eicke gedenkt, diese Amtsperson zwecks einer offiziellen Auskunft über sämtliche Campingplätze, respektive Möglichkeiten zur polizeilich genehmigten Abstellung eines Campingbusses auf öffentlichen Plätzen in und um Boğazköy zu Rate zu ziehen. Der Polizist ist von einer freundlich sympathischen Neugier und gibt an, der englischen Sprache mächtig zu sein. Sein Wortschatz erschöpft sich aber, wie Eicke sehr bald feststellen muß, in der Vokabel "Yes", von der er ständig Gebrauch macht, wenn im Sprachfluß seines Gegenübers eine Pause entsteht. Dabei läßt sein freundlicher und aufrichtig interessierter Augenausdruck erkennen, daß er rein gar nichts versteht. Schließlich dolmetscht einer der anwesenden Jugendlichen und der Verkehrspolizist besteht darauf, uns zum Campingplatz zu führen.

So werden wir von der Königsresidenz bis ins Tal hinab von der "Trafik Polis" eskortiert, nachdem der Polizist die Horde aufgeregter Kinder in seinen Wagen verladen hat. Stolz gibt er uns immer wieder Proben seiner amtlichen Fahrzeugausstattung, während sich in der Heckscheibe Kindergesichter knubbeln, um zu schauen, ob wir auch hinterherkommen. Mitten in der von Dämmerung befallenen Einöde schaltet er für einige Sekunden seine — stark amerikanisch klingende — Polizeisirene ein. Entgegenkommende Kühe werden mit der Warnblinkanlage in ihre gesetzlichen Schranken verwiesen, während er Schafherden mit Blaulicht Autorität signalisiert. Die Tiere begreifen das sofort, nur bei Eseln scheint es angebracht, sich der gewöhnlichen, serienmäßigen Autohupe zu bedienen. Unsere Fahrt endet am Ortseingang, am besten Haus am Platze, nämlich auf dem Parkplatz von "Aşikoğlu Turistik Tesisleri. Motel, Restaurant, Kamping, Telefon Nr. 4, Boğazköy". Unser freundlicher Polizist entfernt sich, noch bevor wir eine Marlboro zum Dank herauskramen können, mitsamt seinem Streifenwagen.

Stattdessen begrüßt uns ein junger Mann freundlich in fließendem Deutsch. Noch bestaunen wir die für dieses Kaff unverständlich große Fassade des Motels, da heißt er uns schon wieder einsteigen und rennt vor unserem Wagen her, auf die Straße zurück, die nächste Querstraße wieder hinein. Er öffnet ein großes zweiflügeliges Hoftor, durch das wir in den hinter dem Motel gelegenen Garten gelangen. Eine Scheune mit landwirtschaftlichen Geräten und Maschinen deutet darauf hin, daß im Nebenerwerb zum Motel noch eine größere Fläche Land bebaut wird. Ganz ruhig liegt der kleine Hof da, ein paar Bäumchen wachsen darin zu Schattenspendern heran. Wir teilen uns dieses Areal mit zwei Deutschen, die mit Motorrad und Zelt reisen und einem Mercedes—PKW aus Holland. Immerhin gibt es drei Toiletten, an deren Wasserspülung gleich Duschen mit angeschlossen sind, im Freien ein Waschbecken mit Spiegel und — wer hätte das erwartet — ein Schwimmbad ! Camping kostet hier 300 TL, etwa sechs Mark. Geleitet wird das Ganze von dem jungen Mann, der uns den Platz angewiesen hat. Er hat lange Jahre in Wuppertal an einer Tankstelle gearbeitet, weswegen er so gut deutsch spricht.

An diesem Abend versuchen wir die Küche des Restaurants, in dessen riesigem, langgestreckten Saal wir uns als einzige Gäste reichlich verloren vorkommen. Wir werden durch eine schmale Tür in einen Anbau geführt, der sich als die Küche entpuppt. Auf einem riesigen Herd stehen große Töpfe und der Koch hebt stolz Deckel für Deckel ab, damit wir die Ergebnisse seiner Kochkunst anschauen und beschnuppern können. Im Dämmerlicht der Küche gelingt es weder unseren Nasen noch unseren Augen, die fremden Speisen zu identifizieren und wir sind froh, daß der Chef des Hauses beschreibt, was da in den einzelnen Töpfen mehr lau als warm gehalten wird.
Wir kehren an unseren Tisch zurück, auf dem verheißungsvoll große Porzellanteller stehen. Leider müssen wir die Erfahrung machen, daß sie eine eher dekorative Funktion erfüllen, denn das Essen wird, jedes Gericht einzeln, nacheinander auf kleinen Plastiktellern serviert, die dann jeweils auf den großen draufgestellt werden.

Als wir am nächsten Morgen auf dem Burgberg ankommen, hält uns auf etwa dreiviertel Strecke ein Mann an, durch Aktentasche, Uniformhemd und Schirmmütze als Offizieller ausgewiesen. Er will uns aber nicht nur Eintritts— und Fotographierbillets verkaufen, sondern auch mitfahren. Nach ein paar hundert Metern sind wir am Löwentor angekommen, der äußersten gut erhaltenen Stelle der Stadtmauer. Unser nur türkisch sprechender Begleiter versucht, eindringlich und langsam sprechend, dabei mit großartigen Gesten ins Land hinaus deutend, die Anlage der hethitischen Hauptstadt zu erläutern. Demnach befinden wir uns im Südwesten der Stadtmauer, die in einem doppelten Ring aus einer großen, äußeren und einer kleinen, inneren Mauer die Stadt umgab. Diese Mauern waren an strategischen Punkten von Toranlagen durchbrochen, von denen manche mit Monumentalreliefs geschmückt waren. Von diesen Toren sind zwei noch recht gut erhalten, das Löwentor, an dem wir uns gerade aufhalten und das östlich liegende sogenannte Königstor.

Die Löwen der Hethiter,
mächtige Wächter aus alter Zeit für das kleine Dorf Boğazköy

Hier bei unserem Tor sind die äußeren Torpfeiler zur plastischen Form zweier mächtiger, drohender Löwen ausgearbeitet, deren Vorderleiber aus dem Stein heraus und auf den sich Nähernden hin zutreten. Dem linken fehlt der Kopf, deshalb kommt er seiner Aufgabe als Torwächter, der alles Üble von der Stadt fernhalten soll, nur noch bedingt nach – wer hat schon Angst vor einem Löwen ohne Kopf. Dafür ist der rechte bis auf die Eckzähne des brüllend geöffneten Maules weitgehend erhalten. Diese Figuren sind typisch für die Form der hethitischen Großplastik des 14./13. Jahrhunderts v.Chr.. Als wir den Löwen genug Aufmerksamkeit gewidmet haben und gehen wollen, weist uns der offizielle Türke flehentlich auf unser Auto hin. Wir steigen also alle drei wieder ein, um etwa siebenhundert Meter Weg bis Yerkapı zurückzulegen, das am Südende der ehemaligen Stadt liegt, ziemlich genau in der Mitte zwischen dem eben besichtigten Löwen– und dem erwähnten Königstor. Hier war wegen der landschaftlichen Gegebenheiten die Stadt nur schwer gegen Angriffe zu schützen gewesen. Kein steiler Bergabhang ließ sich durch eine einfach daraufgesetzte Mauer so gut wie uneinnehmbar machen, weil eine sanfte, gut zu Fuß zu bewältigende Steigung auf die Verteidigungsanlagen zuführt. Zum Behelf hatte man hier mehrere unter den Mauern verlaufende Tunnelgänge mit Ausfalltoren nach draußen, sogenannte "Poternen" eingerich-

tet. Eine dieser Überraschungsangriffsanlagen ist fast unversehrt erhalten geblieben, eben "Yerkapi". Der sich nach außen hin absenkende Tunnel ist noch heute in seiner ganzen Länge von 71 Metern begehbar, an der Außenseite sind noch der Türsturz und beträchtliche Reste der Abplattung des Verteidigungswalles erhalten. Dieses Steinpflaster sollte den Wall gegen Abschwemmung durch Regen und Sturm schützen sowie ein Begehen durch Angreifer erschweren.
Im Tunnel ist es angenehm kühl, denn er liegt zwölf Meter unter dem Gehniveau des Walles. Das Dämmerlicht in der Poterne hebt die kräftigen, archaischen Züge des Gewölbes gespenstisch hervor. Die als Kragsteingewölbe aufgeführten Tunnelwände bestehen aus riesigen, nur grob und kraftvoll behauenen, unregelmäßigen, zur Eiform neigenden Blöcken. Kein Mörtel hält die gewaltigen Brokken zusammen, das Gewölbe trägt sich durch die Schlußsteine im First und den Druck der Erdmassen, die auf ihm lasten.

In Yerkapı lassen wir unseren Führer bei seinem Kassenhäuschen zurück und fahren erneut siebenhundert Meter bis zum Königstor, welches wie das Löwentor eine Anlage ist, die ursprünglich von zwei mächtigen Türmen flankiert war, zwischen denen eine recht-

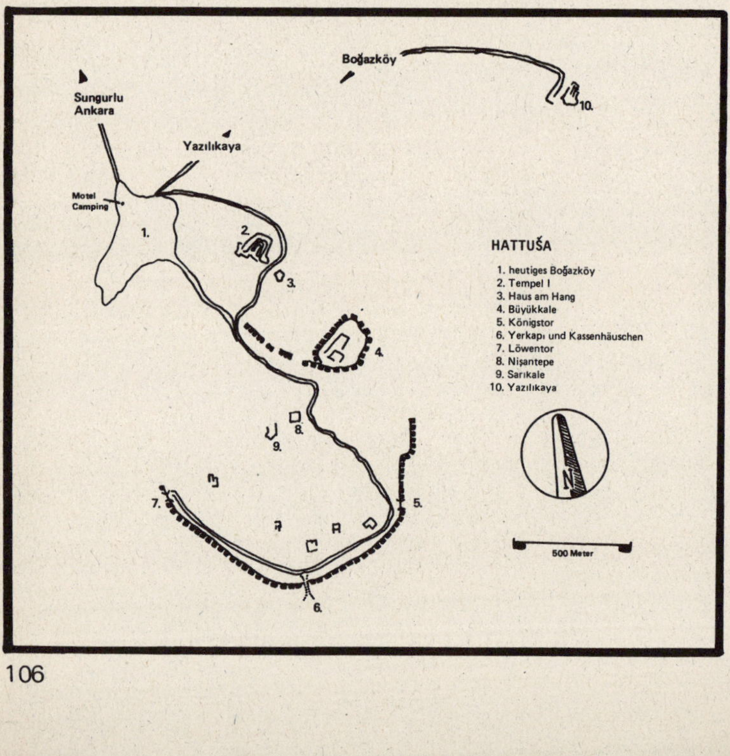

Solide Konstruktion: Erhaltene Stadtmauer von Hattusa mit Ausfalltor

eckige Torkammer mit Durchgängen in parabolischer Form lag. Bei Ausgrabungen 1907 ist am nördlichen Pfeiler der Innenseite ein überlebensgroßes Relief gefunden worden. Dargestellt ist eine zur Toröffnung hin gerichtete, in einer Anbetungsgeste begriffene männliche Gestalt mit Axt, Spitzhelm und kurzem Schwert. Zunächst hielten die Archäologen den Abgebildeten für einen König und gaben dem Tor den Namen "Königstor". Heute nimmt man aber an, daß es sich eher um eine Gottheit handelt, die das Tor unter ihrem Schutz hielt. Das Relief, eine der besten Skulpturen aus der Zeit des Großreiches, befindet sich heute im Museum in Ankara, eine Kopie wurde 1968 originalgetreu am Tor angebracht.

Wir verlassen die monumentalen Trümmer und fahren talwärts, wo wir den Wagen an den Fundamenten der "Tempel I" genannten Anlage abstellen. Jetzt machen wir uns zu einer längeren Besichtigungstour zu Fuß auf. Bei unserem Parkplatz lag ursprünglich, zu Füßen der Burg, die unser Ziel ist, die Unterstadt. Deutlich davon abgehoben, auf dem steilen Felsen, liegt "Büyükkale", "Große Burg", der befestigte Wohnsitz der Großkönige und Zentrum der Macht. Zwischen Ambarlıkaya, einem schroffen Felsklotz gegen Nordosten, und den "Haus am Hang" genannten Fundamenten eines Gebäudes unbekannter Verwendung kraxeln wir mühsam den schattenlosen Berg hinauf, dessen trockenem Boden einige Disteln ihr stacheliges Leben abtrotzen. Was sich auf Büyükkale heute dem Besucher bietet, sind allesamt Ruinen der Burg und Palastanlage der Großkönige des 13. Jahrhunderts v.Chr.. Ruinen aus älterer Zeit sind zwar gefunden worden, wurden aber nach ihrer Aufnahme wieder eingedeckt. So präsentiert sich dem Touristen ein einheitliches Bild der Palastanlagen größter Ausdehnung zur Blütezeit der hethitischen Großmacht.

Leider strapaziert der Besuch Büyükkales unsere Phantasie sehr stark, denn Steinraub späterer Perioden, besonders durch die Phryger und Abtragung durch Sturm und Regen haben nurmehr geringe Fundamentreste der einzelnen Bauten übriggelassen. Nur der archäologisch Versierte findet hier, mit Plan und Rekonstruktionszeichnung in der Hand, sein Glück.

Die von den Archäologen freigelegten Staatsarchive auf Büyükkale bargen Mengen von Tontäfelchen in Keilschrift, die Auskunft über Politik, Kult, Hofzeremoniell und Mythologie der Hethiter geben. Danach wurden die Tempel — auf den großen, sogenannten "Tempel I" können wir von hier oben gut hinunterschauen, vier weitere liegen nördlich von Yerkapı und westlich vom Königstor — von Priesterinnen und Priestern verwaltet. Zum Tempel gehörte der heilige Bezirk und die Vorratsräume, aber auch Landbesitz und Viehherden. Die Sakralbauten folgen alle einem charakteristischen

Grundriß, wonach sich um einen Hof Räume und Hallen gruppierten. In einem abgetrennten und durch kleinere Räume zugänglichen Anbau befand sich das eigentliche Heiligtum mit der Statue des jeweiligen Gottes. An Festtagen und monatlich stattfindenden Zeremonien zelebrierte der Großkönig als Oberpriester. Nach seinem Tode wurde der hethitische Herrscher in einem feierlichen Akt unter die Götter aufgenommen. Der Leichnam wurde verbrannt und bestattet, man hat aber noch kein hethitisches Königsgrab gefunden.

Als wir meinen, alles genug betrachtet zu haben, verlassen wir die Burg, diesmal auf einem bequemeren Weg als beim Aufstieg. Am südwestlichen Burgtor existiert nämlich eine Treppe, die die zerstörte hethitische Rampe ersetzt. Mit dieser Treppe gelangt man einfach wieder auf den Fahrweg, den wir nun ein gehöriges Stück durch die Sonne entlang trotten müssen, bis wir wieder unten an den Ruinen von Tempel I das inzwischen ziemlich überheizte Auto vorfinden. Wir fahren nun über Boğazköy zum wenige Kilometer entfernt liegenden "Yazılıkaya", was übersetzt "Inschriftenfels" heißt.

Den Weg säumen wieder viele Kinder. Entweder halten sie einem ihre "Hitit, hitit"–Originale vor den Kühler und machen, wenn man hupt und weiterfährt, Anstalten, Feldsteine nach dem Wagen zu werfen; oder sie betteln, mit Vorliebe auf französisch, um Bonbons und Kugelschreiber. "Monsieur, Bonbon, Madame, stylo!" klingt es unaufhörlich hinter uns her. Es ist uns ganz recht, daß unser Auto keine Heckscheibe hat, als plötzlich ein Riesenrums das Blech erschüttert. Im Rückspiegel sehen wir drei Jungen weglaufen. Steine auf Touristenautos zu werfen, ist ein östlich von Ankara weit verbreiteter Sport unter Jungen. Wird man getroffen, ist es meist nutzlos, anzuhalten und auszusteigen, die Werfer sind längst über alle Berge, im Dorf würde man nie erfahren, um welchen Knaben es sich gerade handelt – und wenn, man wird selten eine Familie erwischen, die in der Lage ist, eine Windschutzscheibe zu ersetzen. Wenn man am Straßenrand einige Jugendliche entdeckt, die herausfordernd genüßlich handliche Felssteine in die Luft werfen und wieder auffangen, kann man versuchen, durch Herunterschalten und Hupen den Jungen das Gefühl zu geben, sie durchschaut zu haben. Manchmal treibt schlechtes Gewissen sie in die Flucht. Ältere Knaben sind hartnäckiger und haben den ursprünglich aus dem Zielwerfen nach aus der Herde entweichenden Tieren abgeleiteten Sport zu regelrechten Erpressungsmanövern ausgebaut.

Solche Situationen können gefährlich werden. Auf beiden Seiten der Straße haben sich dann mit Steinen bewaffnete Angreifer postiert, während einige Meter davor unbewaffnete Kinder durch

Überlebten schon eine dreieinhalbtausendjährige Prozession: Götter und Könige im Felsheiligtum Yazılıkaya

eindeutige Gestik ihrem Wunsch nach Zigaretten Ausdruck geben. Aus Rolf Schettlers "100.000 Kilometer Orient" stammt der Tip, aus Klopapier kleine Röllchen zu drehen und aus dem Fenster zu werfen, auch Alufolienschnipsel sollen gut ankommen. Die Zeit, bis die Jungen ihr Geschenk identifiziert haben, kann man zum Beschleunigen nutzen und ist außer Wurfweite, wenn sich bei den genasführten Erpressern Wut einstellt. Von Bekannten haben wir den Tip, den ersten Posten, der die Bewegungen eines Zigarettenrauchers nachahmt, aus dem Auto so verwundert anzuschauen, als hätte man diese Geste noch nie im Leben gesehen und wüßte überhaupt nichts damit anzufangen. Dieser Trick klappt aber nicht immer, und unsere Bekannten sahen sich in einer Situation gezwungen, in Ermangelung von Scherzartikeln tatsächlich Zigaretten auf die Straße zu werfen. Das ist zwar eine verständliche und in Anbetracht einer sonst zertrümmerten Windschutzscheibe auch wohl richtige Reaktion, aber man leistet damit wiederholten Erpressungen Vorschub.

Besonders in Gegenden, die bereits vom organisierten Massentourismus heimgesucht werden, legen die Kinder und Jugendlichen unangenehme und bedauernswerte Verhaltensweisen an den Tag. Winken sie uns in einsameren Landstrichen zu und umringen uns, sobald wir irgendwo anhalten, aus Neugier und schauen uns Ewigkeiten kichernd und beratschlagend zu, so sind sie in touristisch erschlossenen Gebieten gar nicht mehr an einem näheren, bestaunenden Kontakt zu uns als Menschen interessiert, sondern sehen nur noch die Ware "Tourist" vor sich, die unbegrenzt reich ist, nicht mehr unter das traditionelle Gastrecht fällt und zur eigenen Bereicherung gemacht ist. Verkauf von irgendwelchen Sachen zu stark überhöhten Preisen und Bettelei sind die Folge.

Ohne größeren Schaden genommen zu haben, kommen wir in Yazılıkaya an, einem großen hethitischen Felsheiligtum, dem mit seiner freien Lage außerhalb der Hauptstadt und einigen architektonischen Besonderheiten eine spezielle Bedeutung zugekommen sein dürfte. Für uns ist die Stätte so interessant wegen ihrer vielen gut erhaltenen Reliefs, auf denen Götter, Könige und ganze Prozessionen dargestellt sind. Als Entstehungszeit vermutet man 1250 bis 1220 v.Chr., was der Regierungsperiode des Großkönigs Tuthalija IV. entspricht, den man für den Stifter des Heiligtums hält.

Der Grundriß der gesamten Anlage entspricht ungefähr dem üblichen hethitischen Tempelgrundriß, teilt sich allerdings in zwei Abschnitte. Der erste Teil —Eingangshalle, Torbau, Hof und einige Räume — besteht aus künstlich gebauten Einheiten, von denen wie in Hattuša nur noch Fundamente und ein paar klägliche Reste des Mauersockels stehen. Die Besonderheit des zweiten Teiles, der das eigentliche Heiligtum beherbergte, liegt in der Verwendung einer natürlichen Felsgruppe. Das Allerheiligste war nicht gedeckt, sondern lag offen unter dem freien Himmel. Das Pflaster bestand zum Teil aus Platten, zum Teil aus flach abgearbeitetem Felsen. Die senkrecht abgeschlagenen Felswände tragen rundum Reliefs, vor einigen befinden sich niedrige Felsbänke, auf denen wahrscheinlich Weihegaben aufgestellt wurden. Am linken hinteren Teil der Hauptkammer – das ist der größere der beiden Felsräume – sind Rinnen und Becken für Trankopfer eingearbeitet. An der linken Felswand sind überwiegend männliche, an der rechten weibliche Gottheiten hintereinandergereiht aus dem Stein herausgemeißelt. Die meisten Reliefs haben Namensbeischriften in Hieroglyphen.

Zur Nebenkammer führt ein in hethitischer Zeit künstlich zum Gang erweiterter Felsspalt. In der nicht ganz 20 Meter langen Kammer fallen uns besonders das Zwölfgötterrelief und das Bild vom Gott mit dem Großkönig auf. Der erste Fries zeigt zwölf Gottheiten, die sich im Gleichschritt nach rechts bewegen. Sie sind auch in der Hauptkammer abgebildet, hier jedoch besser erhalten und lassen noch deutlich Details in Kleidung und Bewaffnung erkennen. Auf dem zweiten Bild können wir einen Gott sehen, der einen hethitischen Großkönig zugleich schützt und führt. Er hat eine Spitzmütze auf dem Kopf, trägt einen Leibrock, Schnabelschuhe und auf der rechten Seite ein kurzes Schwert. Seinen linken Arm hat er um die Schulter des bedeutend kleiner dargestellten Großkönigs gelegt und hält dessen rechtes Handgelenk gefaßt. Der König ist mit Kappe, langem Mantel, Schwert und Krummstab ausgestattet. Die Bildbeischrift nennt als Name des Gottes Šarruma, den Sohn des Wettergottes und der Sonnengöttin, dem höchsten Götterpaar der Hethiter. Der König wird als Tutḫalija IV. ausgewiesen.

Aus weiteren Einzelheiten der Kammer wird vermutet, daß sie für den Totenkult des Tutḫalija bestimmt war. Im Gegensatz dazu glaubt man, daß die Hauptkammer vor allem für die über mehrere Tage gehende Zeremonie des Frühlingsfestes, mit dem bei den Hethitern das neue Jahr begann, vorgesehen war. Der Besuch von Yazilikaya kostet keinen Eintritt, wenn man bereits im Besitze eines Billetts für die Ruinen von Hattuša ist. Bei einem Besuch muß man aber bedenken, daß die Reliefs nicht den ganzen Tag über gleich gut beleuchtet sind. In der Hauptkammer sind das Hauptbild und die Reihe der männlichen Götter zwischen 11 und 13 Uhr, die Reihe der Göttinnen am frühen Nachmittag am besten zu sehen und somit auch zu fotografieren. Die beste Beleuchtung in der Nebenkammer herrscht zwischen 12 und 13 Uhr.

Nach der Besichtigung kehren wir am frühen Nachmittag nach Boğazköy auf den Campingplatz zurück, ohne Lust, nach so viel archäologischer Betrachtung noch einem neuen Ziel entgegenzufahren. Von der an den Hof angrenzenden Jandarma–Station gaffen die Kasernierten sich die Augen aus dem Kopf, wenn Martina im Badeanzug den Weg zwischen Auto und Schwimmbassin zurücklegt. Die Situation entspricht einem wechselseitigen Zoo. Erstaunt mustern uns die Jandarma–Soldaten, während wir hin und wieder auch das Bedürfnis haben, unsere eigenen Blicke durch den Maschen– und Stacheldraht zu werfen, um eines Exemplares der Gattung Jandarma angesichtig zu werden.

Da uns die Briefmarken ausgegangen waren, überläßt Eicke Martina allein den Augen der hinter Maschendraht Kasernierten und macht sich auf den Weg zur Post, die etwa zwei–, dreihundert Meter ortseinwärts, im Zentrum sozusagen, rechterhand auf dem ersten Hügel liegt. Auf seinem einsamen Gang über die staubige Dorfstraße merkt er deutlicher als sonst die verschlafene Stimmung, mit der ein anatolisches Dorf abwartet. Die Hitze, die wirtschaftliche Situation, die schaulustigen Touristen, trockene Sommer, harte Winter, alles wird abwartend überdauert von einem Dorf, dessen Architektur sich von der des dahinterliegenden dreieinhalbtausend Jahre alten Ruinenfeldes kaum unterscheidet. Einzig ein paar blökende Kälber, die gemächlich über die Straße wechseln, kläffende Hunde, zwei im Gespräch vertieft einherschlurfende Opas, krakeelende Jungen, die einen Blechreifen bergabrollen lassen, dem sie mit langen Drahthaken die Richtung beim Rollen geben und schnatternde und fauchende Gänse en masse beleben das staubige Stilleben, geben dem Ort das Recht zurück, kein Bild zu sein, kein Traum und kein Film.

Linkerhand liegt das kleine Museum. Zwei Offizielle mit Schirmmützen streichen das Tor an und grüßen den gleich identifizierten Touristen mit einer freundlich einladenden Geste. Hier gibt es fast keine PKWs, der Dorfplatz, an dem das Postamt liegt, wird von einem klapperigen LKW, einem wartenden Linienbus und einigen wirr abgestellten Traktoren beparkt.

Das Postamt ist, so klein es auch sein mag, deutlich mit dem Aushängeschild "P.T.T.", was man "Pätätä" ausspricht, gekennzeichnet. Wie in vielen Ländern bedeutet das Post, Telefon und Telegraph. Eicke erklimmt die drei hölzernen Stufen und tritt aus dem grellen Sonnenschein in das Dämmerlicht der Amtsstube. Während sich seine Augen an die Lichtverhältnisse gewöhnen, nimmt er wahr, daß das gesamte Postamt aus einem Raum besteht, der nicht viel größer ist, als die Wohnfläche unseres Campers. Vor der abgegriffenen Theke bleibt ein schmaler Gang frei, in dem sich der Kunde aufhalten kann. Hinter der Theke teilt ein von beiden Seiten besetzbarer Schreibtisch, quer zur Theke aufgestellt, den verbleibenden dienstlichen Raum in zwei Hälften. Etwas weiter im Hintergrund nach rechts steht ein weiterer kleiner Tisch. Entsprechend der Arbeitsplätze, entsprechend den Buchstaben P.T.T. und gemäß der üblichen Personalintensität türkischer Dienstleistungsunternehmen befinden sich drei Beamte oder doch zumindest drei Personen auf der dienstlichen Seite des Raumes, eine Anzahl, die das Büro so nicht vermuten ließe und es durch Eickes Eintritt in eine Sardinenbüchse verwandelt.

Der Gast wird freudig begrüßt. Eine vielversprechende , hoffentlich unterhaltsame Abwechslung im stempelschwangeren Alltag der Postbeamten. Obwohl Eicke nur einige 20–Lira–Marken kaufen möchte, wird gleich ein Junge von draußen hereingerufen. Er muß ins Teehaus herüberlaufen und kommt bald mit vier Gläsern Tee zurück. Eicke wird eingeladen, wie es bei einem regelrechten Handelsgeschäft üblich ist. Das Gespräch ist recht schwierig, da keiner der Drei Deutsch, Englisch oder Französisch spricht. Eicke wird aber dennoch in international verständlicher Gestik klargemacht, daß die Türkei ein sehr schönes Land ist, wenn nicht das schönste überhaupt. Er wird belehrt, daß Ankara und Istanbul sehenswerte Städte seien. Eicke bejaht das, denn Selbiges weiß er aus dem Reiseführer und aus eigener Anschauung.
Was er jedoch nicht weiß, ist die Begründung der Postmannschaft, weshalb die Städte so sehenswert seien: Der eine Beamte deutet in der Luft so etwas wie weibliche Körperformen an, der türkische Text dazu sagt, soweit Eicke ihm folgen kann, aus, daß dort viele Frauen unverschleiert herumlaufen würden. Ein weiterer Beamter fühlt sich bemüßigt, durch erneute pantomimische Darstellung dem eben Gesagten Bildhaftigkeit zu verleihen. Er hebt beide Hände vor die Brust und stellt unter Zuhilfenahme eines seligen Lächelns und verdrehter Augen zwei üppig wogende weibliche Brüste da, deren Ausmaße selbst einem Fellini noch nicht in Traum oder Phantasie vorgekommen sein dürften. Eicke staunt derweil, aber er soll noch mehr zu hören bekommen. Die drei Diensthabenden geben ihm nämlich auch noch Grund zu Patriotismus. Die Herren erklären ihm, daß sich diese wonnigen Ausblicke in der Türkei nur an wenigen Orten erhaschen ließen, daß Deutschland jedoch in dieser Hinsicht geradezu paradiesisch sein müsse.

Ihre fragenden Augen erhalten von Eicke nur ein eher schüchternes Achselzucken, er kann doch viel zu wenig Türkisch, um ihnen da etwas erklären zu wollen. Vergraulen möchte er sie auch nicht, schließlich hat er seine Briefmarken immer noch nicht. Also hört er staunenden Ohres weiter, was der eine Postbeamte, der mit den wogenden Brüsten, ihm über sein Heimatland zu erzählen weiß. Seine Angaben hat er von einem Bruder, der in Nürnberg gastarbeitet. Ob Eicke Nürnberg kennt ? Natürlich kennt er Nürnberg. Also, dann wisse er ja, wie es in Deutschland sei. Die Ausführungen über das von sittsam–preußischer Vergangenheit erzogene Land gipfeln in der Zusammenfassung "Almanya'da Fick–Fick very well!"

Das so einfach zu bestätigen sieht sich Eicke denn doch nicht in der Lage, versucht einen spontanen Protest, wird aber durch einfaches Wiederholen des oben zitierten Satzes seitens des Postchors in seine Schranken verwiesen und muß einsehen, daß er von der Bundesrepublik nicht die rechte prostituierte Auffassung hat. Dankbar, daß ihm endlich doch noch seine Geldscheine gegen Briefmarken eingewechselt werden, verläßt er den Ort der ausschweifenden Männerphantasien und denkt an Martina und die sie begaffenden Jandarma–Augen. Wieviel Brüder mögen wohl die Milizionäre da in Deutschland haben, die ihnen ihre Eindrücke von der Weiblichkeit schildern ?

Hilfesuchend blickt er auf seine frisch erworbenen Briefmarken herunter. Gleich mehrfach schaut ihn das ernst und sittenstreng blickende Konterfei Mustafa Kemal Atatürks an. Das ist es, was von seiner Modernisierungskampagne bis nach Boğazköy gedrungen ist. Leicht verwirrt tritt Eicke seinen Rückweg durch die gesammelten Gänse, Opas, Rinder und Jungen an, wird von den streichenden Museumsangestellten gestenreich zum Besuch der Sammlung eingeladen und kommt schließlich im Blickfeld der Milizsoldaten wieder auf dem Campingplatz an.

Das Erlebte erfordert die Verarbeitung in einem gemütlichen Lehnstuhl. Selten hat man die Gelegenheit, die Modernisierungsproblematik so persönlich und individuell zu erleben. Jahrhunderte alte Denkschemata können sich nicht einfach auflösen, auch wenn alles andere aus der westlichen Welt, sei es Coca–Cola, sei es Chevrolet, mit viel zu wenig Kritik als segensreich übernommen wird. Unverschleierten Frauen, die sich noch dazu mit ihren Männern in einer zumindest scheinbar zur Schau getragenen Gleichberechtigung bewegen, haftet immer der Eindruck von Prostitution an, das ist unumstößlich, zumindest noch. So sehr sich dieses Vorurteil, was eher eine Schlußziehung als ein Vor–Urteil in den hiesigen Kategorien ist, in den großen Städten aufzulösen beginnt, so sehr wird es sich im Staub der vierzigtausend anatolischen Dörfer noch hartnäckig halten. Wo niemand so genau mitbekommt, wieso Coca–Cola eigentlich anfängt, den Tee zu verdrängen, wird umso stärker an den kontrollierbaren Traditionen festgehalten.

Den Tag beschließen wir mit einem erneuten Besuch von Aşikoğlus dem Motel angegliederten Restaurant. Der Rückweg am Schwimmbad entlang zu unserem Wagen gewährt uns einen Blick in einen phantastisch klaren Sternenhimmel. Wie wir es schon häufig erlebt haben, entspricht es dem anatolischen Klima auch heute nacht, daß sich den hohen Tagestemperaturen recht kühle Nachtluft entgegensetzt. Immerhin gastieren wir auf über tausend Meter Höhe zur Spätsommerzeit in einem Land mit kontinentalem Klima.

Die klare Nacht bringt einen bewölkten Morgenhimmel und kräftige Windböen. Nichts desto trotz nutzen wir das Schwimmbad, das zudem um diese Zeit noch völlig im Schatten liegt, zu einem eiskalten Morgenbad und frühstücken im Freien. Der Wind treibt uns dabei ordentlich Sand in die Augen und zwischen die Zähne. So entschließen wir uns, aus Staub—Gründen statt 150 km ungedeckter Straße, deren Qualität auf der Karte nicht feststellbar ist, lieber das Doppelte an Weg, aber auf asphaltierter Fahrbahn, zurückzulegen und über Kirikkale, Hasandede, Kirşehir nach Kappadokien zu fahren.

Landschaftlich erwartet uns auf der Fahrt nichts wesentlich Neues, zumal die Strecke bis Kırıkkale uns auf demselben Weg, den wir gekommen sind, zurückführt. Die Strecke von Kırıkkale nach Kirşehir ist eine ziemlich wenig befahrene, aber gute Nebenstraße, deren geringes Verkehrsaufkommen beschauliches Reisen möglich macht. In Keskin, einer kleinen Stadt am Wege, werden wir 'mal wieder von einer Gruppe am Straßenrand wartender Männer für den hier offensichtlich erwarteten Minibüs, der im Dolmuşbetrieb verkehrt, gehalten. Daß wir nicht unsere Geschwindigkeit an der Haltestelle herabsetzen, hat einen Aufstand wilder Gesten zur Folge, bis die Wartenden, außer sich vor der Unfaßbarkeit ihres Erlebnisses, am vorbeifahrenden Auto Kennzeichen und weitere Einzelheiten ausmachen können.

Im weiteren Verlauf unserer Fahrt auf der Nebenstraße zieht Martina, obwohl sie sich ihre hier so kostbaren blonden Haare schon hochgesteckt hat, um möglichst wenig davon zu zeigen, die sehnsüchtigen Blicke eines Mannes auf sich. Staunend klappt ihm der Unterkiefer 'runter, als er durch das kleine Seitenfenster des Führerhauses die vorbeifahrende europäische Frau erkennt. So stark nimmt ihn das Gesehene mit, daß er seine Zigarette aus den sich von selbst öffnenden Lippen verliert und ihren Fall zu Boden gar nicht bemerkt.

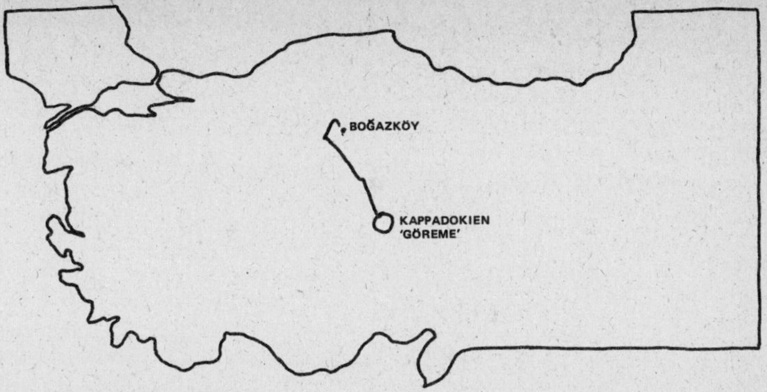

5. Teil: KAPPADOKIEN

Unterwegs an der Straße kaufen wir Trauben, die ganz klein, sehr süß und recht teuer sind. Die Fahrt ist ziemlich eintönig, führt mal durch fruchtbare Landstriche, mal durch die uns von der Umgebung Ankaras her bekannte versteppte und verwüstete Hochebene. Ständig bewegen wir uns in einer Höhe von ungefähr tausend Metern.

Sechs Kilometer hinter Mucur biegen wir nach rechts auf eine Nebenstraße ab, um über Hacibektaş ziemlich unvermittelt in eine unbeschreibliche Landschaft zu gelangen. Es gibt hier seltsame, durch Erosion entstandene Tuffsteinkegel, die zu Hunderten und Aberhunderten in den Tälern rumstehen. Manche sind innen bearbeitet und zu Wohnungen oder ähnlichem ausgehöhlt. Staunend fahren wir durch Gülşehir und Nevşehir, um nach Göreme, dem Zentrum dieser eigenwilligen und eindrucksvollen Landschaft, die einem beim ersten Anblick etwas die Sprache verschlägt, zu gelangen. Das zweite, was uns bei unserer spontanen Sprachlosigkeit auffällt und sich auch in Worte fassen läßt ist, daß hier für unser Gefühl viel zu viel Touristen herumlaufen, zum größten Teil deutscher Herkunft.

Nachdem die Straße uns mit verschiedenen Ansichten der zumeist die Höhe eines drei– bis vierstöckigen Hauses erreichenden Tuffkegel bedacht hat, gelangen wir nach Avcilar, was der heutige Name von Göreme ist. Dort residieren wir noch vor dem Ortseingang auf einem als "Hotel Restaurant Campink" gekennzeichneten Schotterplatz. Die Leute hier haben nämlich schon viel über ihre Touristen gelernt: Ein schattiges Plätzchen wird sogleich zum Campingplatz. Schatten gibt es aber nicht sehr viel in der Gegend von Göreme, dafür jedoch eine relativ große Anzahl von Campingplätzen, die vom teuren, aber luxusgesegneten BP–Kervansaray–Mocamp bis zu unserem, mit vier Mark für alles erträglich teurem Minimalausstattungsplatz so ziemlich alle Kategorien bieten. Für die zweihundert Lira sind wir auch ganz zufrieden, haben einen ebenen Platz, den größten Teil des Tages Schatten von einem Felsenkegel, eine Dusche und ein Klo. Zwei Felsentuffkegel säumen den Schotterplatz. Im einen ist das Erdgeschoß hallenartig ausgehöhlt, hier sind Rezeption, Küche und zwei Tische für die Restaurantgäste untergebracht. Beim anderen Kegel muß man sich erst über außen in den Stein getriebene Treppenstufen in den ersten Stock bemühen, um die "Hotelzimmer" betreten zu können, die äußerst spartanisch mit auf dem Boden liegenden Matratzen eingerichtet sind. Dusche und Toilette sind in einem aus Ziegelsteinen mörtellos zusammengestapelten Häuschen am anderen Ende des Schotterplatzes untergebracht. Ein großer, zum Becken ausgeformter Tuffstein an der Außenwand des "Restaurants" mit einem Wasserkran und angeschlossenem Schlauch komplettiert die sanitäre Ausstattung. Wir parken direkt vor dem hoteleigenen Hühnerstall, dessen Räumlichkeiten ausnahmsweise nicht dem Stein abgewonnen worden, sondern schlicht aus einer Lattenkonstruktion und Maschendraht zusammengezimmert sind.

Tonnenschwere Sahnebaisers und ausgehöhlte Zuckerhüte:

Kappadokien

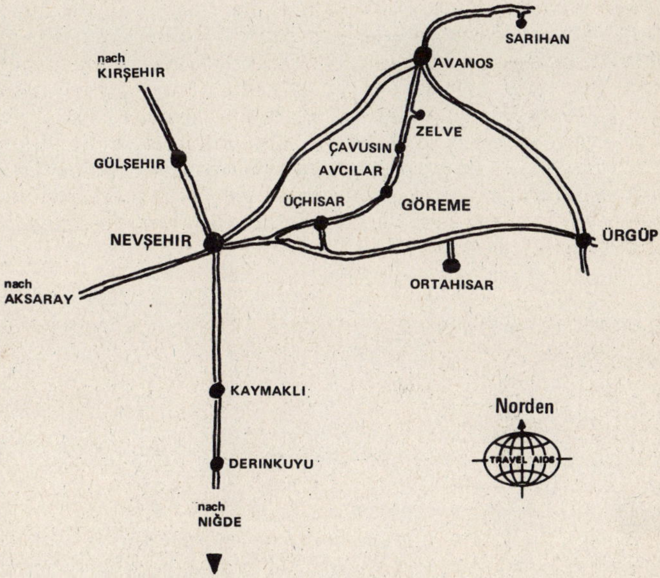

ÜBERSICHTSPLAN
ÜBER DAS 'GÖREME-GEBIET'

Kinder und Jugendliche umringen uns aufdringlich und bieten sich ständig penetrant als Führer durch die Sehenswürdigkeiten ihrer Heimat an. Avcılar hat seine seltsamen Kontraste. Die meisten Leute hier leben in sehr traditionellen Formen, wir beobachten zum Beispiel ein ergrautes Ehepaar, welches am Dorfbrunnen beschäftigt ist. Die beiden machen, wie viele Menschen hier in der kargen Gegend, einen hageren und ausgemergelten Eindruck. Nicht die Spur der fettleibigen Wohlgefälligkeit der mediterranen Westtürken haftet den Körpern dieser Zentralanatolier an. Die Frau trägt eine unförmige Pluderhose, das typische Kleidungsstück. Diese Pluderhosen gleichen einem riesigen Sack, in dessen unterer Naht jeweils außen ein Loch gelassen ist, wo die Trägerin die Füße durchstecken kann. Oben hält die Hose mittels eines Gummizuges. Das Kleidungsstück ist sehr weit und damit auch bei Hitze sicher angenehm zu tragen, da es bis auf die Knöchel reicht, stellt es gleichzeitig einen Schutz vor zudringlichen Insekten dar und wird durch die verarbeitete Stoffülle seiner gesellschaftlich geforderten Aufgabe gerecht, die Frau zur formlosen Unansehnlichkeit für männliche Blicke zu verpacken. Die staubigen Füße stecken in einfachen, abgetretenen Sandalen. Obenherum kleidet die Frau ein langärmeliges, jackenartiges Stück, das aber zum größten Teil von einem riesigen Tuch verdeckt wird, welches mit einem bestimmten Trick den Kopf so verhüllt, daß gerade nur noch ein Sehschlitz für die Augen frei bleibt und auf dem Rücken bis über die Hüfte hinunterfällt. Ein kleinerer Zipfel dieses Tuches, das bei allen Frauen hier aus hellem Stoff gemacht ist, liegt unterhalb der fest umschlungenen Nasen– und Mundpartie lose auf der Brust. Die Frau wäscht mit einem Waschbrett am Brunnenbecken Kleider.

Der Mann, vom Alter gebeugt, belädt gerade einen Esel mit schweren Säcken. Er trägt ein zerschlissenes Oberhemd und eine durchaus europäischem Schnitt entsprechende Nadelstreifenhose, die auch schon einmal bessere Tage gesehen hat. Seine nackten Füße sind in Gummihalbschuhen untergebracht, die an abgeschnittene Gummistiefel oder Badeschuhe aus den fünfziger Jahren erinnern. Schon beim Betrachten kriegen wir Schweißfüße. In der Heizpresse, wo diese Schuhe hergestellt worden sind, wurde ihnen zur optischen Aufwertung die Oberfläche geflochtener Lederhalbschuhe samt angedeuteten Riemenlöchern und zur schwungvoll gewundenen Schleife geknüpften Schnürbändern aufgeprägt.

Als beide mit ihren Arbeiten fertig sind, die sie wortlos ausführen, setzen sie sich in Bewegung: Er führt den Esel, sie folgt im stets gewahrten Abstand von einigen Schritten nach.

Als der Müezzin zur Gebetszeit in die Moschee ruft – es ist übrigens heutzutage nur noch ein am Minarett angebrachter Lautsprecher, der den Tonbandsingsang im Tal verbreitet, echte Müezzins auf den Balkonen der Minarette anzutreffen, dürfte kaum noch gelingen – strömt eine Schar von Männern mit Kopfbedeckungen verschiedener Art auf das Bethaus zu. Hier würde es noch keiner Frau einfallen, die Moschee zu betreten. In seltsam anmutendem Kontrast zu solch traditioneller Dörflichkeit nehmen sich da Häuser aus, besser zu Behausungen ausgehöhlte Tuffkegel, an denen in schlechtem Englisch steht, daß der Tourist, immer welcome, dieses Haus besichtigen kann. Kinder betteln mit einer unangenehmen Anhänglichkeit um Zigaretten und Bonbons, sie zerren uns manchmal an der Kleidung oder hängen sich an unsere Arme und hoffen, uns so zu erweichen.

In einem Teehaus im Zentrum Avcılars lassen wir uns inmitten alter Männer auf der Terasse nieder. Stumm werden wir ständig betrachtet. Der auffällig fein gekleidete und den gepflegten Eindruck eines ordentlich gestutzten Schnauzbartes hinterlassende Chef tritt heraus, ihn kleiden ein weißes Hemd und ein tadellos sitzender grauer Nadelstreifenanzug, besser gesagt davon die Hose und die Weste. Mit einer leichten, fast nur angedeuteten Verbeugung von äußerster Vornehmheit begrüßt uns der Mann, dessen füllige Modellfrisur sich seltsam unter den Radikalschnitten seiner Kundschaft ausnimmt, ohne weitere Umschweife mit einem akzentfreien: "Guten Tag, Sie wünschen bitte?"

Wir sind so perplex, daß wir ihn mit der Antwort etwas warten lassen, denn uns will vor lauter Überraschung nicht einfallen, was "iki çay" auf Deutsch heißt. Obwohl ihm seine sichtliche Vornehmheit es gewöhnlich verbieten dürfte, bewirkt unsere momentane Sprachlosigkeit ein feines Grinsen unter dem ordentlich gestutzten Schnäuzer. Solche Ehre wird aber nur uns Touristen zuteil, die einheimische Bevölkerung muß mit der Bedienung durch einen Jungen vorliebnehmen.

Am nächsten Morgen ziehen wir zu einem längeren Spaziergang los, um die seltsame Landschaft eingehender zu betrachten. Die Tuffsteingebiete sind aus Aschefeldern entstanden, die von Vulkanausbrüchen des etwa hundert Kilometer entfernt liegenden Erciyes Daği stammen. Es legten sich dabei weiche und härtere Schichten auf die Landschaft. Durch Verwitterung wurden die weichen Schichten zuerst abgetragen, die härteren blieben stehen und wurden von Wind und Wetter glattgeschmirgelt. Es entstanden die bizarren Kegel, Felstürme und Schluchten in einem vielleicht sechzig mal sechzig Kilometer großen Gebiet. Irrtümlicherweise wird ganz Kappadokien häufig einfach nur "Göreme" genannt. Vereinzelt finden sich noch in einer viel weiteren Umgebung Natursehenswürdigkeiten derselben Herkunft. Göreme ist das Zentrum eines

besonders fremdartigen Landstriches mit unerschöpflich vielen interessanten Zielen. Die Landschaft bietet nicht nur anzustaunende Steintürme, ungemessene Mengen Sand und Staub, sondern auch noch Landwirtschaft zu Füßen der Felsklötze. Hauptsächlich Wein, aber auch verschiedene Gemüse werden auf klein parzellierten Feldern im Schatten der Tuffkegel gezogen.
Wegen der leichten Bearbeitbarkeit des ziemlich weichen Gesteins nimmt man an, daß bereits in vorgeschichtlicher Zeit Menschen ihre Wohnhöhlen in die Felsen gruben. Erwiesen ist das nicht, mehr als genug Zeugnisse haben wir aber von einer Besiedlung seit dem dritten Jahrhundert nach Christus. Diese Jahrhunderte fallen in die Zeit der Herrschaft des byzantinischen Reiches. Caesarea, das heutige Kayseri, war damals Bischofssitz. Von der erstarkenden islamischen Bewegung mehr und mehr bedrängt, durch die Araber nach 642 stark beunruhigt, zogen sich die gläubigen Christen in die abgelegene Landschaft westlich von Kayseri zurück.
Bereits im achten Jahrhundert sollen hier dreißigtausend Mönche und Einsiedler gelebt haben.

Zahn der Zeit contra Ewigkeit:
Kuppelreste einer Höhlenkirche im Tal von Göreme

Als Folge dessen entstanden Klöster und Kirchen, aber auch Wohnungen, die allesamt nicht oberirdisch aufgerichtet, sondern aus den Tuffsteinkegeln und Wänden herausgearbeitet wurden. Allein im Tal von Göreme, wenn man von Avcılar Richtung Ortahisar läuft, liegen dreihundertsechzig Anlagen, ungezählt sind die vielen Kapellen und Eremitagen, Klöster und Kirchen in der Umgebung von Ürgüp, Nevşehir, Üçhisar, Çavusin und wie die Orte alle heißen.

Üçhisar – typische kleine Stadt in Kappadokien

Manche Felskegel wurden durch Kammern, Gänge, Schächte und Treppen fast völlig ausgehöhlt. Teilweise war sogar das Mobilar aus dem Stein geschlagen.

Nicht nur in Zeiten der Bedrängnis lebten hier Menschen, denn die Höhlenwohnungen boten angenehme Lebensbedingungen. Im Sommer ist es innen drin sympathisch kühl, im Winter isoliert der Stein besonders gut gegen Kälte. Bis auf den heutigen Tag sind manche Höhlen genutzt. Da die Erosion aber ständig weiter fortschreitet, der Frost in strengen Wintern durch Absprengung manche Wohnungen in Cabriolets verwandelt und unzureichende hygienische Bedingungen darin herrschen, siedelt der Staat konsequent sämtliche Familien aus den Felsen aus und quartiert sie in stereotyp und uniform gebaute Fertighäuser, die man besonders am Stadtrand von Avanos und Ürgüp sehen kann, um. Als Keller, Weindepot oder Zitronenlager sind die ausgehöhlten Räume mit ihren speziellen klimatischen Bedingungen jedoch auch heute unersetzlich.

Unser Fußweg dehnt sich über fünf Kilometer und führt uns nach Üçhisar. Während wir durch die knallheiße Sonne spazieren, machen wir immer wieder Abstecher, seitwärts von der Straße, halten staunend am Rande einer Schlucht inne, wo wir auf dürrem, stacheligem Gestrüpp stehen und in das wundersame Tal schauen. Einmalig sind die Farbspielereien, die sich diese Ascheschichten haben einfallen lassen. Es gibt dunklere und hellere, am Rande der Schlucht kann man genau sehen, wie sie übereinandergelagert sind. Strahlend weißes Gestein, zuoberst stehengeblieben, ist zu ganz sanften Rundungen, die sich endlos aneinanderreihen, abgeschliffen worden und erinnert an Schlagsahne. Wo bei den Felsenkegeln eine härtere Schicht über einer weicheren liegt, stellen sich erstaunliche Balanceakte dar, wenn ein dünner, ganz weit ausgewaschener Hals einen viel mächtigeren Klotz als Kopf trägt.

Üçhisar ist weithin sichtbar und throhnt gebieterisch in der Landschaft. Uns wird versichert, es sei mit 1400 m der höchste Tuffberg Kappadokiens, er ragt fünfzig Meter über das an seinem Fuß liegende Dorf hinaus, gekrönt von den Ruinen einer byzantinischen Festung und einer neuzeitlichen Fahnenstange.
Üçhisar ist ein kontrastreicher Ort. Einige Fassaden der Häuser tragen noch ihren alten armenischen Schmuck, denn früher muß es ein sehr blühender Ort gewesen sein, wohl bis in die byzantinische Zeit zurück. Auch heute geht es dem Dorf offensichtlich nicht schlecht, die alten Fassaden bleiben erhalten, an vielen Hauseingängen weisen kleine Schilder der öffentlichen Verwaltung auf eigene Wasserversorgung und Stromanschluß hin. Insgesamt machen die Straßen einen gemütlichen Eindruck.An manchen Fenstern hängen Blumenkästen. Das Zentrum des Dorfes zeigt, wie sehr man sich hier auf die Touristen verlegt hat. Teegärten tragen englische Namen, vielsprachig werben übergroße Hinweistafeln an den Geschäften für die ausliegenden Teppiche, Herren oder Männer raunen uns mehrsprachig ins Ohr, sei es, daß sie uns Fremdenführer sein wollen, sei es, daß sie mit uns Teppiche aussuchen wollen. Kinder betteln, wie meist, auf französisch, oder machen durch mehrfaches "Hello" auf sich aufmerksam. Seitenstraßen bringen uns aber sofort wieder zu scheu ihrer Arbeit nachgehenden Frauen zurück, der Gegensatz ist verblüffend.

Vor unserem Aufstieg zur Spitze Kappadokiens, von wo man einen phantastischen Ausblick über die zerklüftete Landschaft hat, halten wir uns einige Zeit bei dem Billettverkäufer auf, der die Aufstiegstreppe bewacht. Natürlich kostet der Ausblick Gebühren, interessanterweise dürfen wir aber unsere Fotoapparate unverzollt mit nach oben nehmen. Außer Billetts verkauft der Mann Postkarten, Broschüren über das Gebiet und in Plastiktüten eingeschweißte getrocknete Aprikosen aus hiesiger Produktion. Dankbarerweise verwaltet er auch noch eine Kühltruhe mit allerhand Getränken, in einem aus dem Berg ausgehöhlten Raum hinter seinem Stand genießen wir, angenehm im Kühlen sitzend, Mineralwasser. Freundlich werden wir dabei in sehr gutem Englisch über die Gegend informiert, bekommen Ausflugsziele genannt und werden gebeten, zum Sonnenuntergang wieder herzukommen, der Sonnenuntergang am Fels von Üçhisar sei ein einmaliges Schauspiel. Ferner bietet sich der Mann an, uns als Privatführer im eigenen PKW zu sämtlichen besichtigbaren Orten der Umgebung zu bringen und uns dabei mit

Keine Gegensätze: Alte armenische Fassade und Eselskarren

seinem sachkundigen Wissen über die Besonderheiten aufzuklären. Wir danken sehr höflich und möchten auch gar nicht wissen, was er dafür gerne haben will. Es ist eine Spezialität dieses Gebietes, auf die wir schon während unseres Spazierganges aufmerksam geworden waren, daß Autos im Schrittempo an einem vorüberrollen, deren allein darin sitzende Fahrer sich höflich bis bestimmt als Touristenchauffeur anbieten. Wer es sich leisten will, ist mit so einem Privatführer sicher nicht schlecht bedient.

Den Rückweg an der Straße entlang verkürzt uns ein steinalt aussehender Opa, der sich mitten zwischen Üçhisar und Avcilar am Fahrbahnrand im Sand niedergelassen hat, dort im Schatten sitzend seinen Tisch mit Krimskrams bewachend. Ein paar Schritte weiter parkt sein Esel, geduldig auf einem trockenen Halm kauend, den er hier aus der Erde gerupft hat. Er trägt zwei riesige geflochtene Lastkörbe, in denen die vielen verschiedenen Gegenstände und der Klapptisch, auf dem sie nun ausgebreitet sind, wohl transportiert werden. Als wir uns einen Augenblick auf seinem Tisch umschauen, fordert der Alte uns gleich zum Verweilen auf. Irgendwo von schräg hinter sich zaubert er Weintrauben hervor und hält uns eine satte, volle Rebe einladend vor die Nasen. In der Trockenheit dieser sonnenbrandschenkenden Gegend können wir der freundlichen Geste nicht widerstehen. Neben dem Reiz der willkommenen Erfrischung hat uns natürlich das unglaubliche Sammelsurium, das da vor uns ausgebreitet liegt, längst viel zu sehr gefesselt.

Der Tisch, eine niedrige, auf zwei Böcken ruhende Platte, ist "schwer mit den Schätzen des Orients beladen", fast alles sieht häufig gebraucht auch, zum Teil scheint unsere Vermutung nach hohem Alter der Stücke berechtigt zu sein. Neben Petroleum— und Öllampen gesellen sich Bügeleisen, kitschig verzierte Feuerzeuge, verbogene Löffel und geborstene Teller. Steigbügel, wenig vertrauenerweckende alte Waffen, Gürtelschnallen und anderes Blechwerk, dessen Verwendung uns dunkel bleibt, komplettieren das Angebot. Jeder bundesrepublikanische An— und Verkauf bietet gegen diese Warenfülle ein einfallsloses Minimalsortiment.

Wir nehmen also Platz im Sand neben dem Opa. Er reicht uns, gar nicht knauserig, üppige Reben. Da er offensichtlich die pingeligen Touristen gewöhnt ist, wäscht er die Trauben durch Übergießen aus einem hinter ihm stehenden 5—Liter—Kanister ab, bevor er sie uns anbietet. Das Obst soll hier an der Straße den traditionellen, bei einem Handelsgeschäft gereichten Tee ersetzen, der mitten zwischen zwei Orten, wo man sich den sandigen Aufenthalt mit der Unzahl von Felsenkegeln teilt, nicht erwartet werden kann.

Wir treten in Verhandlungen ein. Unser Augenmerk richtet sich auf

eine kleine Kaffeemühle, ein Messinggehäuse von der Größe einer leicht überdimensionierten Luxuspfeffermühle, von der zwei Exemplare auf dem Tisch liegen. Der Alte sitzt gelassen im Schneider—(oder wie es früher einmal zurecht hieß, im Türken-)Sitz da, gekleidet in einer typischen Männerhose, deren Schritt in den Knien eingenäht ist. Unten schließen sich sehr enge Hosenbeine bis zu den Knöcheln an. Diese Beinkleider mit dem typischen rotbordierten Hosenbund muten etwas seltsam an, sehen sie doch Knikkerbokkern ähnlich, deren hamsterbackengleiche Auswölbung nach innen gerichtet sind, statt nach außen.
Die Vorteile mögen denen der weiblichen Pluderhose nicht unähnlich sein, denn die lockere Stoffkomposition ermöglicht luftigen Aufenthalt bei Abwehr von Insekten. Vielleicht ist es angenehm, so behost auf einem Esel zu reiten. Ganz sicher hat solch eine Herrenkonfektion aber ihre Vorteile beim Sitzen im Sand, denn der gewissermaßen überflüssige Stoffzwickel breitet sich, sobald der Hosenträger den Türkensitz einnimmt, einem Tischtuch gleich, auf dem Boden aus. Da kann man dann geduldig vor sich hinknoddeln, und wenn etwas herunterfällt, besonders beim Essen, ist es nicht gleich paniert. So eine Hose trägt der Opa, sie ist von einem undefinierbaren Grauschwarzanthrazit. In der gleichen Farbe kleidet ihn über seinem ehemals weißen Hemd eine Anzugjacke, aus deren Seitentasche seine runzeligen Hände nun eifrig eine Handvoll Getreidekörner herausnesteln, die er in die Mechanik der einen Mühle gleiten läßt.

Dieses zylindrische, reich ziselierte Messinggerät hat es wirklich in sich. In der äußeren Form einem Minarett nicht unähnlich, birgt es eine durchdachte Konstruktion voller technischer Rafinesse. Nimmt man den Deckel ab, aus dem der vierkante Rest der Antriebsachse herausschaut, findet man im Inneren die Kurbel untergebracht, die aus Gründen der Platzersparnis in der Mitte einmal zusammengeklappt ist. Hat man sie herausgezogen, wird darunter im Dämmerlicht des Hohlzylinders das Mahlwerk sichtbar. Opa füllt die Getreidekörner ein. Dann schließt er den Deckel wieder, klappt die Kurbel zu ihrer vollen Länge auf und setzt sie mit der am einen Ende befindlichen, vierkant ausgesparten Muffe auf das Ende der Antriebsachse. Hierauf faßt er den zierlichen Holzknauf am anderen Ende der Kurbel, hält mit der anderen Hand das Gehäuse kräftig umklammert und beginnt, das Mahlwerk in Gang zu setzen.
Erst geht es sichtlich schwer, nur langsam und unter zähen, fast ruckartigen Bewegungen vollendet sich der Kreis der Kurbel, dann läuft die Mühle immer lockerer und leichter, bis er es schließlich genug sein läßt. Bedeutungsvoll schauen uns seine wachen, verschmitzten Augen aus dem gutmütigen, runzeligen Gesicht an. In einem feierlichen Akt löst er nun den unteren Teil der Mühle, etwa

die Hälfte des ganzen Zylinders, mit einigen Drehbewegungen ab. Er legt das Mahlwerk in seinen Hosenzwickel, gebietet uns mit einem kurzen, strengen Blick Obacht und schüttet dann ganz, ganz feines Mehl aus dem Auffangbehälter der Mühle in seine hohle Hand. Solch eine feine Zerstäubung hätten wir dem alten Teil kaum zugetraut. Um uns zu beweisen, daß diese Leistung auch tatsächlich von der demonstrierten Mühle stammt, öffnet er den am Boden liegenden Mahlwerkteil und schüttelt ihn aus. Nichts fällt da mehr heraus, die Körner sind tatsächlich klein geworden und als Mehl in den Auffangbehälter gelangt.

2000 türkische Lira, also etwa vierzig Mark möchte er für dieses Gerät haben. Wahlweise bietet er uns noch das andere Exemplar an, zu 1500 TL. Eine Vorführung nach dem oben beschriebenen Muster klärt uns aber über das defekte Mahlwerk auf, es kommt grob gehacktes Korn wieder heraus. Kichernd fängt er sofort noch einmal an, uns das erste Modell vorzuführen. Es kommen nun lange Preisverhandlungen zwischen Eicke und dem Opa. Um uns gnädiger zu stimmen, bekommt Martina eine verrostete, flache Blechschachtel geschenkt, deren Verwendungszweck uns bis heute noch nicht ganz aufgegangen ist. Immer wenn Eicke meint, zweitausend sei ihm aber zu teuer, macht der Alte sofort Anstalten, eine neue Vorführung zu beginnen. Schließlich machen wir ihm klar, daß wir von den Vorzügen der Mühle zweifelsfrei überzeugt seien, sie aber dennoch nicht um zweitausend Lira kaufen werden. Unser Interesse an dem Gerät läßt demonstrativ nach.

Stattdessen bietet Martina ihm eine Zigarette an. Bedeutungsvoll weist aber der Opa auf seine Brust und gibt mit einem gequälten Hüsteln, das schon halb aus der Unterwelt zu stammen scheint, zu verstehen, daß Rauchen nicht das Richtige für ihn sei. Jetzt können wir ihm nur noch unsere getrockneten Aprikosen anbieten, die wir in Üçhisar erstanden haben. Doch auch die lehnt er ab. Sein prächtiger, fast ganz weißer Bart öffnet sich und er heißt uns in seinen Mund sehen. Unsere Blicke fahnden dort nahezu vergeblich nach etwas Zahnartigem, bis auf ein, zwei stumpfe gelbe Stummel ist nichts übriggeblieben. Nebenbei gehen wieder Preisvorstellungen betreffs der Mühle hin und her. Es kommt schließlich zu einem Kaufabschluß bei 1600 TL. Offensichtlich ist er darüber immer noch hoch beglückt, denn jetzt lädt er uns erst richtig ein. Wieder greift er hinter sich, holt Weintrauben hervor und eine Wassermelone, die er für uns aufschneidet. Eine Unterhaltung ist noch schwieriger als sonst schon, denn wir verstehen sein zahnlos genuscheltes Türkisch so gut wie überhaupt nicht. Uns fehlen dafür die Sprachkenntnisse, locker drauflos zu erzählen. So sitzen wir noch eine zeitlang in stummem Einvernehmen beieinander und lassen uns das gastfreie Obst schmecken. Ein letzter Blick zum Abschied auf den freundlichen Händler zeigt uns noch einmal sein hübsches, rundes, gestricktes Mützchen, welches den Kopf in Ermangelung natürlichen Schutzes in der Sonne zum kühlen Rechnen klar halten soll.

Wir bringen unser frisch erworbenes Souvenir auf dem 'Campink'—Platz in Sicherheit und nutzen den Aufenthalt zu einer kalten Dusche und einer kleinen Rast. Danach machen wir uns ins Tal von Göreme auf, die Kirchen zu suchen. Beschwerlich ist es, sich auf dem sandigen Boden zwischen den mit Feldsteinen abgegrenzten Weinfeldern zu bewegen. Man muß Trampelpfaden folgen, die ab und zu mit Wegweisern zu einzelnen Felsenkirchen ausgeschildert sind. Unterwegs treffen wir wieder auf einen der Jugendlichen aus dem Dorf, der sich bereits gestern als Führer angeboten hatte. Er bringt uns, die wir hier vergeblich nach dem Eingang gesucht hatten, über einige extravagante Klettertouren zum Eingang so eines verlassenen Reliktes aus christlicher Zeit. Nur bei den Kirchen, die unter der sicheren Herrschaft der Byzantiner errichtet wurden, findet man nämlich die Eingänge leicht. In den späteren, für die Christen gefährlicheren Zeiten, wurden die Eingänge versteckt und unauffällig angelegt. Wir müssen also über leiterartig in den Stein getriebene Stufen, in die man sich wegen der fortschreitenden Erosion nur noch gerade mit den Zehen hineinklammern kann, außen am Kegel hochklettern, bis wir durch eine fenstergroße Öffnung ins Innere rutschen können.

Dort überrascht uns die vom Dämmerlicht mystisch—feierlich beleuchtete Scheinarchitektur des Raumes. Wegen des geringen Lichteinfalls haben sich in vielen dieser Kirchen die reichhaltigen Farben der Fresken ziemlich gut erhalten. Frühe Höhlenkirchen tragen einen einfachen, direkt auf die Wand aufgebrachten, geometrischen Schmuck, die späteren sind mit großartigen Gemälden versehen, die auf einen eigens dafür aufgetragenen Verputz gemalt sind. Während die frühen Kirchenräume einfache, rechteckige Höhlen waren, ging man mit der Zeit dazu über, die bei oberirdisch gebauten Kirchen benutzte Architekturform zu imitieren. So entstanden ausgehöhlte Räume, die dem Besucher die Illusion geben, er befände sich in einer nach den Gesetzen der Statik errichteten byzantinischen Kirche, einem Bau mit Zentralkuppel, die auf Säulen aufruht oder auf den Wänden der vier Halbkuppeln. Ein weiterer Trick der Illusionsarchitektur war es zum Beispiel, Mauerfugen aufzumalen. Wir bedanken uns mit einem kleinen Bakschisch bei dem jungen Mann und machen uns auf eigene Faust auf die Suche nach weiteren Anlagen, denn unserem Führer steht der Sinn eher danach, uns in Avcılar in ein Teppichgeschäft zu verschleppen, als uns noch mehr von diesen Kirchen zu präsentieren.

So kommen wir abends mehr als hungrig mit den Eindrücken aus verwitterten Wohnkegeln, buntbemalten Kirchenwänden und verwinkelten Treppengängen in ehemaligen Eremitagen zurück. Morgens fahren wir nach einer kalten Dusche nach Çavusin, wo es am Ortsausgang einen großen Parkplatz, selbstverständlich ohne Schatten und einige Kirchen in den steil aufragenden Wänden gibt. Die sind allerdings gar nicht unser Ziel, vielmehr wollen wir das "Tal der Rosen", türkisch "Güllüdere" besuchen, zu dem es keinen Wegweiser und im Karteneintrag nicht mal einen Weg gibt. Trotz zweimaligen Fragens finden wir es nicht. Sand, Sand, Sand. Dazu wohl das verschlafendste Kaff, das wir bisher besucht haben. Unser Spaziergang, der uns statt rosiger Ausblicke nur rote Hautpartien einbringt, führt uns am Friedhof vorbei durch ganz Çavusin hindurch. Eine sehr hohe Felswand begrenzt dieses Dorf. Unweit der Moschee ist in einem der Felskegel mit der Architektur einer Kirche eine Mühle untergebracht. Solche Mühlen werden heute noch verwendet, obwohl sie aussehen wie aus längst versunkenen Zeiten. Man mahlt damit allerdings kein Korn, lediglich die Schalen werden hier vom befeuchteten Weizen getrennt.

Während wir die Straße entlangschlendern, liegt das Dorf so schwer und müde um uns herum, daß die paar Kinder, die Eselsmist sammeln und ihn zum Trocknen auf den Hausdächern auslegen, wie fremd wirken in der Stille des Morgens.

Wir fahren zum vier Kilometer entfernt liegenden Zelve, einem Ort, in dem die bizarre Landschaft wieder eine eigentümliche Extravaganz zu bieten hat, denn hier gibt es mehr sogenannte Feenkamine als irgendwo sonst in Kappadokien. Das sind Felsenkegel, auf deren spitz zulaufendem oberen Ende härteres Gestein in entsprechend zu groß wirkenden "Köpfen" stehengeblieben ist. Merkwürdige Gleichgewichtsdemonstrationen kann man da beobachten. Das Dorf Zelve war bis vor kurzem noch bewohnt, doch sind die Leute inzwischen alle evakuiert. Nicht nur aus den schon erwähnten Gründen, sondern vielmehr auch, weil das Gebiet eine zunehmende touristische Überschwemmung erfährt. Zu unserem restlosen Erschrecken handelt es sich in Zelve, um Zelve und um Zelve herum um ein vollständiges Touristengebiet.

Die typische Landschaft, nämlich das ausgebürgerte, leblose Dorf, welches nunmehr dem unaufhörlichen Beschuß durch die pauschalreisend herangeschleppten Kameras ausgesetzt ist, liegt vollständig eingezäunt vor uns. Ein großer Parkplatz steht den zahlreichen Bussen zur Verfügung. An dessen Ende gibt es einen Durchlaß im Zaun, wo eine aus Fertigbetonteilen errichtete Halle mit Post und Eintrittskartenschalter hingestellt worden ist. Wie immer zahlt man für den Fotoapparat das Doppelte wie für die Person. Außerdem gibt es hier noch ein Lokal, das zu Preisen, denen wir uns schon

Feenkamine von Zelve

entwöhnt glaubten, Getränke und Hamburgers feilbietet. Nicht einmal mehr Tee gibt es zu kaufen, der Wirt lacht uns fast aus, als wir danach verlangen. Völlig gebügelt von unseren Eindrücken fügen wir uns darein, ein Mineralwasser zum Preis von fünf üblichen am äußersten Ende der Terasse des Lokals zu uns zu nehmen.

Hier setzen wir uns an einen Tisch und bestaunen im Sprachengewirr aus Deutsch, Französisch und Italienisch, das von den Bussen her zu uns herüberdringt, die vollständige und restlose Vermarktung eines ehemaligen Dorfes. Was uns da auf der Hinfahrt begegnet war, scheint völlig unglaublich. Eine Eselskarawane war uns entgegengekommen, angeführt von einem grimmig dreinschauenden Türken. Soetwas ist natürlich nichts Ungewöhnliches hier, aber die Fracht der Karawane hatte uns doch erstaunt. Auf den Rücken der geduldigen Lasttiere saßen lauter kichernde und kreischende, wild gestikulierende Touristinnen, jeder Schritt der Esel hatte infolge des Schwankens neue "Ah" und "Oh" und "Hilfe"-Jauchzer zur Folge. Um die Szene herum schwärmten ständig Fotoapparate, wo die zu den Frauen gehörigen Männer hinter klebten, beständiges Klicken der Auslöser bestätigte, wie schön das Bild sein müßte.
Über die Geschmacklosigkeit des Gesamteindruckes ließe sich mit dem Argument hinwegsehen, daß die Eselsbesitzer auf diesem Weg das Geld wieder hereinholen können, was ihnen der LKW auf dem Warenmarkt längst genommen hat. Aber warum sitzen dann diese Touristinnen mit der größten Selbstverständlichkeit im Bikini—Oberteil auf dem Esel, die aus den knallengen Hot-Pants hervorschauenden Schenkel anmutig gespreizt, damit der Herr Gemahl ein besonders kesses Urlaubsfoto mit nach Hause bringen kann ? Damit beleidigt man das Selbstverständnis der hiesigen ehrbaren Frauen in einem für sie nicht begreifbaren Maße. Und in den freudig—gierigen Blicken mancher Türken sehen genug Touristinnen auch noch eine Bestätigung ihres Verhaltens.
Aus einer unvermittelt aufgetretenen Kombination aus Trotz und Schock verzichten wir auf eine eingehendere Besichtigung Zelves und machen, daß wir fortkommen. Die schmale Straße bringt uns nach Avanos, einer etwa sechs Kilometer entfernt liegenden Landstadt, die als Zentrum der Töpferei bekannt ist. Deshalb steht in der Stadtmitte auch ein Denkmal zu Ehren der Töpferzunft, sinnreicherweise auf dem Platz mit den öffentlichen Toiletten. Diese sanitäre Einrichtung zum öffentlichen Gebrauch zeigt wie vieles andere in Avanos den recht starken Zuschnitt auf touristische Bedürfnisse. Die Geschäfte, zum Teil an in Englisch gehaltenen Schildern zu identifizieren, bieten Kupferteller und Keramiken aus der örtlichen Produktion, alles fast durchweg touristische Massenware, abgestimmt in den Geschmacksrichtungen Deutsch, Japanisch, Amerikanisch und ganz kitschig. Das Angebot geht bis zu Miniatur-Felskegeln aus Plastik, zur Erhöhung des ästhetischen Genusses

innen beleuchtbar. Die steigende Zahl der Touristen läßt sich allein an der Tatsache ablesen, daß es hier zwei Eiscafés gibt, eine Seltenheit in Zentralanatolien und völlig unbekannt in abgelegenen Gegenden.

Dennoch lohnt sich ein kurzer Besuch, denn die Stadt bietet ein insgesamt, sympathisches Bild und hat sich besonders in den Seitengassen auch noch etwas anatolische Originalität bewahrt.

Übernachtung kostenlos, aber nur noch bedingt zu empfehlen: Ruinen der seldschukischen Karawanserei Sarıhan

Unser nächstes Ziel ist Sarıhan, die Ruine einer seldschukischen Kervansaray, die wenige Kilometer außerhalb von Avanos liegt. Der Weg dorthin führt einmal mehr durch eine völlig vertrocknete Gegend, wo der Sand sich bemüht, auch noch über die letzten verdorrten Grasbüschel Herr zu werden. Sarihan kostet nicht einmal Eintritt, weder für den Fotoapparat, noch für uns selbst. Nichts desto trotz haben wir Gesellschaft, denn es existiert ein freundlicher jüngerer Mann, der uns herumführt, gegen Marlboro, versteht sich. Diese Karawansereien aus seldschukischer Zeit sind nach einem bestimmten Architekturmuster gebaut. Eine Kette solcher Unterkünfte säumte die wichtigen Handelswege. Im Abstand von ungefähr dreißig Kilometern, was der Tagesleistung einer Kamel– oder Eselskarawane entspricht, boten sie eine sichere Durchquerung der anatolischen Steppe. Durch die Anlage von Karawansereien war aber nicht nur Unterkunft für die Nacht und Versorgung mit Lebensmitteln für den ganzen Troß sichergestellt – darin ähneln diese Bauten den heutigen Autobahnraststätten im Hinblick auf ihre Benutzung durch Fernfahrer. Vielmehr dienten sie auch und vorrangig als sicherer Schutz gegen Überfall und Raub. Die Häuser konnten nur gegen Gebühr benutzt werden, damit aber befanden sich die Insassen unter dem Schutz des Sultans und die transportierten Güter waren versichert.

Der von den Seldschuken entwickelte Grundriß sieht ein Hofrechteck mit einem angegliederten Stallrechteck vor. Durch ein, je nach Größe der Kervansaray mehr oder weniger mächtiges und reich verziertes Tor gelangt man in den Hof, der von hohen, dicken Mauern mit vorgezogenen Arkadennischen umsäumt wird. Darin befanden sich Unterkünfte, Warenlager und Küche, bei größeren Anlagen auch noch Bäder und Werkstätten.
Ein auch wieder verziertes Tor führt in die Stallungen, einen hohen, in kühlem Dämmerlicht liegenden und fremdartigen Muff bewahrenden, überkuppelten Raum.
Sarihan ist eine kleine Anlage, in der statt einer Moschee in der Mitte des Hofes, wie es der Grundriß in Standardform vorsieht, nur eine kleine Kammer mit einer Gebetsnische über dem Hauptportal existiert. Das Gebäude ist nicht restauriert, die Trümmer welken, vom Zahn der Zeit seit dem Jahr 1220 benagt, unaufgeräumt vor sich hin, Unkraut wuchert zwischen ihnen durch. Die Anlage ist im sattockeren Stein dieser Gegend erbaut und schlicht verziert. Besonders schön ist das einfache, wellenförmige Ornament über dem Toreingang. Die Arkaden sind zum Teil eingestürzt, jedoch ist der hintere Komplex mit den Stallungen noch ganz erhalten. Ohne die Statik des betagten Gewölbes in Frage zu stellen, turnt der Türke mit uns auf den Außenmauern herum, wir klettern über eingeschlagene Stufen und abgebrochene Steinquader, bis wir ganz oben auf dem Scheitelpunkt der Stallkuppel stehen, von wo man gut die ganze Anlage überblicken kann.

Über eine andere Treppe gelangen wir in die Kammer über dem Eingangsportal. Im Schutze des in den Stein gehauenen Mihrab, der Gebetsnische, hat der Wächter hier eine Pritsche aufgestellt, die ihm zusammen mit der darüberliegenden Decke wohl die touristenärmeren Tage verkürzt.

Nach der Besichtigung in Sarıhan, was übrigens nach dem verwendeten Baumaterial "gelbes Haus" heißt, fahren wir zurück nach Avanos, wo die Straße nach Ürgüp abzweigt. Dies ist die Kreisstadt für das Göreme–Gebiet, sie liegt elf Kilometer von Avanos entfernt. Neben der für die Gegend typischen bizarren Stadtansicht mit einer aus erbauten Häusern und ausgehöhltem Tuffstein kombinierten Architektur befinden sich in Ürgüp und seiner Umgebung zahlreiche Hotels und Campingplätze. Vor der Stadt liegt eine Siedlung aus stereotyp gebauten Fertighäusern, wohin die ehemals in Felsenkegeln lebenden Menschen vom Staat umgesiedelt werden. Ürgüp ist auch ein kulturelles Zentrum. Folkloregruppen dienen zur Unterhaltung der Gäste, im September finden Festspiele statt. Außerdem ist die — man sollte es nicht erwarten — städtische Bibliothek von Ürgüp etwas Besonderes. Nicht für den Touristen, aber um so mehr für die Bevölkerung. Ürgüp besitzt eine verhältnismäßig große Bücherei, deren Bände als besonderer Kundenservice vielfach auf Eselsrücken in abgelegene Gegenden transportiert werden, um, wie das offizielle Statement heißt, "das literarische Interesse der Bevölkerung zu fördern". Der Direktor der Bibliothek Ürgüp, Mustafa Güzelgöz, erhielt für seine außergewöhnliche Organisation im Jahre 1963 den Kennedy-Preis für Entwicklungshilfe und wurde im Jahre 1969 in Amsterdam zum Bibliothekar des Jahres gewählt. Wir wollen hoffen, daß die pädagogische Arbeit dieses Mannes den Bewohnern der Gegend hilft, den immensen Zustrom an Touristen besser zu verkraften.

Von Ürgüp aus durchqueren wir die tuffsteinkegelübersäte Landschaft, an Ortahisar vorbei, auf einer Strecke von 21 Kilometern und gelangen in die Provinzhauptstadt Nevşehir, die wir ganz zu Anfang unseres Besuches in Kappadokien schon einmal berührt haben. Nevşehir, bereits im Jahre 3000 v.Chr. gegründet, ist heute ein Zentrum der Weinkelterei und der Textilindustrie. Die 30.000 Einwohner zählende Stadt ehrt mit einem Denkmal den Damat Ibrahim Paşa, der hier geboren wurde und bis zu seiner Ermordung 1730 Ministerpräsident des osmanischen Reiches war. Auf der Straße nach Niğde sind es von hier aus noch etwa zwanzig Kilometer bis Kaymaklı, einem Ort, der schon zu christlicher Zeit besiedelt war. Unter dem oberirdisch gebauten Dorf ist der Tuffstein, der hier nicht zu Kegeln ausgebildet ist, sondern gleichmäßig und glatt eine sanfte Hügellandschaft darbietet, ausgehöhlt.

In Zeiten der Bedrängnis durch angreifende Feinde konnte sich die Bevölkerung in eine unterirdische Stadt zurückziehen, deren Anlage durchaus einen längeren Aufenthalt möglich machte. Aus dem fünften und sechsten Jahrhundert sind hier Gänge und Kammern erhalten, die in insgesamt acht Etagen untereinanderliegen und bis in eine Tiefe von ungefähr vierzig Metern unter die Oberfläche hinabführen. Man hat Weinpressen, Lagerräume, Kapellen und einen Friedhof ausgemacht, sowie Räume aller Art. Die Stadt wird mit zahlreichen Schächten belüftet, es ist angenehm kühl und erstaunlicherweise ziemlich trocken, auch in der tiefsten Sohle. Damit wir und die anderen Besucher uns nicht verlaufen, sind überall Schilder mit Pfeilen angebracht, die die Gehrichtung anzeigen. Ohne sie würde man sich vermutlich recht abenteuerlich im Wirrwarr der Gänge verlieren. Die Eingänge zur unterirdischen Anlage konnten mit mühlsteinartig behauenen Felstrommeln verriegelt werden, in deren Mitte ein Loch frei war, aus dem man mit Pfeilen auf Eindringlinge schießen konnte. Eine weitere, noch größere Stadtanlage aus Kellergeschossen befindet sich in Derinkuyu, achtzehn Kilometer von Kaymaklı in Richtung Niğde. Derinkuyu konnte etwa 20.000 Menschen für längere Zeit Zuflucht geben, für Kaymakli werden 15.000 angegeben.

Von dort aus fahren wir nach Nevşehir zurück und folgen dem Wegweiser nach Ankara. Da wollen wir zwar gar nicht hin, aber das Schild gibt den kürzesten Weg zur Hauptverkehrsstraße an, die Tarsus am Mittelmeer mit Ankara verbindet. Das ist die Straße nach Aksaray und genau dahin möchten wir gerne. Dies ist die typische Art der Beschilderung türkischer Nebenstraßen, wo als Zielort die nächste große Stadt angegeben wird, die sich über die erste, die Nebenstraße kreuzende, Hauptverkehrsstraße erreichen läßt. Durch nicht übermäßig reizvolle Landschaft, mal mehr, mal weniger landwirtschaftlich genutzt, weitgehend baumlos, legen wir die ungefähr 65 Kilometer rasch zurück, passieren kurz vor Ağzikarahan auf etwa drei Viertel Strecke die Ruinen einer seldschukischen Kervansaray, deren Zustand ein Anhalten aber nicht lohnt, und biegen schließlich zwölf Kilometer vor Aksaray nach links auf eine kleine Nebenstraße ab. Der Wegweiser nennt Güzelyurt als Ziel der Straße. Man gelangt auf ihr auch zur Schlucht von Ihlara, welche unsere Besichtigungswut als nächstes zu treffen gedenkt.

Gleich nachdem wir von der Hauptstraße abgebogen und ein kurzes Stück bergab gefahren sind, wird es zusehends grüner. In der Nähe liegt eine Talsperre, die Aksaray mit Wasser versorgt. Das Flüßchen, welches,durch die Talsperre reguliert, das ganze Jahr über mit recht konstanter Wassermenge Richtung Aksaray sprudelt, hat seine Talsohle in eine grüne Oase verwandelt. Das Ufer säumen richtige, stabile Bäume, rundherum gibt es eine Grasnarbe. Ungläubig weiden sich unsere Augen nach dörrenden Tagen staubiger Steppenlandschaft an der Farbe des Propheten und des Paradieses. Niemand braucht uns zu erklären, wieso gerade Grün die heilige Farbe ist.

Zu allem Überfluß führt ein bequem zu befahrender Feldweg von der Straße ab geradewegs am Ufer entlang. So quartieren wir uns am frühen Nachmittag auf einem als völlig ideal empfundenen Platz ein, im Schatten, am Ufer, das Rauschen des fließenden Wassers in den Ohren. Wir tun erst einmal gar nichts und sitzen auf unseren Campingstühlen im angenehm frischen Klima des Ufers, hängen unsere nackten Füße in den Fluß oder fühlen mit ihnen das Gras, dieses lebendige und grüne Gras unter den Sohlen kribbeln.

Außerdem fangen wir an, die Attraktion für einige Hirtenjungen zu werden. Ihr Bestaunen erstreckt sich über etwa drei Stunden und steigert sich dabei vom scheuen Anstarren auf selbstgewählte Distanz über den näherrückend gestarteten Versuch, wie wir wohl reagieren würden bis zur kaum in Worten, aber mehr durch Anfassen und Blicke vonstatten gehenden Unterhaltung. Der älteste dieser 6– bis 12–Jährigen ist, ganz wie bei Erwachsenen, der Chef. Er regelt die Etappen der Tuchfühlung und versucht auch, die Unterhaltung anzuführen. Dabei weiß er sich schon mehr als Mann denn als Knabe darzustellen. Als sie schließlich einen engen neugierigen Ring um uns schließen, denn die Neugier siegt schnell über die Scheu, zeigen wir ihnen ein Schaf aus ihrer Herde, welches beim Trinken am Fluß die übrigen Tiere verloren hatte und nun die steile Böschung nicht mehr hochkommt. Sein Blöken hatte uns schon eine ganze Weile unterhalten.

Dieser Hinweis lockert die Atmosphäre des scheuen Betrachtens und des stillen Betrachtetwerdens ziemlich auf. Zwei Jungen müssen in den Fluß, das Schaf an eine andere Stelle zu bringen, wo es das Ufer leichter hinauf kann. Es beginnt ein großes Palaver, wer hineinspringen soll. Als Eicke von der ganzen Aktion auch noch ein Photo macht, ist die Stimmung der Jungen kaum noch zu verbessern. Alle kreischen durcheinander, um die beiden das Schaf schwimmend eskortierenden Kollegen anzuspornen. Natürlich wollen sie, daß wir ihnen einen Abzug des Bildes schicken. Außerdem bestehen sie darauf, für ein weiteres Foto an Land alle zusammen zu posieren. Jeder nimmt die Stellung ein, von der er glaubt, ein Bild umwerfender Männlichkeit darzubieten. Der eine findet das am besten in der Position eines angreifenden Preisboxers gewährleistet, ein anderer meint, tief einzuatmen und die Luft anzuhalten, dabei die Hände in die Hüften zu stämmen, sei das Richtige. Über den leicht rot angelaufenen Kopf wollen wir mit einem freundlich–retouchierenden Blick hinwegsehen.

Um den Wunsch nach einer Vergrößerung nachkommen zu können, brauchen wir aber eine Adresse. Das ist gar nicht so einfach. In einer schier nicht enden wollenden Teamarbeit, in der jeder jedem den Kugelschreiber entreißt, weil er gerade einen passenden Buchstaben zu wissen glaubt, bringen sie ein ziemliches Gekrakel zu Papier, von dem wir inzwischen hoffen, daß wir genügend Angaben daraus entziffern konnten, damit unser Foto auch ankommt. Höhepunkte für unsere Besucher stellen sowohl ein Expandergummi, wie auch ein Teebeutel dar. Einer der Jungen nimmt einen am Wagen hängenden Gummizug, mit dem sonst die Stühle auf dem Dachgestell festgezurrt sind, in die Hand, wohl, weil ihm die schönen eingewirkten Farben gefallen. Er erschrickt nicht schlecht, als er bemerkt, daß das Ding länger und kürzer werden kann. Eine zeitlang beraten alle und zerren immer wieder den Gummizug auseinander, um voller Überraschung die selbsttätige Reduzierung auf Normallänge zu erleben. Einer erklärt, daß es Gummi sein müsse, aber dies, auch von uns bestätigt, kann das Wunder doch nicht restlos entschleiern. Der Teebeutel schließlich, von uns achtlos weggeworfen, ist eine ganz unglaubliche Attraktion. Die Jungen vermuten hin und her und glauben unseren Erläuterungen nicht recht. Endlich zerpflückt einer von ihnen den nassen Abfall und stellt fest, daß tatsächlich Teeblätter drin sind. Noch lange palavern sie über uns seltsam zivilisierte Leute. Wir denken noch eine zeitlang über unsere Selbstverständlichkeiten nach.

Mit der sich langsam ankündigenden Dämmerung verlassen uns die Jungen mitsamt den Schafen, und wir verbringen einen ruhigen Abend und eine ungestörte Nacht mit dem Gurgeln fließenden Wassers im Ohr. Am nächsten Morgen geht die Fahrt zur Schlucht von Ihlara durch Dörfer, deren Häuser sich kaum von den umliegenden Felsen unterscheiden. Im Vorbeifahren kriegen wir etwas vom Frauentreff am Brunnen mit. Die Wasserstelle ist umlagert von vielen Frauen und Mädchen, die ihre Krüge füllen oder Wäsche rubbeln. Mädchen waschen sich gegenseitig die Haare. Die bunten Pluderhosen und übrigen Kleidungsstücke, die eifrigen Gesten und die durch Sprechen und Nicken ständig bewegten Kopftücher beleben die Szene.

Die Schlucht von Ihlara sieht man erst, wenn man fast schon hineingefallen ist, jedenfalls fahren wir lange, längst schon wieder durch versteppte, sanft hügelige Gegend und fragen uns, wann wir denn endlich angekommen sein werden, als wir unvermittelt an einen Parkplatz gelangen. Parken kostet hier dreißig Lira. Ein grosses Aussichtsrestaurant befindet sich gleich daneben im Bau, es soll wohl das ein wenig kleinere, hölzerne Gebäude ablösen. Das Betreten der Schlucht kostet einen einfachen Menschen zehn Lira, ein Fotoapparatbesitzer muß noch einmal fünfzig dazulegen.

Hat man diese Formalität hinter sich gebracht, eröffnet sich ein phantastisches Bild. Fast hundert Meter fällt die Felswand senkrecht nach unten ab. In der Talsohle fließt ein kleiner Fluß, der Melendiz suyu. Sein Tal mag gut hundert Meter breit sein, dann erhebt sich auf der gegenüberliegenden Seite genau so abrupt wieder eine hundert Meter hohe Wand. Die Felswände sind senkrecht geriffelt, sie sehen Basaltsäulen ähnlich.
Doch handelt es sich auch hier um einen nicht harten, leicht zu bearbeitenden Stein, in den der Fluß vor langer Zeit sein Bett gegraben hat. Das Tal ist fruchtbar, denn das Wasser verdunstet nicht im Schatten der hohen Wände. Auch heute noch mühen sich die Bauern der Umgebung, aus den kleinen Parzellen, auf denen sie hier Gemüse anbauen, die Ernte über schmale Wege, die in den

Stein gehauen sind, nach oben in die heiße Dürre zu transportieren.

Die unzugängliche Schlucht war auch flüchtenden Christen bekannt und bot ihnen einen Unterschlupf. Höhlenkirchen zeugen von ihrer Besiedlung. Sie ähneln sehr stark den im Tal von Göreme besichtigten und stammen auch aus dem selben Zeitraum. Der Aufenthalt in der Talsohle ist aber auch ohne übertriebenes kunsthistorisches Interesse beeindruckend. Die unruhige Kombination aus gurgelndem Flußlauf, recht üppiger Vegetation und riesigen, abgestürzten Felsblöcken, die sich wirr an den senkrecht aufragenden Wänden türmen, gibt eine seltsame Perspektive. Links Wand, rechts Wand, schaut man nach oben, sieht man nur Himmel. Der romantisierende Name für die Schlucht ist daher auch: " Das Tal der Engel".

Der Tourist erreicht den Grund der Schlucht über bequem angelegte Wege, teils über in Beton gegossene Treppen. Unten weisen zweisprachig in türkisch und englisch gehaltene Tafeln auf die einzelnen Kirchen hin. Etwas paradox wirkt auf uns in dieser wildzerklüfteten und schwer begehbaren Landschaft eine Reisegruppe französischer Rentner. Mit dem Bus angekarrt und in die Schlucht entlassen, sehen die einen Omas und Opas in ihrer sportlich—aktiven Reisekleidung, inclusive weißer Sonnenhütchen im Schatten der Felswände, recht rüstig aus, während beim anderen Teil der Reisegruppe, den senilen und gebrechlichen Teilnehmern, die Segnungen einer vollzivilisatorischen Altersgestaltung eher schmerzhaft traurig wirken. So helfen wir denn einigen über den Felsen, an dem wir uns gerade begegnen. Nach der zwanzigsten Hand, die sich in die unsrigen krampft, kommt uns das ganze Erlebnis schon beinahe unwirklich vor. Ungerührt von der hilflosen Zerbrechlichkeit des Großteils der gallischen Alt—Besichtiger bieten Jungen aus Bauchläden Kaugummis feil. Wer einmal einen türkischen Kaugummi genossen hat, wird nicht in die Verlegenheit kommen, es nochmal zu versuchen. Genausogut kann man an einem gezuckerten Stück Schmirgelpapier nuckeln.

Von den Höhlenkirchen hier unten ist die "Kirche mit der Schlange" besonders interessant, die aufgrund des dargestellten Tieres besser wohl "Kirche mit dem Drachen" hieße. Wegen des geringen einfallenden Lichtes haben sich die Farben der Fresken erstaunlich gut erhalten, allerdings ist es ziemlich düster. Eine Taschenlampe gehört, wie auch im Tal von Göreme, unbedingt ins Handgepäck. Wer dem verhältnismäßig teuren Eintrittspreis für den Fotoapparat gerecht werden will, sollte hier einen Blitz dabei haben.

Wir verlassen die Schlucht und fahren nach Aksaray, einer lebhaften Kreisstadt mit buntem Markttreiben und vielen Geschäften mit farbenprächtigen Auslagen. Menschen bevölkern die Bürgersteige,

sie tragen fein säuberlich in Zeitungspapier eingewickelt Warenpakete mit sich. Die Zeitungen in der Türkei erreichen ihre hohen Auflagen zum einen, weil sie im Vierfarbdruck erscheinen und zu etwa siebzig Prozent aus Bildern bestehen, sodaß auch der Analphabet sich noch an ihrem Inhalt gütlich tun kann, zum anderen aber, weil Zeitungspapier das gängigste Verpackungsmittel überhaupt ist. Das hat bei feuchten Sachen wie Schafskäse den Nachteil, daß die Druckerschwärze und übrige Farbe sich auf der Ware wiederfindet. Brot kaufen wir wie immer im Lebensmittelgeschäft. Bäckereien, wie wir sie von zuhause gewöhnt sind, gibt es hier nicht, das Brot kommt in den Städten aus der Brotfabrik, auf den Dörfern backen die Frauen selbst. Bäckereiähnliche Geschäfte bieten meist nur "Pasta" an, die zahlreichen Gebäcksorten, auf die die Türken sehr stolz sind. Diese Konditoreiartikel sind unbestrittenermaßen kleine Meisterwerke der Zubereitungskunst, aber so süß und mächtig, daß wir wenig Ausdauer im Durchprobieren entwickelt haben.

Eine andere Art von typischem Geschäft fesselt unsere Aufmerksamkeit: Ein Laden, in dem es alle möglichen Knabbereien zu kaufen gibt. In Bonbonnieren türmen sich verschiedene Zuckerwaren, Schokoladentafeln stapeln sich mit Waffelpaketen um die Wette an einer Wand hoch. Schokolade ist aber ziemlich teuer und ihr Geschmack rechtfertigt, jedenfalls nach unserem Empfinden, den Preis keineswegs. Die eigentliche Attraktion dieses Ladens ist aber eine Theke, die in viele verglaste Schaufächer unterteilt ist. Darin finden sich die unterschiedlichsten Sorten Nüsse und vergleichbarer Knabbereien, etwa "Lepleler", das sind geschälte und geröstete Kichererbsen, oder Sonnenblumenkerne. Naturbelassen liegen die Kerne in der Schautheke aus, wenn man sich für etwas entschieden hat, bekommt man die gewünschte Grammzahl in säuberlich aus Zeitung gedrehte Spitztütchen abgewogen. Dazu öffnet der Angestellte ein Fach unter dem verglasten Behälter, wo die Nüsse geschält und warm eingelagert sind. Warm schmecken sie noch besser als einfach so.

Nebenan gibt es auch noch ein Milchgeschäft. Hier kaufen wir Milch, frischen Käse und Eier. Der ganze Stolz des Besitzers ist die Kühlvitrine, in der die Waren ausliegen. Milch und Butter sind Produkte, nach denen man, je weiter man nach Osten ins Landesinnere kommt, vergeblich suchen wird. Die Versorgung damit ist nur in Westanatolien gut und nimmt schon in Zentralanatolien deutlich ab. Besonders Leute, die mit kleinen Kindern reisen, sollten daran denken, sich in den Metropolen, wo es meist ein paar Geschäfte gibt, die einige Liter frischer Milch anbieten, einzudecken.

Wir fahren weiter nach Konya durch eine für die innertürkische Geographie typische Gegend. Zwischen den rundherum hoch aufragenden Gebirgen liegen häufig riesige, ebene Hochflächen, die heute meist versteppt sind, sogenannte "Ovas". Von Aksaray bis Konya durchqueren wir diese ungefähr tausend Meter hoch liegende Fläche auf einer mehr oder weniger schnurgeraden Straße, die Distanz mißt etwa einhundertundfünfzig Kilometer. Die Strecke sorgt nicht gerade für übermäßiges Frohlocken, sie geht bis zum Horizont immer mitten durch die Einöde, links und rechts kann man nur noch daran unterschieden, daß links der Straße Telegrafenmasten aufgereiht sind, die lange dünne Schatten in die scheinbare Endlosigkeit schicken. Hat man den Horizont endlich erreicht, geht es wieder geradeaus bis zum Horizont – ein dummes Spiel. Hauptsächlich Sand gibt es hier mit ein bißchen trotzigem struppigem, verbranntem Gras ähnlichem Bewuchs, ab und zu einige bewässerte Stoppelfelder.

Dörfliches Gesicht Inneranatoliens

In der Ferne, seitab der Straße, durch sandige Feldwege erschlossen, können wir ein paar Dörfer ausmachen. Vor den Augen flirrend, heben sich dann einige Rechtecke im gleichen Graubraun aus dem Boden und lassen eine Ansiedlung aus quaderförmigen Lehmhäusern vermuten. Schafherden setzen sich mit der dürftigen Vegetation auseinander, hin und wieder schauen auch Rinder dem Straßenverkehr zu. Sonne, Sonne, Sonne, Sonne, dazu in unregelmäßigen Abständen Kadaver angefahrener und am Straßenrand verendeter Kühe, surreal anmutende Szenen, wenn ein Fußgänger absolut zielstrebig aus dem endlosen Nichts der heißen Steppe auftaucht und seinen Weg ins gegenüberliegende endlose Nichts der heißen Steppe fortsetzt. Wir fahren an einem Türken vorbei, dem der Sinn nach einem Nickerchen steht. Im Staub am Straßenrand hat er es sich bequem gemacht und seinen Esel als Sonnenschutz so geparkt, daß sein Kopf und seine Brust im Schatten liegen. Der Esel verharrt reglos dort, ihm scheint die Sonne nicht viel auszumachen.

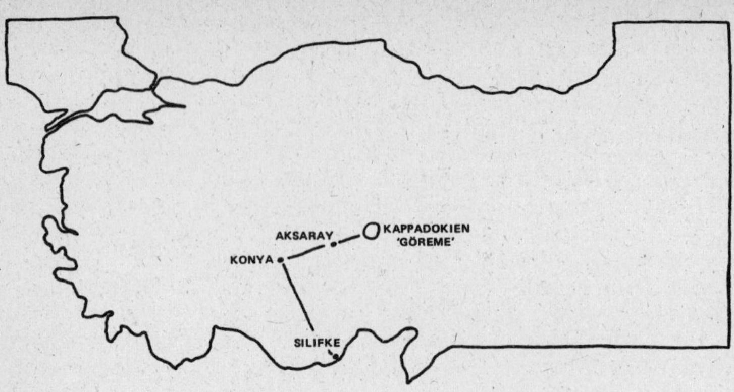

6. Teil: VON SULTANHANI ÜBER KONYA ZUM MITTELMEER

Endlich gegen halb zwei Uhr kommen wir in Sultanhanı an, einer kleinen Stadt, die sich um die große seldschukische Karawanserei herum angesiedelt hat. Sultanhanı liegt ungefähr vierzig Kilometer vom südlichsten Zipfel des großen Salzsees entfernt, der sich in der Nordostecke der Hochebene befindet. Dieser See ist in vielen Sommern ganz ausgetrocknet, sodaß nur eine silbrig—weiße Kruste in der Sonne schimmert. Sonst hat sein Wasser einen ganz enormen Salzgehalt von 32 % (Zum Vergleich: Meerwasser hat 32 Promille Salzgehalt).

Sultanhanı selbst liegt mitten in der trockenen Endlosigkeit und atmet in jeder Gasse und jeder Hauswand eine ständige Dürre. Gleichwohl gibt es aber Brunnen, die den Ort das ganze Jahr über mit ausreichend Wasser versorgen, geringfügig stärkere Vegetation um die Stadt herum zeugt von zumindest saisonalem Vorhandensein des in der Karte eingezeichneten Wasserlaufs. Wir biegen im Ort nach links ab und sehen gleich den mächtigen, nahezu völlig restaurierten Wehr— und Herbergsbau vor uns liegen. Selten haben wir uns so gefreut, irgendwo am staubigen Straßenrand auf einer Grasnarbe, die das Grünen längst aufgegeben hat, zu sitzen, hinter uns eine wuchtige Mauer und vor uns unser Auto. Da residieren wir nun im Schatten und verschlingen lukullische Bissen. Es dauert nicht lange und eine Traube von Kindern umringt uns, teils neugierig, teils bettelnd. Wieder klingeln uns die vertrauten, seltsam intonierten französischen Vokabeln "Madame, stylo – Monsieur, bonbon!" und das ewige "Hello" in den Ohren. Mädchen kommen heran und bieten große Auswahl an dicken, handgestrickten Wollsokken feil.

Auch ein junger Mann bemüht sich um uns. Er bedauert uns, weil wir da am Straßenrand hocken (er weiß ja nicht, wie schön uns das vorkommt) und bietet uns an, das ein paar hundert Meter gegenüber liegende Touristenzentrum aufzusuchen. Wir vermuten, schon wegen der Ansprache in Deutsch, einen Nepp, der bei einem Keramik– oder sonstigen Souvenirladen endet. Immerhin begegnen wir dem jungen Mann nicht mit der türkischen Art, auf Anträge aller Art, seien es nun Taxifahrer oder Losverkäufer, Geschäftseigner im Bazar oder bettelnde Kinder, zu reagieren. Diese Art wäre es, den betreffenden völlig zu ignorieren, ja schlichtweg zu übersehen. Wenn man nur artig "Nein" zur Antwort gibt, bedeutet das für einen orientalischen Händler nämlich immer noch ein bedingtes Ja. Er geht dann davon aus, daß man wohl eigentlich schon möchten wollen täte, aber den Preis drücken will oder sonst etwas vorhat. Jedenfalls wird ein normaler Türke, der etwas loswerden oder einen Dienst anbieten will auf ein "Nein" sofort nachsetzten. Doch dieser junge Mann in Sultanhanı hatte uns so höflich und anscheinend ehrlich mitleidig angesprochen, daß wir ihm nicht einfach damit begegnen wollen, ihn für uns in Luft aufzulösen. Und siehe da, er nimmt unsere dankend ablehnende Antwort mit derselben Höflichkeit auf, mit der er uns gefragt hatte und besteht nicht weiter auf seinem Angebot.

Martina denkt sich aber, sie könne das Touristenzentrum wenigstens für einen Gang zur Toilette in Anspruch nehmen. Nach einer ziemlich langen Zeit wird Eicke unruhig. So lange braucht kein Mensch, um ein Klo aufzusuchen! Sollte Martina einem Frauenraub zum Opfer gefallen und bereits in irgend einen obskuren Harem verschleppt worden sein ? Trotz heftiger Sonneneinstrahlung auf das Gehirn arbeitet es Eicke unangenehme Phantasien aus. Er schließt den Wagen ab und macht sich auf den Weg über den staubigen, von dürftigem Gras zusammengehaltenen Platz. Als er gerade die drei Holzstufen zum Eingang des Touristenzentrums erklimmen will, trifft ihn ein Schlag.

Eine Frau tritt heraus, die bei näherem Hinsehen als Martina zu erkennen ist, gekleidet, oder besser gesagt, verunformt von der türkischen Frauentracht. Sie hat eine dieser Endloshosen an, deren sich pluderig ausbreitender Stoff von grellem Gelb und starkem Braun beherrscht wird, dazu eine enge, langärmelige Jacke aus blaugrundigem Tuch mit Rosen drauf. Hinten breitet sich etwas Seltsames aus, ein den ganzen Rücken bedeckendes rundes Medaillon, über und über mit Muscheln bestückt und mit langen Troddeln dran. Natürlich fehlt auch das Tuch nicht, unter dem sich der größte Teil des Kopfes verbirgt.

Mit genüßlichem Grinsen folgt ihr ein älterer Mann aus dem Haus, der sich für Eicke als der Chef des Unternehmens herausstellt. Er drapiert Martina in den Vorgarten, komponiert ihr noch eine Blume unter den linken Arm und fordert Eicke, der wohl selten einen dämlicheren Gesichtsausdruck mit sich herumgetragen hat, auf, die Szene fotografisch festzuhalten.

Während Martina sich dem Re–Germanisieren widmet und sich aus der voluminösen Stoffhülle schält, hat Eicke Gelegenheit, das Unternehmen kennenzulernen. Den stolzen Namen "Touristenzentrum" führt es dank der gegenüberliegenden Kervansaray, ansonsten ist es aber ebensowenig ein Zentrum wie der Ort Sultanhanı selber. Der Name läßt einen staatlich–offiziellen Betrieb vermuten, tatsächlich handelt es sich aber um das Privatgeschäft der Familie Öztürk. Das Unternehmen wird denn auch von den männlichen Mitgliedern der Familie geführt, allen voran Vater Hamza, dann seine drei erwachsenen Söhne. Von denen spricht einer fließend Englisch, einer recht gut Deutsch. Das Touristenzentrum ist ein einfacher, ebenerdiger Bau, mit einem Hof rundherum, der von einer niedrigen Mauer eingefriedet ist. Vor dem Eingang sind mit Liebe und Ausdauer ein paar Blumen angepflanzt, die täglich besprengt werden.

Der Innenraum des Gebäudes teilt sich in einen vorderen Trakt, wo nach Art eines Gazinosu oder Teehauses Tische und Stühle stehen. Das Mobilar ist bunt zusammengewürfelt, aber sicher eines der modernsten und westlichsten ganz Sultanhanıs , worauf die Öztürks stolz sind. Durch die großzügige Verglasung des Raumes blickt man über den Vorgarten hinweg auf das mächtige, über und über verzierte Portal der Kervansaray. Hinter dem Gastraum liegt die Küche und daneben eben jene Toilette, mit der unser Aufenthalt in Sultanhanı eine Wende bekam. Rechts an den gastronomischen Gebäudeteil schließt sich ein langer Flur an, von dem es zu den Gästezimmern abgeht. Drei Doppelzimmer vermietet Hamza Öztürk, die nach Belieben auch mit mehr Betten bestückt werden können, jedes schön groß, mit einem Vorflur und einem separaten Dusch– und Waschraum. Für hiesige Verhältnisse ist die Einrichtung ausgesprochen luxuriös zu nennen: Zwei Stahlrohrbetten, zwei Stühle, ein Teppich und alles sehr, sehr sauber.

Die Übernachtung soll 200,– TL, also vier Mark, kosten, mit Frühstück versteht sich. Es scheint unverständlich, wieso wir nicht eines von den Zimmern haben wollen. Aber die Öztürks sind so unaufdringlich nett, daß sie es achselzuckend hinnehmen, wenn wir beteuern, daß man in unserem Minibüs schlafen könne. Wir sollen den Wagen im Hof parken, an der Seite des Hauses, die gerade Schatten gibt. Immer wieder bekommen wir Tee angeboten, ständig wandern als Geste der Gastfreundschaft und der Erwiederung Zigaretten hin und her. Hamza verteilt die türkischen "Samsun", wir sind unsere Marlboro selten lieber losgeworden als hier. Von der Besichtigung der Zimmer sind wir wieder in den großen Flur zurückgekehrt, an dem auch das Büro liegt, von dem aus Hamza das Touristenzentrum verwaltet. Es ist eine kleine fensterlose Kammer, in der man bei geschlossener Türe garantiert Platzangst bekäme. Ein unglaublicher Wust von Kabeln endet in einem antiquierten Telefonapparat, an der Decke hängt eine nackte Birne. Hier werden einige Papiere verwahrt, Hamza hält sich selten in seinem Büro auf. Im Flur ist es auch wesentlich interessanter.

Hier lagern stapelweise Teppiche, die zum Verkauf angeboten werden und einige unverkäufliche Folklorestücke, womit die Herren Öztürk ihre Touristen zu unterhalten und zu bilden trachten. Als wir über dieses und jenes beim ungefähr fünften oder sechsten Tee angekommen sind, beginnt die Teppichvorführung. Der jüngste der Söhne breitet Stück um Stück vor uns aus, eines schöner als das andere. Teilweise befinden sich wirklich alte Sachen darunter. So ein Teppich wird nämlich wertvoller, je älter er wird. Ein ungefähr hundertundfünfzig Jahre alter Kılim wird uns gezeigt, riesig groß und bestechend schön, an einigen Randstellen ein bißchen schadhaft, aber fachmännisch repariert.

Mit den Kılims hat es eine besondere Bewandtnis. Es sind gewebte Teppiche, sie werden also, wie eine Decke zum Beispiel, auf dem Webstuhl hergestellt. Sie stehen im allgemeinen Ansehen bei Exporteuren und Touristen nicht so hoch wie geknüpfte Orientteppiche, erfordern aber in der Herstellung wegen der komplizierten Muster und der vielen verwendeten Farben nahezu genausoviel Arbeitsaufwand wie ein geknüpftes Exemplar. Seit nun Teppiche immer weniger für den Eigenbedarf gemacht, sondern von vorneherein im Hinblick auf den Verkauf regelrecht produziert werden, geht der Trend immer mehr zu den geknüpften Teppichen hin, mit denen man bei gleicher Arbeit einen höheren Preis erzielen kann. Kılims werden dadurch selten, seit etwa zehn Jahren werden in Anatolien so gut wie keine mehr gewebt. Alle Frauen und Mädchen werden stattdessen angehalten zu knüpfen. Auch der weibliche Part der Familie Öztürk, so versichert man uns, sei "im Haus", wie sie sagen, etwa zwanzig Minuten weit weg, mit Knüpfarbeit beschäftigt.

Plötzlich werden wir vom weiteren Betrachten der Teppiche, deren vor uns ausgebreitete Zahl vom jüngsten Sohn Hamzas ständig erweitert wird – zu jedem kriegen wir genaue Angaben –, unterbrochen. Vater Öztürk bittet uns eindringlich, nach hinten mit auf den Hof zu kommen. Wir folgen ihm durch die luxuriöse Küche, die sogar über einen eigenen Wasseranschluß verfügt. Aus diesem Raum führt eine Tür in der Hinterwand nach draußen. Wenige Schritte

von der Tür entfernt ist eine kleine Kuhle in den Boden gescharrt, über der Mustafa, der älteste Sohn, gerade einen Hammel schächtet, den der zweitälteste festhält. Da wir offensichtlich ausgerechnet in einem Touristenzentrum unter ganz traditionelle türkische Gastfreundschaft gefallen sind, müssen wir uns als Gäste nun davon überzeugen, daß unser Abendessen erstens frisch zubereitet wird, und daß es zweitens den Vorschriften des Koran gemäß vom Leben in die Pfanne befördert wird. Dem Tier muß die Kehle durchtrennt werden, das Blut läuft aus, indem die Schnittwunde tief über den Boden gehalten wird, es muß im Staub versickern.
Nachdem wir uns mit den zahlreich anwesenden Fliegen zusammen davon überzeugt haben, daß alles seine Richtigkeit hat (was wir sowieso nicht beurteilen können), werden wir aufgefordert, den Platz der Hinrichtung wieder zu verlassen, die weitere Zubereitung wird sich hinter den Kulissen abspielen. Noch ganz baff, daß da extra für uns ein Hammel geschlachtet wird, bekommen wir den soundsovielten Tee in die Hand gedrückt und setzen unser Kılimbesichtigungsprogramm fort. Die Muster der gewebten entsprechen weitgehend denen der geknüpften Teppiche. Es gibt die gleichen traditionellen Grundformen, etwa die des Gebetsteppichs. Die Ornamente sind bei den Kılims nur nicht so fließend und rund, sondern stufig und eckig, wie es der Webstuhl verlangt. Das gibt ihnen einen ganz typischen, eigenwillig kräftigen Reiz.

Da die meisten Kılims aus der Zeit vor der organisierten Massenverkaufsproduktion stammen, sind fast durchweg gute Materialien verwendet. Kilims werden aus Schaf— und Ziegenwolle, durchaus im Verbund beider zusammen, gewebt. Das hat den Vorteil, daß ein Großteil der benutzten Farben original Naturfarben der Wolle sind. Ziegen decken ein weites Spektrum an Braun— und Grautönen ab, Schafe bieten ebenfalls eine reiche Palette von rohweiß bis schwarz. Diese Farbtöne können niemals verschießen oder ausbleichen. Für die übrige reichhaltige Colorierung werden meist Pflanzenfarben verwendet.

Von der schlichten Schönheit der übereinandergebreiteten Kılims verführt, nähern wir uns einem Entschluß. Unser Augenmerk ist auf einen mit wunderbar leuchtenden Farben gefallen, der etwa zehn Jahre alt ist und dementsprechend noch kaum abgenutzt. Mit seinen Maßen von ungefähr 2,20 Meter Länge auf etwa 1,70 Meter Breite zählt er zwar unter den Kılims noch zu den kleineren, füllt aber bei uns zuhause prächtig eine Wand aus. Nun werden wieder alle Teppiche weggeräumt, unserer bleibt eine Weile liegen, damit wir uns auch ganz sicher sein sollen. Tee wird gebracht, dann packt der Sohn den Teppich zu einem kleinen, in Zeitungspapier eingeschlagenen und mit einem Baumwollfaden zusammengeschnürten Ballen, den er zu unserem Auto trägt. Wir verstauen das gute Stück.

Als wir darauf auch unsererseits den Kaufakt beenden wollen und das Euroscheckformular zücken, ziehen wir uns den Vorwurf europäischer Hast zu. Bezahlen können wir schließlich auch morgen, jetzt jedenfalls will niemand etwas von uns annehmen.

Stattdessen erkundigt Hamza sich, wann uns das Diner genehm sei. Zur Erfrischung steht es uns selbstverständlich frei, die Duschen der samt und sonders unbelegten Zimmer zu frequentieren. Von soviel Gastfreundschaft zwar glücklich, aber fast schon ein wenig verunsichert, bedanken wir uns einstweilen, geben eine Zeit fürs Abendessen an und verziehen uns noch etwas nach draußen. Kaum haben wir uns auf der niedrigen Hofmauer in der angenehm goldenen Spätnachmittagssonne niedergelassen, um ein wenig Tagebuch zu schreiben und zu lesen, sind wir auch schon wieder von einer Traube bettelnder Kinder umgeben. Sie begnügen sich nicht mit ihrem monoton wiederholten 'Madame, stylo, Monsieur, bonbon!'. sondern versuchen unsere offensichtliche Ignoranz gewaltsam zu durchbrechen, rupfen an unserer Kleidung und versuchen, sich den Kugelschreiber zu greifen, den sie erbetteln wollen.

Unser geringes Türkisch verhindert eine große Flut von Flüchen und eine Abwechslung in unseren energischen Verneinungen, sodaß sie nur vorübergehend Wirkung haben. Nachdem sich die Bande bei unserer ersten Unmutsäußerung noch rasch zurückgezogen hatte, läßt sie beim zweiten Versuch nur zögernd von uns ab und bleibt beim dritten Mal gleich da. Erst als Hamza Öztürk im Brustton väterlich–männlicher Autorität auf dem Platz erscheint, die eine Hand in einer gefährlichen Geste nach den Kindern wirft und mit der anderen prügelbereit einen Besenstiel gefaßt hält, da trollen sich die Kinder. Das böse Funkeln verschwindet augenblicklich aus Hamzas Augen und mit einem verschmitzten Lächeln nickt er uns zu, wendet sich dann ab und verläßt den Ort der Disziplinierung.

Während sich die Sonne anschickt, hinter den restaurierten seldschukischen Karwansereimauern unterzugehen, treffen noch weitere Gäste ein. Einem mächtig verstaubten Mercedes 450 SEL ent steigt ein kurioses Paar. Wir erfahren beim Abendessen und dem entspannten Beisammensitzen nachher noch eine ganze Menge bemerkenswerter Dinge. Während wir stundenlang aufgefordert werden, noch mehr von dem vorzüglichen Reis und den Unmengen gebratener Hammelstücke nebst Salat und Pepperonigemüse in uns hineinzustopfen, umspannt eine lockere, angeregte Atmosphäre uns, die vier netten Türken und die Neuankömmlinge aus Berlin. Dabei handelt es sich um einen Pensionär, einen jovialen Hünen, sowie um seine 93-jährige Mutter, die er nicht allein zuhause lassen will, eine leicht verwirrte, alte Dame.

Vater Hamza, immer bemüht um gute Kameradschaft, das Wort "Kamerad" ist das einzige, welches sein Deutsch zur Verfügung hat, um Sympathie auszudrücken, trichtert Eicke vier Rakı ein. Rakı ist ein Schnaps. Allah guckt gerade zur anderen Seite, wenn Hamza selbst ihm zuspricht. Es ist ein dem griechischen Ouzo ähnliches Destillat, gleichfalls ein Anisschnaps und wird auch meist mit zwei Dritteln Wasser auf ein Drittel Rakı getrunken, wobei sich die charakteristische, trüb–milchige Färbung einstellt. Weil nun einmal Berliner anwesend sind, erfahren wir von den Söhnen des Hauses interessante Aspekte zu dieser Stadt. Der erste erklärt, daß Berlin ein sehr sicherer Ort sei, da es je zur Hälfte den Amerikanern und den Russen gehöre. Bei einem eventuellen Bombenangriff der einen auf die andere Seite würde die jeweilig eigene Hälfte mit zerstört, was einen Bombenangriff auf Berlin unwahrscheinlich mache. Mustafa klärt uns dann noch darüber auf, daß es drei Berlins gebe: Westberlin, Ostberlin und Türkisch–Berlin oder auch "Kroyzberg".

Zu fortgeschrittener Stunde wird Martina noch einmal gebeten, in die türkische Tracht zu schlüpfen, diesmal bekommt sie obenherum eine kostbare, reich mit Silberfäden bestickte, schwarze Jacke an, die hundertundfünfzig Jahre alt sein soll. Aber dem Berliner Doktor gefällt das nicht, er sagt, die Pluderhose mache sie ganz breit. So plaudern wir weiter, trinken und essen bis tief in die Nacht hinein. Längst ist es draußen stockfinster und absolut still, als wir uns endlich, genudelt und zufrieden, in den Wagen zurückziehen.

In der Früh um halb neun bollert es kräftig ans Wagenblech und der Herr aus Berlin deklamiert etwas Homer, als er meint, die rosenfingrige Eos habe den Tag beginnen lassen. Bei einer angenehmen Dusche erholen wir uns von der ungewöhnlichen Art, geweckt zu werden und genießen dann ein ausgiebiges Frühstück, umsorgt von unseren Gastgebern und unterhalten von den Gästen aus der Mauerstadt, die dankenswerterweise noch Kaffeepulver übrig hatten, sodaß wir zu einem richtig guten Morgenkaffee kommen.

Für die Besichtigung der Karawanserei halten die Öztürks abgegriffene und an manchen Stellen schon rissige, aber maschinengeschriebene DIN–A–4–Bögen bereit, die in jeder gängigen Touristensprache in je einem Exemplar im Touristenzentrum verwaltet werden. Auf diesem Bogen ist alles wesentliche zu Geschichte und Architektur des Bauwerkes zusammengefaßt, wenn man die Kervansaray besichtigen will, kann man sich den Zettel bei Hamza Öztürk ausleihen.

Sultan Han hießen die größten der Karawansereien, von diesem

Typ sind zwei erhalten. Neben der von uns besuchten gibt es noch eine zwischen Kayseri und Sivas. Entstanden sind die Karawansereien zur Zeit der größten Blüte des Seldschukenreiches. Diese hier ließ Sultan Alaeddin Kaikobad I. im Jahr 1229 errichten. Sie ist ganz restauriert und läßt gut den typischen Grundriß erkennen, wie wir ihn beim Besuch von Sarıhan bei Avanos beschrieben haben. In Sultanhanı erhebt sich entsprechend der Größe der Anlage in der Mitte des Hofrechtecks auf vier Bögen ein Moscheebau mit quadratischem Grundriß. Am eindrucksvollsten an dem gesamten Gebäude, was durch seine Restaurierung schon fast ein bißchen leblos steril wirkt, finden wir die in den Stein geschlagenen Ornamente. Die Formenvielfalt dieser Steinmetzarbeiten reicht von endlos aneinandergereihten und ineinander verschlungenen, sternförmigen Reliefs über geometrisch dreidimensional überzapfte Türstürze bis zu den in verschiedensten Mustern bearbeiteten Halbsäulen, die das Hauptportal einrahmen.

Als wir das Besichtigungspapier in das Touristenzentrum zurückbringen, verzögert sich unsere Abreise nach Konya, denn inzwischen hat ein Bus eine holländische Reisegruppe abgeladen, die nun im Massentouristen – Schnellverfahren von der Familie Öztürk bedient wird. Während die Holländer sich noch nicht ganz um die Tische niedergelassen haben, wird ihnen schon der Tee aufgetragen, für den sie aber, im Gegensatz zu uns, bezahlen müssen. Ohne abzuwarten, bis sich das mitten in Anatolien so wundersam breit und platt nach Nordsee anhörende Stimmengewirr der von ihrer erreichten Reiseetappe ganz aufgeregten Niederländer etwas gelegt hat, breiten die Söhne nun einige Teppiche und andere kunstgewerbliche Stücke wie Eselstaschen vor ihnen aus.

Wir werden in eine etwas stillere Ecke gebeten und durch neuerliches Besprühen der Handgelenkinnenseiten mit Kolonyaları freundlich gestimmt. Dabei handelt es sich um ein stark parfümiertes Einreibeöl, mit dem man als Gast häufig begrüßt wird, wenn man das Haus des Gastgebers betreten hat. Diese Duftpräparate gibt es in diversen Schnüffelvarianten, die aber allesamt recht intensiv auf sich aufmerksam machen, sodaß man nach dem Einreiben damit riecht wie früher manche Friseurläden, deren Türen an einem heißen Sommertag geöffnet waren. Ein weiterer Zeitvertreib, mit dem uns unsere Gastgeber vom niederländischen Streß fernhalten wollen, ist, daß wir uns ins Gästebuch eintragen sollen. Als Gegengabe bekommen wir nicht nur wieder ein neues Glas Tee sondern auch jeder eine Ansichtskarte, die auf der Vorderseite das Portal der Kervansaray zeigt. Hinten schreibt uns Hamza eine Widmung mit einem zeilenlangen Segenswunsch für eine sichere Weiterreise drauf, dazu vermerkt er die Daten unseres Aufenthalts und

setzt eine fast schon kalligraphisch zu nennende Unterschrift darunter.
Wir können noch nicht abfahren, denn wir haben uns angeboten, Mustafa, den ältesten Sohn, mit nach Konya zu nehmen, wo er unseren Euroscheck und einige Devisen umtauschen möchte. Schließlich verdrückt sich die holländische Reisegruppe, um geschlossen die Karawanserei zu bestaunen und wir könnten uns eigentlich auf den Weg machen. Aber da entdeckt Vater Hamza, wie schmutzig unser Auto ist. Natürlich hat der Wagen eine ganz schöne Dreckschicht angesetzt, denn wir haben es bislang noch nicht für nötig gehalten, alles, was in den Regentagen der Anreise und den Staubsteppen Anatoliens sich auf dem Lack abgelagert hat, zu entfernen. Aber ein Türke hat eine ganz andere Einstellung zu einem Fahrzeug, und ein dreckiges Auto ist eigentlich eine ziemliche Beleidigung.

Kurzer Blick, langer Sinn: Hamza bewaffnet sich mit Gartenschlauch und Schrubber, um der türkischen Sonne endlich wieder strahlenden Lack zu bieten. Da Wasser relativ kostbar ist, nimmt er davon etwas weniger und schrubbt darum umso mehr. Uns ist es natürlich nicht so ganz recht, daß er gleich den Lack so glänzend machen will, daß er dabei die oberste Schicht abschmirgelt, aber was sollen wir machen. Eicke ist es sowieso recht peinlich, einen 65–jährigen Chef eines Unternehmens unser Auto waschen zu sehen und er hilft mit. Als der Wagen dann sauber genug ist, um auch für türkische Blicke keine Unverschämtheit mehr darzustellen, als also endlich diese unverständliche Provokation, mit einem völlig verstaubten und verdreckten Mercedes–Stern durch die Lande zu reisen, beseitigt ist, dürfen wir selbstverständlich immer noch nicht abfahren, denn das noch nasse Auto würde ja umso besser neuen Staub ansetzen.

Was tun ? – Tee trinken und abwarten. Im Gespräch erfahren wir, daß es in Sultanhanı fünfzehn Männer gibt, die mit je zwei Frauen verheiratet sind. Die Polygamie ist zwar seit den Atatürkschen Reformen verboten, doch die anatolische Tradition läßt sich nicht einfach mit einem Erlaß korrigieren. Fünfzig Jahre republikanischer säkularisierter Demokratie, noch dazu oft genug nur eine sehr formale, oder, wie zur Zeit, außer Kraft geputschte Demokratie, sind einfach eine zu kurze Zeit für die Bevölkerung, Einsichten in die Neuerungen zu gewinnen, von denen sie sich auch selbst einen Sinn versprechen können.

Als wir uns auf den Weg nach Konya gemacht haben, reden wir mit Mustafa weiter über gesellschaftliche und politische Probleme der Türkei. Er zeigt sich dabei als recht gut orientiert, denn seine Aussagen beziehen sich offensichtlich nicht nur auf die eigene Familie.

Er bezeichnet sich selbst als "Sozialdemokrat", wobei uns seine Position nicht restlos klar wird, wir nehmen an, daß er in etwa der CHP unter dem Kurs Bülent Eçevits nahesteht. Trotz dieser Vorbemerkung bewertet er das derzeit die Macht verwaltende Militärregime insgesamt positiv. Auf unsere erstaunten Nachfragen gibt auch er uns plastische Schilderungen der Zeit des Terrors und der Überfälle, sagt, daß sich kein Mensch mehr auf die Straße traute, weil man für ein Lira schon ausgeraubt wurde, während er heute getrost mit Scheck und Devisen nach Konya fahren könne. Kaum jemand habe sich darauf verlassen können, daß er nicht seine Familie niedergemetzelt vorfinde, wenn er von der Arbeit heimkam und so weiter.

Die wirtschaftliche Situation sei so katastrophal gewesen, daß er dem Militärgouvernement tatsächlich nur eine Verbesserung zutraue. Er trage eben immer seinen Ausweis bei sich, wie es die Vorschrift sei und hätte bisher nur korrekte Jandarma–Kontrollen erlebt. Diese Ausweise hat das Militärregime gleich nach der Machtübernahme ausgeben lassen. Nur unverdächtige Personen haben einen Ausweis erhalten, da Mustafa einen bekommen hat, kann er ja auch zufrieden sein. Auch aus seiner Umgebung ist niemand verschwunden; da er über Internierte und Gefolterte nichts zu sagen weiß, verwundert seine insgesamt positive Beurteilung der Situation in seinem Heimatland kaum. Uns sind bisher nur gute Meinungen über die amtierenden Generale zu Ohren gekommen, ein Blick hinter irgendwelche Kulissen ist uns nicht möglich beziehungsweise erspart geblieben.

Weiter erzählt unser Passagier, daß die Einkommen insgesamt gesunken seien, sodaß alle etwas weniger als so schon hätten, was er aber für vorübergehend halte, weil damit zum Beispiel die Arbeitsbeschaffungsprogramme finanziert würden, mit denen durch Ankurbelung der Bautätigkeit die hohe Arbeitslosigkeit eingeholt werden soll. Wir haben ja während unserer gesamten Reise gesehen, daß fast überall Straßen gebaut oder zumindest ausgebaut werden. Andere Baustellen zeigen entstehende Kasernen. Uns bleibt bei allem Wohlwollen, das wir dem Versuch entgegenbringen, die Arbeitslosen zu beschäftigen, ein schaler Geschmack zurück, wenn wir die Zielrichtung der gesammelten Arbeitsbeschaffungsprogramme überdenken.

Der Tradition türkischer Militärputsche entspricht es nicht, derart eindimensional für die Befestigung der eigenen, ausschließlich strategisch–militärischen Macht zu sorgen. Verkehrswege, besonders die zur Machterhaltung wichtigen, und militärische Anlagen auszubauen sieht eher so aus, als wollten sich die uniformierten Herren auf länger in Anatolien einrichten.

Mustafa zeigt sich da offensichtlich zuversichtlicher, vielleicht, daß ihm der immer wieder zur Demokratie zurückführende Ablauf der vergangenen Machtergreifungen durch die Soldaten zu stark bewußt ist, vielleicht, weil die türkischen Zeitungen, Radio und Fernsehen in diese Richtung auf die Bevölkerung einwirken. Sein Leben ist durch die Junta ja auch so gut wie nicht, es sei denn sogar positiv, verändert worden. In Sultanhanı haben wir keinen einzigen Jandarma—Posten zu Gesicht bekommen. Natürlich hat der Ort so eine Station, aber die Milizen sind nicht aufdringlich sichtbar vorhanden.

Nirgends in der Türkei haben wir bisher demonstrativ Panzerwagen und erschlagende Aufgebote an Soldaten an Orten gesehen, wo sie nicht hingehören. Die Jandarma patroulliert in Zweiergrüppchen zu Fuß oder mit dem Jeep in größeren Städten, die Begegnung zwischen den zivilen und den uniformierten Türken scheint ohne Feindseligkeit oder seitens der Militärs erzwungener Ehrerbietung vonstatten zu gehen. In der Türkei selbst merkt man jedenfalls im täglichen Leben als Tourist nicht viel von den Schattenseiten der gleich gekleideten Regierung. Es tut Not, sich zu Hause aus den Berichten der Journalisten und dem von anderer Seite vorgelegten Material — etwa bei Amnesty international — über die unsichtbaren Tatsachen des türkischen Alltags zu informieren. Sonst läuft man tatsächlich Gefahr, das Oliv der Uniformen zu rosig zu sehen.

Während Martina den Wagen über die immer noch schnurgerade in den Horizont hineinlaufende Straße lenkt, erzählt uns Mustafa aber auch noch einiges weniger Politisches. Zunächst einmal ist er so fortschrittlich, daß er es überhaupt aushält, sich von einer Frau chauffieren zu lassen, darüber hinaus ist er sogar so höflich, sich außer einiger, neckischer, ironischer Randbemerkungen jedes Kommentares zu diesem Thema zu enthalten. Auch er besteht auf der allgemein türkischen Definition "Gelbe Haare" und läßt sich nicht zu einem uns angenehmeren "blond" umstimmen, stattdessen behauptet er, die Deutschen sähen mit ihren gelben Haaren ohnehin alle aus "wie aus derselben Fabrik".

Zu den hin und wieder am Straßenrand der Sonne preisgegebenen verrenkten Rinderkadavern erklärt uns Mustafa, es seien nicht nur unglückliche Unfälle, manche dieser Rinderleichen gingen auch auf das Konto eines unter LKW—Fahrern beliebten Spieles. Viele Lastwagenfahrer haben einen großen Haß auf die Tiere, weil sie ihre oft hoffnungslos überladenen und machmal recht betagten Fahrzeuge, an deren Ausstattung einzig die Hupe verläßlich arbeitet, wegen eines die Fahrbahn überquerenden Rindviechs mit nicht immer erfolgversprechender Akrobatik abbremsen müssen. Wenn der Versuch geglückt ist und Kuh, Fahrer und LKW noch leben, dauert es lange, bis die alte Maschine das tonnenschwere Fahrgestell wieder auf die einem Mann am Steuer angemessene Geschwindigkeit heraufgequält hat. Aus Wut über die häufigen Bremsmanöver, die ihnen durch die geruhsam einherschlendernden Kühe zugemutet werden, rächen sich nun einige Fahrer, indem sie an den am Strassenrand stehenden Tieren erst vorbeifahren und dann bei voller Geschwindigkeit versuchen, mit einem kleinen Schlenker das Wagenheck gerade soweit zum Ausbrechen zu bewegen, daß es die Kuh erwischt. Oft bleiben die Tiere verletzt liegen und verenden langsam.

Wir stoßen rund sechs Kilometer vor Konya auf die große Hauptverkehrsstraße, die Ankara mit der einstigen Seldschukenresidenz verbindet. Konya war die größte Stadt des Seldschukenreiches. Ihr Alter läßt sich anhand des Stadtplanes vermuten. Dort sieht man, wie Konya um die Alaeddin–Moschee erweitert wurde. Auch heute noch ist Konya eine bedeutende Metropole, was sich uns sogleich im ungewohnt hektischen und lärmenden Straßenverkehr offenbart.

Mustafa leitet uns fast durch die ganze Stadt, ehe wir an der Selimye Camii den Wagen auf einem – gebührenpflichtigen – Parkplatz abstellen dürfen. Er hat es ziemlich eilig, zu einem Geschäftsfreund zu kommen, der ihm den Scheck und das Bargeld vermutlich zu einem Privatkurs tauscht. Nachdem wir vom Parkplatz aus

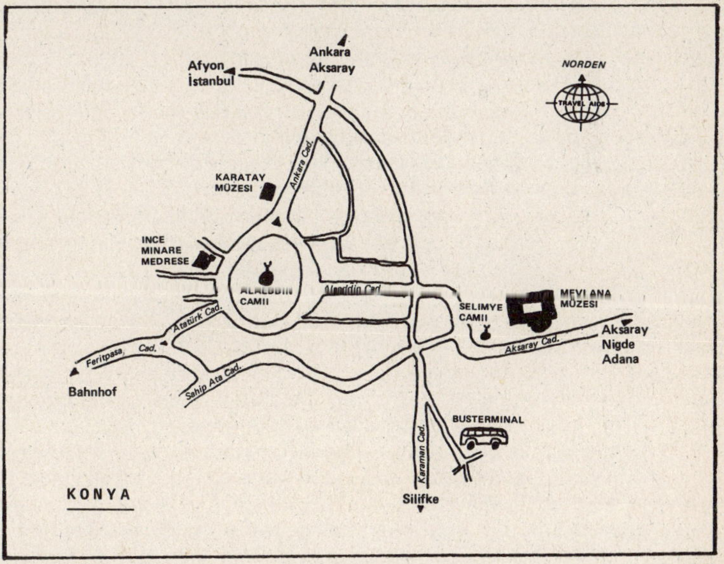

einige Meter auf dem Alaeddin Bulvari wieder zurückgelaufen sind, verschwindet Mustafa plötzlich mit uns in einer dunklen schmalen Nebengasse. Um zwei Ecken in ebensolchen lichtscheuen Gassen herum, finden wir uns unvermittelt vor der glänzend modernen Glasfassade eines größeren Hotels wieder. Alles hier spiegelt den Reichtum des Hoteliers, ganz wie es sich für einen erfolgreichen türkischen Geschäftsmann ziemt. Vor der gläsernen Doppelflügeltür parkt ein luxuriöser amerikanischer Edelgeländewagen, drinnen ist alles vom Feinsten, und der Herr des Hauses ist unbeschreiblich fett. Seine massige Erscheinung läßt allerdings etwas auf sich warten, sodaß wir bei einem uns alsbald aufgetischten Tee im Foyer des Hotels Gelegenheit haben, uns hier alles anzuschauen.

Wir sitzen auf einer Polstermöbelgruppe durchaus westlichen Zuschnitts ziemlich in der Mitte der Rezeptionshalle, an die sich linkerhand gleich der Speisesaal des Restaurants anschließt. Schräg rechts vor uns liegt die Rezeptionstheke, von der aus es plötzlich in regelmäßigen Abständen ganz grausam synthetisch zwitschert. Wir erleben dieses Hörspiel noch einige Male, es handelt sich dabei nicht um einen Plastikvogel, sondern um das extravagante Läutwerk des Telefons. Kinder verschiedenen Alters schwirren in Kelleruniformen durch die Halle, sie versorgen die wenigen Tischgäste im Restaurant und füllen uns wortlos Tee nach. In einer Nische an der rechten Wand hängen etliche Teppiche zum Verkauf aus, die uns aber nicht so gut gefallen, daß wir aufstehen und sie uns näher ansehen wollen.

Dann taucht endlich der Chef auf, begrüßt uns kurz und mit einer etwas ungehaltenen Förmlichkeit, um sich uns gegenüber neben Mustafa niederzulassen und leise raunend mit ihm zu verhandeln. Manchmal funkeln seine kleinen, durchtrieben blitzenden Augen knapp zu uns herüber, als gelte es, sich davon zu überzeugen, ob er leise genug nuschele. Er kann aber ganz beruhigt sein, schnell gerauntes, fließendes Türkisch würden wir niemals verstehen. In jeder Geste, denn er gestikuliert auch beim Flüstern, deutet sich eine gewisse aalglatte, erfolgreiche Schlitzohrigkeit an, und wenn er zu Mustafas Ausführungen verstehend nickt, so hat diese Kopfbewegung einen leicht finster—verschwörerischen Zug. Wir sind ziemlich froh, nicht mit diesem Herrn, dessen Leibesfülle mit einem Blick kaum ganz zu erfassen ist, selbst konferieren zu müssen.

Endlich ist Mustafa seine Wertpapiere losgeworden, und wir können wieder an die frische Luft. Als wir dann aus den dämmrigen Gassen wieder auf die belebte Alaeddin—Straße kommen, wo grelles Sonnenlicht die Bürgersteige überflutet, ist uns bedeutend wohler. Geschäfte säumen die Straße, trotz Mittagszeit herrscht reges Treiben, und die Fußgänger knubbeln sich in endlosen, zäh daher fließenden Trauben. Manche tragen kleine Pakete, deren Zeitungsverpackung mit bunten Schnüren gehalten wird. Aber auch berufsmäßige Lastenträger sehen wir,die auf speziell konstruierten Rückentragegestellen Stoffrollen oder anderes transportieren. Oft sind diese Träger schon alte Männer, deren Rücken durch die jahrelange Tätigkeit endgültig gebeugt sind. Sie sind so krumm, daß sie kaum nach vorn schauen können und im Fußgängergewühl manchmal anecken.

Konya ist eine typische türkische Stadt, Mit rund 250.000 Einwohnern ist sie eine bedeutende Metropole für ein relativ großes Einzugsgebiet. Die Bedeutung als Provinzhauptstadt und Handelszentrum hat sie zur achtgrößten Stadt der Türkei werden lassen. Dem rasanten Wachstum sind die Stadtmauern, aber auch der Palast der Sultane und die Zitadelle zum Opfer gefallen. Das Stadtbild entspricht diesem Aufbruch in die Moderne: Zu der traditionell türkischen Altstadt, in der wir uns aufhalten, stehen die zwischen alten Vororten und in Baulücken eingestreuten neuzeitlichen Fassaden in seltsamen Kontrast, Diese beunruhigende Dynamik hält einem ständig die Probleme der so sehr im Umbruch befindlichen türkischen Gesellschaft vor Augen. Aber nicht zuletzt dank dieses Kontrastes ist Konya eine lebende, pulsierende Stadt, nicht eine seldschukische Ruine, die ihrer Glanz– und Blütezeit nachtrauert.

Manchmal vertragen sich alt und neu auch ganz gut miteinander, etwa bei den Gewerben. Während wir auf den Stufen der Selimye–Moschee sitzen, baut vor uns ein alter Mann seinen Kolonyaları–Stand auf. Sein ganzes Geschäft besteht aus einem alten Klapphokker und einer Glasvitrine, die sich mit Klappbeinen vor dem Hocker aufbauen läßt. In seinem Schautischchen hat er einige leere Fläschchen und ein paar größere Ampullen mit verschiedenfarbigen Essenzen. Eine alte Injektionsspritze komplettiert seine Ausstattung. Statt einer Kanüle steckt vorne ein ziemlich langes Röhrchen. Kundschaft bekommt damit Kostproben der unterschiedlichen Duftnoten auf den Anzug gesprüht, bei Gefallen wird ein kleines Fläschchen abgefüllt. Dieses Geschäft hat sicher Tradition, zumindest die Ausstattung sieht recht betagt aus, so als hätte schon sein Vater Parfum abgefüllt.

Hinter diesem Stand geht ein junger Mann seinem ganz modernen Gewerbe nach. Er kann seine Existenz noch handlicher mit sich herumtragen als der Alte. Es ist nämlich eine Polaroid–Kamera, der letzte Schrei in der Türkei. Mehrere jüngere Männer lassen sich hier per Sofortbild porträtieren, aber nicht einfach Klick und fertig; sondern mit viel Hingabe und möglichst künstlicher Aufstellung wird zunächst an verschiedenen Stellen der winzigen Grünanlage vor der Moschee geprobt. Endlich stimmen Positur und Hintergrund, der Fotograf drückt auf den Auslöser, dann warten alle gemeinsam auf den wundersamen Moment, wo sich das Foto aus dem Apparat bewegt und Konturen gewinnt.

Wieder einmal kommen wir mit unserer Haarfarbe in Konflikt. Einige junge Männer, einer schöner als der andere herausgeputzt, buhlen um die Gunst, von Martina wahrgenommen zu werden. Sie rufen einfach "Hey, sarı!" hinter uns her, was schlicht "Hey, Gelbe!" heißt.

Mustafa zeigt uns, was vom Konya der mächtigen seldschukischen Sultane noch zu sehen ist. Das einzige Überbleibsel der Herrschaftsresidenz ist der klägliche Ruinenrest eines Pavillons gleich bei der Alaeddin—Moschee. Doch dieser Kiosk stammt nicht einmal aus der Blütezeit des Reiches, sondern wurde unter Kiliç Arslan IV. irgendwann zwischen 1246 und 1264 erbaut, nachdem schon die Mongolen die Oberherrschaft über das Seldschukenreich erlangt hatten. Die sich über den Kiosktrümmern erhebende Alaeddin—Moschee ist die älteste Konyas, ihr Bau wurde 1116 begonnen und unter Alaeddin Kaikobad 1221 vollendet. In den inneren Teil dieser Moschee sind zwei Türben, also Grabmale, einbezogen, in denen acht Seldschukensultane sich zur ewigen Ruhe gebettet haben.

Unter der seldschukischen Macht wurden besonders die Koranhochschulen, die sogenannten Medresen, stark ausgebaut. So verwundert es uns nicht, wenn die ehemalige Hauptstadt auch heute noch mehrere davon zum Besuch bereithält, wovon sich die Besichtigung zweier lohnt. Nördlich der Alaeddin—Moschee liegt die Büyük—Karatay—Medrese, 1251 vom Wesir Celaleddin Karatay erbaut und inzwischen zum Teil zerstört. Erhalten ist nicht nur das prächtige, reich verzierte Portal, welches eingravierte Schriftzeichen und aus verschiedenfarbigem Stein zusammengesetzte, geometrische Muster trägt, sondern auch der überkuppelte Hauptsaal, in dem heute ein Fayencen—Museum untergebracht ist, das sehr schöne Fliesen in allen möglichen Blautönen sowie Kacheln aus einer ehemaligen Sultansresidenz am See von Beyşehir ausstellt. Das eigentlich Überwältigende an der Karatay—Medrese finden wir aber nicht die zugegebenermaßen schönen Ausstellungsstücke, sondern die innen prachtvoll dunkelblau verkachelte Kuppel, auf der ein Netzwerk feiner Strahlenkränze den Sternenhimmel symbolisiert. Erschlagen von der Schönheit dieser Farben nehmen wir am Rande noch auf, daß die Schülerzellen, die sich links und rechts des Kuppelsaales befanden, zerstört sind.

Kaum hat uns die stille, feierliche Eleganz dieser Fayencekuppel entlassen, schwimmen wir wieder für einen kurzen Augenblick im lauten, von Kreischen und Hupen belebten, hektischen Treiben des modernen Konya mit. Ein Gefühl, als wenn morgens schrecklich früh der Wecker klingelt und ohne Rücksicht jeden Traum verbannt. Doch es ist nur eine ganz kurze Strecke Weges den Straßenring um die Alaeddin—Moschee entlang, bis wir auf die rechts der Moschee liegende Ince—Minare—Medrese stoßen.

Ihr Wahrzeichen ist das 1901 vom Blitzschlag gekappte Minarett. Sie ist später erbaut als die Karatay—Medrese und zeigt ein noch phantastischer geschmücktes Portal, das sich vor Bändern, Ornamenten, Palmetten und Knaufen kaum retten kann. Erbauen ließ die Medrese "mit dem zierlichen Minarett", was Ince Minare wörtlich heißt, der Wesir Fahreddin Sahib Ata im Jahre 1258. Auch ihr Innenraum ist heutzutage für ein Museum genutzt, es bewahrt Stein- und Holzskulpturen.

Mustafa läßt uns nicht viel Zeit, er möchte nämlich nach Hause. Wir beeilen uns, an der Alaeddin—Moschee vorbei, den Alaeddin—Bulvari wieder ganz hinauf zu laufen. Auf etwa dreiviertel dieses Fußmarsches verabschiedet Mustafa sich herzlich von uns, wir tragen ihm noch Grüße an seinen Vater und seine Brüder auf und versichern, daß wir wiederkommen wollen. Er verläßt uns, um die Karaman Caddesi hinunter zu laufen, wo er zum Omnibusterminal gelangt. Wir machen uns auf, das interessanteste Baudenkmal Konyas anzugucken.

Es handelt sich dabei um eine große Anlage, die nicht nur Museum, sondern gleichzeitig für viele gläubige Moslems eine Wallfahrtsstätte ist. Doch müssen wir erst einmal ein bißchen Geschichte erzählen. Zur Zeit Alaeddin Kaikobads lebte in Konya Celaleddin Rumi, ein islamischer Mystiker und Philosoph, der in einigen Gedichtsammlungen und anderen Schriften eine Weltauffassung predigte, die von Liebe und Toleranz getragen wurde. Er war ein Anhänger des in Persien beheimateten Sufismus, einer Philosophie, die einen direkten Kontakt zu Gott suchte. Dies zu erreichen, hatten einige seiner Vorgänger mit Askese, andere mit Meditation versucht, Celaleddin Rumi, später "Mevlana", der Erlöser, genannt, trachtete nach dem hochsten Ziel durch den ekstatischen Wirbeltanz. Celaleddin Rumi starb 1273 in Konya, aber er hinterließ Anhänger, Mitglieder des Mevlana—Ordens oder auch die "Tanzenden Derwische" genannt.

Weithin erkennt man heute noch das Kloster der Tanzenden Derwische an der leuchtend Grün verkachelten Türbe, dem Mausoleum Mevlanas. Wir müssen Schlange stehen, denn eine riesige Masse Menschen drängelt sich vor dem Eingangsportal. Sie zahlen, wie wir Touristen, Eintritt, nur daß sie sich nicht mit unserer staunenden Neugier durch das Museum bewegen, sondern mit verzückten Ge-

Das Kloster der tanzenden Derwische in Konya

sichtern und aufgehobenen Händen anfangen, laut und alle durcheinander zu beten und zu lamentieren.

Unglaublich ist der Schmuck der Gräber, die Wände sind mit Silber beschlagen, die Sarkophage mit phantastischen grüngoldenen Bahrtüchern verhängt. Nicht nur Mevlana selbst ruht hier, auch seine Familie und die Scheichs des Ordens sind dort beigesetzt. Obwohl wir viel Geld für die Fotoapparate bezahlt haben und der fremdartige Glanz mit den verzückten Wallfahrern davor in der schummrig lichten Beleuchtung ganz eigenwillig schön und feierlich wirkt, wagen wir es nicht, im Angesicht betender Mohammedaner die Pracht zu fotografieren.

Seit der Derwischorden von Atatürk 1925 aufgelöst worden ist, befindet sich in den Räumen des Klosters ein Museum. Vor allem im Tanzsaal stehen Koranhandschriften, Koranständer mit Einlegearbeiten, reich geschnitzte Behälter mit Perlmutt–Einlagen und Elfenbein, sowie die Musikinstrumente der Derwische aus. Eine weitere Abteilung zeigt Teppiche, von denen manche nur noch in Fetzen erhalten sind. Trotz ihres teilweise enormen Alters, die Stücke gehen bis ins 13. Jahrhundert zurück, kann man Muster und Farben sehr klar erkennen. Auch die Kleider des Mevlana fehlen in der Sammlung nicht, von denen besonders die hohe Filzmütze auffällt.

In den um den Innenhof herum angrenzenden Zellen der Mevlevi sind mit liebevoll rekonstruierter Inneneinrichtung und leicht schadhaften Schaufensterpuppen einige Szenen aus dem Alltag der Derwische zu sehen. Heute, nachdem der Orden aufgelöst ist, kann man einmal im Jahr, nämlich zu den Festspielen im Dezember, noch Tanzdarbietungen in historischen Kostümen der Derwische sehen.

So lange können wir aber nicht in Konya bleiben. Wir machen uns auf den Weg, den uns die Straßenschilder Richtung Adana weisen, kaufen in den Außenbezirken Konyas noch etwas ein und verlassen diese Stadt.
Unser Ziel ist Çatal Hüyük, die älteste Stadt der Welt, beziehungsweise was davon noch übrig ist. Unsere Karte erweist sich ausnahmsweise als etwas unzuverlässig, denn ihr zufolge müßte in Yarma, gut 35 km östlich von Konya, ein Weg nach Süden abbiegen, der geradewegs auf Çatal Hüyük zuführt. Gut 10 km über Yarma hinaus liegt an einer Stelle, wo ein Schotterweg die Schnellstraße kreuzt, eine Tankstelle der Firma Petrol Ofisi. Da nichts ausgeschildert ist, halten wir vorsichtshalber an und fragen. Der Tankwart weist hilfsbereit die Schotterstraße entlang ins endlose Land hinaus. Der Weg läßt sich ganz gut an, nur auf wenigen Stücken ha-

ben wir reinen Sand unter den Rädern, der aber auch so fest ist, daß er ohne Tücken befahren werden kann. Sonst besteht die Strassendecke aus einer guten, geschlossenen Schotterschicht, die sich problemlos meistern läßt.

Aber der Staub! Solch eine kalkweiße, mehrere hundert Meter lange Staubfahne haben wir unser Lebtag noch nicht hinter uns hergezogen. Durch alle Ritzen kriecht er herein und lagert sich in einer dichten Schicht überall ab. Manchmal haben wir das unangenehme Gefühl, keine Luft mehr zu bekommen. Dabei ist es unnachgiebig heiß. Die Sonne knallt vom Himmel und kein Fleckchen Erde kann sich hier vor ihr im Schatten verstecken. Wir können kilometerweit in die Landschaft hineingucken, ohne daß unsere Blicke irgendwo ankommen. Der Weg führt an aufwendig angelegten Bewässerungskanälen entlang, denen es zu verdanken ist, daß dem topfebenen Ova wenigstens ein bißchen Getreide abgetrotzt werden kann.

Manchmal kommen uns große Baustellenlastwagen entgegen. Wir sehen schon von Weitem die wabernden Staubwolken auf uns zukommen. Weil die Straße ziemlich breit ist, halten es die Fahrer nicht für nötig, ihre Geschwindigkeit herunterzunehmen, wenn sie uns begegnen. Es ist jedesmal das Gleiche: Plötzlich ist die Sicht weg! Wir starren sekundenlang nur in milchigweißen Nebel hinein. Dann meldet sich der kratzige Hustenreiz eines völlig trockenen Gaumens, ab und zu schießt uns mit dem eigenen Ringen nach Luft ein wehmütiger Gedanke an den Luftfilter des Motors unseres Autos durch den Kopf. Unmittelbar, wenn der LKW uns passiert hat, geht ein prasselnder Regen kleiner Steinchen auf unsere Wagenfront nieder. Um unsererseits die Aufprallwucht dieser Schottersteine gering zu halten, fahren wir immer ganz langsam, wenn uns so ein Ungetüm entgegenkommt.

Wir haben keine Plexiglas–Vorscheiben oder Schutzgitter dabei, sodaß die Windschutzscheibe unseres Minibüs ständig der Gefahr ausgesetzt ist, zu zerplatzen. Wir behelfen uns mit einem Trick, den wir türkischen Autofahrern abgeguckt haben. Sobald Steinschlag droht, hilft es, die Windschutzscheibe von innen zu unterstützen. Dazu pressen wir die Innenseiten dreier Hände – die vierte sollte am Lenkrad bleiben – so gegen die Scheibe, daß der Abstand der Hände voneinander etwa gleich groß ist. Wir spreizen die Finger dabei, um eine möglichst große Fläche der Scheibe abstützen zu können. Gegen kleinere Geschosse kann man sich erfahrungsgemäß erfolgreich auf diese Art wehren.

Unvermittelt taucht ein Dorf vor uns in der Ebene auf, die Straße teilt sich. Bei uns breitet sich Ratlosigkeit aus, keiner der abgehenden Wege führt in die Çatal Hüyük entsprechende Himmelsrichtung, auf der Karte können wir unsere Position nicht wiederfinden. Kaum haben wir am Rand angehalten, um zu überlegen, umringt auch schon eine Horde johlender und aufgeregt herumtanzender Kinder unseren Wagen. Auf unsere Frage scheinen sie auch tatsächlich zu wissen, daß es Çatal Hüyük hier irgendwo in der Gegend geben muß, aber ihre hilfsbereiten Antworten dringen in einem unentwirrbaren Wust durcheinanderkrakeelender Kinderstimmen zu uns. Schließlich glauben wir, ihren lautstarken Antwortschwällen doch etwas entnehmen zu können. Da eine Menge ausgestreckter Arme in einige Richtungen weisen, entschließen wir uns, der mehrheitlich von den älteren Jungen angezeigten Richtung zu folgen.

Als wir wieder in die Eintönigkeit der Schotterpiste zurückgefunden haben, wird eine Traube winkender und springender Kinder in den Rückspiegeln kleiner. Mit geringfügig gegenüber Teerstraßen erhöhtem Luftdruck versuchen wir, unsere Gürtelreifen etwas sicherer gegen den spitzen Straßenbelag zu machen, denn die empfindlichen Reifenflanken sind besonders in Kurven stärkeren Belastungen ausgesetzt. Das Auto wird in Kurven deutlich weiter hinausgetragen, weil die Bodenhaftung nicht so gut ist.

Ein wenig paradox kommt es uns dann vor, als wir plötzlich, nach scheinbar endloser Fahrt auf der staubigen Schotterpiste, an eine der typisch türkischen Straßenbauunternehmungen geraten. Wir hatten uns zwar die ganze Zeit über gefragt, warum uns so viele Baustellenlastwagen entgegen gerast kamen, aber mit einem Ausbau dieses Weges zur Teerstraße hätten wir denn doch nicht gerechnet. Der Schotter wird hier gewalzt und dann von Spezialfahrzeugen aus mit flüssigem Teer überduscht, sodaß die Schottersteine zusammengeklebt werden. Das ist eine übliche Konstruktion kleinerer Nebenstraßen. Der Vorteil dieses Straßenbelags ist, daß er bei großer Hitze weniger stark aufweicht und geringere Spurrillen entstehen. Der Nachteil dieser Straßen liegt in ihrer geringen Haltbarkeit. Es dauert nicht lange, dann haben die darüberrollenden Wagen die ersten Steine aus dem Schotter—Teer—Verbund gelöst. An diesen Stellen entstehen die typischen kreisrunden Schlaglöcher.

Ein besonders delikates Problem besteht für uns nun darin, einige hundert Meter auf einem ganz frisch in Teer gebadetem Abschnitt zurücklegen zu müssen. Es gibt keinen Umweg, wie uns ein extra anhaltender LKW—Fahrer versichert. Mit einer Seite auf dem Randstreifen, schleichen wir ganz langsam über den flüssigen Asphalt, um erstens möglichst wenig Steine aus der Decke zu lösen und zweitens den Lack unseres Wagens nicht unnütz zu besprenkeln. Solcherlei Strapazen machen uns erst richtig neugierig auf die archäologische Stätte, die sich in zwei ziemlich deutlich sichtbaren Hügeln verbirgt. Die Landschaft hat sich hier in der Gegend etwas geändert, es ist zwar immer noch gleich eben überall, aber recht grün. Um Çatal Hüyük herum stehen sogar einige schlanke, dünne Bäume. Der Çarşamba Suyu, ein kleiner Fluß, hat die Umgegend ziemlich sumpfig gemacht.

Sobald wir aussteigen, werden wir von einer unglaublichen Zahl von Schnaken aufgefressen. Wir parken, weil wir die frisch getränkte Teerstraße so rasch wie möglich verlassen haben, an der Hinterseite des einen Hügels im Schatten der hohen, dünnblättrigen Sumpfbäume auf einem erhöht angelegten Fahrweg. Um zu der Ausgrabungsstätte zu gelangen, müssen wir einen Obstgarten durchqueren, in dem wir eine Schlangenhaut finden. Aus lauter Angst vor den berühmten grünen türkischen Giftschlangen, von denen es eine ganze Menge gibt, geht Eicke erst einmal zum Wagen zurück und zieht sich seine Lederstiefel an, bevor er sich in das ziemlich hohe Gras wagt. Wir geraten auf einen Sandweg jenseits des Gartens, den mehrere Schlangenspuren kreuzen. Der Weg führt zum kleinen, unscheinbaren Wächterhäuschen, in dem ein älterer, uniformierter Mann seinen Dienst verdöst. Außer uns ist weit und breit niemand da. So ist der staatliche Altertümerverwalter richtig froh, daß wir ihn besuchen kommen. Nur wundert er sich ziemlich über zwei Touristen zu Fuß.

Çatal Hüyük ist die bisher älteste Stadt, die aus der Geschichte der Menschheit bekannt ist. Insgesamt umfaßt sie ein Areal von gut 125.000 Quadratmetern, von denen zur Zeit etwa 4.000 Quadratmeter freigelegt sind. Ohne schon den ursprünglichen Boden zu erreichen, hat man bisher zwölf Schichten ausgegraben, deren älteste auf 6.800 v.Chr. datiert worden ist. Für die jüngste, die Schicht I, wird 5700 v.Chr. angegeben. Interessant ist die Architektur Çatal Hüyüks. Über einem rechteckigen Grundriß waren die Häuser von den Fundamenten bis zum Dach aus ungebrannten Ziegeln errichtet und flach gedeckt. Jedes Haus hatte einen angegliederten Vorratsspeicher. Dieses Grundmuster wiederholte sich stereotyp. Die Eingangsöffnung zu den Häusern war in der Decke ausgespart. Die Archäologen vermuten heute, daß zum Hinein— und Hinausgelangen eine Holzleiter nötig war, die gegebenenfalls — etwa bei einem Angriff auf die Stadt — entfernt werden konnte. Das Dach wurde von Pfeilern getragen, die aus Rohziegeln aufgeschichtet oder aus Holz waren. Sie waren verputzt und meist rot angestrichen. Im Schnitt maßen die Räume 3 mal 4 Meter, ein größerer Typ weist auch die Maße 4 mal 6 Meter auf. Da die Eingänge zu den Häusern oben lagen, konnten die Gebäude unmittelbar aneinandergebaut werden, sodaß sie nach außen eine Art Blendmauer bildeten, was auch strategische Einrichtungen wie Wall und Graben überflüssig gemacht zu haben scheint.

Innerhalb des Häuserkomplexes wurde inzwischen eine verwunderlich große Anzahl, nämlich über 40, sogenannter "Kapellen" gefunden, Räume, denen die Archäologen kultische Bedeutung zuweisen. Diese Annahme rührt zunächst von dem Standort dieser Räume her. In der Abfolge der Schichten finden sich diese Gebäude stets am gleichen Ort wieder, sie sind also während der Dauer der Besiedlung Çatal Hüyüks immer wieder übereinander errichtet worden. Aber auch die Kleinfunde, die man dort gemacht hat, weisen die "Kapellen" als Kulträume aus. Votivstatuetten, also Weihegaben, Terrakottareliefs, die die Muttergöttin darstellen oder auch Stierköpfe, Stierhörner, Frauenbrüste oder Leoparden lagen hier in grosser Anzahl herum. Unter den plastischen Bildwerken ist die Muttergöttin das beherrschende Thema. Als Herrin über Leben und Tod wird sie dargestellt, flankiert von zwei Löwen auf einem Gebärstuhl thronend, wie sie während der Geburt unter ihren Füßen die Köpfe von Menschen zermalmt. Eine männliche Gottheit ist nie in Menschengestalt dargestellt, ihr Symbol scheint die Stierfigur gewesen zu sein.

Neben den bisher ältesten auf künstlich aufgerichteten Wänden aufgetragenen Malereien der Welt barg Çatal Hüyük auch die ersten Textilien, die aus der Kulturgeschichte bekannt sind. Sie lassen geometrische Muster erahnen. Beachtung verdient auch die Keramik, die die bisher älteste Töpferware Anatoliens darstellt und vom ersten Auftreten an eine lückenlose Entwicklung zeigt. Zu den Geräten, die man gefunden hat, zählen Werkzeuge aus Feuerstein und besonders aus Obsidian, von denen Pfeile und Lanzenspitzen in sorgfältiger Bearbeitung erhalten sind. Die Nähe zu den Obsidianvorkommen des Hasan Dağ ermöglichte Çatal Hüyük eine wichtige Rolle im Export dieses begehrten vulkanischen Gesteins in verschiedene Gegenden Anatoliens und weitere Nachbarländer. Die eingetauschten Einfuhrwaren bestanden hauptsächlich aus Meermuscheln, Zähnen und Feuerstein in Tafeln. So stellt sich Çatal Hüyük als eine jungsteinzeitliche Handelsmetropole dar.

Aber die Landwirtschaft war die eigentliche Grundlage dieser Stadt, deren Gründung ja gerade mit dem Seßhaftwerden und dem Übergang zum Ackerbau zusammenhängt. An Pflanzenresten ließen sich identifizieren: Weizen und Gerste, Wicke und Butterwicke und die Kichererbse. Gesichert gilt, daß an gezähmten Tieren Schaf und Hund gehalten wurden, möglicherweise sogar schon das Rind.

Von all dem sehen wir nichts. Im Gegenteil, die archäologische Ausgrabungsstätte bietet ein sehr trauriges Bild. Der Wärter, der ein zwar eigenwillig türkisch ausgesprochenes, aber gut verständliches Englisch spricht, erklärt uns zu dem trostlosen Anblick der Grabungsstellen, daß ein Unwetter im Frühjahr die Grabungswände abgetragen und die Sohlen teilweise verschüttet und verschlammt habe. Kaum,daß wir noch ernsthaft behaupten könnten, in der Lage zu sein, die einzelnen Schichten zu unterscheiden. Willig führt uns der Wärter herum, zu jedem verwüsteten Grabungsloch erzählt er eine Geschichte, hier will er uns eine Feuerstelle weismachen, dort eine Kultstätte. Die sichtbaren Reste reichen nicht einmal aus, daß wir uns mit viel Phantasie eine Rekonstruktion vorstellen können. Plötzlich bückt sich der Mann, hebt ein schwarzglänzendes, bearbeitetes Stück Obsidian auf, zeigt die gezahnt geschliffene Schneide und behauptet, es handele sich um ein original neolithisches Stück. Weil alles so traurig und trostlos anzusehen ist, schenkt er uns die angeblich neolithische Klinge, die, egal wie alt sie nun wirklich sein mag, eine schöne Erinnerung an Çatal Hüyük ist. Der Uniformierte vertröstet uns: Nächstes Jahr sollen wir wiederkommen, dann wäre die Grabungssätte wieder hergerichtet.

Überdies soll bald weiter gebuddelt werden, nicht nur in der direkten Umgebung dieses Hügels, sondern auch auf dem benachbarten. Mit vollständig überzeugtem Gesichtsausdruck erzählt uns der Wärter, wie er dann Direktor des hier entstehenden Museums werde und wie außerordentlich interessant alles sei. Während er seine Träumereien von sich gibt, begleitet er uns zum Wagen, auf den er neugierig ist. Unterwegs zeigt er uns noch mehr Schlangenspuren, zu Gesicht bekommen wir aber so ein Reptil nicht. Mit allen guten Segenswünschen des Wärters versehen, dem wir natürlich nicht vergessen, das ihm zustehende Trinkgeld für seine Privatführung zuzustecken, fahren wir von Çatal Hüyük weg.

Es ist ein seltsames Gefühl, an einen Ort zu kommen, von dem man aus soundsoviel Büchern weiß, welch überragende Bedeutung er in der Kulturgeschichte der Menschheit einnimmt und dann an Ort und Stelle rein gar nichts Erhebendes vorzufinden. Alle Funde sind im Museum für Anatolische Zivilisationen in Ankara, im Raum für neolithische Kultur wird dort Çatal Hüyük ziemlich gut und leicht verständlich viel Platz gewidmet, es ist eines der Häuser dort in Originalgröße rekonstruiert. Insofern lohnt es sich, über Çatal Hüyük einiges zu wissen und sich die Funde in Ankara anzuschauen, zur Zeit ist ein Besuch der Stätte selber außer für archäologisch Besessene ziemlich überflüssig.

Das kann sich natürlich in den nächsten Jahren ändern, denn seit einiger Zeit gilt in der Türkei ein Gesetz, wonach Archäologen, besonders ausländische, verpflichtet werden, an Ort und Stelle gefundenes Material für die Besucher verständlich auszustellen und wenn möglich zu rekonstruieren. Sollte der zweite Hügel in Çatal Hüyük ebenso Bedeutendes bergen wie der erste, wird das Museum, von dem unser Führer sprach, mit Sicherheit hier entstehen. Aber solche Vorhaben brauchen viel Zeit. Immerhin wird die Stätte schon verkehrsmäßig besser erschlossen, wie wir bei unserer Abfahrt bemerken. Weil wir über Karaman nach Silifke weiterfahren wollen, haben wir uns von Çatal Hüyük aus den Weg über Cumra zur Hauptverkehrsstraße Konya – Silifke ausgesucht. Von dieser Seite aus ist die prähistorische Stadt wesentlich bequemer zu erreichen. Nicht nur, daß man auf seinen Orientierungssinn verzichten kann, weil hier Schilder zur Fundstätte weisen, sogar mit Kilometerangaben, sondern auch, daß die Straße durchgehend asphaltiert ist, führt uns die Überflüssigkeit unserer dichten Staubschicht vor Augen.

Auf der Hauptstraße angekommen, durchfahren wir noch eine Weile die Ebene, deren einziger Abwechslungsreichtum in hin und wieder auftretenden Stoppelfeldern besteht. Es weht in ziemlich kräftigen Böen, die den Wagen durchschütteln und Staub und Sand in weichgerundeten Schüben, Schneewehen ähnlich, über die Fahrbahn blasen. Obwohl diese Stürme so stark hauptsächlich am Nachmittag auftreten und auch dann nur in einzelnen Böen Ähnlichkeit mit einem Sandsturm bekommen, sieht man viele einheimische PKWs, die verklebte Scheinwerfer haben. Auf Dauer schmirgelt nämlich dieses natürliche Sandstrahlgebläse die Lampengläser blind.

Wir erreichen bald den Fuß des mächtigen Taurus–Gebirges, welches Inneranatolien mit seinen gewaltigen Felsmassen vom Mittelmeer trennt. Bei Karaman fangen wir an zu klettern und sind zunächst etwas enttäuscht, denn erst ist das Gebirge nur eine Fortsetzung der kargen Hochfläche. Statt eben eben bergig, aber weiterhin kein Baum und kein Strauch, die Erde bröselig und rissig. Aber nach etwa dreißig Kilometern Fahrt, so in der Gegend des Sertavul Geçidi, eines 1610 m hohen Passes, verändert die Landschaft schnell ihr Gesicht. Es wird grüner und lieblicher. Zunächst tauchen vereinzelt kleinwüchsige Kiefern auf, rasch wird die Vegetation dichter, die Bäume werden erwachsen. Einige Dörfer gibt es auch in den Bergen, sie sind hier wieder mit ausreichend Wasser begnadet, manchmal fließt es sogar über die Straße.

Auf den langen Gefällstrecken mit immerhin recht scharfen Kurven werden wir von kamikazehaft schnellen und sehr abenteuerlich beladenen und bemannten Lastwagen überholt. Bergauf scheinen diese allesamt hoffnungslos untermotorisierten Fahrzeuge am Hang zu kleben, jede Schnecke kann sie überholen, bergrunter versuchen sie dann, die verlorene Zeit wieder zurückzugewinnen. Zudem hat natürlich auch die Mannesehre einen ganz engen Bezug zur Geschwindigkeit. Dabei können solche waghalsigen Bergrennen nicht nur gefährlich werden, weil eine vielleicht sechs Meter fünfzig hohe Ladung in einer engen Kurve eine ganz schöne Hebelkraft entwik-

Mauer zum Mittelmeer: Das Tauros-Gebirge

kelt, der die ausgeschlagenen Stoßdämpfer nur ein verzweifeltes Knarren entgegenzusetzen haben; in einer unübersichtlichen Kurve kann man noch allerlei andere Überraschungen erleben.

Man trifft immer wieder Esel, die sich aber mit den Verkehrsverhältnissen auskennen und in 99 von 100 Fällen am Straßenrand gehen. Dann kann einem mitten auf der Fahrbahn ein Auto entgegenkommen, dessen Fahrer gerade hinausschaut und die Schönheiten der Landschaft genießt. Kurzes Hupen und eindringliches Aufblenden lassen solche Situationen meist glimpflich verlaufen. Schlimmer sind Pannenfahrzeuge. Da das durchschnittliche Alter eines Autos in der Türkei höher ist als hierzulande, da weiterhin Achslasten und sonstige Kleinigkeiten jederzeit gern um ein Vielfaches überschritten werden und da zusätzlich durch die permanente Überladung und die vielen strapaziösen Bergstrecken die Motoren häufig gequält werden, gibt es in der Türkei ziemlich oft Pannen. Darauf ist der türkische Verkehrsteilnehmer eingestellt. Er hat immer dabei, was er braucht. Ein defekter Hauptbremszylinder kann ruhig vorläufig mit einem Kaugummi abgedichtet werden. Den platten Hinterreifen eines vollbesetzten Ford–Transit–Minibusses repariert ein Fahrer, indem er den Nagel, der den Platten verursacht hat, herauszieht und die Stelle mit der Glut seiner Zigarette verschweißt. Der Reifen wird aufgepumpt (eine Fußpumpe hat man dabei), die Fahrgäste, die der Szene geduldig in der Hocke wartend beigewohnt haben, steigen wieder ein und die Fahrt geht weiter. Bei umfangreicheren und komplizierteren Defekten wird sich gleich an Ort und Stelle unter den Wagen gelegt. Das kann bedeuten, daß ein Paar Beine mitten in die Fahrbahn hineinragt. Von den offiziell in jedem Auto mitzuführenden zwei Warndreiecken, die bei Bedarf vor und hinter dem Pannenfahrzeug zu verteilen sind, haben wir auf der ganzen Reise nicht ein einziges gesehen.

Am schlimmsten sind Stellen, an denen ein Auto mit Panne liegengeblieben war, dessen Defekt in der Zwischenzeit behoben worden ist und das längst den Ort des Geschehens verlassen hat. Denn die türkische Art, so ein Verkehrshindernis zu kennzeichnen, wenn man es schon verabscheut, die vorgeschriebenen Warndreiecke zu verwenden, ist, grobe, dicke Feldsteine um den Wagen herumzulegen. Von der Straße wird also durch eine Linie von im Abstand von vielleicht je einem halben Meter aufgereihten Wackersteinen eine Insel ausgegrenzt, auf der das kaputte Auto steht. Ist der Wagen endlich repariert, hat der Fahrer lange genug gewartet, er hat es meist ziemlich eilig. Also räumt er die paar Steine beiseite, die ihm vor dem Kühler die Ausfahrt versperren. Der Rest bleibt liegen. Wer nicht aufpaßt, wird da ganz übel 'reinrasseln. Auch aus diesem Grund kann man nicht deutlich genug vor Nachtfahrten in der Türkei warnen, denn die verwendeten Steine haben oft Ausmaße, mit denen man seinem Auto ohne Probleme eine ganze Achse aus den Angeln heben kann.

Der nächste Tag führt uns weiter durch den Taurus, der viele Gesichter hat. Lieblich bewaldete Berglehnen, durchsetzt mit schroffen Felsen, wechseln rasch ab mit kahlen Bergrücken aus gelblich—ockerfarbenem Geröll, auf dem sich nur mehr Krüppelgewächse halten können. Zeitweise folgt die Straße hoch oben einem tief eingeschnittenen Flußbett, das sich der seltsam giftgrün schillernde Göksu Nehri gegraben hat. Lautlos rollen zwei Türken auf ihren alten, barocken Motorrädern an uns vorüber, deren Antriebsaggregate bergab ausgestellt sind. Man wird hier wohl jagen können, denn jeder hat eine Flinte schräg über den Rücken geschnallt.

Der Tankwart des Petrol Ofisi in Mut muß erst hartnäckig überredet werden, bevor er den Benzin—Zapfhahn wieder in die zugehörige Säule zurücksteckt, er glaubt partout, die Deutschen seien alle so reich, daß sie dies durch die ausschließliche Verwendung von Benzinmotoren dokumentieren würden. Als wir weiterfahren, hört er auch noch einmal genau hin, um sich eigenen Ohres davon zu überzeugen, einen Deutschen im Diesel gesehen zu haben. Am Kern von Silifke werden wir auf einem großzügigen Umgehungsring vorbeigeleitet, wir folgen nun den Schildern nach Alanya. Bis wir uns endlich am Anblick des heiß ersehnten Mittelmeeres weiden können, dauert es noch einige Kilometer. Denn der Göksu Nehri, in dem übrigens Kaiser Friedrich Barbarossa während des 3. Kreuzzuges ertrank, hat eine große fruchtbare Schwemmlandebene dem

Gebirgsküstenstreifen von Silifke vorgelagert. Etwa zehn Kilometer westlich von Silifke, bei Taşucu, einem von wachsender Industrie aufgeblähten und verfremdeten Dorf, sehen wir es endlich.

In der anatolischen Steppe hatten sich alle unsere Wünsche nach Wasser im Überfluß, grünen Pflanzen und beruhigtem Faulenzen auf das Mittelmeer konzentriert. Wo doch schon unsere Badeferien am Schwarzen Meer so sang– und klanglos zu Ende waren, noch bevor sie beginnen konnten, hatte uns die enorme Ausgedörrtheit Zentralanatoliens euphorische Wahnvorstellungen vom Mittelmeer aufbauen lassen. Konya, welches eigentlich geruhsam angeschaut gehört, hatten wir mit ganz und gar touristischem Eifer nach raschen Eindrücken durchstöbert, schnell noch seine unverzichtbaren Sehenswürdigkeiten abgehakt und dann — auf zum Mittelmeer.

Am Mittelmeer: Urlaub mit zu wenig Schattenseiten

Hier haben wir es nun. Malerisch und phantastisch tiefblau liegt es da und leckt an den nassen Füßen der mächtigen Taurusberge, die steil hinter der Straße aufragen. Hinter Taşucu befindet sich ein auf der Karte eingezeichneter, gleichwohl aber aufgelassener Campingplatz. Sämtliche Gebäude in der Bucht sind zerstört, die Scheiben zertrümmert und leider die Wasserhähne abmontiert. Wir rasten hier im Schatten eines Olivenbaumes. Der Boden hat eine dünne, rötliche Erdschicht, die von vielen Eselshäufchen gedüngt ist. Dennoch wächst außer den paar Olivenbäumen nichts. Der Strand ist steinig. Das ebenfalls rötliche Geröll, das sich den ganzen Strandstreifen so weit wir gucken können, hinzieht, ist frecherweise ziemlich spitz und scharfkantig. Wegen der etwas ungünstigen Umstände, die nicht unserem paradiesisch idealisierten Mittelmeerbild entsprechen, nehmen wir unser erstes Bad weniger ausgelassen, als wir diese Begegnung mit dem Wasser erträumt haben. Aber schön ist es natürlich doch. Mit einem wohligen Gefühl scheint uns die Sonne auf unsere frisch gebadeten Bäuche. Wir wären nicht in der Türkei, käme nicht ein Fußgänger den Strand entlang. Es ist ein tiefgebräunter junger Mann in Tennisshorts, der freundlich grüßt und seinen Gang über die spitzen Steine zielstrebig in das Bild der Mittelmeerpostkarte hinein fortsetzt.

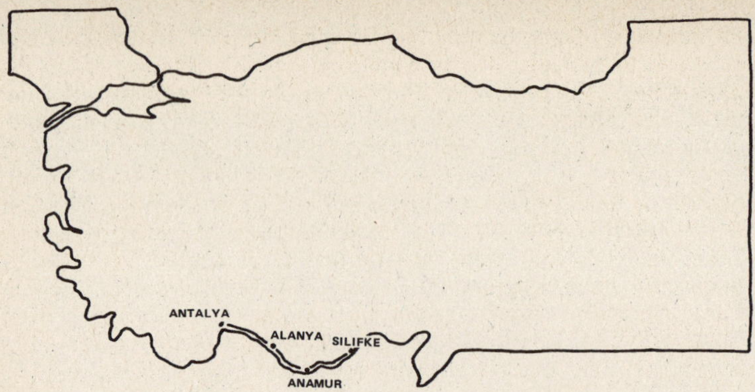

7. Teil: AK DENIZ: ANAMUR, ALANYA UND ANTALYA

Um jede Felsnase herum windet sich die schmale Straße. Sie ist glatt geteert und in gutem Zustand. Verwunderlicherweise herrscht nicht einmal viel Verkehr. Dafür meldet sich unser rechtes Vorderrad wieder mit dem unangenehm metallen klackenden Geräusch, das wir vor Ankara schon zu hören bekamen. Diesmal bilden wir uns ein, es würde eindringlicher Klacken. Nach einer ergebnislosen Pause (ergebnislos, weil man wieder nichts sehen, fühlen oder bewegen kann), verschwindet das Geräusch von selbst wieder. Wir sind gespannt, wie weit unser Wagen noch laufen wird. Bei Karabucak, gleich in der nächsten Bucht, liegt ein weiterer Campingplatz, diesmal sogar in Betrieb. Die Bodenbeschaffenheit ist nicht gerade besser als die bei dem stillgelegten Platz, dafür stehen etwas weniger Bäume herum. Immerhin ist er ein gutes Stück von der Straße entfernt. Wir sind die einzigen ausländischen Touristen auf dem Platz, aber vielleicht fünf oder sechs türkische Familien haben sich hier mit ganz modernen Steilwandzelten niedergelassen. Wir versuchen, den Wagen möglichst geschickt neben den größten noch freien Baum einzurangieren, sodaß wir einen beschatteten Aufenthaltsraum im Freien und ein möglichst im Schatten stehendes Auto bekommen. Trotz dieses Baumes müssen wir aber wieder unsere Sonnenplane über den Wagen spannen.

Die Organisation des Platzes besorgt ein älterer,bei unserer Ankunft leicht grimmiger Mann in einer grauen Türkenhose, so eine, deren Schritt in den Knien baumelt. Ihm steht ein jüngerer, weit freundlicherer Mann zur Seite. Das Hauptgeschäft besteht aber gar nicht im Campingplatz, sondern in einem Obstverkauf und einem Mini–Gazinosu. Auf dem erdgestampften Platz, der leicht erhöht bei der

Einfahrt zum Campingplatz liegt, stehen ein paar grob zusammengezimmerte Hocker um tischähnliche Gebilde herum. Am Rand türmen sich Wassermelonen und Kavun, Zuckermelonen auf. Über die ganze Terasse spannt sich ein Dach aus vertrockneten Ästen und Zweigen, einzelnen Reisigen und Blätterbüscheln, die im Wind sanft rascheln. Hier nehmen wir Platz, um uns einen Ayran bringen zu lassen. Ayran ist ein Joghurt—Getränk, genauer gesagt, mit Wasser vermischter Joghurt mit einer Prise Salz, alles wird mit einer Gabel sehr schnell umgerührt. Die leicht prickelnde Säure macht Ayran zu einer angenehmen Erfrischung. Gleichwohl ist das Getränk gewöhnungsbedürftig.Aber auch wer beim ersten Schluck sein Gesicht zu einer gänsehäutigen Grimasse verzieht, wird später wahrscheinlich in Ayran eine sehr willkommene Abkühlung finden.

Der Campingplatz liegt recht malerisch da in der sanften Rundung der flachen Bucht mit einer kleinen vorgelagerten Insel. Ein paar Fischerboote schaukeln an einer sehr provisorisch zurechtgetischlerten Pier, und leise weht die Geräuschkulisse eines von vielen ausgelassenen Kindern belebten Zeltplatzes zu uns herüber. Die Müllbeseitigung ist besonders interessant. Der Müll wird in eine gemauerte Tonne geworfen, in der unten ein Loch gelassen ist. Von Zeit zu Zeit stecken die Bediensteten dann alles in Brand, egal, ob gerade irgend ein Kunststoffabfall dabei ist oder sonst etwas. An sanitären Einrichtungen gibt es ein Toilettenhäuschen, sogar mit getrennten Eingängen für Männlein und Weiblein. Die Toiletten sind benutzbar, wenn sich auch das Fehlen von Wasser sichtlich und vor allem auch riechlich bemerkbar macht. Im Freien existiert ein Wasserhahn, aus dem nur noch die Achse herausschaut, das Rändelrad zum Andrehen ist abgebrochen. Ein paar Meter davon entfernt, an dieselbe Wasserleitung angeschlossen, befindet sich eine Dusche. Ihre Benutzung gerät unwillkürlich zu einer kabarettistischen Darbietung. Erst einmal ist sie in einer sinnreichen Höhe von ungefähr einem Meter fünfzig über dem Erdboden angebracht, was dem Duschenden akrobatische Kunststücke abverlangt, will er alle Körperpartien bewässern. Zum zweiten machen sich die gegen Abend auftretenden heftigen Böen hier sehr bemerkbar, denn das ohne sonderlichen Druck aus der Brause schlabbernde Wasser wird sofort weggeweht. Dafür paniert einen dann die Windbö mit dem mitgebrachten Staub, sodaß man, statt gleichgültig das Duschen dranzugeben, genötigt ist, wenigstens kurz noch einmal ein bißchen Wasserstrahl mitzubekommen. Die kräftigen Windstöße, immer mit reichlich Sand versehen, verleiden uns den Aufenthalt sowieso etwas. Wenn wir draußen sitzen, verschlagen die Böen uns die Seiten im Buch, werfen Teetassen um und streuen uns so viel Sand in die Augen, daß es schließlich unangenehm wird. Unsere betagte Sonnenplane quittiert die Sturmangriffe an ihren morschen Stellen mit langen Rissen.

Daß zudem nur Salzwasser aus der Leitung tröpfelt, merken wir erst, als wir bereits einen Zwanzig–Liter–Kanister gefüllt und einen Tee gekocht haben. Zwar ist das Wasser nicht so salzig wie Meerwasser, aber es ist Grundwasser aus einem Brunnen, der direkt hier am Strand gebohrt ist. Zum Waschen geht es, der unerwartet salzige Tee ist schlichtweg widerlich. Immerhin, es ist der bisher billigste Campingplatz, wenn uns nun auch 150 TL oder drei Mark etwas unangebracht erscheinen.

Wir bleiben auch den nächsten Tag auf diesem Platz, denn nach drei Wochen ununterbrochenen Herumreisens wollen wir gerne mal gar nichts tun. Wir baden oft im Meer, das hier ganz weit hinaus ziemlich flach und daher wunderbar warm ist, schreiben Briefe und dösen in den Tag hinein. Am Nachmittag fängt es wieder heftiger zu stürmen an, wir halten uns teilweise im Wagen auf. Zum Abendessen gehen wir in das Restaurant, welches am Eingang zum Campingplatz auf der gegenüberliegenden Straßenseite liegt. Über eine steile, in Beton gegossene Treppe mit unregelmäßig hohen Stufen gelangen wir auf eine Terasse, auf der mehrere Tische mit Stühlen Platz haben. An einem Lattengestell rankt Wein zu einem Terassendach heran, ein paar Blumenkübel mit Grünpflanzen stehen auf der Brüstung der Terassenmauer. Wir setzen uns an einen mittleren Tisch an der Brüstung, von wo wir hoch über die Straße hinweg auf die Bucht schauen können. Wir sind die einzigen Gäste, von ein paar türkischen Männern abgesehen, die im Inneren des Restaurants Rakı trinken. Von denen gehört allerdings mindestens noch einer zum Lokantabetrieb dazu. Seine glatzköpfige, selbstgefällige Leibesfülle läßt darauf schließen, daß er der Chef ist. Bedient werden wir, wie üblich, von einem Jugendlichen. Er wartet uns in ganz und gar untypischer türkischer Kellnerkleidung auf, trägt er doch gechintzte weiße Boxershorts und ein Sporthemd dazu. Ebenso unkonventionell wie er gekleidet ist, nichts desto weniger aber formvollendet vornehm, deckt er den Tisch. Links legt er eine Papierserviette mit Gabel, rechts eine mit Löffel ab.

Eicke wird aufgefordert, mit in die Küche zu kommen. Außer in den westlich orientierten Metropolen der Türkei ist es ja überall üblich, nicht etwa à la carte zu wählen, sondern sich in der Küche zum Stolz des Kochs von der ordnungsgemäßen Zubereitung der Speisen zu überzeugen. Die fertigen Gerichte werden auf Kästen mit glimmender Holzkohle oder auf dem Herd warmgehalten. Je kleiner nun eine Lokanta, ein Restaurant ist, desto weniger ähnelt das Angebot europäischen Vorstellungen von Restaurant. Hier wird eher gekocht wie für eine große Familie, das heißt, es gibt ein Gericht mit einigen Beilagen. Geht der Vorrat daran nicht auf, gibt es am nächsten Tag noch einmal dasselbe. Zudem richtet sich der Speiseplan natürlich stark nach dem saisonal schwankenden Angebot, besonders, was die Gemüse betrifft.

Hier taucht ein Problem auf. Eicke wird erklärt, daß ein Fischgericht auf dem Feuer stehe. Nun sind wir beide keine übermäßigen Fischfreunde. Eicke fragt den Kellner höflich, ob er irgendein Angebot ohne Fisch machen könne. Sichtlich erfreut, unseren ausgefallenen Sonderwünschen nachkommen zu können, holt der Knabe ein frisches Stück Rindfleisch aus der Kühlvitrine, in der eigentlich nur Getränke lagern. Eicke wird an den Tisch zurückgeschickt und wir hören es bald aus der Küche zischen und brutzeln. Wasser steht natürlich auch auf dem Tisch, nach einer zaghaften Kostprobe wissen wir, daß es kein Salzwasser ist. Das Essen wird aufgetragen. Überflüssig zu erwähnen, daß es sich einmal mehr um türkische Miniportionen handelt. Das kleingeschnetzelte Fleisch schwimmt mit verschiedenen Gemüsen in einer ungeheuer scharfen Soße, die zu mindestens einem Liter aus Öl besteht. Diesem Angriff auf den Verdauungsapparat können wir uns nur erwehren, indem wir das Öl mit dem selbstverständlich zum Essen gereichten Weißbrot binden.

Während wir da so sitzen und kauen, bemüht sich der Chef auf die Terasse, um zu unserer Unterhaltung den Fernseher einzuschalten. Der steht in so einem Winkel, daß man sowohl im Restaurant wie auch von der Terasse aus dem Programm folgen kann. Zu Rindfleisch in Öl bekommen wir nun noch die Wachablösung vor dem Atatürk–Mausoleum in Schwarz–Weiß. Danach fängt ein Imam oder sonstiger Geistlicher an, uns von der Mattscheibe aus das Wort zum Freitag zu sprechen, denn trotz Atatürkscher Reformen ist für die hohe Geistlichkeit immer noch der Freitag der wöchentliche Feiertag. Kaum hat der Imam aber angesetzt, seinen monotonen Bet–Singsang über den Lautsprecher des Fernsehapparates in die Bucht von Karabucak zu senden, da eilt der füllige Chef schon wieder heran, so schnell ihn seine kurzen dicken Beine tragen wollen. Mit einem Lächeln und einer entschuldigenden Verbeugung bittet er uns, das untouristische Programm nicht übel nehmen zu wollen. Eine wegwerfende Geste trifft den frommen Mann in der Braunschen Röhre, als der Chef auf ein anderes Programm umschaltet. Wie schön: Eine ausgesucht verführerisch dekolletierte Schlagersängerin, die mit dem Gesicht voll in sämtliche Schminktöpfe gefallen zu sein scheint, gibt einige Lieder zum Besten. Sie trägt ein Gewand, das europäischen Abendkleidern ähnelt, gleichwohl aber viel kesser wirkt. Eine lange plüschige Federboa umspielt ihre Schultern. Da steht sie dann auf einem Podest und wird Lied um Lied immer mit einer Kamera mit derselben Einstellung gefilmt. trotz wechselnd engagierten Hüftschwunges ein auf die Dauer etwas langweiliges Bild. Doch der Restaurantbesitzer scheint's zufrieden zu sein. Als die Dame das Bild füllt, schaut er sich sehr aufrecht und wohlgefällig nach uns um und nickt verhalten, als wolle er als Mann von Welt sagen:"Auch das ist die Türkei". Dann geht er zu seiner Rakı–Runde zurück, wo der Imam ja auch tatsächlich nichts zu suchen hat.

Mit der musikalischen Untermalung bekommen wir Lust auf Nachtisch. Der Kellner bringt kavun, eine dieser phantastischen Zuckermelonen. Zum Abschied besprenkelt der Boxershorts–Kellner unsere Handgelenkinnenflächen noch mit Kolonyaları. Der gemütliche Abend, mit dessen Dunkelheit auch eine gewisse Windstille gekommen war, macht uns wieder etwas versöhnlich mit dem Mittelmeer, und unsere Lust, mehr von dieser Küste und dem vergleichsweise üppigen mediterranen Leben mitzubekommen, stellt sich wieder ein. Als wir das Restaurant verlassen haben, setzen wir uns noch eine Weile vor den Wagen an den Strand, um auf das mondbeschienene Meer hinauszuschauen. Bald ist Vollmond, einige Hunde heulen schon jetzt wie verrückt. Einer von ihnen demonstriert eine besonders ausgefallene Art, Felljucken zu beseitigen. Er klappt einfach die Vorderpfoten samt Beinen flach unter sich weg, sodaß er vom Kinn bis zum Bauch glatt auf dem Boden aufliegt und nur noch der Hintern spitz in die Luft schaut, zu allem Überfluß durch kräftiges Schwanzwedeln noch skuriler aussehend. Dann fängt er an, sich mit den Hinterbeinen mühsam abstossend über die Steine zu schieben. Es scheint ihm gut zu gefallen, denn er wiederholt diese Prozedur mehrmals.

Gleich nach der Abfahrt am Samstagmorgen meldet sich die Antriebswelle oder was immer wir da für einen Defekt mit uns herumschleppen wieder, gibt aber nach zwanzig bangen Kilometern Ignorierens für heute Ruhe. Wir folgen einer phantastischen Straße. Der Taurus fällt ganz steil ins Meer ab, die Straße windet sich, eng und ohne Leitplanken, in Serpentinen Bergnase für Bergnase hoch und wieder runter, um jede Bucht herum. Steile, schroffe Felsen, dann wieder Kiefern. Immer wieder genießen wir großartige Ausblicke auf das postkartenblaue Meer mit seinen der Steilküste vorgelagerten Kliffen und Klippen. Dann sehen wir Sandbuchten und Schwemmlandebenen, die die vielen vom Taurus ins Mittelmeer entwässernden Flüsse geschaffen haben. Diese Täler sind meist überaus fruchtbar und werden zu intensivem Obstanbau genutzt. Haben wir uns dann wieder auf den nächsten Scheitelpunkt hochgeackert, finden wir manchmal wieder Wasserstellen, wie sie uns aus Westanatolien her bekannt sind. Kinder stehen an einem Obst- und Nüsse–Stand. Wir halten an, um die Gelegenheit des frischen klaren Bergquells zu nutzen und unser fieses Salzwasser loszuwerden. Kaum steht der Wagen, umringen die Kinder ihn und fangen an, ihn zu waschen. Eicke versucht zu erklären, daß wir gar keinen Wert auf eine Wagenwäsche legen, aber sie lassen sich nicht vom

Wienern abbringen. Als der Kanister gefüllt ist, sind immerhin alle Scheiben des Autos frisch geputzt, zudem die vorderen Radkappen. Damit lassen wir es dann bewenden, drücken den Knaben ein kleines Bakschisch in die Hand und machen uns an die Weiterfahrt.

Die Straße hat Steigungen und Gefälle von zehn, zwölf und vierzehn Prozent. Dadurch überwinden wir immer sehr schnell relativ große Höhenunterschiede, die in ständig neuen Perspektiven das Panorama dieser einmalig schönen Küste bieten. Je mehr wir uns Anamur nähern, desto stärker konzentriert sich der Obstanbau in den Flußniederungen auf Bananen. Die Stauden, die übrigens jedes Jahr erneuert werden müssen, tragen sehr kleine, süße und intensiv schmeckende Früchte. Große Holzgerüste gliedern die Felder, sodaß sie aussehen wie lauter Gewächshäuser ohne Scheiben. Tatsächlich haben diese Lattengestelle den Zweck, bereits im Frühsommer eine Ernte zu ermöglichen. Wenn die Sonne noch nicht heiß genug brennt, werden riesige Plastikplanen darübergezogen, unter denen die Plantagen treibhausartig bewirtschaftet werden. An einem der in dieser üppigen Gegend wieder häufigeren Obststände kaufen wir uns einige exotische Köstlichkeiten, Bananen, Granatäpfel und eine Zuckermelone.

Wir erleben zweimal kurz hintereinander Jandarma–Kontrollen. Wir müssen anhalten, die neugierigen Gesichter der Milizionäre knubbeln sich vor dem Beifahrerfenster, wo es eine deutsche Frau zu bestaunen gibt. Nach einem Augenblick des Abschätzens von Martinas Weiblichkeit werden wir dann aufgefordert, unsere Pässe vorzuweisen. Manchmal schauen die Diensthabenden dann sogar mit einem flüchtigen Blick hinein, manchmal ruht aber der Blick über die beflissen aufgeschlagenen Dokumente hinweg weiter auf Martina. Sie ist ganz froh, daß der Wagen Schiebefenster in den Fahrerhaustüren hat, die nur eine so kleine Öffnung freigeben, daß ein Milizionär seinen vorschriftsgemäß bemützten Kopf nicht hineinstrecken kann. Bei solchen Gelegenheiten werden wir aber auch einige Male gar nicht auf unsere Ausweise hin überprüft, sondern nur um deutsche Zigaretten gebeten oder erpreßt, ganz wie man es sagen will.

Die Hauptstraße führt an der Kreuzritterburg Mamure Kalesi vorüber, kurz darauf kann man nach rechts nach Anamur abbiegen. Anamur ist der südlichste Punkt der Türkei. Seine Geschichte ist recht bewegt, zum Angucken sind eine römische Stadt und die Kreuzfahrerburg übriggeblieben. Alles ist aber geographisch sortiert, Mamure Kalesi liegt zwei Kilometer östlich von Anamur und die römische Stadt Anamurium drei Kilometer westlich. So können wir erst einmal getrost in die moderne Stadt hineinfahren, die sich rechts der Straße, zu den Bergen hin, erstreckt. Anamur ist eine angenehm betriebsame kleine Landstadt. Bevor die Straße, die wir von Südosten in die Stadt hineinkommen, den Berg zum Zentrum hinaufgeht, liegt linkerhand an einem kleinen Wasserlauf ein riesiger Schotterplatz, auf dem Bazar abgehalten wird. Deutlich ist das Areal der Obst– und Gemüsehändler von dem der Gebrauchswarenverkäufer getrennt. Wenn auch der Markt durchaus gut besucht ist, so entsteht dank der Größe des Platzes kein Gedränge und wir können gemütlich zwischen den auf dem Boden oder auf niedrigen Tischchen aufgeschichteten Waren entlangschlendern. Nach ein wenig Herumstöbern finden wir bei einem Geschirrhändler einige der typischen türkischen Teegläser, zur Feier des Tages leisten wir und die "Lüks" (=Luxus)–Ausführung mit schadhaft und unregelmäßig aufgetragenem Goldrand. Der Händler überschlägt sich vor Höflichkeit, als wir auch die passenden Minilöffelchen aus Alüminyum zum Umrühren des unvermeidlichen Zuckers dazukaufen und uns schließlich noch für einen der typischen Teekannensets entscheiden.

CHRISTENTUM MIT ZINNEN: KREUZRITTERBURG MAMURE KALESI

Da in der Türkei der Tee immer parat sein soll, hat sich eine spezielle Zubereitungsart herausgebildet. In einer kleinen Kanne wird ein sehr starker Tee aufgegossen. Je länger die Blätter in der Kanne ziehen, desto stärker wird der Tee. Um den Sud wieder auf Trinkstärke herabzusetzen, braucht man also immer eine Kanne mit heißem Wasser. Damit beides griffbereit zusammen erreichbar ist und auch beides heiß gehalten werden kann, paßt nun die kleine Kanne genau auf die große, die immer auf dem Ofen oder dem Gasbrenner stehen bleibt.

Der Händler braucht nun mindestens zwei komplette Ausgaben Zeitungen, um alles gut zu verpacken. Besonders bei den Gläsern weisen wir ihn darauf hin, daß diese Fracht noch etwa fünftausend Kilometer vor sich habe. Damit wir keine Mühe haben, alles zu tragen, spendiert er uns einen Karton. Nachdem er dann auch noch großzügig auf ein paar Lira verzichtet hat, verabschiedet er uns freundlich.

Wir machen eine Pause in einer kleinen Garküche am Rande des Marktes. Direkt an dem kleinen kanalisierten Wasserlauf steht ein auf einen Handkarren montierter Grill. Neben dem Karren ist ein Tisch aufgebaut, an dem alles für die Küche Notwendige erledigt wird. Vier Tische mit Stühlen bilden den Gastraum, der von einem reisiggedeckten Lattengerüst Schatten bekommt. Ein Vertreter deutscher Gesundheitsämter, der für die Hygiene in gastronomischen Betrieben zuständig ist, würde nicht erst bei der Feststellung in Ohnmacht fallen, daß das Wasser, was in Kannen zum Trinken auf den Tischen steht, direkt aus dem Flüßchen geschöpft wird. Natürlich dient dieser Bach auch zum Spülen. Der Besitzer ist von einer uns beinahe peinlichen Deutschfreundlichkeit, die er mit vielen Bücklingen dokumentiert. Extra für uns wird das Radio im Fliegenschrank, wo auch das Fleisch aufbewahrt wird, eingeschaltet. Sofort aktiviert er seine Kinderschar. Ein kleiner Junge muß den Tisch, an dem wir sitzen, polieren, ein zweiter wird geschickt, Tee für uns zu holen, ein dritter Sohn, offenbar der älteste, der vielleicht dreizehn Jahre alt sein mag, wird zu unserer Unterhaltung abkommandiert. Dies ist verständlicherweise der ganze Stolz seines Vaters, denn der Junge besucht eine höhere Schule und lernt dort Deutsch. Versonnen blickt der Vater über die Schulter, während er Fleischstücke mit einem unglaublich riesigen Schlachtermesser kleinschneidet, wie sein Sohn mit uns Konversation treibt. Dessen Deutsch reicht für ein paar Fragen, die wir ihm so gut es geht auf Deutsch und Türkisch zu beantworten versuchen, weil er große Schwierigkeiten hat, uns zu verstehen. Im Laufe dieses Gespräches, was sich geduldig zieht und zieht, sind wir bald umzingelt von einer großen Kinderschar, die uns besichtigt und staunend die fremden Worte aus dem Mund ihres Kameraden hört. Wir essen dann eine Melone, weil wir gern etwas Erfrischendes haben wollen, was der deutschfreundliche Chef ein bißchen traurig aufnimmt. Er hätte uns gern von seinem Şiş—Kebab überzeugt. Als wir die gastliche Stätte verlassen, werden wir abermals mit dem Handschlag seiner nur flüchtig an der Hose abgewischten, blutverschmierten und fettklebrigen Rechten bedacht. Unter Segnungen treten wir den Rückweg zu unserem Auto an.

Dort verladen wir unser Teeservice und machen uns dann auf den Weg ins Zentrum von Anamur. Dazu muß man die Straße ganz hinauf, an der sich Möbelschreiner an Möbelschreiner reiht, die Kette der Werkstätten wird durch ein paar Geschäfte, die technischen Kram verkaufen, und einige Lokantas unterbrochen. Wenn die Steigung nachläßt, gelangt man auf einen kleinen Platz, an dessen rechter Seite ein Lebensmittelladen liegt, dessen gutes Sortiment von einem würdigen, mittelalten Mann verwaltet wird. Der größere Reichtum der Südküste gegenüber dem versteppten Inneranatolien wird hier ziemlich deutlich. Die Regale quellen über von Dingen, deren Anblick wir uns schon ziemlich entwöhnt glaubten. Wir kaufen nicht nur Tee, Milch und Käse, wir lassen uns auch Kekse lose in Zeitungspapier einschlagen und erstehen eine besondere Köstlichkeit: Rosengelee. Bei diesem leckeren Brotaufstrich sind in einen sehr zähflüssigen und noch süßeren Sirup feingeschnittene Rosenblütenblätter eingelegt, deren starkes Aroma dem Ganzen einen einzigartigen, aufgrund irgendwelcher Phantasien an 1001–Nacht erinnernden Geschmack gibt.

So gestärkt und mit allen Vorräten für einige genußreiche Tage versehen, machen wir uns auf den Weg zurück zur Burg Mamure Kalesi, einem mächtigen Koloß, der heute noch in seinen Außenmauern fast unversehrt erhalten ist. Im Schildwachenhäuschen neben dem Burgtor residiert ein freundlicher älterer Mann in der typisch offiziellen Uniform als Wärter dieser historischen Stätte. Hinter seinem Schreibtisch sitzt er wichtig und bittet uns bedeutsam, auf den zwei Stühlen ihm gegenüber Platz zu nehmen. Erwartungsvoll harren wir der Dinge, die da kommen sollen. Als erstes bietet er uns gekühlte Coca–Cola an, als wir das dankend ablehnen, zieht er eine ebenso süße Zitronenlimonade aus dem Kühlschrank. Nachdem auch dieses Angebot von uns ausgeschlagen wird, steht er auf und wirft sich in eine noch wichtigere Positur. Aus seinem Schreibtisch sucht er ein DIN–A–3–Papier hervor, auf dem sich in handschriftlichem Deutsch eine kurzgefaßte Geschichte von Mamure Kalesi findet. Wir müssen das Blatt ganz vorsichtig lesen, denn es ist an allen Rändern ziemlich rissig und an den Faltstellen schon durchgescheuert. Nachdem er das Stück antiquierten Papieres wieder sorgfältig zu seinen Unterlagen gelegt hat, beginnt er, uns den Rundgang durch die Ruine anhand eines akkurat mit Wasserfarben gemalten Planes, der die Wand seines Wärterbüros ziert, zu erklären. Dabei gibt er sämtliche nennenswerten Stellen auf Deutsch an. Wir bedanken uns und er entläßt uns in die Burg, die zu unserem allergrößten Erstaunen keinen Eintritt kostet, weder à Person noch pro Kamera.

Die 1230 errichtete Burg war nach dem Ende des Kleinarmenischen Königreiches, eines von Kreuzrittern gegründeten Staates, der im 14. Jahrhundert verfiel, für längere Zeit im Besitz der fränkischen Könige von Zypern, gelangte dann, trotz behaupteter Uneinnehmbarkeit in die Hände der Seldschuken. 1373 wurde die Anlage bei einem Flottenangriff von Zyprioten zerstört. Die Osmanen, die inzwischen die Herrschaft über Anatolien erlangt hatten, stellten die Burg 1469/70 wieder her.

1840 kommt es noch einmal zu Reparaturarbeiten. Die Festung ist zu der Zeit noch mit einer kleinen Garnison belegt. Im Zuge dieser Renovierung entstehen die Moschee und das Minarett im Innenhof. Weitere Restaurierungsarbeiten werden dann gegen Ende des 19. Jahrhunderts unternommen, nach dem Einsturz des großen Eckturms der Innenburg jedoch abgebrochen.

Die Burg gehörte ursprünglich zu den stärksten des Kleinarmenischen Reiches. Die mit 36 Türmen bewehrte Anlage besteht aus drei voneinander durch Türme und Mauern abgeteilten Höfen: Die eigentliche Innenburg liegt auf einem kleinen Felshügel unmittelbar am Meer; nördlich und östlich davon dehnen sich zwei weite Höfe, der östliche als Seezwinger gegen das Meer gerichtet, der innere Hof durch einen Graben und eine besonders starke Mauer gegen die Landseite geschützt. Außer der heute noch benutzten kleinen Moschee aus dem 19. Jahrhundert steht im Inneren der Mauerringe nichts mehr, es ist mit dichtem Gestrüpp zugewuchert und durch Trampelpfade erschlossen. Wir treffen zwei Schildkröten, später auch einige, vorwiegend türkische Touristen. Nach ausgiebigem Durchschlendern der Ruine, Klettertouren auf Wehrgängen und dem mächtigen Seeturm mit immer wieder neuen Ausblicken durch Mauerdurchbrüche auf das blaue Mittelmeer kehren wir zu dem Wärter zurück und erbarmen uns, nachdem er nun schon wieder keine Coca–Cola oder Zitronenlimonade an uns loswerden kann, ein paar Postkarten bei ihm zu kaufen. Er entschuldigt sich, daß die Karten doppelt so teuer wie gewöhnlich seien, aber dafür koste die Burg eben keinen Eintritt. Uns soll das recht sein. Wir freuen uns, auf dem schattigen Parkplatz von Mamure Kalesi, den höchsten und mächtigsten Turm der Burg im Rücken, vorne eine plätschernde Wasserstelle und rechts von uns das Meer mit Sandstrand, einen offensichtlich sehr gut geeigneten Platz für den Rest des Tages und die Nacht gefunden zu haben. Den Nachmittag vertreiben wir uns mit Teetrinken, in der Sonne sitzen und Lesen. Der Wärter ist längst nach Hause gefahren.

Er taucht kurz nach unserem Abendessen unvermittelt wieder auf. Diesmal ist er nicht allein. Drei Jandarmasoldaten mit unsympathischen Maschinenpistolen schieben ihn vor sich her. Offensichtlich haben die drei ihn wieder von zu Hause geholt. Etwas verlegen entschuldigend auf seine Begleitung deutend sagt er uns nun, daß Picknick hier nicht möglich sei. Wir sollten statt dessen den Campingplatz aufsuchen, der einen Kilometer zurück in Richtung

Silifke liege. Was bleibt uns übrig ? Wir packen unsere Siebensachen zusammen, aber zurückfahren wollen wir dennoch nicht unbedingt. Campingplätze gibt es auch an der Südküste noch und nöcher, weit mehr, als auf unserer Karte eingetragen sind. Sie scheinen zur Zeit, verbunden mit dem höheren Touristenaufkommen, einen Boom zu erleben. Eigentlich wollen wir ja gar nicht auf einen Campingplatz, schließlich haben wir alles, was wir brauchen, dabei. Also machen wir uns im schwächer werdenden Licht des Spätnachmittags noch in Richtung Alanya auf.

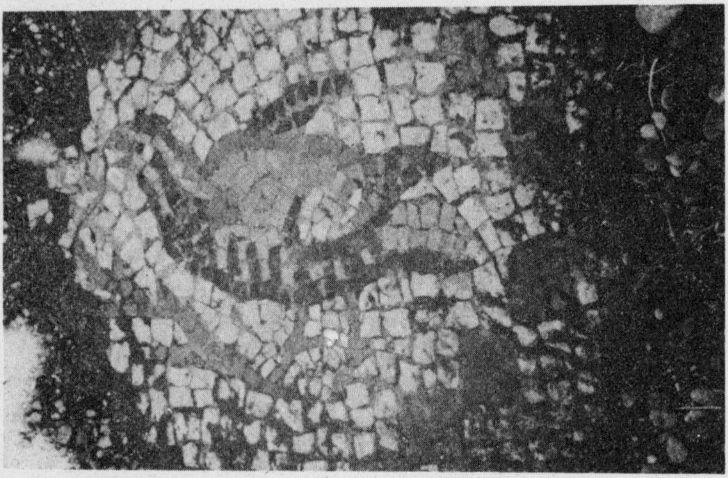

SCHÄTZE ABSEITS VOM TOURISTENSTROM:
MOSAIK IN DER RÖMISCHEN RUINENSTADT ANAMURIUM

Weit müssen wir nicht fahren. Kurz hinter dem Ortsausgang Anamurs, wo die Straße sich gerade mit einer scharfen Rechtskurve anschickt, wieder in die Berge hinein zu führen, zweigt nach links eine kleine, zusehends schmaler und abenteuerlicher werdende Straße zum römischen Anamurium ab. An einigen Bauernhöfen vorbei gelangen wir zu einem Tor, das nach einem daneben aufgestellten Schild um 18 Uhr schließt. Ein Blick zur Uhr setzt uns davon in Kenntnis, daß es gerade zehn Minuten nach 19 Uhr ist, das Tor steht sperrangelweit geöffnet. Man fährt durch die Ruinen einer großen antiken Stadt. Das Dämmerlicht, in dem sich das gleichmässig leblose Grau der Gebäudereste seltsam scharf vom Untergrund abhebt, gibt der ganzen Szene einen besonders spannenden Reiz. Wir quartieren uns hinter einer ziemlich hohen Ruinenmauer ein und hoffen, hier keiner Patroullie aufzufallen. Es ist idyllisch einsam. Hinter uns lagert sich die römische Stadtanlage die Berglehne hoch, vor uns liegt ein wunderbarer, heller Kieselstrand. In einer endlosen Ruhe, die durch das gleichmäßig sanfte Rollen des Meeres nur unterstrichen wird, löst das Mond— das Sonnenlicht ab.

Kaum haben wir uns aber zum Bewundern des romantischen Mondes auf zwei Steinen niedergelassen, da kommt auch schon jemand auf uns zu, im fahlen Licht zeichnet sich deutlich die Kontur einer amtlichen Schirmmütze ab. Wir befürchten, in eine türkische Autofahrernacht hinausgehetzt zu werden, aber er will uns gar nicht verjagen. Es ist ein freundlicher junger Mann, der etwas Französisch spricht. Er erklärt uns, daß auf dem Gipfel des Berges eine Radarstation liege, von der aus Zypern überwacht werde. Wir sollten, da hier Camping im Übrigen ohnehin verboten sei, zum Haus seines Vaters kommen, der der Polizist von Anamurium sei. Wie zum Beweis für die Ehrlichkeit seiner Worte greift er sich an die Mütze. Wir steigen alle drei ein und fahren ein Stück am Strand entlang. Sehr schnell gelangen wir an einen Platz, wo hinter dem Strand eine hohe Mauer ein Grundstück einfriedet. An dieser Hofmauer weist Ali, so heißt unser Begleiter, uns einen Platz zu.

Nun wird uns auch die Ehre zuteil, den Vater persönlich kennenzulernen. Nachdem Ali ihm schnell seine Mütze zurückgegeben hat, ist er offiziell gewillt, uns zu begrüßen. Er ist eine ehrfurchtgebietende, dicke Person, die mit der ganzen Autorität ihres Amtes auf einem Steinhaufen thront und uns begutachtet. Sehr gesprächig scheint er nicht zu sein, läßt es aber gleichwohl nicht an der Form mangeln. So erfahren wir nun auch von ihm, daß er der Polizist von Anamurium sei und Osman heiße. Gerne raucht er zwei von unseren Marlboro, mit denen wir auch schon Ali gnädig zu stimmen versuchten. Gegen die dunkle Nacht zeichnet sich die Figur Osmans deutlich ab. Auf seinem massigen Körper ruht ein vierkanter Schädel, dessen eckige Form durch den Stoppelhaarschnitt noch verstärkt wird. Sein Hinterkopf entspricht ganz dem traditionellen Mannesideal der Türken. Um den Kopf nämlich der Würfelform möglichst anzunähern, bekommt der gerade geborene Säugling, vorausgesetzt, es ist ein Junge, einen Klaps mit der flachen Hand auf den Hinterkopf. Seit immer mehr Ärzte bei den Geburten dabei sind und sich herumgesprochen hat, daß die kantige Nachmodellierung möglicherweise unangenehme inwendige Begleiterscheinungen hat, laufen immer weniger Kinder mit dieser Kopfform herum. Unter den Erwachsenen sieht man aber eine große Zahl von Eckschädeligen, Osman gehört dazu.

Nach den Zigaretten, die er ganz geruhsam und ohne Hast hintereinander einsaugt, spricht Osman eine Einladung zum Tee aus. Wir fühlen uns sehr geehrt, denn das heißt, daß wir nicht nur einfach erlaubt bekommen, hier zu übernachten, sondern daß wir nach allen Regeln der Gastfreundschaft unter dem persönlichen Schutz Osmans stehen, der ja immerhin der "Polizist" von Anamurium ist, Sheriff einer leblosen Ruinenstadt. Wir folgen Osman und Ali über einen abenteuerlichen Pfad ins Innere des Hofes und erreichen einen Gemüsegarten. Über ein Miniaquädukt klettern wir, vorbei an Kaninchenställen, bis wir endlich zum Haus kommen. Das schon ältere Gebäude besteht, wie es für die hiesige Architektur typisch ist, aus zwei Etagen, wovon die untere eine Art nicht in den Boden gegrabener Keller ist. Den Wohntrakt im ersten Stock erreichen wir über eine hühnerleiterartige Treppe, die an der Außenwand entlang auf eine wackelig zusammengezimmerte Holzveranda führt. Bei jedem Schritt gibt das eben betretene Brett so weit nach, daß sich ein unangenehm breiter Spalt nach unten auftut. Jede Bewegung entlockt der Konstruktion ein besorgniserregendes Knarren und Knirschen. Aber was soll's, sagen wir uns, denn die Veranda trägt auf ihren Bohnenstangenstreben ja auch das Gewicht Osmans schon seit Jahren. Der ganze Oberstock des Hauses ist aus Holz. Durch eine sehr niedrige Öffnung gelangen wir ins Innere. Einen Augenblick verharren wir für diese Architektur zu langen Europäer mit eingezogenem Kopf im engen Flur, bis Osman seine Frau und seine Töchter zur Eile angetrieben hat und uns freundlich in die gute Stube einzutreten heißt. Unsere Schuhe freilich müssen draußen bleiben, denn im Zimmer liegt ein Kilim auf dem Boden, gewebt mit geometrischen Mustern in Rot und viel Grün, der heiligen Farbe.

Wir sind in einem vielleicht drei mal vier Meter messenden Raum. In jeder Wand befindet sich ein Durchbruch, zum Flur hin als Tür, an den drei übrigen Wänden als Fensterhöhlung. Die Fensteröffnung in der der Tür gegenüberliegenden Schmalseite scheint als Durchgang zu einem Anbau zu dienen, in dessen fensterloser Dunkelheit wir einige zusammengerollte Decken und Matratzen ausmachen können. Ein Fenster, verglast mit halbblinder, schon eingerissener Plastikfolie, gibt den Blick auf das mondbeschienene Meer frei, das gegenüberliegende ist ganz vernagelt. Unter dem Fenster mit Blick auf das Meer liegt eine kleine Matratze als Sitzkissen mit Rückenpolstern. Vor der anderen Längswand steht ein etwa stuhlhoher, bettgroßer Holzverhau, der von einer bunten Überwurfdekke verhangen ist. Darauf sollen wir Platz nehmen. Während die Familie noch in Aufruhr ist und Osman oder Ali nur sporadisch nach uns schauen, sitzen wir da und haben Zeit, uns in dem weißgekälkten Raum umzusehen. An dem plastikverglasten Aussichtsfenster baumelt an einem durchhängenden Strick ein kurzer gelber Vorhang. Neben der Eingangstür zu unserem Sitzplatz hin hat eine wunderbar bemalte und sicher ziemlich schwere und alte Holztruhe mit gewölbtem Deckel ihren Platz. Darüber verbirgt ein weißer Vorhang die spärlichen Kleidungsstücke, die an einer Leiste mit Nägeln hängen. Ganz oben an dieser Wand breitet sich ein in leuchtenden, grellen Farben bedruckter Synthetikfasergobelin aus, der ein grimmig entschlossenes Offizierskonterfei des jungen Mustafa Kemal Atatürk zeigt. Den Hintergrund zu seinem Portrait bildet die Darstellung seines eigenen Mausoleums in Ankara.

Als dann endlich Osman seinen umfangreichen Körper auf das niedrige Sitzpolster unter dem Fenster verteilt hat, seinen jüngsten, etwa zwölfjährigen Sohn im Arm hält, auch Ali mit dem Tee und den Gläsern hereingekommen ist und sich auf der schönen Truhe niedergelassen hat, betreten auch die weiblichen Familienmitglieder den Raum. Jetzt, wo alle Männer sitzen, kommt die Frau auf uns zu, um uns mit beiden Händen zu begrüßen und mit einem "Hoş geldiniz" willkommen zu heißen. Sie sucht sich dann links von Martina einen Platz auf dem Boden, während in ihrem Gefolge die zwei heranwachsenden Töchter in den Raum schlüpfen und sich an der Seite der Mutter einen Sitzplatz suchen. Ali beginnt nun, Tee auszuschenken. Es gibt hier keinen schwarzen Tee, sondern "Adaçayi", einen Salbeiaufguß. Dazu werden zwei oder drei getrocknete Salbeistengel mit den Köpfen nach unten ins Glas gestellt und dann mit heißem Wasser überschüttet. Nach kurzem Ziehenlassen nimmt man den Salbei heraus und muß einige Schaufeln Zucker hinterherrühren, weil das Getränk sonst ziemlich bitter schmeckt. Der Geschmack ist interessant, es bleibt aber ein seltsamer, den Gaumen auskleidender Nachgeschmack zurück, der uns nicht zu Adaçayi—Fans werden läßt.

Das Gespräch, bei dem Ali mit seinen spärlichen Französichkenntnissen zu dolmetschen versucht, zieht sich mit den üblichen Fragen hin: Woher — wohin — wielange — Name — Beruf. Osman erzählt uns von seinem kleinen Sohn, der aufs Gymnasium gehen soll, um Deutsch zu lernen, denn Osman selbst sei ein großer Freund aller Deutschen, Kanadier, Engländer und Amerikaner. Obwohl uns diese Sympathieauswahl etwas verwundert, geben wir uns damit zufrieden. Osman ist hellauf begeistert, als Eicke auf den farbenprächtigon Wandbehang deutet und sagt, dies sei Atatürk und daß wir sein Mausoleum in Ankara gesehen hätten. Osman bekommt leuchtende Augen und beeilt sich, mehrmals hintereinander laut "Atatürk, Atatürk" zu rufen. Über die Mutter und die scheu dabeisitzenden Mädchen erfahren wir nichts.

Der Raum wird, da das Haus nicht an das elektrische Netz angeschlossen ist, von einer Petroleumlampe erleuchtet. Zur Feier des Tages wird uns die besondere Ehre zuteil, daß Ali auch noch eine batteriebetriebene Transistorleuchte einschaltet, die er von einem Freund aus Italien hat. Sicher wird das gute Stück sonst geschont, aber wir sind Gäste und da muß man zeigen, was man hat. Bei ei-

nem weiteren Adaçayi findet sich Osman sogar bereit, ein paar antike Münzen hervorzukramen, die er alle in Anamurium gefunden hat. Es sind nicht nur römische Geldstücke, die teilweise noch bis in die Umschriften hinein gut erhalten sind, sondern auch spätere, mit allerlei arabischen Schriftzeichen. Danach bedeutet uns ein theatralisches Gähnen des Hausherrn, daß unsere Einladung hiermit beendet sei und Ali geleitet uns mit der Transistorleuchte über die abenteuerlichen Pfade zum Wagen zurück. Er bietet sich an, uns morgen früh Milch zu bringen, uns Anamurium zu zeigen und verabschiedet sich.
Kaum ist es Tag geworden, kommt Ali mit einem verbeulten Aluminiumnapf. Fast einen ganzen Liter gönnt er uns, doch dämpft es unsere Freude erheblich, daß die Milch gezuckert ist und beim Abkochen dem Anbrennen zum Opfer fiel. Ali läßt sich bei uns nieder und schaut uns erwartungsvoll beim Frühstück zu. Wir bieten ihm eine Tasse Kaffee an, die ihm große Freude macht. Als er den letzten Schluck genommen hat, blickt er nachdenklich und verwundert auf den Boden des Bechers: Kein Kaffeeschlamm ist da zu sehen und doch schmeckt das Getränk nach Kaffee.

Nach dem Frühstück beginnt dann die versprochene Führung durch Anamurium. Fast kommen wir uns vor, als sei dies unser ganz privates Ruinenfeld. Weit und breit sehen wir keine Touristen, einzig am Strand finden sich im Laufe des Tages ein paar Türken zum Picknicken ein. Obwohl Anamurium eine weitläufige Stadtanlage mit zahlreichen Gebäuderesten, Wasserleitung, Thermen, Theater und Herrenhäusern ist und sich der Gesamteindruck der römischen Stadt gut vorstellen läßt, scheint es kaum Touristen hierher zu ziehen. Ursprünglich lag einmal oberhalb der Stadt auf dem Hang eine Burg, die jedoch völlig zerstört ist, nur von der Stadtmauer sieht man noch Reste den Hügel entlanglaufen. Dafür gibt es umso mehr im unteren, ebeneren Teil zu besichtigen. In einigen Nischen von Gräbern haben sich originale Fresken erhalten, auch ist Anamurium reich an Mosaiken.
Die Ausgrabungen sind zur Zeit noch nicht abgeschlossen, ein kanadischer Archäologe gräbt und sortiert hier sicher noch einige Jahre lang. Ali hilft ihm von Zeit zu Zeit, was uns nicht nur in seinem Französisch zugute kommt. Zielsicher führt er uns zu den sehenswertesten Ruinen, deckt Mosaike auf, die, solange sie noch nicht in einem Museum konserviert werden können, unter ihrer Erd– und Staubschicht belassen werden, um sie vor weiterer Zerstörung zu schützen.
Hin und wieder erscheint uns Ali's fachkundige Führung etwas fragwürdig. In den Thermen ist der obere Fußboden nicht mehr erhalten, sodaß die Hohlräume der Fußbodenheizung sichtbar daliegen. Kleine Pfeilerstümpfe haben hier in regelmäßigen Abständen die Bodenfliesen getragen, unter denen eingeheizt wurde. Ali erklärt

uns diese Stümpfe kurzerhand als antike Hocker. Er behauptet auch, daß das große Becken für die Männer und das kleine für die Frauen bestimmt gewesen sei. Am Schluß unseres Rundgangs führt uns Ali vor einen Schuppen. Stolz zieht er den Schlüssel für das mächtige Vorhängeschloß am Eisengitter des kleinen Gebäudes aus der Hosentasche. Der Innenraum entpuppt sich als die besondere Attraktion unserer Anamurium—Führung, denn er birgt sämtliche Kleinfunde, in Kisten zur katalogisierenden Aufnahme vorsortiert. In Massen lagern hier Öllämpchen und Keramiken,Scherben,aber auch reliefgeschmückte Sarkophage. Während wir staunend 'mal in diese, 'mal in jene Kisten schauen, turnt Ali in der Regalen herum, um uns plötzlich mit einem schauerlichen Geheul von oben zu erschrecken. Er zeigt uns Schädel und Knochen aus den Gräbern, die teilweise in einem erstaunlich guten Zustand sind. Noch einmal kommen wir in den Genuß von Ali's wundersamer Kulturgeschichte: Zu einem niedrig abgebrochenen Säulenstumpf, dessen Bruchstelle schüsselartig vertieft ist, gibt er uns die Erläuterung, es handele sich um einen römischen Aschenbecher.

Völlig verschwitzt vom Herumklettern in den nur von ein paar Trampelpfaden links und rechts des Fahrwegs gegliederten Ruinen freuen wir uns auf ein erfrischendes Bad im Meer. Auch Ali beteiligt sich gern daran, bis er uns für abgekühlt genug hält, uns zu einer Fahrt im hauseigenen Fischerbötchen einladen zu können. Ungeschickt wie wir Landratten nun einmal sind, wuchten wir uns über die schwankende Bordwand ins Innere dieses betagten, durch viele liebevoll aufgetragene Farbschichten am restlosen Verfall gehinderten Ruderbootes, in das nachträglich ein freistehender Einzylinder-Dieselmotor eingebaut worden ist. Das Boot bedarf häufigen Ausschöpfens, trägt uns drei aber immerhin doch, ohne ernstlich dem Absaufen nahe zu sein. Der Motor entwickelt einen extravagant eigenwilligen Laufrhythmus, dessen Vibrationen nicht nur einer der vier Motorhaltebolzen im Bootsboden zum Opfer gefallen ist, sondern auch der Auspuff—Flansch, sodaß die Abgase unter ohrenbetäubendem Lärm stoßweise direkt ins Freie puffen.

Die ganze tosende, ratternde und stinkende Unbequemlichkeit wird wettgemacht durch die Aussicht, die wir genießen können, während Ali das Boot um die steile Felsnase Richtung Alanya herumschippert. Das Meer hat mit jahrhundertelanger Brandung Höhlen und Grotten unter den Fels gegraben, in denen sich glucksend die grünblauen Wellen verschlucken. Es ist ein großartiges Fischrevier, was uns auch Ali bestätigt. Wir können sieben Meter tief durch das klare, reine Mittelmeerwasser sehen und jeden einzelnen Seeigel unterscheiden, der sich an den Felsen niedergelassen hat. In den stark gegliederten Felsvorsprüngen oberhalb nisten Fischreiher.

FELSENKÜSTE BEI ANAMUR

Die Bootspartie ist beendet, wir baden noch einmal alle zusammen, diesmal leistet uns auch Ali's jüngerer Bruder Gesellschaft. Schließlich sitzen wir dann etwas verlegen am Strand, wir wissen nicht so recht, wie wir uns unserem Gastgeber gegenüber verhalten sollen — ist es vielleicht sehr unhöflich, wenn wir uns jetzt beim Auto in den Schatten setzten und etwas lesen würden ? Ali scheint es auch unangenehm zu sein, so wortlos bei uns zu sitzen, er macht mit seinem Bruder Kunststückchen und Wettauchen vor. Nach einer Weile, ihm ist auch die Lust am Wettauchen vergangen, wagen wir den Rückzug, jeden Knigge außer Acht lassend, dann doch. Kurze Zeit können wir uns der Lektüre widmen, bis Vater Osman vor uns steht, heute ohne Mütze, also offensichtlich nicht dienstlich. Stöhnend läßt er sich auf einem herumliegenden Baumstamm nieder und greift sich theatralisch an den Kopf. Während er diese Geste mehrmals hintereinander inszeniert, versichert er uns auch, wie "malade" er sich fühle. Offenbar hat der Arme so starke Kopfschmerzen, daß er nicht einmal seine amtliche Kopfbedeckung zu tragen vermag. Wir begreifen ihn und er bekommt einen Becher Tee und eine Kopfschmerztablette. Kaum ist die Tablette die Speiseröhre hinunter, da geht es ihm auch schon sichtlich besser. Zufrieden steckt Osman sich den restlichen Pillenstreifen, den wir ihm überlassen, in seine Brusttasche.

Zu der raschen Wirkung des ziemlich harmlosen Präparates, das wir ihm verabreicht haben, drängt sich uns eine Vermutung auf. In der Türkei sind Arzneimittel Luxusgüter, denn man muß sie selbst bezahlen und das Geld hat nicht jeder. Als Tourist wird man recht häufig gerade um Kopfschmerztabletten gebeten. Meist werden sie aber nur als Statussymbol verwendet, zur Legitimation wird eine Tablette eingenommen, mit großem Stolz das Röhrchen oder der Streifen eingesteckt.

Osman revanchiert sich mit dem Zeigen zweier weiterer Mosaike, wobei er ausdrücklich darauf hinweist, daß es verboten sei, hier nach Mosaiken zu suchen, daß wir aber gute Leute seien und er sowieso ein großer Freund aller Deutschen, Amerikaner, Kanadier, Engländer und Franzosen wäre. Danach treibt uns wieder heftig aufkommender, böiger Sturm in den Wagen, während es unsere Gastgeber glauben verantworten zu können, uns eine knappe Stunde allein zu lassen. Dann klopft es an der Tür, diesmal ist es wieder Ali, der uns beehrt. Er fragt, ob wir denn auch noch die kommende Nacht hier verbringen möchten, was selbstverständlich möglich sei. Camping sei hier ja offiziell verboten, aber sein Vater, der Polizist von Anamurium, dulde uns. Wir lauschen seinem Wortschwall etwas verwundert und verstehen erst, als er ganz nebenbei fallen läßt, daß er noch nach Anamur müsse, um einzukaufen und daß es ein weiter und beschwerlicher Weg zu Fuß dorthin sein.

Wir können nicht nein sagen, erstens gilt es, den freundschaftlichen Polizeischutz zu erhalten und zweitens sind wir auch ganz froh, uns noch über Marlboro und Tabletten hinaus für die freundliche Aufnahme hier bedanken zu können. Ali hat sich stadtfrein gemacht und sich in seine besten Sachen gekleidet, wobei er die von uns geschenkte Schachtel Marlboro so geschickt in die Brusttasche seines Hemdes steckt, daß sie allen ihm eventuell Begegnenden deutlich sichtbar ist. Seine türkische Standardmarke, von der er auch weiterrauchte, als er die Marlboro schon hatte, läßt er zuhause.
Unweit des Stadtzentrums dirigiert uns Ali auf einen Parkplatz und eilt sich, eine Wasser– und eine Zuckermelone zu kaufen. Wir hetzen in seinem Schlepptau hinterher, so gut wir können, doch er kümmert sich erst wieder um uns. als er zwei junge Männer trifft, die er offensichtlich gut kennt. Generös bietet er da seine Zigaretten feil, während er uns als seine "Deutschen Freunde" vorstellt. Von dem lebhaften Gespräch bekommen wir nicht viel mit, hören aber heraus, daß Martina 'mal wieder in den Mittelpunkt des Interesses gerückt ist und zu Amusement Anlaß gibt. Sie trägt nämlich eine langbeinige Hose, türkisch "pantalon", deren Schnitt die Herren bisher nur bei ihresgleichen gesehen haben. Nach einer weiteren Zigarette im Stehen verabschieden die Türken sich voneinander und Ali lädt uns zu Coca–Cola und Baklava, diesem süßmächtigen Feingebäck, in eine kleine Konditorei ein.

Nach einer ruhigen, mondbeschienen Nacht unter dezentem Polizeischutz stehlen wir uns recht früh aus der Ruinenstadt davon.

Es gibt wirklich wohl kaum eine schönere Straße als die von Silifke nach Alanya. Die einzigartigen Ausblicke von hoch oben auf Buchten und Felsen sind immer wieder ein neues Erlebnis. Die Landschaft ist bewachsen, allerdings um diese Jahreszeit auch nur in bewässerten Gebieten richtig satt grün, an den Hängen sehen wir häufig Kiefern, aber auch andere Vegetation.

Die hundert Kilometer von Anamur bis Alanya schleppen sich zunächst noch in der uns schon gewohnten Weise mit Serpentinen, großen Steigungs- und Gefällstrecken und Engstellen durch die Berge. Kurz nach einer Jandarma–Kontrolle werden wir schon wieder angehalten. Ein Warnschild weist auf Sprengungen hin und führt den schlichten Schriftzug "Dinamit". Natürlich bringen wir den eindringlich winkenden jungen Mann, der direkt dahinter auf der Fahrbahn steht, damit in Verbindung. Der will aber nur wissen, ob wir nach Antalya fahren, was wir, völlig verdattert, bejahen. Wir verstehen noch weniger, was eigentlich los ist, als er sich, ohne etwas auf unsere Antwort zu erwidern, abwendet und einen zweiten Mann herbeiruft, dessen Figur sich mit Nadelstreifenanzug, tadellos geputzten Schuhen und Aktenköfferchen im Panorama eines Steinbruchs etwas seltsam ausnimmt. Der feine Herr möchte mitgenommen werden und es dauert lange, bis wir klar machen können, daß wir zwar gesagt haben, daß wir nach Antalya fahren, dies jedoch nicht heute tun werden, ja, daß wir nicht einmal wissen, wie weit wir heute fahren wollen. Diesmal ist das konsternierte Erstaunen auf der anderen Seite.
Bei Gazipaşa durchqueren wir ein Tal und folgen ihm dann, vom Meer durch eine Bergkette getrennt. Wir merken sehr, daß wir am Mittelmeer sind und wieder weiter im Westen. Das Touristenaufkommen hat sich um mehrere hundert Prozent erhöht. Heute begegnen wir gleich mehreren Campingbussen, einigen PKWs aus Deutschland und England und sogar zwei Radwanderern, die sich mit ihren über und über bepackten Drahteseln und hochroten Köpfen die Steigung des Taurus hochquälen. In Gazipaşa werden wir uns einer neuen Spielart türkischer Tourismuspolitik bewußt. Hatten wir bisher schon Gelegenheit gehabt, die Massenausschlachtung von Sehenswürdigkeiten mitzubekommen, so lernen wir hier den Badetourismus kennen. Ganze Strände werden hier erschlossen, der Ort selbst gleicht einer Baustelle. Zahlreiche mehrstöckige Hotelkästen entstehen, wo der Strand von den unbotmäßig herumliegenden Felsbrocken bereinigt worden ist. Bald schon können die ersten Sonnenhungrigen anrollen, denen die Costa Brava mit ihrer saisonalen Überfettung durch bundesdeutschen Speck schon Platzangst macht oder denen die Adria nicht exklusiv genug erscheint. Die Kinder, die der Schulschluß hier eben auf die Straße entlassen

hat, sind ausgelassen und fröhlich in ihren schwarzen Schuluniformen mit Plastikkragen. Noch winken sie uns zu. Uns fällt auf, daß wir viel häufiger Mädchen in Schuluniformen sehen als in Zentralanatolien.

Hinter Gazipaşa windet sich die Straße nur noch kurze Zeit durch die Berge, bald führt sie relativ eben am Strand entlang auf Alanya zu, dessen mächtigen, kühn ins Meer hervorragenden Burgberg man schon von weitem sehen kann.

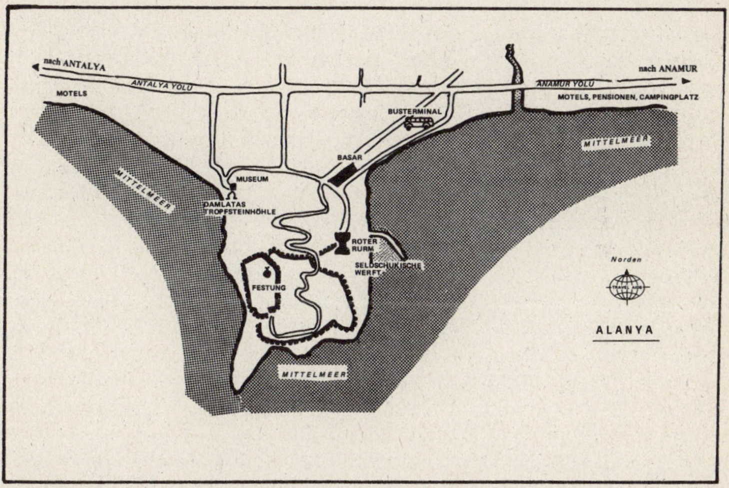

Gegen Mittag kommen wir an, schon einige Kilometer vor dem Ortseingang begleitet von zahlreichen Rohbauten.
Die Strandpromenade ist wohl gerade Richtung Gazipaşa verlängert worden, denn der Bürgersteig ist ein ganz frisch gegossener Betonrohling und auf dem Bulvari fehlt noch die zweite Teerdekke. Die Chausseebäume sind eben erst angepflanzt und die anliegenden Gebäude nur zum geringsten Teil fertiggestellt — lassen aber bei geringem Phantasieaufwand ein alsbald einsetzendes typisches Ferienleben im tragen Rummel von Clubs, Restaurants, Hotels und Tennisplätzen erahnen. Alanya hat als Urlaubsort eine ellenlange Tradition. Hier verbrachten schon die Mächtigen der Seldschuken ihre Winter, inzwischen scheint der Ort aber ziemlich fest in deutscher Hand zu sein. Davon überzeugen uns sogleich die bunten Reklametafeln, die ein breites Spektrum von Slogans anbieten, unter anderem:"Lederbekleidung nach Maß" oder "Heute kaufen — Später zahlen". Ein treffender Name für ein Hotel scheint "Köln" zu sein.

Die Straßen werden hier weniger von den typischen Autos bevölkert, vielmehr fahren eine Unzahl liebevoll verzierter und bunt bemalter Pferdedroschken herum, teilweise in Bootsform mit Baldachin. Trotz allem Drang zum Biarritz vom Ak Deniz bewahrt sich Alanya aber noch ein gut Teil seiner schläfrigen Knoddeligkeit, es scheint auch eine gewisse Spannung zu geben, die von den Menschen in ganz traditionellen Kleidern und ebensolchen Verhaltensformen ausgeht. Je mehr um sie herum das Stadtbild von modernem Leben geprägt wird, desto verbissener scheinen diese, besonders ältere Leute, an ihrem Welt– und Lebensbild festzuhalten. So hat auch Alanya seinen ganz und gar eigenen Reiz, es ist überhaupt nicht eine tote Betonkulisse und Vergnügungsmaschine, einzig zivilisiert durch massenhafte Urlauberwünsche, sondern durchaus eine lebendige, sonnige Stadt, trotz ihres dillettantischen Saint–Tropez–Appeals mit gesundem türkischen Selbstbewußtsein.

Nachdem wir an zwei nicht sehr einladenden Campingplätzen vorbeigefahren sind, residieren wir nunmehr bei "Yeni–Motel–Camping–International", wo es uns gut gefällt. Eine Preistabelle an der Einfahrt gibt über die saftigen Gebühren Auskunft, wonach man z.B. für einen Minibüs 400 TL, also immerhin acht Mark, hinlegen soll. Der Mann an der Rezeption läßt sich aber durch den Hinweis, wir könnten wohl auch weiterfahren und Eickes demonstrativ in Szene gesetztes scheinbares Verlassen der Rezeptionshalle zum Verhandeln erweichen. Während der Nebensaison, wenn die Campingplätze eher leerstehen als ausgelastet sind, kann man an einigen Orten den Preis drücken. Das geht nie an den teuren aber von hohem Standard gesegneten BP–Kervansaray–Mocamps, wohl aber bei privaten Plätzen. Wir einigen uns bei 5,50 DM, die bei der Ausstattung der Anlage auch gerechtfertigt erscheinen. Ziemlich weit vorne zum Motelgebäude hin stehen so große Bäume, daß wir den ganzen Tag Schatten haben. Das Gelände weiter nach hinten 'raus weist nur ein paar dürre und von Sonne gequälte Bäumchen auf, hat aber durchweg Grasnarbe. Für sechs Camper gibt es auch ein Stahlrohrgestell mit einem Wellblechdach, worunter man ein Zelt im Schatten aufbauen und den PKW ebenfalls im Schatten danebenstellen kann. Die sanitären Einrichtungen sind sehr angenehm und reichen bei der geringen Auslastung des Campingplatzes auch hin. Es gibt große, geflieste Einzelkabinen, in denen jeweils ein Waschbecken, ein Klo und eine Dusche untergebracht sind. Aus der Dusche kommt tatsächlich ein kräftiger Strahl heißen, nicht bloß warmen Wassers heraus, und es ist eine wahre Wonne, sich ausgiebig darunter aufzuhalten. In weiteren Räumen gibt es noch eine Reihe Spülbecken und fest installierte Gaskocher.

Zum moteleigenen Strand müssen wir die vierspurige Einfallstraße überqueren. Drüben erwartet uns ein runder Pavillon, der eine Art Cafeteria mit Discomusik und nicht gerade billigen, eisgekühlten

Getränken ist. Dahinter erstreckt sich dann der Strand, der insgesamt für einen ausgesprochenen Badeort wie Alanya nicht zu voll ist. Holzliegen unter Sonnenschutzbaldachinen stehen noch in üppiger Zahl jedem Motel– oder Campinggast kostenlos zur Verfügung. Zum ersten Mal seit dem Schwarzen Meer erleben wir wieder einen Sandstrand, nur daß wir ihn diesmal auch wirklich zum Baden nutzen können. Das Wasser ist schön sauber und ganz warm, weil das Ufer ziemlich weit hinaus recht flach ist.

Wir machen richtig Ferien, sitzen da, faulenzen, lesen und tun uns schließlich an einer Zuckermelone gütlich. Die Obstabfälle werden sogleich unter lautem Gegackere von den moteleigenen Hühnern aufgepickt. Einzig die dicke, harte Schale der Melone will ihnen nicht schmecken, jedes Huhn versucht sich einmal daran und läßt die Schale dann liegen. Doch auch die verunziert nicht auf ewig den Boden des Campingplatzes, denn ein Rind, welches eigentlich in einer Ecke angepflockt worden war, sich aber inzwischen losgemacht hat, verspeist auch noch die Melonenschalen mit genüßlicher Langsamkeit.

Gegen Nachmittag raffen wir uns zu einem kurzen ersten Erkundungsspaziergang Richtung Zentrum auf, das sich zu Fuß gut erreichen läßt. Immer wieder versuchen die Droschkenfahrer, uns von den Vorteilen ihrer Kaleschen zu überzeugen, selbst auf demonstratives Ignorieren bleiben sie noch eine gute Weile hartnäckig und rollen im Schrittempo neben uns her, beständig irgend ein "Hello" oder "Madame, Monsieur" in unsere Ohren säuselnd. Diese buntbemalten Pferdekarren sehen noch seltsamer aus, wenn sie Fracht haben. In den gutgefederten, weichgepolsterten Droschken überdauern dann halb genießerisch, halb ängstlich, meist dicke, rotgesichtige und wegen der Hitze nach Luft schnappende Touristen, deren Fotoapparate auf dem Bauchäquator im Takt des Trabs hin– und herwackeln, die Fahrt über die Strandpromenade. Die hinter Sonnenbrillen urlaubenden Augen blicken 'mal hierhin, 'mal dorthin, als Äußerstes an Aktivität sehen wir manchmal, wie sich ein Arm ausstreckt, um irgendwas Sehenswertes auch für die Mitfahrer sehenswert zu machen.

Am Fuß des Burgbergs beginnt ungefähr das Zentrum von Alanya. Für heute wollen wir uns nicht mehr allzu tief hineinstürzen und begnügen uns mit dem Besuch eines großen Gartenrestaurants, das den vielversprechenden Namen "Pleasure Park" trägt. Hinter allerlei Gewächsen lassen wir uns direkt am Strand an einem Tisch nieder und frönen einem lange nicht mehr zu seinem Recht gekommenen Vergnügen, welches schon zum Inhalt mancher Wahnvorstellungen geworden ist. Wir bestellen ein Eis. Das letzte, so rekonstruieren wir, haben wir uns in Istanbul geleistet. So gestehen wir uns auch kaum ein, daß das Eis im Pleasure Park für umgerechnet zwei Mark ein reiner und noch dazu schlechter Witz ist, die Ultraminiportion läßt sich ohne Anstrengung mit zwei Mal Löffeln bewältigen.

Auf dem Rückweg kaufen wir an einem kleinen Geschäft ein, das wie ein Kiosk aussieht, aber ein umfängliches Angebot gespeichert hat. Diesmal ist es uns überhaupt nicht unangenehm, daß man sich in Alanya schon an die Touristen gewöhnt hat. Wir freuen uns richtig, was der Händler da alles für die Urlauberzunge ausgebreitet hat.

Am folgenden Tag bemühen wir uns noch mehr, dem Klischee des Urlaubers gerecht zu werden. Permanente Lethargie zwingt uns auch nach vierzehn Stunden Schlaf in den Campingstuhl, die morgentliche Dusche aktiviert allenfalls zum Brotkaufen. Diese Anstrengung fordert aber sofort wieder ein Zurücklehnen im Sessel. Dann lesen wir ein paar Seiten und schauen ansonsten den Hühnern, Katzen und Rindern, Schafen und Hunden zu, die gebührenfrei den Campingplatz bevölkern. Alle Tiere sind, bis auf das Rind, recht mager und besonders die Hühner überwinden vor Hunger ihre Scheu und recken sich unter ihrem hektischen Gegackere so lange, bis sie uns ein leergekratztes Butterpapier vom Tisch klauen können. Auch unsere Füße werden vorsichtshalber einmal bepickt.

Mitten in unsere Ferienfaulenzerei platzt ein leicht verkommen wirkender, unrasierter und stinkender Alter mit seiner Droschke und einem Korb voller Granatäpfel und Bananen. Vermutlich durch die vielen Touristen hat er bereits sämtliche guten Sitten verloren. Aber das soll sich erst noch zeigen. Zunächst kommt er heran, schneidet einen Granatapfel auf und reicht uns je ein Stück, legt dann zwei ganze Früchte vor uns hin und sagt, daß sie fünfzig Lira kosten sollen. Auf unsere Ablehnung beziehungsweise unsere ausbleibende Reaktion fügt er, bei gleichem Preis, noch einen Granatapfel hinzu. Da wir nun partout kein Obst von ihm kaufen, ihn aber auch nicht so ganz auf seinem aufgeschnittenen Apfel sitzen lassen wollen, bieten wir ihm eine Zigarette an, wobei er uns vollends von seinem verdorbenen Geschäftsgebaren überzeugt, indem er, ohne einen Augenausdruck oder ein flüchtiges Wort des Bedankens, gleich zwei Zigaretten aus der Schachtel nimmt und sie einsteckt. Sodann hockt er sich hin und gibt seinem Wunsch, von Martina liebkost zu werden, Ausdruck, indem er mit gespitzten Lippen dauernd "Madame kusen" raunt. Schließlich verzieht er sich auch ungeküßt, kommt aber sogleich mit Bananen zurück. Es dauert lange, bis er die nichtigen Aussichten seiner Aufdringlichkeit einsieht und uns endgültig in Frieden läßt.

Von dieser Episode versuchen wir uns bei einem Stadtbummel zu erholen, wobei wir feststellen, daß doch noch eine angenehm große Zahl Türken Alanya bevölkert und daß es, besonders in den Seitenstraßen, Geschäfte gibt, die sich ihren ursprünglichen Charakter nicht haben nehmen lassen. In der Nähe irgendwelcher Sehenswürdigkeiten häufen sich dagegen die Touristenshops mit ihrem gleichförmigen Angebot an gebrauchsuntüchtigen Wasserpfeifen, Tellern und Vasen. Auch Schmuck kann man hier für teures Geld erwerben. In einem Schaufenster entdecken wir so eine Handmühle aus Messing, wie wir sie in Kappadokien am Straßenrand erworben haben, nur daß sie in Alanya glatt das Vierfache kostet. Meerschaum nimmt einen ziemlich großen Teil der Auslagen ein, zumeist zu Pfeifenköpfen verarbeitet, die kunstvoll geschnitzt sind. Wir sehen aber auch Figuren aus diesem federleichten, blendend weißen Mineral. Meerschaum wird in der Türkei hauptsächlich in der Gegend von Eskişehir gewonnen und auch im Lande verarbeitet. An allen Gegenständen, die in den Schaufenstern ausgebreitet sind, hängen Preisschilder, das Einkaufen ist fast schon wie zuhause. Zwar wird immer noch Tee gereicht, um dem guten Ton zu genügen, aber er wirkt schon irgendwie fehl am Platz und ist das letzte, was sich noch der Abwicklung des Kaufes als einem klaren Geschäft ohne Gespräch und ohne das Vergnügen des Handelns entgegensetzt. Hier werden die Waren auch nicht mehr in Zeitung eingewickelt, je nach Größe des Einkaufs gibt es braunes Packpapier oder sogar mit Mustern bedrucktes Geschenkpapier.

Das große Erlebnis ist danach ein Gazino in der Nähe des roten Turms hoch oben über der Pier der Dampferanlegestelle, auf dessen kühler und von schönen, rankenden Hecken beschatteter Terasse wir uns einen richtigen Kaffee gönnen. Das sonnige Wohlleben scheint uns vollends erwischt zu haben. So können wir auch nicht widerstehen, als wir nach weiterem Herumlaufen gegenüber dem Hotel Kent ein Eiscafé entdecken, welches durch seine imposante Größe, die Vielzahl der in die Theke eingelassenen Thermophoren und die offenbar akzeptable Hygiene sich deutlich von den vielen Ecken Alanyas, an denen man Eis kaufen kann, unterscheidet. Der Eindruck bestätigt sich durch das aufgetischte Eis. In angenehmer Stimmung schlendern wir zurück. Von den vielen Pensionen und Hotels unterbrochen, haben wir dabei stets einen Blick auf den Strand und das Meer, auf dem wie bunte Tupfen die zahlreichen kleinen Ausflugsbötchen schaukeln. Mit farbenfrohen Baldachinen sind diese Bötchen die Pendants zu den Droschken, sie schippern Touristen den Strand entlang zu den nur vom Wasser aus erreichbaren Sehenswürdigkeiten Alanyas. Neben der seldschukischen Werft bekommt der Passagier einen Eindruck von dem mächtigen Fels, der die Altstadt und Burg Alanyas trägt. Außerdem liegen am Fuß des Burgbergs einige Höhlen, die mit dem Bötchen angesteuert werden, so die "Seeräuberhöhle" und die "Höhle der Verliebten". Ein besonderes Erlebnis ist die Bootspartie in die "Phosphorhöhle" hinein, in der es ziemlich dunkel ist, wo es aber unter der Wasseroberfläche blaugrün fluoriszìert.

Am Abend, kurz bevor uns die unzähligen Schnaken und kleinen beißenden Fliegen ins Auto zwingen, teilt Eicke die Spülküche mit einer Türkin. Immer, wenn sie meint, daß er es nicht merkt, lugt sie unter ihrem Kopftuch herüber und scheint fassungslos davon Kenntnis zu nehmen, daß da ein Mann des Spülens kundig sein soll.

Tags drauf durchqueren wir Alanya bis fast zum Ortsausgang Richtung Antalya, um hinter dem Fuß des Burgbergs nach links, immer dem Schild "Museum" folgend, zur Damlataş–Tropfsteinhöhle zu gelangen. Die liegt direkt am Strand, ihr Eingang ist überhaupt nicht zu verfehlen, denn er wird von einer Vielzahl von Nepp– und Andenkenläden und –ständen eingerahmt. Natürlich entrichtet der Tourist auch ein Eintrittsgeld, bevor er sich dem Wunder Natur widmen kann. Die Höhle selbst besteht aus einem kleinen, engen Vorraum mit Stalaktiten und Stalagmiten, die einen intensiven Rotton haben. Über eine Treppe geht es dann in die eigentliche Höhle hinunter, die keine Stalagmiten auf dem Boden hat, wo sich aber in beträchtlicher Höhe eine phantastische Kuppel aus aberhunderten von pfeilspitzen roten Stalaktiten wölbt. Auf dem Kiesboden des Raumes stehen einige Bänke, von denen aus sich die getropfte Pracht in Ruhe genießen läßt. Schade, daß die Lampen, die die Höhle ausleuchten sollen, ungeschickt plaziert sind, sodaß sie eher blenden als anstrahlen. Hier drinnen herrscht eine erdrückend dumpfschwüle Luft, Rauchen ist aus guten Gründen verboten und am Eingang verbietet ein Schild Herzkranken den Zutritt. Dennoch herrscht ein sehr reger Betrieb, reisebusweise drängen sich die Schaubegierigen durch den schmalen Vorraum, eine endlose Kette schwitzender Gestalten wälzt sich die Treppe hinunter und selbst in dem unten noch anschließenden tiefen, kleinen Raum, der so niedrig ist, daß man ihn nur als dreijähriges Kind aufrecht begehen kann, ist es voll von hockenden Touristen.

Als wir uns wieder an die frische Luft gerettet haben, machen wir uns, ausgerechnet in der Mittagssonne, an den Aufstieg zur Burg. Was wir besuchen wollen, ist die Winterresidenz des seldschukischen Sultans Alaeddin Kaykobad aus dem 13. Jahrhundert. Obwohl das Seldschukenreich eindeutig eine Militärmacht gewesen ist, haben sich Zeugnisse des Festungsbaus einzig in Kayseri und hier in Alanya erhalten. Die Anlage vermittelt einen guten Eindruck davon, wie es die Seldschuken verstanden, ihre Macht zu demonstrieren. Unser beschwerlicher Aufstieg führt steil und gewunden über den Bergrücken wieder zur östlichen Seite hinüber, von wo wir einen Blick auf den mächtigen achteckigen Turm, "Kızıl Kule" nach seinem roten Stein benannt, und die danebenliegende seldschukische Werft haben. Beide Bauwerke liegen unten am Strand, von ihnen aus zieht sich ein stark bewehrter Mauerzug den Hang hinauf. Wir haben bereits das erste Tor passiert, aber sind noch lange nicht oben. Endlich haben wir's geschafft. Völlig erschöpft lassen wir uns um je 10 TL Eintritt und 50 TL für den Fotoapparat erleichtern und steuern, obwohl wir noch nie in Alanya waren, sicheren Schrittes auf ein Gartenlokal zu, welches im Inneren der eigentlichen Festungsmauern ein florierendes Dasein führt. Der Kellner, ein freundlicher Alter, bietet, sobald er keine Getränke auszutragen hat, von Tisch zu Tisch gehend Postkarten feil.

Die große Zitadelle ist ziemlich gut erhalten, sogar die Ruine der originalen Moschee steht noch, am meisten lohnt sich der mühsame Aufstieg, den wir uns natürlich auch mit dem Auto hätten erleichtern können, wegen der phantastischen Aussicht. Wir können nicht nur die gesamte Festungsanlage von hier oben überblicken, mit Teilen der äußeren Mauer und den Vorwerken auf den Felsnasen ins Meer hinaus, sondern auch das wunderbare Panorama genießen: Nach Osten schauen wir auf die eine Bucht von Alanya und darüber hinweg auf die Taurusberge, deren klassischer Name das "Rauhe Kilikien" ist.
Auf der westlichen Seite sehen wir abermals das klare, blaue Mittelmeerwasser sanft auf einen riesigen Sandstrand aufrollen, hinter dem sich eine ganze Reihe rechteckiger Betonwürfel breitmacht, zumeist Hotels, Pensionen und Ferienwohnungen. In Richtung Antalya blicken wir auf Pamphylien, welches mit seiner lieblicheren Landschaft und vielen antiken Stätten ein beliebtes Reiseziel aller kulturbeflissenen Bildungsurlauber ist.

Bergrunter fällt uns der Weg dann etwas leichter, trotzdem laufen wir, am Parkplatz vor der Damlataş—Grotte angekommen, gleich bis ins angrenzende Gazino weiter, um uns im Schatten der überdachten Terasse, direkt am Strand, mit Ayran zu erfrischen. Der schöne helle Sandstrand ist ziemlich leer, vielleicht bevölkern ihn an die zehn Badenden. Dabei entbehrt er keines Luxus, an das Gazino, in dem wir uns erholen, schließen sich Umkleidekabinen und Duschen als kostenloser Service an.

Die Weiterfahrt Richtung Antalya geht auf einer sehr breiten, guten Straße schnell vonstatten, nicht länger windet sich die Fahrbahn um Taurusvorsprünge herum. In fruchtbaren Schwemmlandebenen liegen links und rechts von uns Bananenplantagen, bald nur noch Baumwollfelder. Ab und zu gibt es auch mal Wald. Sechzig Kilometer von Alanya entfernt, etwa auf der Hälfte der Strecke nach

Antalya, liegt Manavgat, ein Ort mit einem nicht sehr einladenden Stadtbild, schmuddelig und durch eine geringe, aufstrebende Industrie belebt. Fast schon wieder am Ortsausgang, biegt eine Nebenstraße ins Landesinnere ab, an der ein Schild zum "Şelale", dem Wasserfall, weist.

(BE)RAUSCHEND: DER WASSERFALL VON MANAVGAT

Was erwarten wir von einem in der Karte als Ausflugsziel eingetragenen Wasserfall, zu dem eine breite, gut asphaltierte Straße ausgeschildert ist? Nach einigen Kilometern Fahrt gelangen wir an einen großartig angelegten Parkplatz, der so riesig ist, daß mehrere Busse hier abgestellt werden können. Gegen ein Eintrittsgeld von fünf TL à Person gelangen wir in eine Art Vergnügungspark, dessen säuberlich angelegte Wege an allerlei Souvenirbüdchen und Postkartenständen vorbeiführen und in einem Gartenrestaurant enden. Es ist ziemlich viel los, Familien jeder Größenordnung flanieren auf den Spazierwegen und besetzen die Tische des Lokals. Dann — der Wasserfall: Auf vielleicht fünf, sechs Meter Breite stürzt sich das Wasser beinahe einen ganzen Meter in die Tiefe. Wenn man genau hinhorcht, kann man sogar das tosende Inferno der schäumenden Gischt belauschen, ansonsten ist das Naturspektakel zwar angenehm anzuschauen und es herrscht eine schöne kühle Luft, der sattgrüne Fluß sorgt für vergleichsweise üppige Vegetation, einige Bäume sind schon so übermütig geworden, daß sie sich mit ihren Wurzeln direkt auf dem nackten Fels festkrallen und ihre Wasserversorgung unmittelbar aus dem Fluß ziehen, aber der Aufwand mit Wegen à la Kurpark und Restaurant und Andenkenfirlefanz läßt uns dann die Bescheidenheit der Natursehenswürdigkeit mit einem stillen Lächeln erkennen. So nutzen wir den Liebreiz des Ortes zu einem Tee, für die Nacht zu bleiben, wie wir es uns ursprünglich vorgestellt hatten, scheint nicht ganz das Wahre zu sein, dafür herrscht zuviel Trubel. Als wir dann weiterwollen, entläßt uns die frische, klare Luft ganz plötzlich wieder in die heiße Schwüle. Nur ein paar Schritte vom Wasserfall entfernt umwabert uns gleich wieder die trockene, staubige Luft und statt in das Führerhaus unseres Wagens glauben wir in einen Backofen einzusteigen.

Kaum irgendwo haben Griechen und Römer mehr Zeugnisse ihrer Weltreiche hinterlassen als an der türkischen West– und Südküste, weshalb diese Gegenden auch schon seit längerem von zahlreichen Touristen heimgesucht werden. Unzählige Städte und Stätten der hellenistischen Zivilisation kann man die Küste entlang von Alanya bis zum Marmara–Meer finden. Nur der humanistisch Wahnsinnige wird es sich vornehmen, alle diese Trümmerareale zu besuchen, um sich des Lustgewinns sicher zu sein, noch eine Säule gesehen zu haben, noch eine und noch eine. Wir machen schon drei Kilometer hinter Manavgat, wohin wir vom "Şelale" aus zurückfahren, unsere erste Bekanntschaft mit so einem bedeutenden und daher von vielen Reiseunternehmen programmgemäß angesteuerten Ruinenfeld. Hier will sich die allgemein verbreitete Auffassung, in der Türkei ließen sich griechische Kulturzeugnisse ganz ruhig und ohne den Rummel, der um sie in ihrem ureigenen Heimatland inzwischen entstanden ist, betrachten und genießen, nicht so recht als haltbar erweisen. Natürlich, es gibt solche Stätten in der Türkei (es gibt sie übrigens auch noch in Griechenland), aber die berühmten und bedeutenden haben ihren stoischen Gleichmut auch längst gegen die Atmosphäre eines kulturschwangeren Disneyland getauscht.

Die Straße, auf die wir drei Kilometer hinter Manavgat nach links abgebogen sind, führt nach Side, einem Ort des klassischen Altertums, der im Rennen um das jeweils Außergewöhnlichste, das Schönste, das Bedeutendste mit dem größten Theater Pamphyliens von sich reden macht. Um dahin zu gelangen, müssen wir uns aber durch die bisher größte Ansammlung von Campingplätzen, Motels und Touristen kämpfen, die wir auf unserer Reise an einem Ort versammelt gesehen haben. Die Straße endet an einem gebührenpflichtigen Parkplatz, nur mit besonderer Genehmigung dürfen Autos den Schlagbaum in die heutige Siedlung passieren. Für die ist dann das Hupen, oberstes Prinzip des türkischen Autoverkehrs, verboten, wie wir fassungslos zur Kenntnis nehmen. Menschenmassen drängeln sich durch die von Warenauslagen, Nepp und Nippes beengte Fußgängerzone und Sonnenbrand quillt aus T–Shirts hervor. Hier sind wir ja wohl nicht ganz richtig, sagen wir uns und machen, daß wir die Fußgängerzone hinter uns bringen und schnell in das Ruinenfeld abtauchen.

Side ist eine Stadtgründung griechischer Kolonisten, die ihrerseits aus Izmir stammten. Wie die antiken Stätten ringsum, gelangte Side etwa im 7. und 6. Jahrhundert v. Chr. zu Bedeutung. Bei fast allen griechischen Städten ist heute aber nur die römische Überbauung der ursprünglichen Anlage zu sehen. In der Römerzeit kam Side zu seiner größten Blüte, woher unter anderem das mächtige Theater aus dem zweiten nachchristlichen Jahrhundert stammt. Nur zum Teil war es den antiken Architekten möglich, die natürliche Berglehne zur Anlage von Sitzreihen zu nutzen. Deshalb trägt eine gewaltige Bogenkonstruktion die oberen Ränge. Insgesamt hatten hier einmal 15.000 Zuschauer Platz, sich an Tragödien und Satyrspielen, später immer mehr auch an Gladiatorenkämpfen und Tierhetzen zu ergötzen. Die übrigen Ruinen der Stadt sind zum größten Teil sehr weit zerstört, teilweise auch unter den Dünen verborgen, sodaß vom antiken Hafen, den Tempeln und Straßen kaum etwas auszumachen ist. In der Nähe des Theaters ist im wiederaufgebauten Thermengebäude ein Museum mit den reichhaltigen Kleinfunden aus der Stadt eingerichtet.

DAS ANTIKE SIDE – RUINEN UND RUMMEL

Eine zeitlang sitzen wir auf den oberen Rängen des Theaters, aber die Muße, es so ganz in Ruhe auf uns wirken zu lassen, will sich nicht einstellen. In den Trümmern der zusammengestürzten Bühnenwand klettern mehr oder weniger geschickte Touristen hin und her, ständig haben wir das Bild eines quirligen Ameisenhaufens vor uns. Keine Frage, auch Side ist nicht der rechte Ort, die Nacht zu verbringen. Wir treten also einmal mehr die Flucht nach vorn an, verlassen die Ruinen Sides, passieren die Reste seiner einstmals stolzen Stadtmauer und fahren weiter in Richtung Antalya. Die Straße führt breit und eben durch weitgehend baumloses, fruchtbares Land. Links und rechts breitet sich zeitweilig eine etwas langweilige Eintönigkeit aus, aufwendige Bewässerungskanäle zergliedern die Landschaft.

Durch den Ausverkauf klassischer Ruinenidylle nachhaltig beeindruckt, lassen wir nach 26 Kilometern Fahrt Aspendos, welches mit einem "besterhaltenen Theater" um Aufmerksamkeit wirbt, rechts liegen. Mit der gleichen Ignoranz treffen wir Perge, zu dem uns weitere 24 Kilometer später ein Schild locken will. Perge bietet einiges an Trümmern, vorwiegend aus der römischen Kaiserzeit. Herausragendes Schaustück soll das laut Karte "größte Stadion" sein. Doch auch das will uns nicht mehr locken. Antalya beginnt sich anzukündigen, der Verkehr wird dichter, immer häufiger ist das Bild der Landschaft mit Industrieanlagen durchsetzt. Nordöstlich der Stadt, etwas außerhalb, liegt der Flughafen. Von ihm kommend mündet eine Zubringerstraße auf die Hauptverkehrsader Alanya – Antalya. Hier haben sich wieder einmal Jandarma–Posten niedergelassen, um den Verkehr zu kontrollieren, doch diesmal werden wird durchgewunken. Rechts hinter der Kreuzung liegt eine große, ziemlich vertrauenerweckende Mercedes–Benz–Werkstatt, doch unser Auto, dessen Antriebswelle sich des öfteren zu Wort gemeldet hatte, scheint keinen Besuch beim Doktor zu wünschen, im Angesicht der Werkstatt gibt es kein einziges ungebührliches Geräusch von sich.
Ohne heute noch Lust auf eine Stadtbesichtigung zu verspüren. lassen wir uns immer geradeaus durch Antalya hindurchschieben. Schon der Blick aus dem Führerhaus macht uns deutlich, daß Antalya der bedeutendste Ferienort der türkischen Südküste ist. Als wir das Stadtzentrum durchquert haben, bewegen wir uns auf der Konyaaltı Caddesi auf die phantastische Kulisse der westlich von Antalya direkt hinter der Küste steil aufragenden Bey Dağlari zu. In zwei Serpentinen windet sich die Straße zum Ufer hinunter. Gleich hier liegt auf dem Strand ein Campingplatz, etwas dahinter dann ein Familiencamp des türkischen Staates. Ein kleines Stück weiter, hinter der Kreuzung, wo die Straße nach Burdur und Isparta abzweigt, Richtung Kemer, gibt es dann einen Parkplatz zwischen Straße und Strand. Hier bleiben wir. Zwar spendet nichts Schatten, doch es ist auch schon so später Nachmittag, daß wir ihn nicht mehr so dringend brauchen. Obwohl die Straße vierspurig direkt am Parkplatz vorüberführt, ist es ziemlich ruhig, die Luxusfahrbahnen werden kaum benutzt.

Der Strand von Konyaaltı ist ein endloses Band aus feinen runden Kieseln, die vom Meer in sanften Stufen geordnet worden sind. Kaum haben wir den Wagen abgestellt, stürzen wir uns schon ins

Wasser, um den Schweiß und Staub von Alanya und Side abzuspülen. Das Wasser ist auch hier ganz sauber und klar, es bietet uns ein paar Wellen zum Spielen, die später sogar recht hoch werden. Als wir nach dem Bad das Abendessen auf den Strand verlegt haben, müssen wir bald ein paar Kieselstufen landeinwärts flüchten, denn das Meer droht unseren Tee zu versalzen. Dann wird es rasch dunkel und still, eine Weile werden wir noch unfreiwillig von drei jungen Männern unterhalten, die mit ihrem LKW hinter uns geparkt haben und zu so lauter Rockmusik, daß der Lautsprecher hoffnungslos krächzt, in die Nacht hinein aufs Meer hinaus schreien und grölen. Zum Glück sind sie aber nach einer halben Stunde heiser und verlassen den Platz, sodaß in der Ruhe der Nacht einzig das Rollen der Wellen zu hören ist.

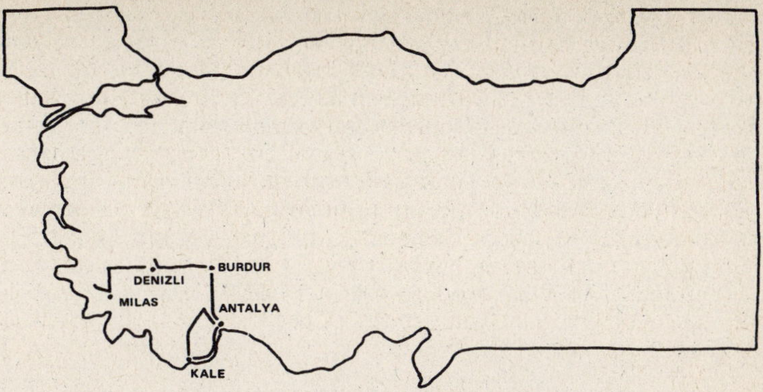

8. Teil: FERIEN IM PARADIES

Durch die Sonne und den beginnenden Verkehr auf der Straße geweckt, machen wir uns bald nach Antalya auf. An der Konyaaltı Caddesi liegen oben über dem Meer rechterhand Hochhäuser, deren Architektur gar nicht türkisch aussieht. Antalya ist eine reiche, sonnige, westliche Stadt. Das Verkehrsgewühl beginnt an der Kreuzung mit der Hastane–Caddesi. Kurz vor dem Wahrzeichen der Stadt, dem Gefurchten Minarett, "Yivli Minare" genannt, liegt ein großzügig angelegter Platz mit Atatürk–Denkmal und angeschlossenem, gebührenpflichtigen Parkplatz. Dort lassen wir für 50 TL den Wagen ein Sonnenbad nehmen, die Parkfläche bekommt den ganzen Tag über keinen Schatten. Der tendenzielle Reichtum Antalyas macht sich nicht nur in der Großzügigkeit der Stadtanlage bemerkbar, vor allem sind es die vielen Autos, die den Wohlstand augenfällig machen. Antalya trägt sein Image als Ferienort mit einer für türkische Städte einzigartigen Perfektion, anders als zum Beispiel in Alanya scheint hier der Streit zwischen den "Modernisten" und den "Traditionalisten" längst kalter kahve zu sein, Antalya ist eine Sommerfrische, und seine überdurchschnittlich wohlhabenden Einwohner scheinen mit Stolz darum zu wissen.

Wenn schon die Geschichte der Stadt nicht bis in allzu graue Vorzeiten zurückreicht, so versteht man sich hier um so besser auf das pulsierende Leben eines längst in die Stadt integrierten Badeortes. Das erste Ziel unseres Stadtbummels ist die Filiale der "Türkiye Iş Bankasi", die an der Kreuzung von Şarampol Yolu und Hastane Caddesi liegt. Unser letztes Erlebnis vom Umtausch eines Euroschecks ist uns noch gut in Erinnerung, es war in Ankara gewesen, trotz Hauptstadt umständlich und zeitraubend. Hier sind wir nun fast schon enttäuscht über den zügigen Ablauf eines völlig europäischen Schalterverkehrs. Keine Kinder, die an ausgeleierten Schreibmaschinen herumexperimentieren, stattdessen eine gediegene Einrichtung, wie wir sie aus heimischen Schalterhallen gewöhnt sind und dazu eine rasche Bedienung durch eine im Umgang mit Euroschecks virtuos geübte, makellos Englisch sprechende und durchaus europäisch gekleidete und geschminkte Angestelle. Unser einziger Trost zwischen all diesen untürkischen Begebenheiten ist der Wechselkurs, der sich weiter zu unseren Gunsten inflationiert hat.

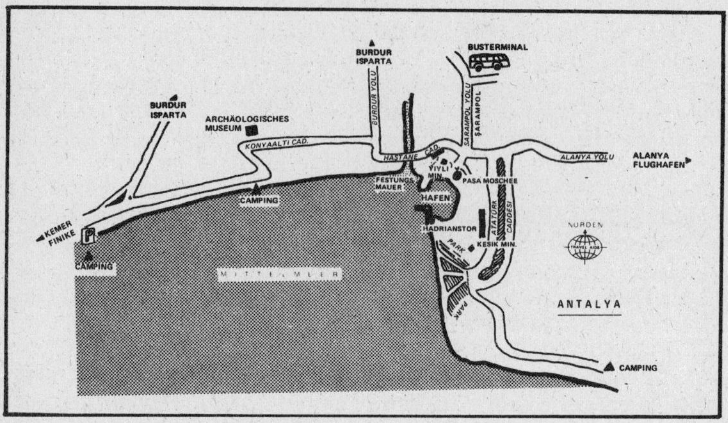

Die nördlichen Stadtteile Antalyas zählen nicht zu seiner touristischen Schokoladenseite, sobald man das bißchen Bazar, was sich in der Ecke zwischen Alanya Yolu und Şarampol Yolu noch erhalten hat, weiter in Richtung Norden verläßt, verliert Antalya seinen bezaubernden Reiz und degradiert sich zu einer Stadt wie viele andere. Einzig hier kann man auch noch mehrere Leute in traditionellen Kleidern sehen, die sonst im Straßenbild der Stadt modischer Konfektion gewichen sind.

Der Urlauber entdeckt das, was er entdecken soll, entlang der grossen Boulevards und im südlichen Viertel, was sich um den alten Kern der Stadt vom Gefurchten Minarett nach Süden, zwischen Ufer und Hadrianstor erstreckt. In den Gassen zwischen Atatürk Caddesi und Paşa Camii gibt es sogar so etwas wie eine Fußgängerzone. Nach westlichem Muster scheint sich hier der ehemalige Bazar in luxuriösere Ladenlokale umetabliert zu haben, denn die Warenangebote der hier liegenden Geschäfte zielen durchaus nicht nur auf den Urlauber ab. Allein zwischen Gefurchtem Minarett und Atatürk Caddesi liegen am Alanya Yolu genügend Geschäfte mit Süßwaren, Feinkost, Käse, Milch und allem, was das Leben angenehm macht. Sogar ein Schreibwarenladen ist darunter, der mit einem Tag Verspätung die "Süddeutsche Zeitung" und die "Frankfurter Allgemeine" anbietet, die freundliche, ältere Ladeninhaberin erklärt uns, daß die Zeitung vom Vortag jeweils ab 14 Uhr zu haben sei. Wir steuern einen großen, von dicken alten Bäumen beschatteten Teegarten neben der Paşa–Moschee an, in dessen lauschiger Kühle sich angenehm die Mittagsschließungszeit der Geschäfte verwarten läßt. Wir lassen unsere ersten Eindrücke bei einer Portion Eiscreme, deren Vorhandensein uns in so einer Stadt selbstverständlich vorkommt, sacken.

Antalya wurde kurz vor der Römerzeit, im 2. Jahrhundert v.Chr., gegründet. 130 n.Chr. wurde zu Ehren des römischen Kaisers Hadrian als Teil der damaligen Stadtmauer das dreibogige Hadrianstor errichtet, das heute noch steht und recht gut erhalten ist. Während der römischen, byzantinischen und seldschukischen Zeit war Antalya eine befestigte Hafenstadt, dem Seldschukensultan Alaeddin Kaykobad I. verdankt es sein Wahrzeichen, Yivli Minare. Dieser schlanke Turm mit den charakteristischen Furchen ist vermutlich nie Teil einer Moschee gewesen, sondern soll von Anfang an isoliert gestanden haben. Seine Bedeutung wird in der Funktion als Leuchtturm oder Landmarke gelegen haben. Unter Murat II. gelangte Antalya dann in osmanische Hände.

Am Ende der Atatürk Caddesi, die eine Prachtstraße ist, deren Fahrbahnen von einem Grünstreifen mit großen Palmen getrennt werden, gelangen wir in einen traumhaften Park. Der ganze Streifen der ungefähr 20 Meter hohen Steilküste ist zu einem ruhigen Garten mit breiten Wegen zum Lustwandeln angelegt. Viele große Bäume, Palmen, bunte Blumenbeete und Brunnen gibt es hier ebenso wie schattige Plätzchen mit Ruhebänken. Am Eingang zum Park werden wir Zeugen der Festvorbereitungen für das jährlich stattfindende Antalya-Festival, welches am 25. September beginnt. Allerlei Büdchen werden aufgebaut, das Festival lockt mit jahrmarktartigen Attraktionen, mit Musik und Tanzdarbietungen.

Von der Höhe des Parks kann man über Treppen zu den Felsen am Ufer heruntersteigen, um direkt am Wasser in einem "Gazino" Platz zu nehmen, dessen Tische und Stühle auf einzelne Felsbuckel verteilt sind. Ein paar Jungen nutzen die Café–eigene Bademöglichkeit, um sich zwischen den Felsen im leuchtendblauen Meer zu tummeln. Nach dem Bad spült die zum Gazino gehörende Dusche das Salz wieder ab.

Wieder oben im Park angelangt, wird uns eine neue Kuriosität türkischer Eintrittspreisregelungen zuteil. Um die öffentliche Toilette in Anspruch nehmen zu dürfen, muß Martina nämlich ein Eintrittsbillett zu fünf Lira (etwa 10 Pfg.) erstehen, dessen Drucktext:

"Antalya Belediyesı – Tuvalat Giris Ücreti Nr. 012863" (Stadt Antalya – Toiletteneintrittsgebühr) eindeutig und nur für die gelöste Vorstellung gültig ist.

Als wir zurückflanieren, scheint gerade Schulschluß zu sein, uns begegnen ungewöhnlich viele Kinder und zum ersten Mal so viele Jugendliche, die offensichtlich eine weiterführende Schule besuchen. Die Mädchen sind in langen, unförmigen, blauen Kitteln und weissen Blusen getarnt, Jungen tragen Bügelfaltenhosen, Hemd und Schlips. Ein wesentliches Zeichen für Antalyas Wohlstand war uns schon gleich zu Anfang aufgefallen, nämlich daß es kaum Kinder gibt, die arbeiten müssen. Nun bekommen wir also auch den Gegenbeweis, daß überdurchschnittlich viele von ihnen ihrer fünfjährigen Schulpflicht und der weiterführenden Möglichkeit einer höheren Schulbildung nachkommen können.

Wir verlassen Antalya mit dem Eindruck seiner wohlgenährten Sonnigkeit wieder in Richtung Kemer, wobei sich beim Einsteigen ins Auto das Lenkrad als so heiß erweist, daß man es ohne Asbesthandschuhe kaum anfassen kann. Als wir den Strand von Konyaalti entlang fahren, merken wir, daß es hinter dem Parkplatz, auf dem wir die letzte Nacht verbracht haben, gleich noch einen Campingplatz gibt. Daran hat es in dieser Gegend wirklich keinen Mangel, uns zieht es aber weiter, dahin, wo einmal das Paradies gewesen sein soll. Die Türken scheinen sich das Paradies ähnlich vorzustellen wie unsereiner, nämlich mit viel sattem Grün, phantastischer Landschaft, reichlich Wasser und sonnig–wonniger Wärme. Davon bietet der Landstrich, der sich im westlichen Ende der Bucht von Antalya nach Süden erstreckt, in der Tat genug. Allerdings hat sich nicht die stille Abgeschiedenheit des Paradieses erhalten können, sosehr auch die Jandarmaposten am Ortsende von Antalya die Fahrzeuge kontrollieren. Eine breite, gut ausgebaute Straße macht diese schöne Gegend zunehmend mehr Ausflüglern schmackhaft. Wir quartieren uns bald in einer kleinen Minibucht ein, zu der ein ganz schmaler, steiler Stichweg hinunterführt. Unten ist gerade Platz für uns und unseren Wagen. Begierig auf Nachrichten aus Deutschland und der Welt blättern wir nach einem Bad in der frisch erstandenen Zeitung, doch nimmt sich alles, was wir da erfahren, in der Sonne mit Blick auf's Meer recht unwirklich aus.

Vor dem eindrucksreichen Ausflug am nächsten Tag erweist es sich als schwieriger, die Bucht zu verlassen, als wir uns das vorgestellt hatten. Unten ist kaum Platz, den Wagen zu wenden, was uns nach einiger Rangiererei doch glückt, dann aber drehen die Antriebsräder auf dem losen Geröll der steilen Ausfahrt ziemlich schnell durch, der Wagen springt und tanzt, während er unter Aufbietung aller PS die Steine unter sich wegspeit, aber schließlich kommen wir doch unversehrt oben an. Vor lauter Schreck gibt die defekte Antriebswelle den ganzen Tag keinen Mucks mehr von sich.

ZWISCHEN MEER UND FELS ENTLANG DER SÜDWESTKÜSTE

Der angehende Nationalpark, den wir nun durchfahren, bestanden von sehr schönem Nadelwald, ist touristisch noch relativ unerschlossen, paradiesgemäß bekommen wir immer wieder großartige Ausblicke auf das blaue Meer. Nur ein schmaler, reich bewachsener Küstenstreifen trennt es von den zwischen 2000 und 2500 m hohen Bey—Dağlari, deren grauer Fels in majestätischer ehrfurchtgebietender Masse das Grün der Landschaft und den strahlendblauen Himmel miteinander verbindet. Bei Beldibi gibt es eine Quelle mit Trinkwasser, bald darauf biegt eine Straße nach Kemer ab. Kemer ist ein Feriendorf, wohin Badereisen gebucht werden können, mit Wasserski und allem drum und dran.

Direkt an der Stelle, wo die Stichstraße nach Kemer abgeht, liegt ein kleines Geschäft, dessen Angebot wir um ein Brot schmälern. Wir fahren dann noch ein kurzes Stück weiter, um vor Phaselis, einer noch kaum berührten und wild überwucherten antiken Ruinenstadt, die einstmals drei Häfen besessen hat, einen mild—schattigen Platz im Pinienwald zu finden, in dessen würziger Luft wir frühstücken wollen. Die Ruhe dieser Stelle wird nur selten von einem vorbeifahrenden Auto oder Traktor unterbrochen, meist hören wir nur das Brummen und Flirren der Insekten. Wie wir da so sitzen und es uns gut gehen lassen, fährt auf einmal ein Wagen vor, in dem drei Halbstarke zigarettenrauchend ihr zukünftiges Mannesdasein trainieren.

Eine zeitlang starren sie uns und unseren abgegessenen Tisch unverwandt an, dann öffnet sich die Beifahrertür. Der jüngste steigt aus, macht den Kofferraumdeckel auf und bringt einen Laib Brot zum Vorschein, den er uns gestenreich anbietet. Wir lehnen äußerst erstaunt, doch höflich ab, was den Knaben ein Achselzucken und das Brot seine Rückverbannung in den wieder zugeschlagenen Kofferraum kostet. Zu unserem weiteren Erstaunen steigen nun die anderen beiden, sie sind höchstens sechzehn Jahre alt, ebenfalls aus. Zu dritt begeben sie sich in den Wald, um eine weitere Zigarette zu inhalieren. Aus artiger Entfernung beobachten sie, wie wir bald darauf zusammenpacken und unsere Entdeckungsfahrt fortsetzen.

Es geht ein wenig ins Landesinnere, durch eine wasserreiche, zum Teil mit Mischwald bestandene Gegend, deren zunehmender Hügeligkeit eine hier teilweise nur geschotterte Serpentinenstraße entgegengesetzt wird. Von Kumluca nach Finike wird die Straße wieder flacher und auch besser, kurz vor Finike ähnelt der Küstenstreifen mit Sandstrand und Bambusschilf ein wenig der Strecke von Gazipaşa nach Alanya. Finike selbst ist ein sehr kleiner, mäßig zum Badeort aufstrebender Verkehrsknotenpunkt, denn hier biegt eine Straße ins Landesinnere ab. Der Ort lebt seinen Dauermittagsschlaf, ernährt von Fischern und ein paar die Abgeschiedenheit bevorzugenden touristischen Sonderlingen, denen einige Hotels und Pensionen, manche davon noch im Rohbaustadium, und die neu angelegte Hafenpromenade zur Verfügung stehen.

Wir wollen weiter, nach Kale, dem antiken Myra,aus dem, wer hätte das gedacht, der heilige Sankt Nikolaus gebürtig stammt. Was ihn aus dieser herrlich sonnenverwöhnten Gegend ausgerechnet in der kalten und nebeligen Winterszeit alljährlich auf den sechsten Dezember in unsere Breitengrade verschlägt, wissen wir beim besten Willen nicht. Die Straße birgt wieder neue Faszinationen. Sie ist hier der Steilküste mit Sprengungen abgetrotzt, ihr schmales Fahrbahnband umwindet Bucht um Bucht, Fels um Fels. Immer wieder laden kleine Kieselstrände am Rand zu einer Badepause ein und das Meer, hier von einem satten Blaugrün, was sich gut zum Ockerton der Felsen ausnimmt, kommt uns ungewöhnlich kühl vor. Bei einem solchen Bad nutzen wir gleich hinterher noch das auf der anderen Straßenseite liegende Restaurant, auf dessen bestimmt fünfzig Personen fassender Terasse wir nebst einigen mageren Hühnern die einzigen Gäste sind. Kurz darauf umfahren wir eine große Bucht, die dabei ist zu verlanden. Vom Meer ist sie schon durch Sandbänke fast völlig abgeriegelt, an einigen Stellen beginnt Sumpf,

NICHT IN ERDE, SONDERN IN FELS LIEGEN DIE LYKIER BEGRABEN (MYRA / KALE)

viel Schilfgras wächst, und der vorbeifahrende Wagen schreckt eine Reihe Wasservögel auf.

Kale ist ein winziges Kaff mit schmalen Gassen, die eigentliche Attraktion ist nicht ausgeschildert, doch wir tun gut daran, dem Schild "Saint Noel Kilise" zu folgen, welches zur Basilika des heiligen Nikolaus führt. Wir durchqueren fast den ganzen Ort, bis wir kurz vor der mächtigen Felswand, die Kale im Norden begrenzt, einen Parkplatz finden. Aus der großen Gruppe von Kindern und Jugendlichen, die uns sofort wie gewöhnlich umschwärmen, machen sich vier Jungen zu unseren Führern. Sie ziehen mit uns aus, die großartigen lykischen Grabmonumente zu besichtigen, die ungefähr 2700 Jahre alt sind. Einen ganzen Berghang hoch ziehen sich Grabkammern, sodaß der Fels von Weitem wie ein Bienenkorb aussieht.

Von Nahem bekommt man natürlich einen anderen, etwas feierlicheren Eindruck dieses senkrechten Friedhofes. Aus dem ganzen Stein sind Fassaden herausgemeißelt, deren Form deutlich Stein für Stein aufgerichteten Gebäuden ähnelt. Griechische Stilelemente haben sich im Schmuck dieser lykischen Grabstättenform niedergeschlagen. Giebel, Reliefs und Halbsäulen lassen den Eindruck in den Fels hineingebauter griechischer Kleintempel entstehen. Manche Kammern sind zugänglich, und in gewagten Kletterpartien manövrieren uns die jugendlichen Fremdenführer durch die Höhlungen. Aus einigen können wir nur durch kleine Durchbrüche in die nächste kriechen. Geradezu schwindelerregend ist dann die Aussicht aus den Grabkammern den Abhang hinunter auf Kale. Doch überleben wir es und können nach dem Herunterkraxeln auch noch das gut erhaltene römische Theater in Augenschein nehmen. Zum Abschied schenkt uns der Oberführer der eifrigen Vier zwei Zitronen aus kale'schem Anbau, frisch gepflückt zur schmackhaften Erinnerung an den Ort des Heiligen St. Nikolaus. Wohl oder übel fällt diesmal das Bakschisch vierfach aus, als wir uns dann auf den 31 Kilometer langen Rückweg nach Finike machen.

Dort nehmen wir die Straße nach Elmalı, die geradewegs in die Bey–Dağlari hineinführt. Zunächst folgen wir einem malerischen und ziemlich grünen Flußtal, dann klettern wir auf kürzester Strekke fast von Meereshöhe auf 1200 Meter. Nach dem ersten hohen Bergzug gönnt uns die Landschaft nur noch sehr eingeschränkt grüne Anblicke, hauptsächlich wird der Straßenrand von schroffen Felsen begrenzt. Seitab tun sich schmale Schluchten auf. Doch obwohl die einheimischen Verkehrsteilnehmer hier ausschließlich Pferde–, Ochsenkarren und Traktoren benutzen, ist die Beschaffenheit der Fahrbahn ausgesprochen gut.

Wir wollen zu den in leuchtendem Blau in der Karte eingezeichneten Seen, um 'mal wieder in Süßwasser baden zu können. Doch in Natura sind sie zu unserer Enttäuschung einfach nicht vorhanden, jemand muß bereits vor langer Zeit den Stöpsel herausgezogen haben. Vermutlich sind sie alle beide trockengelegt worden, denn es gibt an ihrer Stelle weite, um diese Jahreszeit natürlich längst abgeerntete Stoppelfelder. Hinter den Bergketten gelangen wir auf eine Art Hochebene, die im Gesamteindruck etwas an die Trostlosigkeit Zentralanatoliens erinnert. So ist die Strecke von kurz vor Elmalı bis hinter Korkuteli ein bißchen langweilig, zumindest wenn man sich vorher mit dieser einmalig schönen Küste verwöhnt hat.

Doch gewinnt die karge Hochfläche durch die mit aufwendigen Bewässerungsanlagen angepflanzten Obstplantagen. Elma heißt türkisch der Apfel, und so erklärt sich ganz von selbst, weshalb um Elmalı herum so gut wie nur Apfelbäume stehen. Auf die paar Birnen, die hier gleichzeitg reifen, konnte bei der Namensgebung keine Rücksicht genommen werden. Einer der zahlreichen Obsthändler am Straßenrand gibt seiner überschwenglichen Deutschfreundlichkeit dadurch Ausdruck, daß er uns unter vielen Segnungen und allerlei Ehrenbezeugungen je ein mehr als großzügig gewogenes Kilo Birnen und Trauben für zusammen fünfzig Lira (eine Mark) überläßt. Am Nachmittag erreichen wir Korkuteli, das wir in Richtung Antalya verlassen. Die Gegend wird wieder reizvoller, denn die Straße sucht sich abermals den Weg zwischen den Bergen hindurch. Immer üppiger wird jetzt die Vegetation. An Termessos vorbei. welches in einem schönen, zum Nationalpark erklärten Gebiet liegt, fahren wir auf Antalya zu.

Termessos liegt wie ein Adlernest über der pamphylischen Ebene. Seine Lage ist so perfekt, daß selbst Alexander der Große, der auf seinem Zug ganz Anatolien unterwarf, es nicht einnehmen konnte. In einem Urwald von Steineichen, Eiben, Kiefern und Lorbeer liegen die Ruinen, unter denen besonders das Theater im klassisch griechischen Stil, ohne römische Überbauung, mit seinen in den Felsen geschnittenen Sitzreihen und dem hinter der Bühne abfallenden Land, das einen endlosen Blick als Kulisse freigibt, bedeutend ist.

Bald gelangen wir auf die große Hauptverkehrsstraße, die Antalya mit Burdur und Isparta verbindet. Diese Straße ist die Hauptader für den Schwerverkehr nach Izmir. Die Wichtigkeit unterstreicht eine Jandarma—Kontrolle an der Kreuzung sowie die vierspurige Verkehrsführung. Eine regelrechte Autobahn windet sich da die Berge hinunter auf Antalya zu. Doch je näher wir dem Ort kommen, desto mehr dient die Autobahn Fußgängern, Mofa— und Radfahrern, nur ab und zu verirrt sich ein Auto auf die Fahrbahn. Es dunkelt schon, als wir den Strand von Konyaaltı wiedersehen, wohin uns die Straße, westlich vom Ortskern, entläßt. Der Kreis unseres Dreihundert–Kilometer–Ausfluges schließt sich, als wir auch durch die letzte Kontrolle für heute durchgewunken werden. In der Dämmerung bekommen wir allerlei individualistisch beleuchtete türkische Autos zu sehen. Kurz hinter dem Platz, den wir uns für die letzte Nacht gesucht hatten, finden wir einen leichter zugänglichen zwischen Kiefern direkt am Meer.

Doch müssen wir am Morgen feststellen, daß diese Stelle wohl nicht so ideal wie zunächst angenommen ist. Schwer begehbare Wackersteine und seeigelbesetzte Felsen und Klippen trüben die Badefreuden, eine ungeheure Anzahl von Fliegen, die aussehen wie zu klein geratene Stubenfliegen, dafür aber empfindlich beißen können, mengenweise Schnaken und eine in der Gesamtrechnung vernachlässigbare Schar Wespen verleiden uns das Faulenzen an Land.
Dies aktiviert uns zu einer Einkaufsfahrt nach Antalya, wo in dem Geschäft, in dem wir gerade unsere Vorräte komplettieren, ein junger Mann Geld wechseln will. Als er uns reden hört, fragt er in tadellosem Deutsch, ob wir nicht einen Tee mit ihm trinken möchten. Er erzählt, daß er acht Jahre "überall in Deutschland" gearbeitet habe. Nun ist er mit seinen DM–Ersparnissen zum Mitinhaber eines Billardsalons avanciert. Er führt uns in seine düstere Spelunke, eine wahre Spielhölle, an deren Billardtischen mit der Emphase einer Hollywood–Kriminalkomödie Kugeln gestoßen werden. Weiter hinten sitzen Männer an Tischen und schieben sich die Backgammon–Steine über das Tavlabrett zu. An anderen Tischen werden Karten gespielt, besser: Es wird richtig gezockt, dieser Ausdruck paßt wohl eindeutiger zu der Halbweltatmosphäre, über der eine Wolke aus Zigarettenrauch, Teedampf und Alkoholdunst wabert. Immerhin – allein wären wir bestimmt nie in so ein Lokal hineingegangen und hätten auch nichts von der dem Sonnenlicht abgewandten Seite Antalyas kennengelernt.

Unser Gastgeber dirigiert uns in die hinterste Ecke und bittet uns, an einem abgewetzten Resopalplattentisch auf speckigen, roten Kunstlederstühlen Platz zu nehmen. Er bringt uns Tee und entschuldigt sich gleich – wir erfahren, daß es sich um die bestgehendste Spielhalle Antalyas handelt –, daß er den Wünschen der zahlreichen Gäste nachkommen muß. Sein Kompagnon, ein feist daher watschelnder Wanst, nimmt uns nur kurz in Augenschein, um sich dann sofort wieder in die Teeküche zurückzuziehen. Der Typ, der uns eingeladen hatte, kommt immer nur auf ein paar Sekunden an unseren Tisch, hockt sich dann flüchtig auf eine Stuhlkante und erzählt irgendetwas, zieht ein– zweimal an der Zigarette, die während seiner andauernden Abwesenheit im Aschenbecher vor sich hin glimmt und springt dann wieder auf, um seine Kundschaft zu bedienen.

Stolz auf seine deutschen Sprachkenntnisse, die er den meisten seiner Gäste voraushat, führt er uns vor, wie er einem mit dem allerfreundlichsten Gesichtsausdruck "Leck' mich am Arsch" ins Gesicht sagt, dann setzt er sich wieder zu uns und kichert sich ins Fäustchen. Nach deutscher Kaufmannstradition trägt er einen Kuli, obwohl er ihn niemals braucht, hinter dem rechten Ohr und hat, wie fast alle türkischen Kellner an der Südküste, die Hosenbeine zweifach umgeschlagen, warum, wissen wir nicht. Trotz der Hektik, die seine Kundschaft ihm bereitet, werden wir mit aller Höflichkeit zu einem zweiten Tee genötigt. Uns hätte ja eigentlich der Eindruck des Hauses nach einem Tee schon gereicht, doch so bleiben unsere durchgeschwitzten Hosenbeine noch ein Weilchen auf den Kunstlederbezügen der Stahlrohrstühle kleben.

Unterdessen erfahren wir, daß der Mann fünfzehn Stunden am Tag hier arbeitet und daß es ihm Spaß mache. In einer längeren Bedienungspause erkundigt er sich dann mit den obligatorischen Fragen, ob uns die Türkei gefiele, ob uns Antalya gefiele und so weiter. Wir beantworten alles zu seiner Zufriedenheit und nutzen die einmalige Gelegenheit, uns höflich für den Tee und die Einladung zu bedanken. Martina bemüht sich, von Eicke mit Argusaugen bewacht, beim Spießrutenlauf zum Ausgang des Billardsalons möglichst wenigen Zugriffen ausgesetzt zu werden. Draußen atmen wir erst einmal tief durch.

Beim Verlassen Antalyas gelangen wir wieder in die Jandarma–Kontrolle am Ortsausgang Richtung Kemer. Diesmal werden wir angehalten, jedoch nur, damit uns der ranghöchste Milizsoldat seine englische Konversationsfähigkeit unter Beweis stellen kann. Für die braven Antworten entläßt er uns dann gnädig mit ungeprüften Papieren. Über die Stelle, die unser letztes Nachtquartier gewesen war, fahren wir hinaus, um die Wasservorräte an der Quelle von Beldibi aufzufüllen. Dort kehren wir um und begeben uns zurück, in die Nähe des gestrigen Platzes, wo wir den Wagen in einer Bucht unter Kiefern parken.

Von der Straße ist dieser Küstenstreifen durch gut fünfzig Meter Land, mit Gestrüpp und Bäumen bewachsen, getrennt. Auf weichem Waldboden stehen einzelne, hohe Kiefern mit ausladenden Kronen. Vor uns erstreckt sich feiner, weißer Kieselstrand auf einer sanft gerundeten Breite von vielleicht zweihundert Metern, rechts eingefaßt von einzelnen weißen Felsklötzen und dichter werdendem Kiefernwald, links begrenzt von einer schroff aufragenden Felswand. Davor liegt das Meer in seiner phantastisch blauen Faszination. Zu dieser Idylle gibt es ein paar hundert Meter draussen, vor dem linken Ende der Bucht, ein üppig grün bewachsenes Inselchen. In unserem Rücken, jenseits der Straße, erheben sich die grauen Wände der Bey—Dağlari gegen den Himmel.

In dieses aufgeschlagene Bilderbuch nisten wir uns nun für fast eine ganze Woche ein, in der wir uns völlig dem Genießen des Nichtstuns, des Ausspannens hingeben. Zwar ist die Bucht nicht uns allein reserviert, besonders an den beiden Tagen des Wochenendes bevölkern Scharen von picknickenden Familien grillender, spielender und großartig diskutierender Weise den Strand, doch ist das Areal weitläufig genug, daß sich hier niemand auf den Wecker geht. Die Leute fahren spätestens mit dem Dunkelwerden wieder nach Hause. Es gibt auch einige Dauergäste, so stehen zeitweilig vier Campingbusse auf einmal, alle aus Deutschland, auf dem Gelände herum. Zu dem Luxus der Landschaft ist es uns dabei noch vergönnt, sehr nette Leute kennenzulernen, diesmal keine Türken, sondern ein gleichfalls im Selbstbau—Camper reisendes Paar, mit dem wir einige schöne Tage und lange Abende am Lagerfeuer auf dem Strand, wo wir in der Asche Kartoffeln und Zwiebeln braten, erleben.

Der September neigt sich seinem Ende entgegen, als wir ein letztes Mal nach Antalya aufbrechen, den leergefutterten Kühlschrank wieder füllen und uns in den Teegarten an der Paşa Camii setzen, um mit Eis und Mineralwasser von der Südküste Abschied zu nehmen. Ein bißchen wehleidig machen wir uns dann auf den Weg nach Burdur, denn zum ersten Mal breitet sich bei uns der Gedanke aus, daß wir bald zurückfahren werden, alles, was jetzt noch kommt, bringt uns dem sicher schon von Herbst, Sturm und Regen gepeinigten Deutschland näher.

Die durchweg sehr gute Straße — sie wird selbstverständlich gerade vierspurig ausgebaut — führt hinter Antalya zunächst auf zwei—, dreihundert Meter Höhe hinauf, wo sich eine ebene Hochfläche ausbreitet, die in ihrer abgeernteten Stoppelfeldhaftigkeit nicht gerade eine Augenweide darstellt. Hier kann man links nach Termesos abbiegen, einige Kilometer später führt eine linkerhand abgehende Stichstraße nach Karain, wo sich eine Höhle mit mesolithischen Wandzeichnungen aus der Vorgeschichte befindet. Die Ebene wird im Norden von einer drohenden Felswand begrenzt, auf die die Straße geradewegs zuhält. Unmittelbar davor biegt sie jedoch nach rechts ab, folgt dem Verlauf des Felsmassivs wenige Kilometer, um es dann am Çubuk Boğazi, der an die 900 m hoch ist, zu überqueren. Bald treffen wir auf eine große Weggabelung, wo sich die Straße nach Burdur und die nach Isparta trennen. Bei Burdur öffnen sich dann die Berge und geben den Blick auf die schön im Grünen liegende Stadt und den großen, blauen Burdurgölü frei.

Hier scheitert ein Tankversuch, weil der Strom ausgefallen ist und die Pumpe infolgedessen keinen Diesel fördert. Bei der nächsten Tankstelle funktioniert zwar die Elektrik, doch muß der Tankwart erst die Zapfsäule reparieren, bevor der Treibstoff in den Tank unseres Wagens laufen kann. Die Landschaft ist abwechslungsreich, und für Unterhaltung des Autoverkehrs sorgen Rinder- und Ziegenherden, ungezählte Mengen an Bahnübergängen, samt und sonders unbeschrankt. Dazu kommen die beim Ausbau zur Schnellstraße natürlich überall anfallenden Baustellen, die die Fahrt mit Schottereinlagen und Slalomübungen um geistreich abgekippte Sandhaufen herum würzen.

SCHMILZT NICHT WIE SCHNEE IN DER SONNE:
DIE WEISSE KRUSTE DES SALZSEES ACIGÖL

In Dınar, einem verschlafenen Provinzstädtchen, gönnen wir uns eine Pause im Teegarten im Zentrum, dessen Kundschaft – fast nur uralte Männer – uns wie ein exotisches Papageienpaar im Zoo bewundern. Dafür erzielt der Teepreis mit fünf Lira für ein sehr großes Glas einen absoluten Tiefstpreis. Hinter dem Acigöl, fast ganz eine Salzwüste, steht mächtig das Massiv des Yan Dağ. Grau und senkrecht gefurcht ragt es hinter der silbrig–weiß schillernden Salzkruste auf. Von jetzt ab wird es zusehends ebener, bald läuft die Straße schnurgerade auf Denizli zu. Kurz bevor man den Ort erreicht, führt eine – für diesen Abstecher ungewöhnlich breite und gute, offensichtlich auf starken Busverkehr ausgerichtete – Straße nach Pamukkale herauf.

Der Name ist ganz richtig, Pamukkale heißt Baumwollschloß, und wenn man sich auch unter einem solchen nichts vorstellen kann – man weiß es, wenn man Pamukkale gesehen hat. Kalziumkarbonathaltige Thermalquellen haben hier im Laufe von Jahrhunderten von Stalaktiten umrahmte, kaskadenartige Bassins geschaffen, die sich eines über das andere im Halbrund den Bergabhang Richtung Denizli hinunterwölben. Die Sinterterassen sehen aus, als sei einem Riesen eine entsprechende Schüssel Sahne aus der Hand geglitten. Doch vor das Naturwunder haben die Türken den Rummel gesetzt. Erst kommen viele Reklametafeln, bald darauf die Hotels und Pensionen, auf die die Tafeln hinweisen. Oben angekommen, finden wir uns auf einem großen Parkplatz wieder, an den eine ganze Front von Nippesgeschäften mit Teppichen, Kitsch und Tand anschließt. Auf den Bänken der angrenzenden gastronomischen Betriebe tummeln sich einige Besichtigungsmüde, es herrscht viel Verkehr, Busse scheuchen mit lautem Gehupe aufgeregte Touristen vor sich her und ständig hasten irgendwelche Menschen hin und her, um den Anschluß an ihre Gruppe wiederzufinden, derer sie verlustig gegangen sind.

BAUMWOLLSCHLOSS MIT BADEWANNEN FÜR HUNDERTE VON BESUCHERN: PAMUKKALE

Die warmen Quellen waren schon den Römern bekannt, die Ruinen ihrer Stadt Hierapolis erstrecken sich nördlich der Sinterterassen, genauer gesagt, zwischen Tusan Motel und Campingplatz. Neben dem Theater aus dem zweiten nachchristlichen Jahrhundert ist das besondere Merkmal von Hierapolis die Totenstadt. Hausartige Steinsarkophage beherrschen das Bild dieser Nekropole, die als die größte aus der Antike bis in unsere Zeit erhaltene gilt. Außerdem sind auch Reste von Thermen erhalten, ferner Ruinen eines Apollontempels und eines Plutoniums, was nicht ein römisches Atomkraftwerk, sondern ein Heiligtum gewesen ist.

Das Thermalwasser gelangt durch Kanäle an verschiedene Stellen des Bergrückens und ergießt sich von da über die Terassen, wobei Bassins unterschiedlicher Größe entstehen. Sie messen von fußbeckenartigen Wannen bis zu Bademulden, in denen sich fünf Personen aalen können, ohne sich gegenseitig zu belästigen. Die Wassertiefe schwankt in den größeren Becken zwischen 30 Zentimeter und vielleicht knapp einem Meter. Die blendendweiße Naturschönheit ist kontrastreich durchsetzt mit speckglänzenden und sonnenbrandleuchtenden, kamerabehängten, aber dabei badebehosten Touristen – zumeist deutsch von Nationalität –, die mit vorsichtig watenden Schritten konzentrische Ringe im warmen Mineralwasser verursachen.

Wir ziehen uns mitsamt dem Wagen in eine etwas ruhigere Ecke vor dem Trubel zurück. Vor einer römischen Mauer, die heute das Gelände des Tusan Motels begrenzt, parken wir den Wagen zwischen einigen Sträuchern. Unter einer kleinen aus Beton gegossenen Brücke plätschert der thermalwasserführende Kanal unter dem Auto her. Wenn das Touristenaufkommen hier oben verebbt, werden mit Beginn der Dämmerung die Wasserkanäle, die die Sinterterassen versorgen, abgeschottet. Der gesamte Strom wird dann zu Tal geleitet, um die Felder zu bewässern und die weiße Pracht muß unbenetzt bis zum nächsten Morgen aushalten.

Plötzlich spricht uns ein Türke an. Gegen Geld, von dem er Eicke bündelweise zerknitterte Scheine unter die Nase hält, möchte er alles kaufen: Hemd, Hose, Schuhe (egal welche Größen), Taschenlampe, Radiorecorder, Kaffee, Zigaretten. Es folgen noch viele Vokabeln, die er alle akzentfrei aussprechen kann, obwohl er sonst kein Deutsch versteht. Schließlich gibt er sich damit zufrieden, daß wir außer einer Trost–Zigarette nichts für ihn haben und zieht zum nächsten Touristen weiter.

Wir kommen nach Denizli, einer schönen, großen Stadt mit westlich–städtischem Gepräge, Palmen, großen Geschäftshäusern mit modernen Fassaden, zahlreichen Schulen und regem Betrieb. Hier wollen wir noch einmal nach den typischen Porzellan–Teeglasuntersetzern fahnden, die uns, seit wir in Anamur die Gläser erstanden haben, zu unserem Glück noch fehlen. Man bekommt sie ja in fast jedem Teehaus vorgesetzt, diese rot–weiß gestreiften Tellerchen, aber in allen Läden, in denen wir nachgeschaut haben, offerierte man uns immer nur große Kollektionen von gläsernen oder welchen aus Aluminium, in der Luxusausführung sogar aus Edelstahl. Manchmal werden auch verschiedene Dekors auf Melamin–

Untersetzern angeboten, dem beliebtesten Werkstoff für türkisches Geschirr. Einzig die überall gebräuchlichen rot-weiß gestreiften Teeuntersetzer scheinen für den Normalsterblichen nirgends käuflich zu erwerben sein. Wir sind schon drauf und dran, als wir im Bazarviertel Denizlis wieder in allen möglichen Geschäften von der Unmöglichkeit unseres Begehrens erfahren müssen, uns für andere Untersetzer zu entscheiden, als uns auf dem Bürgersteig vor dem letzten Laden, den wir aufsuchen wollen, ein freundliches "Grüß Gott!" begegnet.

Ein Türke, etwa fünfundvierzigjährig, der für sechs Wochen auf Urlaub bei seiner Familie in der Heimat weilt, unterbricht uns da so freundlich süddeutsch in unserem Unglück. Sein zweites Leben verbringt er in Nürnberg in einer Aluminiumfabrik, er ist hocherfreut, uns mit seinem guten Deutsch zu imponieren. Sogleich bittet er Martina, ob sie nicht zwei Postkarten an seine beiden deutschen Freundinnen schreiben könne, weil er selbst es nicht könne. Als wäre es das Selbstverständlichste von der Welt, für einen wildfremden Menschen an noch unbekanntere Damen zu schreiben, willigt sie überrumpelt ein. Kreuz und quer folgen wir dem Mann durch die Innenstadt, bis er uns in einen luxuriösen Teegarten auf der Dachterasse eines Geschäftshauses einlädt.
Nachdem Martina das schwere Geschäft ihrer Ghostwriter—Korrespondenz erledigt hat, plaudern wir noch ein wenig über die Türkei, in der der Mann selbst weit herumgekommen ist, denn er war früher LKW—Fahrer.

Wir erzählen ihm beiläufig von unserem Problem mit den Untersetzern. Zunächst erzählt er uns nur achselzuckend, daß es in Kütahya eine Porzellanfabrik gäbe, wo diese Teller hergestellt werden. Als er dann aber zahlt, spricht er den Kellner darauf an, der uns ein Porzellangeschäft im Erdgeschoß des Hauses empfiehlt. Vorher rückversichert sich der Kellner beim Küchenjungen, der einen ganzen Berg dieser Teeglasuntersetzer verwaltet. Von ihm werden wir ins Porzellangeschäft begleitet, doch hier ist alles nur vom Feinsten, sodaß uns die Frage nach den ordinären Exemplaren ihrer Gattung von vornherein aussichtslos erscheint. Tatsächlich werden wir auch weiterverwiesen, in ein Geschäft gleich um die Ecke, was aber, wie sich herausstellt, dem selben Chef gehört und deswegen auch eine identische Kollektion anzubieten hat.

Wir scheinen unterdessen stadtbekannt geworden zu sein, denn der Verkäufer aus dem ersten Laden kommt aufgeregt hinter uns hergelaufen, einen jungen Mann im Schlepptau, welcher sich nunmehr in eine wortreiche Diskussion mit unserem postkartenschreibenlassenden Türken einläßt, um sich dann mit ihm im Geschwindschritt in Bewegung zu setzen. Wir folgen, so gut wir können.

Die Gassen des Bazars werden immer kleiner und schmaler, die vielen Ecken, um die wir gegangen sind, können wir nicht mehr rekonstruieren, wir sind mitten im Gewühl des Bazars untergetaucht. Endlich sind wir in einer Gasse mit Geschirrhändlern angekommen, wo in einem Laden, als wäre das ganz normal und natürlich, rot—weiß gestreifte Teeglasuntersetzer auf uns warten.Wir werden sehr höflich und zuvorkommend bedient und sind froh, bald darauf das in Zeitung eingeschlagene, lang ersehnte Gut in Händen zu halten.

Der junge Mann, der noch den positiven Kaufabschluß abgewartet hatte, verabschiedet sich und verschwindet, der Türke aus Nürnberg wechselt noch ein paar Worte mit uns und geht dann auch seiner Wege. Wir versuchen, unseren Rückweg zum Wagen durch das Labyrinth der Verkaufsgäßchen anzutreten und verlassen Denizli dann in bester Laune. Wegen seiner Teeglastellerchen werden wir es ewig in guter Erinnerung behalten.

Unseren ursprünglichen Plan, über Aydın nun gleich nach Izmir zu fahren, haben wir verworfen, denn die eine Postkarte, die Martina nach Nürnberg geschrieben hat, zeigt auf der Vorderseite ein Bild vom Bafagolü, einem See, von dessen Schönheit der Wahlnürnberger zu schwärmen begann. Bis Aydın folgen wir auf breiter und schneller Straße dem Tal des Büyük Menderes, des Mäander. Von dem berühmten Fluß sehen wir kaum etwas, aber sein Tal ist grün und fruchtbar bis zur Üppigkeit. Viele Früchte, hauptsächlich Feigen, werden hier angebaut, aber auch große Baumwollfelder sehen wir. Eingefaßt wird die Mäanderebene von ziemlich kahlen, trockenen Bergrücken. In Aydın biegen wir nach Süden ab, wo uns bald wieder eine traumhafte Landschaft umfängt.
Mehr oder weniger hoch über der Schlucht des Çinecayi, eines Nebenflusses des Mäander, windet sich die Straße durch bizarre Felsformationen, deren aufgetürmte Klötze von Moos, Gras und Bäumen dicht bewachsen sind. In Yatağan, einer kleinen Industriestadt, die hauptsächlich von der ortsansässigen Butter— und Käsefabrik lebt, biegen wir dann wieder nach Westen, Richtung Milas, ab. Dorthin fahren wir zwischen Schieferwänden, die in der Nachmittagssonne kupferfarben gleißen, später durch Nadelwaldlandschaft, die ungeheuer stark dem Schwarzwald ähnelt. Aus dem Schwarzwald entlassen, geraten wir mitten in das religiöse Zentrum des antiken Kariens hinein.

Die Karer, über die man heute noch so wenig weiß — nicht einmal ihre Schrift konnte bisher entschlüsselt werden —, verehrten im nordwestlich von Milas liegenden Labranda ihre Hauptgottheit, den Zeus Labrandeus, dessen typisches Merkmal die Doppelaxt ist. Sonst ist von der karischen Kultur nur wenig überliefert. Milas selbst ist eine sehr schöne, alte Stadt mit herrschaftlichen Häusern, schmalen Straßen und vielen Palmen. Hier steht ein Grabmal aus dem zweiten Jahrhundert nach Christus, ein römisches Monument, in dem man eine verkleinerte Kopie des Mausoleums von Harlikarnassos, welches einmal zu den sieben Weltwundern gehörte, vermutet.

Wir winden uns noch in nordwestlicher Richtung einige Kilometer Serpentinenstraße entlang, dann breitet sich vor unseren Augen der Bafagölü aus. Tatsächlich, er ist da, so wie in der Karte eingezeichnet, weder Salzsee noch ausgetrocknet. Olivenhaine stehen an seinem Ufer, gegenüber begrenzt ihn die 1367 Meter aufragende Wand des Besparmak Dağ. Allerdings müssen wir uns mit dem schönen Bild begnügen, denn zum Baden ist der See nicht geeignet. Er ist ziemlich flach und natürlich besonders im Spätsommer so weit ausgetrocknet. daß man beim Hineingehen kaum mehr als die Waden unter Wasser setzen kann. Er scheint recht fischreich zu sein, denn weiter draußen sehen wir zahlreiche Fischer in ihren kleinen, bunten Bötchen auf Fang gehen.

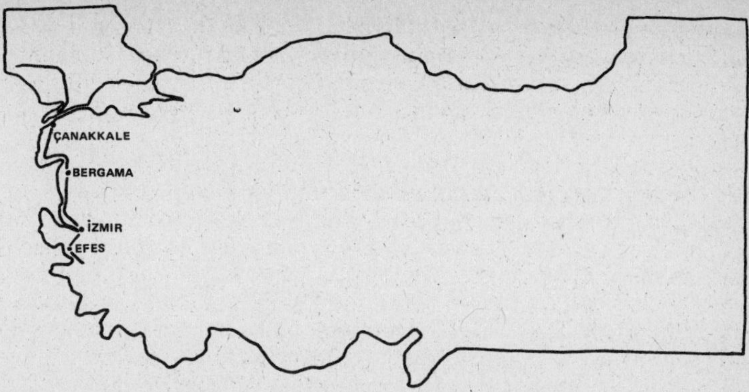

9. Teil: DIE ÄGÄISCHE KÜSTE

Der Bafagölü grenzt an die antike Landschaft Ionien, das Herzstück der griechischen Kolonisation in Kleinasien. Von der Unzahl kleinerer, unbekannter archäologischer Stätten einmal abgesehen, bietet der Küstenstreifen zwischen Milas und Izmir außer einer Landschaft, die beinahe schon typisch hellenisch hügelig ist, bewachsen von Olivenhainen, ihre Luft vom Zirpen der Grillen erfüllt, einige der bedeutendsten Städte antiker Zivilisation und damit den größten Teil der Wiege eben jener Kultur, mit der wir uns heute noch immer herumschlagen müssen.

Als wir am Morgen vom Bafagölü aufbrechen, entlassen uns bald die Labadağlari, die die südwestliche Begrenzung des Sees bilden, in die Mäanderebene. An dieser Stelle zweigt nach links eine Straße ab, die nach Didim im Süden und nach Balat im Norden führt. Hinter dem Namen "Didim" kann man noch den alten griechischen "Didyma" vermuten, die Stadt mit dem berühmten Apollon-Tempel, einem weithin bekannten Orakel, was als das größte Heiligtum seiner Zeit galt. Bei Balat liegt Milet, Geburtsstadt des berühmten Mathematikers Thales und Heimatstadt des Alphabetes, was sich von hier über die ganze klassische Welt ausbreitete.

Wir durchqueren jetzt die Mäanderebene, die so kurz vor der Mündung des großen Flusses eine beträchtliche Breite gewonnen hat. Heftige Windböen fegen vom Meer her wie in einen Trichter die Ebene hoch, die im Süden von Labadaği und Besparmak Dağ und im Norden von der Landzunge des Samsun Daği, eines Nationalparks, begrenzt wird. Am Fuße des Samsun Daği geht es nach links zu den Ruinen von Priene ab, deren schachbrettartige Stadtanlage ein Beispiel für antike Stadtplanung bietet.

Wir fahren noch ein kurzes Stück weiter nach Norden, während rechterhand, soweit das Auge reicht, die riesigen Baumwollfelder abgeerntet werden. Zwischen dem von den weißen Tupfen der Baumwolle gegliederten Dunkelgrün der Pflanzen leuchten unzählige bunte Kopftücher der Frauen, die hier den ganzen Tag in gebückter Haltung mit dem Abklauben der Sträucher beschäftigt sind. Große LKWs fahren an uns vorüber, auf deren Ladeflächen dicht gedrängt viele, viele Menschen, zumeist Frauen, stehen. Sie werden zu neuen Einsatzstellen für die Ernte transportiert. Andere Wagen, an denen wir vorbeikommen, haben hohe Gittergestelle als Bordwände der Ladefläche. Bis zu weit über sechs Meter Höhe werden sie mit den in Säcken lose zusammengestopften Baumwollballen vollgeladen.

Wir kommen nach Söke, einem Dorf mit katastrophalem Straßenzustand, welches zudem noch, wahrscheinlich durch die Baumwollernte, von vielen kreuz und quer fahrenden oder parkenden Autos und hin und her hastenden Menschen den quirligen Eindruck vollendeter Hektik macht. Ganz und gar verloren versucht da ein Bauer, seinen liebevoll mit blühenden Rosen auf lindgrünem Grund bemalten Eselskarren samt störrischem Zugtier in Sicherheit zu bringen. Hinter Söke bessert sich der Fahrbahnbelag wieder, wir sind jetzt unterwegs nach Kuşadası, welches einstmals den finsteren Ruf einer Piratenhochburg hatte. Die heutigen Einwohner sind bequemer geworden, sie fahren nicht mehr aufs Meer hinaus, um Schiffe zu entern, stattdessen nehmen sie Touristen aus, die von alleine in Scharen zu ihnen kommen. Bis dahin folgen wir einer idyllischen kleinen Bergstraße mit Serpentinen. Die Landschaft ringsum, bald mit Blick von der Höhe des Samsun Daği auf die saphirblaue Ägäis, ist so idealtypisch griechisch, daß Lord Byron, hätte er diesen Landstrich nur gut genug gekannt, seine heiße Liebe zu Griechenland bestimmt gegen die zur türkischen Westküste getauscht hätte.

Kuşadası ist ein eigentlich hübscher Badeort mit palmenbestandener Uferpromenade und südlich sich weit erstreckendem Sandstrand, doch hat man hier geflissentlich eine sehr gepflegte Atmosphäre geschaffen, die jedes Fitzelchen türkischer Nonchalance auf Dauer aus dem Ort verbannt hat. Uns reizt Kuşadası nur zu einer Durchfahrt, staunend nehmen wir die durchweg westeuropäische Bevölkerung auf den Bürgersteigen wahr. Gibt es hier denn keine Türken mehr ? Aus allen Nippesläden quellen die gleichen Angebote von den Auslagetischen auf die Straße, Teller, Kupferkannen,

Kleinkram. Zwischen tiefgebräunten und rotgebrannten Touristen, die in Shorts und Bikini, was hier nicht einmal mehr stört, die Gassen auf und ab flanieren, weisen Schilder auf Deutsch zu diversen Hotels oder ADAC–Campingplätzen. Tatsächlich gibt es hier sogar Telefonzellen, eine Einrichtung, nach der man sonst sogar in den Metropolen lange suchen muß. Und damit man sich als preußischer Urlauber so richtig wie zu Hause und damit wohl fühlen kann, sehen wir auch, zum ersten Mal seit wir das heimische Düsseldorf verlassen haben, einen städtischen Abschleppwagen, der Falschparkern Verkehrsdisziplin lehrt. Trotzdem mag dieser Ort für einen Familienurlaub oder Neckermann–Badefreuden ganz gut geeignet sein, uns schreckt aber zu dick aufgetragene deutsche Gemütlichkeit in ihrer perfekten Auslandsorganisation ziemlich ab, sodaß wir froh sind, deren letzte Hürde an der Ausfallstraße nach Selçuk hinter uns zu bringen. Dort liegt nämlich ein Restaurant, dessen riesiges Aushängeschild unter einer Bierreklame in dicken Lettern und bestem Deutsch versichert: "Hier kocht Muttern."

Ein kurzes Stück können wir noch einmal eine schmale, vielfach gewundene Straße an der Steilküste entlang genießen und zufrieden feststellen, daß das Meer zwar wundervoll blau, aber trotz der vielen Touristen noch nicht preußischblau geworden ist. In einer Kurve wartet ein fein herausgeputztes Kamel auf uns, sein Besitzer will Touristen einmal darauf im Kreis führen, damit der Reiter auch ein echt orientalisches Abenteuer mit nach Hause nehmen kann, doch trägt er es mit Gleichmut, daß wir vorüberfahren. Endlich kommen wir dann in die Nähe von Selçuk, wo wir den Ruinen von Ephesos einen ausgiebigen Besuch abstatten wollten.
Ephesos, heute Efes, nimmt unter den Städten Ioniens sicherlich die bedeutendste Stellung ein. Als Hauptstadt der römischen Provinz Asia soll sie zur Zeit des Kaisers Augustus bereits 200.000 Menschen beherbergt haben.

Doch bevor wir sehen können, was sie hinterlassen haben, kommen wir auf einem großen Parkplatz an, dessen schattige Stellen schon allesamt vergeben sind. Einige Busse, die auf die Wiederkehr ihrer Insassen warten, lassen uns erahnen, daß auch dieser Ort nicht nur in der Antike sehr belebt war. Der Parkplatz ist gesäumt von allerlei Geschäften, die den üblichen Kram zu noch nie gesehenen Preisen offerieren, außerdem gibt es einige Restaurants und Gazinos, deren enorme Zahl von Sitzplätzen auf ein gutgehendes Geschäft schließen lassen. Hier sind alle Tische gleichgroß und es stehen passende, völlig intakte Stühle um sie herum, Stofftischdecken in dezentem Rotkariert verbreiten untürkische Behaglichkeit, das Angebot des Restaurants hat sich ebenfalls auf die Wünsche seiner Gäste eingestellt: Statt Şiş Kebab gibt es bereits Hamburger.

KARISCH, IONISCH, LYDISCH, PERSISCH, PONTISCH, RÖMISCH, GOTISCH, BYZANTINISCH, SELDSCHUKISCH, OSMANISCH UND TOURISTISCH – E P H E S O S

Wo die Gasse zwischen den Geschäften enger wird, liegt das Kassenhäuschen, an dem wir unsere Billets zum Eintritt in die von einem Stacheldrahtzaun umhegte klassische Stadt lösen. Auch Ephesos zeigt nichts von seiner bewegten Geschichte, die meisten Ruinen stammen aus der römischen Kaiserzeit. Wo heute die Reste der wohlhabenden Stadt liegen, die bis ins dritte Jahrhundert n.Chr. die blühendste Handelsstadt Kleinasiens gewesen ist, wurde sie erst nach der Zeit Alexanders des Großen errichtet. Vorher aber gab es schon eine lange Tradition an einer Stelle etwas weiter nordöstlich, in Richtung auf die heutige Stadt Selçuk zu. Bereits die Karer verehrten hier ihre oberste Göttin, die zur Zeit der griechischen Kolonisation Ioniens von der Artemis abgelöst wurde. In den Wirren der letzten vorschristlichen Jahrhunderte war Kleinasien Schauplatz der Kämpfe um die Vorherrschaft des pergamenischen Königreiches und des Seleukidenreiches, wobei Efes schließlich zunächst unter die Herrschaft Pergamons geriet, dessen König Attalos III. sein gesamtes Reich testamentarisch den Römern überließ.

So wurde Ephesos römisch, konnte sich aber nicht sehr gut mit den neuen Herren arrangieren, deren Steuerlast den ephesischen Bürgern zu drückend erschien. So suchen sie durch den Anschluß an den gegen Rom kämpfenden König Mithridates von Pontos, dessen Reich sich ursprünglich auf die Schwarzmeerküste beschränkte, den römischen Steuereinnehmern zu entkommen. Die nur vier Jahre, die Mithridates von 88 bis 84 n.Chr. in Ephesos regierte, sind als grau-

sames Fanal in die Geschichte eingegangen, als die sogenannte "Ephesische Vesper". Mithridates ordnete an, alle römischen Bürger umzubringen.
Doch besiegten später die Römer auch Mithridates. Ephesos wurde ein unaufhaltsamer wirtschaftlicher Aufschwung zuteil, bis es durch das Verlanden seines Hafens zu einem eher unbedeutenden Landstädtchen herabsank. Der Name der heutigen Stadt Selçuk zeugt von der Zeit, als die islamischen Turkstämme bis zur Ägäis vordrangen. Efes blieb auch in der Osmanenzeit noch ein Handelsplatz, doch verlor es auch diese Bedeutung, als dann Izmir zur Metropole aufblühte.

Seit 1898 werden vom Österreichischen Archäologischen Institut Grabungen und Restaurationsarbeiten an der römischen Stadt zwischen Panayir Daği und Bülbül Daği vorgenommen. Längst ist noch nicht alles frei gelegt und aufgenommen, was diese riesige Stadt zu bieten hat. In der Gewalt und Prunkhaftigkeit der römischen Monumentalarchitektur der späten Kaiserzeit offenbart sich hier das Selbstverständnis des römischen Imperiums als eines zur Führung der Welt berufenen Staatsgefüges, in dessen Leidenschaft zum Gigantischen der einzelne Mensch überhaupt nicht mehr wahrgenommen wurde. Die optimale Verwaltung gewährleistete eine Organisation aufgeblähter Bürokratie und die gewaltige Militärmaschinerie, die zusammen mit der typisch römischen Architektur den so unterschiedlichen Regionen des römischen Imperiums von Portugal bis Syrien und von England bis Nordafrika einen uniformen Stempel aufdrückte. In der monumentalen Unausweichlichkeit dieser Architektur verbirgt sich der durchaus gegen das Individuum aggressive Charakter des römischen Kaiserreichs, ein Zug, den manche Kunstgeschichte übersieht.

Vom Kassenhäuschen aus führt ein Fußweg geradewegs auf die "Arkadiane" zu, jene Prachtstraße, die vom früheren Hafen aus in die Innenstadt, auf das Theater zulief, welches ganz im Zentrum der Stadt liegt. Die Sitzreihen sind zum Teil wieder hergestellt, sodaß der mächtige Bau – er bietet 24.000 Sitzplätze – einen guten Eindruck seiner ursprünglichen Gestalt gibt. Schräg gegenüber dem Theater liegt der antike Marktplatz, die "Agora", an deren bergseitigem Ende sich das wohl berühmteste Bauwerk von Ephesos anschließt, die Celsusbibliothek. Während unseres Aufenthaltes sind die österreichischen Archäologen immer noch mit der Wiederherstellung beschäftigt, der eigentliche Bibliotheksbau ist aber bereits fertig restauriert, jedenfalls soweit, wie eine Restaurierung geplant ist.

Das Gebäude wurde ursprünglich im zweiten Jahrhundert nach Christus zum Gedenken an den Senator und Konsul Titus Julius

Celsus von dessen Sohn vollendet und birgt an der Rückseite unterhalb des Fußbodenniveaus der Bibliothek in einem dunklen, muffigen und heute vergitterten Gelaß das Grab des Senators. Am bemerkenswertesten ist wohl die Prunkfassade in zwei Stockwerken, die von vorgesetzten Säulen verziert und mit Blendgiebeln und Statuennischen gegliedert ist. Im Inneren ist auf großen Schautafeln mit Zeichnungen und mehrsprachigen Erläuterungen einiges über die römische Bauweise und die Art der Restaurationsarbeiten zu erfahren.

Von der Bibliothek aus biegt nach Südosten die sogenannte Kuretenstraße ab, die sich den Sattel zwischen Bülbül– und Panayir Dağı hinaufzieht. Linkerhand stoßen wir bald auf den Traianstempel, der in den Jahren nach 117 n.Chr. entstanden ist und mit einer Badeanlage, den späteren Scholastikiathermen, innerhalb des grossen Wohngebietes, in dem er lag, kombiniert war. Rechts der Strasse erhoben sich Wohnhäuser mit bis zu sechs Stockwerken, die überwiegende Bauweise war aber einstöckig.
Die Kuretenstraße führt durch ein Straßentor, hinter dem eine Seitenstraße zu den schlecht erhaltenen Ruinen des Domitiantempels führt. Weiter geradeaus endet die Kuretenstraße in einem weiteren Zentrum der Stadt, wo sich um den oberen Markt herum das Rathaus (Prytaneion), ein kleines gedecktes Theater (Odeion) und das Bad des Varius gruppieren. Wir sind hier am Ende der antiken Stadt angelangt, oberhalb ziehen sich einzig noch die Reste der alten Stadtmauer den Hang des Bülbül Dağ entlang. Wir machen uns auf den Rückweg durch die von zahlreichen Reisegruppen belebte Antike, deren Reiseführer versuchen, sich in der jeweiligen Sprache ihrer Schäfchen marktschreierisch zu übertönen, um ihnen das klassische Altertum nahezubringen.

Wir machen eine kurze Rast in einem der vielen Gazinosus am Parkplatz. Zu dem untürkisch perfekten Mobilar kommt nun hinzu, daß wir zu der Flasche Mineralwasser, die wir bestellt haben, tatsächlich ein Glas gebracht bekommen. Gewöhnlich bekommt man doch nur die entkronkorkte Flasche vorgesetzt. Wir werden uns wohl damit endlich abfinden müssen, daß der Tourismus, der den davon betroffenen Orten Reichtum bringt, auch dazu führt, daß der Reichtum wieder in solche Veränderungen investiert wird, die dem Geschmack der Touristen genehm sind, damit noch mehr kommen.

Wir verlassen das alte Ephesos, das schon der Apostel Paulus von einem besseren Glauben überzeugen wollte, und fahren ein kurzes Stück weiter auf der Straße nach Selçuk, an der linkerhand die - Trümmer des einstigen Weltwunders, des Artemistempels von Ephesos, liegen. Die Stätte bietet ein recht kümmerliches Bild, nicht einmal die Fundamente des einstigen übergigantischen Baus aus dem vierten Jahrhundert vor Christus sind noch klar zu erkennen. Ursprünglich hatte er 109 m Länge und 55 m Breite, 127 Säulen trugen eine Dachkonstruktion, deren Höhe im Scheitelpunkt des Giebels zwischen 45 und 50 m gelegen haben muß. So fahren wir weiter nach Selçuk, dem heute bewohnten Ort bei Efes. Zwei Bauwerke ziehen hier die kunsthistorisch Beflissenen an, die Johannesbasilika, eine große Kirche aus byzantinischer Zeit, die über dem angeblichen Grab des Heiligen Johannes Theologos ungefähr im Jahre 565 vollendet wurde und die aus der Zeit der Seldschukenherrschaft stammende Isa–Bey–Moschee, die 1375 errichtet wurde und bei deren Bau Säulen aus verfallenen Hafenthermen der ehemaligen römischen Stadt verwendet worden sind.

Wer will, kann von Selçuk aus einige Kilometer auf der Straße İzmir – Aydın in südlicher Richtung fahren, um bald nach rechts einem Stichweg zu folgen, der zu einer bekannten christlichen Wallfahrtsstätte führt, dem Haus, in dem angeblich Maria ihre letzten Lebensjahre verbracht haben soll. "Meryemana" heißt der Ort auf türkisch, doch wir verzichten auf eine Besichtigung und machen uns stattdessen über die Hauptverkehrsader nach Izmir auf.

Hinter Selçuk durchfahren wir eine langweilige, aber doch wohl ziemlich fruchtbare Ebene, die der Küçükmenderes mit Wasser versorgt. Einzelne Hügelketten durchsetzen das Flachland, wir fahren an unzähligen Touristenshops vorbei, wo Töpferwaren in meterlangen Auslagen die Fahrbahn säumen. Vereinzelt gibt es nun auch Industrieanlagen und der Verkehr, besonders von Lastwagen, nimmt stetig zu, je näher wir der Ägäismetropole kommen. Dichter und dichter wird auch die Besiedlung, schließlich wachsen die Vorstädte regelrecht in das Stadtgebiet von Izmir hinein.

1.232.000 Einwohner nennt das Schild am Ortseingang, doch dürfte die wahre Zahl, die vielen Dörfer im Einzugsgebiet mitgerechnet, weit höher liegen.

Wir gelangen auf einer ziemlich neuen, großzügigen Stadtautobahn hinein, die von der Höhe der Vororte in sanftem Gefälle bis zum Stadtteil Karabaglar hinunterführt. Ein kurzes Stück folgen wir noch der Esref Paşa Caddesi, dann winden wir uns auf einer steilen Serpentinenstraße die große Stufe in den modernen Stadtkern hinab, der recht neu ist und mit seinen gleißenden Marmor–, Glas– und Metallfassaden der riesigen Bank– und Geschäftshäuser den Eindruck einer westlichen Großstadt vermittelt.

Nur wenige Spuren deuten auf die reiche Vergangenheit dieser Stadt, die bei den Humanisten immer noch Smyrna heißt, hin.

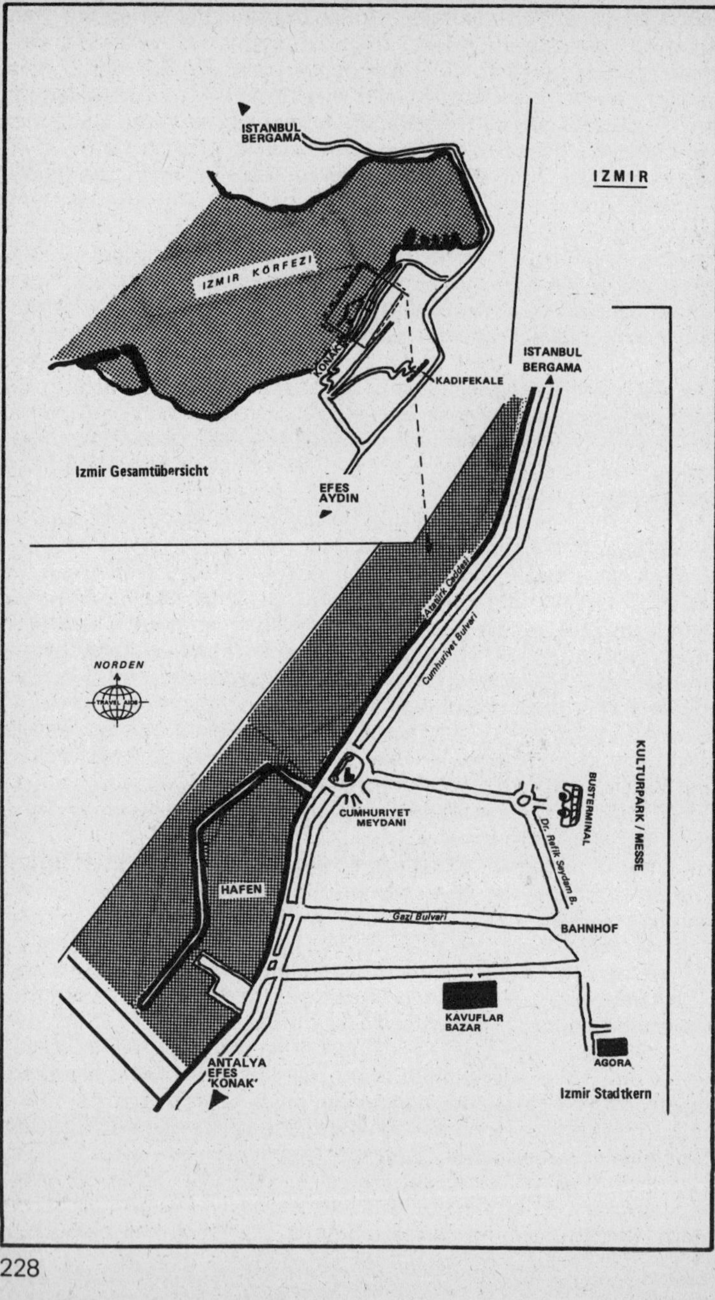
ISTANBUL
BERGAMA
IZMIR
IZMIR KÖRFEZI
KONAK
KADIFEKALE
ISTANBUL
BERGAMA
Izmir Gesamtübersicht
EFES
AYDIN
Atatürk Caddesi
Cumhuriyet Bulvari
NORDEN
TRAVEL AIDS
KULTURPARK / MESSE
BUSTERMINAL
CUMHURIYET
MEYDANI
Dr. Refik Saydam B.
HAFEN
Gazi Bulvari
BAHNHOF
KAVUFLAR
BAZAR
AGORA
ANTALYA
EFES
'KONAK'
Izmir Stadtkern

Izmir ist die Geburtsstadt des blinden Dichters Homer, dessen Epen uns traurigerweise davon in Kenntnis setzen, mit welch bis heute unveränderter Grausamkeit bereits vor dreitausend Jahren Krieg geführt wurde. Ein riesiges Feuer verschlang 1922 den größten Teil der alten Bauten und machte Platz für die moderne Stadt, den größten und umsatzstärksten Hafen und die drittgrößte Stadt der Türkei, die wegen ihres Wohlstandes von den Türken "Güzel Izmir" – das schöne Izmir – genannt wird.

In der schmalen Uferebene hat sich das gesamte Atatürk'sche Modernisierungsprogramm mit offensichtlicher Vollständigkeit durchgesetzt. Es gibt große Warenhäuser, Yeni Karamürsel am Konak–Platz kann es mit jedem hiesigen Kaufhof, Hertie, Horten und Karstadt in Größe und Angebot durchaus aufnehmen. Man sieht überdurchschnittlich viele Leute in europäischer, teurer Kleidung vorbeiflanieren, sodaß der gesamte Kern der Neustadt den Eindruck vermittelt, Izmir schwämme im Reichtum. Anders wird es, als wir uns die kleinen, engen, winkeligen Gäßchen zur Zitadelle hinaufschlängeln.

"Kadifekale" heißt zwar "Samtburg", doch was sich unterhalb der ursprünglich hellenistischen Akropolis, die in byzantinischer Zeit zu der heutigen Zitadelle renoviert wurde, erstreckt, ist nicht von Samt und Seide. Vielmehr umsäumen Geçe Kondus die Mauern, deren Ecken und Winkel heute zum Teil als Massentoilette benutzt werden. Sobald wir oben anhalten, umschließt uns ein Ring schmuddelig und ärmlich gekleideter Kinder, die "Money, money" rufen und dazu mit den flachen Händen gegen das Wagenblech schlagen. Ein Tanzbär wird herangeführt, er soll zum Rhythmus eines Tambourins für uns tanzen, gegen Geld natürlich. Durch ausdauerndes Ignorieren schaffen wir es schließlich, ohne einen Bären aufgebunden zu bekommen und ohne den bettelnden Kindern nachzugeben, zum Rand von Kadifekale vorzudringen und von den Mauern herunter den herrlichen Blick über die ganze Stadt, die sich um den İzmir Körfezi, den Golf und zugleich natürlichen Hafen Izmirs, herumzieht, zu genießen. Wer sich hier nach Einbruch der Dunkelheit hochtraut, wird sicherlich ein ganz besonders schönes Lichtermeer mit glitzerndem Widerschein auf dem Golf zu sehen bekommen.

In einem nahen Teegarten ruhen wir uns etwas aus, bis es mit einem scharfen Wind vom Meer her zu kühl wird. Danach ziehen wir uns wieder in den Glanz der glücklichen Stadt zum Ufer zurück, wo wir den Wagen an der Bergseite gegenüber des Konak Meydani auf einem kleinen, schattigen Parkplatz abstellen. Sogleich werden wir freundlichst begrüßt von einem älteren, buckligen Mann, der dort als Parkwächter fungiert und die angrenzende öffentliche

Toilette sauber hält. Nachdem wir ihn mit einer Zigarette beehrt haben, segnet er uns mehrmals mit langen Litaneien, in denen mindestens fünfmal "Allah" vorkommt.

Derartig unter göttlichen Schutz gestellt, lassen wir den Wagen beruhigt zurück und machen uns auf einen ausgedehnten Spaziergang. Konak Meydani ist ein belebter Platz, der das Wahrzeichen der Stadt, "Saat Kulesi", den Uhrturm im maurischen Stil, trägt. Stadteinwärts gelangen wir nun durch kleinere Straßen, immer die nordöstliche Richtung verfolgend, zum Bazar. Als Orientierungshilfe dienen uns die drei bekanntesten Moscheen İzmirs, die Kemeraltı Camii, die Hisar Camii und die Şadırvan Camii. Der Bazar ist, weil so viel des täglichen Geschäftsverkehrs in modernen Warenhäusern und Spezialgeschäften abgewickelt wird, wesentlich kleiner, als es die Größe der Stadt vermuten ließe. Die Westlichkeit İzmirs zieht sich sogar noch in den Bazar hinein, dessen buntes Treiben von großen Aushängeschildern und Neonreklamen einen modernen Touch erhält. Ein wenig weiter östlich liegen die Reste der aus dem zweiten nachchristlichen Jahrhundert stammenden, römischen "Agora", dem Vorgänger des Bazars. 13 Säulen mit schönen Kapitellen und die Statuen von Poseidon, Demeter und der Artemis sind das einzige Zugeständnis des pulsierenden İzmirs an die Verehrer des klassischen Smyrna.

Noch von Ephesos völlig gesättigt mit Antike, laufen wir wieder in Richtung Ufer, wo wir bald auf der Hafenpromenade, deren Strassenname Atatürk Bulvari ist, in nördliche Richtung flanieren. Bald erreichen wir das Herzstück von İzmirs Prächtigkeit, den Cumhuriyet Meydani, zu deutsch "Platz der Republik", in dessen Mitte sich ein gewaltiges Reiterstandbild des Türkenvaters erhebt. Eine kleine Grünanlage umschließt im Halbkreis den Sockel des Monuments, rundherum stehen Ruhebänke. In der Umgebung liegen die besten Hotels der Stadt, allen voran das Superluxusriesenhotel "Büyük Efes" mit seinem Palmengarten und Swimming–Pool. Der Wind nimmt zu, sodaß wir es nicht lange auf den Bänken zu Füssen Atatürks aushalten, während wir den Atatürk Bulvari weiter hinaufgehen, schlagen die Wellen mit aggressivem Klatschen gegen die Kaimauer, oft gischtet es über die Brüstung. Die landeinwärts liegende Straßenseite ist gesäumt von einer nicht abreißenden Kette aus Restaurants, Nachtclubs, Reiseagenturen und teuren Läden, die Teppiche, Antiquitäten und Souvenirs anbieten. Den einzigen Einschnitt zwischen all den Lustbarkeiten bietet das von bewaffneten Patrouillen umgangene türkische Nato–Hauptquartier.

Um unseren Türkeiurlaub, der ja nun unausweichlich seinem Ende entgegengeht, würdig zu beschließen, suchen wir uns ein passendes Restaurant unter den vielen des Atatürk Bulvari aus. Drei Stunden tafeln wir dann dort bei gedämpftem Licht, leiser Musik im Hintergrund, aufmerksamer, aber dezenter Bedienung, gutem Wein und vortrefflichem Essen. Dabei machen wir den bis heute besten Rundgang durch die Spezialitäten der berühmten türkischen Küche. Doch auch hier, in "Güzel Izmir", ist es uns nicht vergönnt, das Mahl mit einem Kaffee zu beschließen, denn zum großen Bedauern des Oberkellners gibt es keinen.

Der Rückweg, zu dem wir uns dann endlich aufraffen, gestaltet sich schwierig. Voll des trockenen Weines fällt uns die Orientierung in der von Straßenbeleuchtung verschonten Stadt recht schwer, dafür tapsen wir ungeschickt in Pfützen und werden unversehens von Kabeln überrascht, die, aus einem Rohbau hängend, plötzlich à la Geisterbahn durch's Gesicht streifen. Von soviel Abenteuer restlos müde, sinken wir ins Bett, dessen deutliche Seitenneigung und der Geräuschpegel von den die Steigung hochfahrenden Autos uns zu einem unruhigen Schlaf verhelfen.

Tags drauf verlassen wir Izmir auf einer zur Schnellstraße ausgebauten Fahrbahn, die zum Teil entsetzlich baufällig wirkenden und im Staub zu ersticken scheinenden Slums ziehen sich auch in nördliche Richtung noch hin. Wir brauchen lange, um das unmittelbare Einzugsgebiet Izmirs hinter uns zu lassen, es gibt in der Ebene noch weit draußen Industrieanlagen und viele Kilometer von der Stadt entfernt sehen wir immer noch zahlreiche Minibüsleri, die nach Izmir fahren. Die Landschaft ist nicht sehr schön, stark zersiedelt von Industrie und Neubaudörfern, als einzige Abwechslung gibt es Olivenhaine. Wir haben 105 Kilometer bis Bergama, der berühmten antiken Stadt Pergamon, die seit dem vierten Jahrhundert vor Christus Hauptstadt des Pergamenischen Königreiches und eines der blühendsten Zentren hellenistischer Kultur gewesen ist.

Das Geschlecht der Attaliden, welches ein Jahrhundert lang die Könige Pergamons stellte, war von dem einzigen Bestreben beseelt, in Pergamon durch Bauwerke, Literatur und Kunst nicht nur Antiochia, ein Zentrum des damaligen geistigen Lebens und im Besitz der mit Pergamon verfeindeten Seleukiden, zu überflügeln, sondern gleich ein zweites Athen oder Alexandria zu schaffen. Später übernahmen die Römer das Erbe Pergamons, dessen Stadtbild in einem Jahrhundert zu imposanter Größe gelangt war.

Die weitläufigen Ruinen geben einen treffenden Eindruck von der ehemaligen Bedeutung dieser Stadt. Neben dem heutigen Bergama, in dessen archäologischem Museum hellenistische und römische Kleinfunde sowie Terrakotta—Figuren aus mykenischer Zeit gezeigt werden, präsentieren sich die Überbleibsel der klassischen Zeit an zwei Stellen der Stadt. Von Izmir kommend, weist direkt am Ortsanfang ein Schild eine kleine Straße nach links hinauf, die mit einer Spitzkehre von der Hauptstraße abbiegt. An der Kreuzung hält ein Jandarma–Soldat Wache. Hier geht es zum "Asklepieion", einem Kurort des Altertums, das dem göttlichen Schutz des Asklepios, des Gottes der Heilkunde, unterstellt war.

Als wir am Asklepieion angelangt sind, trauen wir unseren Augen kaum. Kein einziges Mal auf unserer ganzen Reise haben wir bisher eine derartig dicht gedrängte Militärmachtdemonstration gesehen. Es zeugt von makaberem Geschichtsverständnis, wie dort die heilige Stätte zum Wohle und zur Erholung der leidenden Menschheit eingerahmt ist von Kriegsgerät. Gemischte Gefühle beschleichen uns angesichts der am rechten Zaun der Ruine aufgefahrenen Panzer, die allesamt nagelneu aussehen. Daran schließen sich säuberlich in Reih und Glied geparkte LKW an. Die Längsseiten des Trümmerfeldes werden auf der einen Seite von Bunkeranlagen, auf der anderen von einem Schießplatz flankiert. Neue Kasernengebäude mit angegliederten Nahkampfausbildungsplätzen liegen längs des Zufahrtsweges und noch scheint kein Ende in Sicht zu sein, denn olivgrüne Planierraupen mit Fahrern in Kampfanzügen legen Fundamente für neue Anlagen.

Ziemlich verunsichert suchen wir Zuflucht beim Gott der Heilkunst. Die von soviel Militär bewachte Anlage ist recht groß. Der Hauptkomplex besteht neben dem Tempel des Äskulap aus einem runden Gebäude, dessen frühere Konstruktion eine dämmrige Kühle vorgesehen hatte, in der die Kranken in den Heilschlaf fallen sollten. Priester deuteten dann ihre Träume und erteilten Ratschläge für die Therapie, die nicht nur in der Anwendung von Bädern im Wasser der heiligen Quelle, von Heilkräutern und Sonnenbädern bestand, sondern auch die Benutzung der Bibliothek und den Besuch des kleinen, 14 Ränge zählenden Theaters einschloß.

Galenus, ein römischer Arzt und nach Hippokrates der bedeutendste Arzt der Antike, praktizierte hier. Die Anlage ist unterschiedlich gut erhalten. Wir gelangen vom Parkplatz aus auf ein Stück der alten Straße, die von Pergamon zum Asklepieion heraufführte.

Früher war diese Straße einmal überdacht und hieß "Via Tecta". An einem Platz, wo heute eine wunderbare, weit ausladende Kiefer steht, betritt man den eigentlichen Komplex. Linkerhand liegen die Reste des Rundbaus mit den Schlafräumen, ein unterirdischer Gang, unter dessen Fußboden ein Kanal das Wasser der heiligen Quelle zu den Ruheräumen führte, ist heute noch begehbar und endet an der immer noch sprudelnden Quelle. Wie vor Abertausenden von Jahren kommen hier die Kinder aus dem Ort hinauf, um Tonkrüge mit dem besonders feinen und wohlschmeckenden Wasser zu füllen. Mit dem Bild der wasserholenden Kinder vor Augen erscheint uns der krasse Gegensatz dieses Ausdrucks stehengebliebener Zeit und der hochtechnisierten Militärpräsenz im Hintergrund ziemlich unerträglich.

Das kleine Theater schräg gegenüber der Quelle ist vollständig restauriert und mit elektrischem Licht für die alljährlich in der dritten Maiwoche hier stattfindenden Festspiele ausgestattet. Nach einem erfrischenden Ayran in dem Gazino am Kassenhäuschen verlassen wir die Stätte der Heilung und der Hochrüstung. Einen Berg weiter östlich, vom heutigen Bergama als "Akrapol" ausgeschildert. liegt die Akropolis von Pergamon. Drei Kilometer ist die Straße lang, die zu dem Burgberg hinaufführt, der auf mehreren Terassen Tempel, den Königspalast und Gebäude anderer Verwendung trug.

An die nördliche Säulenhalle des Athena–Tempels schloß sich die riesige Bibliothek an, die um 170 v.Chr. errichtet wurde und mit einem Bestand von 200.000 Bänden zu den größten Sammlungen der damaligen Welt zählte. Markus Antonius ließ später alle Buchrollen verpacken und übersandte sie Kleopatra als Geschenk, deren Bibliothek in Alexandria gerade einem Brand zum Opfer gefallen war. Doch auch die pergamenische Bibliothek wurde nicht sehr alt, sie verbrannte bei einem Feuer im vierten Jahrhundert nach Christus.

Am steilen Westhang liegen die Sitzreihen des wunderbaren Theaters. Weit kann man von dort über ein kleines Flußtal auf den nächsten Bergrücken schauen. 15.000 Zuschauer fanden hier einmal Platz, die Bühne bestand aus einer Holzkonstruktion. Der Tempel des Traian krönte in der römischen Kaiserzeit den Burgberg. Nahebei liegen auch die Ruinen des Dionysos–Tempels. Das wohl bedeutendste kunstgeschichtliche Denkmal Pergamons, der große Zeus–Altar, der sich einmal über der Agora erhob, ist bei den Ausgrabungsarbeiten im letzten Jahrhundert Opfer der humanistischen Arroganz geworden. Anstatt den freigelegten Altar an Ort und Stelle wieder aufzurichten, wurde das gute Stück nach Berlin ins Pergamon–Museum zwangsverschickt. DieTürken müssen sich mit zwei Bäumchen, die an der Stelle des alten Altars angepflanzt wurden,zufrieden geben. Wer also das berühmte Relief dieses Altars, was den Kampf zwischen den Göttern und den Giganten darstellt, sehen möchte, muß sich in den Muff eines musealen Ausstellungsraumes begeben und wird es schwer haben, sich von Berlin aus die pergamenische Sonne vorzustellen.

Wir verlassen Bergama, um weiter auf der Straße nach Çanakkale Europa entgegen zu fahren. Die gute und breite Straße führt durch recht eintönige Landschaft, einzig die vom vielen Gebrauch entstandenen Bodenwellen und Schlaglöcher sorgen für Abwechslung. Entweder gibt es hier Streckenabschnitte mit Oliven oder ohne, aber fast immer eben und mit verdorrtem Gras, was auf Dauer ziemlich trostlos aussieht. Bald führt die Straße in geringer Entfernung am Meer entlang. Auf dieser Strecke, zwischen Dikili und Ayvalık trennt ein nur 15 bis 20 km breiter Kanal das Festland von der Insel Lesvos, die ja, wie fast alle ägäischen Inseln, zu Griechenland gehört. Auch dies ist ein wunder Punkt im Stolz der Türken und trägt mit zu dem gespannten Verhältnis zwischen den beiden NATO—Partnern bei.

Kurz vor Burhaniye machen wir eine Rast in einem sehr schön angelegten Gartenrestaurant an der Straße, in dem sich hauptsächlich Lastwagenfahrer aufhalten. Die Menge der davor geparkten Lastwagen ist eigentlich immer ein Indiz für die Qualität eines Restaurants. Liebevoll sind hier Blumenbeete mit Steinen eingefaßt, ein Springbrunnen ist das Zentrum der Terasse. Zur Zeit springt er zwar nicht, doch auch das wasserlose Becken lockert die Atmosphäre auf. Wir sitzen im kühlen Schatten des hölzernen Verandadaches und trinken Mineralwasser, als wir plötzlich vor Schreck zusammenfahren. Am Tisch hinter uns hat einer der schon leicht angeheiterten LKW—Chauffeure, die dort großartig tafeln, eine volle Flasche Anisschnaps, Rakı, mit einer ungeschickten Handbewegung vom Tisch gefegt, worauf die Flasche zu Boden geht und mit einem lauten Knall zerplatzt. Sofort breitet sich Rakıdunst aus, sodaß man schon fast vom Schnuppern einen Schwips bekommt. Man stelle sich eine solche Szene in einer adäquaten deutschen Gartenwirtschaft vor: Zeter und Mordio, pädagogisches "Muß das denn sein?" vom Oberkellner und so weiter.

Aber wir weilen ja noch in der lebensfrohen türkischen Region "Ege", der Ägäis. Hier schert sich niemand darum. Die Scherben bleiben liegen, bis die Herren, im fröhlichen Gespräch von so einer Lappalie überhaupt nicht unterbrochen, ihr Mahl beendet haben. Unterdessen bringt der Junge eine neue Flasche Rakı. Erst als das Gelage beendet ist, fühlt sich der, der die Flasche zu Boden gebracht hat, bemüßigt, in die Küche zu gehen, um mit einem Kehrblech wieder zu erscheinen, die Spuren seiner Untat zu beseitigen und dann das Lokal mit seinen Kollegen zu verlassen.

Zwischen Edremit und Küçükkuyu finden wir dann einen Schotterweg, der von der Straße ab direkt ans Meer führt. Von der Straße, die auf einem Damm etwas erhöht hinter uns her verläuft, trennt uns ein Acker, an dessen Seeseite eine hohe Hecke aus einzelnen Bäumen Versteck und Schatten für den Wagen bietet. Da es ein schöner Platz ist, hält sich dort natürlich schon eine picknickende türkische Familie auf, die sich bald für uns interessiert. Während wir auf dem Kieselstrand sitzen, zu Abend essen und der Sonne zuschauen, die langsam hinter zwei Kiefern auf dem Strand zu versinken beginnt, unterbricht uns im Träumen und Plaudern sehr höflich eine junge, hübsche und modernst in einer weißen Latzhose gekleidete Frau, die von den Picknickern zu uns herüber kommt. Sie bittet Martina um eine Kopfschmerztablette und entschuldigt sich für ihr in unseren Augen ziemlich gutes Deutsch mit dem rasch angefügten Satz, daß sie noch lerne.

Trotz ihrer ganzen Westlichkeit, in der sie dem Bild Atatürks von der modernisierten türkischen Frau zu entsprechen scheint — schließlich kommt sie ja selbst zu uns und formuliert ihre Bitte selbst — ist es für sie überhaupt keine Frage, daß wir verheiratet sind. Sie möchte wissen, wieviele Kinder wir haben und wo sie sind. Wie immer in solchen Fällen, geben wir der Einfachheit halber an, wir seien seit einem Jahr verheiratet, aber Kinder hätten sich bislang noch nicht eingestellt. Diese Antwort gewährt uns meistens Schonfrist in den Augen unserer türkischen Gesprächspartner, denn besonders Martina sänke ja im Ansehen ihrer türkischen Geschlechtsgenossinnen, könnte sie nach angemessener Ehezeit noch keine Kinder vorweisen. Aber auch ein Jahr ist schon hart an der Grenze des Vertrauenswürdigen. Die junge Frau zeigt denn auch ein leichtes Bedauern für Martinas ausbleibendes Mutterglück und holt zum Trost ihren kleinen Sohn.

Ganz selbstverständlich gibt sie uns ihren ganzen Stolz, den sechs Monate alten Murat, ein strahlendes Kerlchen mit blonden Haaren und ohne eckig zurechtgeformten Schädel, auf den Arm. Wir erfahren, daß ihr Mann Soldat in Izmir ist. Sie freut sich riesig über die lobenden Worte, mit denen wir den kleinen Murat bedenken und stellt uns dann auch noch ihren Großvater vor, einen gebeugten alten Mann von guten Sitten, was sich in der formvollendeten Begrüßungszeremonie, der Frage, ob uns die Türkei im Allgemeinen und die Bucht von Edremit im Besonderen gut gefalle und dem Anbieten von Zigaretten äußert. Im Übrigen leistet er uns stumme Gesellschaft, als auch noch der Bruder der Frau hinzukommt, der sehr gut Deutsch spricht, weil er in Bremen studiert. So haben wir eine Weile eine richtig angeregte Unterhaltung, bis sich die Familie mit der sich senkenden Dämmerung verabschiedet und uns den kühler werdenden Strand allein überläßt. Eine Weile sitzen wir noch da und hören unter dem sternenübersäten Himmel das dunkle Meer rauschen, dessen sanfte Wellen in den Kieseln des Ufers ein dumpfes, immer wiederkehrendes gurgelndes Rollen verursachen. In der Ferne blitzen ab und zu dünn die Positionslampen von Schiffen auf.

Der nächste Tag gönnt uns auf der Weiterfahrt wieder abwechslungsreiche, interessante Landschaft. Die Straße entfernt sich vom Meer, das sie erst an den Dardanellen wieder erreicht. Ungefähr 70 Kilometer sind es aber bis dahin, die durch hügelige Binnenlandschaft führen.

Der Straßenzustand verschlechtert sich. Selbstverständlich wird auch hier, wie in jedem anderen Winkel der Türkei, eine neue Strasse gebaut, doch ist ihre Trasse nicht immer mit der alten Straßenführung identisch. Teilweise ist sie sicher auch schon fertig, aber wir scheinen den Anschluß verpaßt zu haben, jedenfalls merken wir plötzlich, daß das Verkehrsaufkommen schlagartig abgenommen hat, besonders LKWs und Busse sind verschwunden. So etwas ist für straßenbauarbeitengesegnete Landstriche typisch. Wenn nämlich, statt die alte Fahrbahn zu überarbeiten, einige Kilometer parallell zur alten eine nagelneue Trasse verlegt wird, bleiben die Schilder zunächst an der alten Straße stehen. Es dauert lange, bis die Verwaltung nachkommt und die Wegweiser an dem Neubau anbringt. So halten die neuen Straßen länger, denn nur der kundige Fahrer kennt irgendwo einen Stichweg, der ihn auf ein neu asphaltiertes Stück bringt. Kundig sind meist die Lastwagen– und Busfahrer, die das meiste Interesse an den neuen Wegen haben. Im Zweifelsfall kann es also nützlich sein, bei einem Berufschauffeur Auskunft einzuholen.

Die letzte geschichtsträchtige Stätte, die wir auf unserer Fahrt berühren und die eine Erwähnung verdient, ist Troja. Der Ort, der im Türkischen heute Truva heißt, liegt kurz vor den Dardanellen, fünf Kilometer von der Straße entfernt am Rande einer großen Ebene, die sich bis zur ägäischen Küste erstreckt. Der Ruhm Trojas geht von einem unrühmlichen Ereignis aus, nämlich dem Trojanischen Krieg, dessen ganze Grausamkeit sich um ein paar eifersüchtige Männerherzen entfaltete. Den Krieg, der sich um den Besitzanspruch auf eine Frau entspann, hat der blinde Dichter Homer in seinem berühmten Epos "Ilias" festgehalten, so genannt nach der griechischen Bezeichnung für Troja, "Ilion". Damit nicht genug, ein weiteres Großwerk dieses Dichters nimmt die Ereignisse in Troja zum Anknüpfungspunkt der Geschichte einer langen Weltreise, die den Titelhelden Odysseus 10 Jahre lang in allen möglichen Ländern der damalig bekannten Welt herumvagabundieren läßt. Als er dann endlich wieder nach Hause kommt, stellt er seine Abenteuer mit Rücksicht auf Penelope, seine Ehefrau, die treu die lange Zeit auf ihn gewartet hat, als unfreiwilliges Verschlagenwerden in aller Herren Länder dar, das er Poseidon, dem ihm zürnenden Meeresgott, zu verdanken habe.

Soviel Ereignisse ranken sich um Troja, von Homer in der vollendeten Versform des Hexameters zur Geschichtslegende verwoben, doch an Ort und Stelle breitet sich beim Besucher einige Ratlosigkeit aus. Die phantasievoll gestaltete Umgebung mit Andenkenläden und Rekonstruktion des berühmten hölzernen Pferdes, in dessen Bauch sich griechische Krieger der Ilias zufolge in die Stadt schmuggeln ließen, weil sie im Kampf in der Ebene die Hoffnung auf eine baldige Erstürmung der Stadt aufgeben mußten, dazu ein seltsames Gefährt, welches ein Schild als "Original Hektors Streitwagen, repariert" ausweisen will — Hektor war der berühmteste, weil brutalste Soldat auf Seiten Trojas — bieten mehr Augenschmaus als die Ruinenstätte selbst. Die paar stehengebliebenen Grundmauern, von denen noch dazu die wenigsten aus der Bebauung der Stadt zur Zeit des Trojanischen Krieges, den man zwischen 1300 und 1260 n.Chr. ansetzt, stammen, bieten ein unanschauliches Bild dieser Stadt, die kulturgeschichtlich große Bedeutung besitzt, weil an ihrer Stelle schon lange vor der Bronzezeit eine große Siedlung gelegen hat und der Hügel von da ausgehend während einer langen Zeitspanne durchgängig besiedelt war. Die Ausgrabungen haben den Archäologen Mengen an verwertbaren Kleinfunden beschert, die Stätte selbst lohnt einen Besuch kaum.

Jetzt sind es nur noch knapp 30 Kilometer bis nach Çanakkale, von denen wir zwanzig auf der gewalzten Schotterdecke eines neuen Straßenabschnittes zurücklegen. Diese Decke ist glatter und damit bequemer und schneller zu befahren als die engen, schlaglöcherdurchsetzten Stücke der ehemaligen Teerstraße. In Çanakkale kommen wir günstig an, eine Stunde, bevor wieder um 14 Uhr eine Fähre über die Dardanellen nach Eçeabat übersetzt. So bekommen wir in der Warteschlange am Hafen einen Platz ganz vorne und können noch ein bißchen durch die Stadt schlendern, die aber wegen der Mittagsschließungszeit ein ziemlich unbelebtes Bild vermittelt. Im Hafenbüro auf der linken Seite des Warteplatzes an der Anlegestelle erstehen wir drei Billets, eines zu 160 TL für den Minibüs, zwei weitere zu je 10 TL à Person. Alles zusammen kostet die Überfahrt also 3,60 DM. Die restliche Zeit verbringen wir in einem großen Terrassengazino an der Mole, rechts des Platzes, wo wir uns mit einem Tee und einem Eis von Asien verabschieden.

So ganz einfach wird unsere Rückkehr nach Europa denn doch nicht, denn der Fahrscheinkontrolleur auf der Fähre will unseren Wagen nicht für 160 TL auf das Boot lassen und beginnt heftig zu diskutieren, um uns einen LKW–Preis abzuverlangen. Als Kriterium für sein Begehren nennt er, daß zu wenig Fenster im Laderaum des Autos seien, ein Minibüs habe rundum verglast zu sein. Eicke versucht, ihn von der Verwendung des Autos für Camping zu überzeugen, wofür der weiß Uniformierte aber keine Kategorie zu haben scheint. Den heftigen Wortwechsel beenden schließlich die anderen Autofahrer, die in der langen Schlange hinter uns stehen und auch alle nach Eçeabat wollen. Sie stimmen ein Hupkonzert an, was den Kontrolleur schließlich erweicht, uns ohne weitere Schröpfung an Bord zu lassen.

Kurz hinter Eçeabat — die Straße bleibt anfangs noch schlecht, wird aber auch auf der europäischen Seite der Türkei mit dem typischen Großeinsatz weiter ausgebaut — halten wir auf einem schönen, weitläufigen Rastplatz hoch über den Dardanellen an. Diese Anlage könnte vorbildlich für alle Fernstraßenrastplätze sein. Hinter dem eigentlichen Parkplatz erschließen angelegte Wege ein begrüntes Gelände, das mit Ruhebänken, Kinderspielplatz und Grillplätzen ausgestattet ist. Ein Fußweg führt die steile Böschung hinab zum Ufer der Meerenge, die Toiletten, die sich hier unten befinden, sind gerade noch im Bau. Dafür gibt es aber im oberen Teil des Geländes am äußersten Winkel der bepflanzten Fläche eine alte Handpumpe, die auch tatsächlich Wasser, und zwar schönes, klares, weiches Süßwasser, fördert. Hier füllen wir unsere Kanister wieder auf.
Nach einem gemütlichen Tee mit Blick über den Çanakkale Boğazi, wie die Dardanellen türkisch heißen, auf das Ufer des phantastischen Landesteiles, den wir eben verlassen haben, fahren wir auf der schönen Straße weiter durch die sanft hügelige Küstenlandschaft bis nach Gelibolu, einer kleinen Stadt, von der aus die zweite Möglichkeit besteht, die Dardanellen zu überqueren und in Lapseki auf asiatischer Seite an Land zu gehen. Nördlich der Linie Lapseki—Gelibolu öffnen sich die Dardanellen dann ins Marmarameer. In dem kleinen, belebten und fröhlichen Ort kaufen wir zum letzten Mal in der Türkei ein.

Ab hier ist dann die neue Straße fertig, die ein schnelleres, dafür aber nicht so interessantes Fortkommen garantiert, weil es keine Ortsdurchfahrten mehr gibt. Die Straßenführung überläßt alle Dörfer der Isolation, wer in die Dörfer will, muß die alte Straße bemühen, deren Zustand sich sicher rapide verschlechtern wird, denn wo es eine neue Hauptstraße gibt, wird kein Kilometer alten Weges mehr instandgesetzt.

Erst begleiten uns in der Ebene noch Reisfelder, bald aber verläßt die Straße die Landzunge und die Küstenregion, um sich in die von dichtem Kiefernwald bestandenen Rücken des Korudaği hinaufzuschlängeln. Ehe wir es uns versehen, sind wir in Keşan angelangt und der Kreis unserer Türkeireise schließt sich an jener Kreuzung, wo sich die Straßen von Eçeabat nach Edirne und von Thessaloniki nach Tekirdağ treffen. Wir fahren nun wieder Richtung Ipsala, Kipi, wo die griechisch—türkische Grenze liegt und nehmen unser letztes Quartier auf demselben Parkplatz, der uns die erste Nacht in der Türkei beherbergt hat. Wie sich die Jahreszeit verändert hat! Die Luft ist von einem einzigen Zwitschern erfüllt, denn die umstehenden Bäume sind bis zur Überlastung der einzelnen Zweige mit Zugvögeln besetzt, die auf ihrem Flug in die Winterquartiere hier eine Zwischenlandung machen. Die Bäume geben den Eindruck riesiger schwarzer Reben, die zudem noch singen und tirilieren können.

Als das Zwitschern mit Einbruch der Dunkelheit erstirbt, versorgt uns noch eine Ziegenherde, von der einige Tiere wohl Glöckchen umhängen haben, mit Abendgeläut. Als auch das Klingeln und Bimmeln sich in der Ferne verloren hat und wir endlich schlafen wollen, leisten uns einige bellende und heulende Hunde Gesellschaft, die ständig um den Wagen stromern.

10. Teil: HEIMWÄRTS

Der nebelnasse Morgen des nächsten Tages läßt einiges erwarten. Doch noch während wir in langärmeligen Pullovern leicht fröstelnd draußen frühstücken, setzt sich die Sonne wenigstens ein bißchen durch und unsere verhaltene Stimmung macht noch einmal etwas Wohlgefühl Platz. Dann gehen wir daran, den Wagen aufzuräumen, auszufegen und alles lose Herumfliegende in die Staukästen zu verbannen, damit wir an der Grenze einen ordentlichen Eindruck bieten.

Da man immer wieder von unfreiwilligem Rauschgiftschmuggel durch nichtsahnende Touristen hört, denen unauffällig ein Päckchen irgendwo am Wagen befestigt worden ist, beginnt Eicke eine gründliche Fahrzeuginspektion der Unterseite und des Motorraumes. Sogar die Radkappen nimmt er alle ab, doch nirgends scheint sich ein kühl getarntes "heißes" Päckchen hin verirrt zu haben. Wir sind froh, nichts gefunden zu haben, denn bei dieser besonders skrupellosen Methode riskieren die Gangster und Oberdealer ja nur ihre Ware. Im günstigsten Fall kommt der Touristenwagen unbehelligt über die Grenze und ein Mittelsmann kann in Deutschland in einer Nacht– und Nebelaktion das Rauschgift aus dem Auto holen. Im ungünstigsten Fall wird an der Grenze der Schmuggel bemerkt. Besonders jungen Leuten wird natürlich kein Wort geglaubt, und die türkischen Gefängnisse zu überleben, erfordert eine unglaubliche Kondition und vor allem sehr viel Geld. Denn allein mit Geld hat der Häftling die Möglichkeit, seine Situation einigermaßen erträglich zu gestalten. (Kinofreunden sei Alan Parker's "Zwölf Uhr nachts/Midnight Express" empfohlen!!)

Mit Geduld gewappnet und guten Gewissens fahren wir zur Grenzstation, wo die Formalia recht schnell erledigt sind. Die Stempel für die Personenausreise bekommen wir sofort, auch der Autoeintrag wird gelöscht und den Wagen in Augenschein nehmen will niemand.

Schwieriger wird es, an der dortigen Zweigstelle der "Türkiye Cumhuriyet Ziraat Bankasi" Lira in Drachmen umzutauschen. Hier werden die Bestimmungen ganz genau beachtet, daß man nur Geld zurückgetauscht bekommt, von dem man nachweisen kann, daß man es in einer offiziellen Bank erworben hat. Dazu müssen wir sämtliche Tauschbelege vorweisen, denn auf jeden Beleg wird nur eine bestimmte und zudem noch verschwindend geringe Summe zurückgetauscht. Für den Umrechnungsbeleg über einen Euroscheck, also über 300,–– DM, was ungefähr 15.000 TL gleichkommt, können wir maximal 1000 TL zurücktauschen , das entspricht mageren zwanzig Mark. Das Verfahren ist aufwendig und kompliziert, auf den Rückseiten der Umtauschbelege wird alles eingetragen, sodann werden sie einbehalten. Von allem bleibt dem Kunden ein unleserlicher Durchschlag, dessen Zahlenkolonnen sich näherem Verständnis entziehen, da die Rubriken des Originalformulars den Durchschlag nicht zieren und somit auf einem weißen Blatt Papier wahllos verstreut irgendwelche Zahlen stehen.

Zusätzlich erschweren die Schalterbeamten dem harmlosen Touristen den Geldwechsel, indem sie während ihres überdeutlich zur Schau getragenen Langsamarbeitens und plötzlichen offensichtlichen Nichtwiederfinden des zwecks Abschreiben der Personalien über die Theke gereichten Passes so nebenbei fallenlassen, daß man im Duty Free Shop gegen DM günstig Zigaretten oder auch Whiskey kaufen könne, wovon die Bankangestellten gerne profitieren möchten. So ergeht es zwei jungen Deutschen, die sich vor uns um die Rückerstattung ihrer nicht benötigten Landeswährung bemühen. Nahe der Verzweiflung zieht dann der männliche Part der beiden in den Duty Free Shop ab und besorgt Zigaretten. Wie von ungefähr findet sich nun auch sein Paß wieder, als er die zollfreien Marlboros über die Theke geschoben hat.

Dankbar für dieses Lehrstück wissen wir nun, was auf uns zukommt und beschließen, uns mit orientalischer Geduld gegen die für die Angestellten sehr lukrative Arbeitsweise aufzulehnen. Ganz offensichtlich interessieren wir uns nicht dafür, wie lange der Mann am Schalter brauchen wird, um unsere Pässe wiederzufinden. Bei seinen Ausführungen betreffs des Duty Free Shops blicken wir immer besonders gelangweit ins Leere. Wir haben ja schließlich von den Türken gelernt, wie man einem unangenehmen Antrag aus dem Weg geht: Man ignoriert sein Gegenüber so deutlich, daß es es endlich merkt. Und siehe da, nach einer halben Stunde finden sich auf unerklärlichem Wege unsere Pässe doch wieder. Wir nehmen das Geld und die Dokumente an uns und verabschieden uns in formvollendeter Höflichkeit.

Im Hochgefühl, unbelästigt abgefertigt worden zu sein und noch dazu die unsympathischen Methoden des hiesigen Schalterverkehrs unterlaufen zu haben, überqueren wir die gefährlich bemannte Evros–Brücke, müssen dahinter noch durch eine mit Wasser gefüllte Wanne fahren und gelangen dann vor das griechische Zollgebäude. Auch hier sind die Formalitäten rasch erledigt, dafür dauert die

Fahrzeuguntersuchung umso länger.

Der Blick in die Staukästen, unter den Wagen und was unsere Camping–Habseligkeiten angeht, ist kurz und mehr als flüchtig, hat sich doch das Augenmerk des Zöllners längst an der Innenverkleidung unserer Fahrzeugisolierung festgesehen. Bald beschäftigen wir die ganze Zollstation, denn jeder Beamte zieht den jeweils nächsthöheren zu Rate, um an ihn die Frage zu richten, ob darunter nun Haschisch verborgen sei oder nicht und wenn ja, ob man das Auto sezieren solle, also alles herunterreißen oder wie zu verfahren sei. Trotz guten Gewissens müssen wir feststellen, daß wir gehörig nervös werden.

Es hilft alles nichts, ein unterer Beamter wird losgeschickt und kommt mit Handbohrer, Schraubenzieher, Stocherdraht und allerlei anderen unsympathischen Gerätschaften zurück. Wir müssen zusehen, wie sie dann Stücke des an die Wand geklebten Teppichs abreißen, verschiedene Isolationsbahnen an den Ecken umbiegen und darunter mit ihrem dummen Draht herumstochern, um dann ratlos daran zu schnuppern. Doch kann der Draht ja nur nach Styropor oder allenfalls nach rostigem Autoblech riechen und deshalb sind die Herren nicht zufrieden. Einer versucht nun, mit dem stumpfen Handbohrer ein Testloch zu setzen, um uns dann freundlich zu fragen, ob wir vielleicht "ein Black & Decker" dabei hätten. Die Herren hätten sich wohl gerne die Arbeit etwas erleichtert und mit einer elektrischen Bohrmaschine unseren Wagen in einen Schweizer Käse verwandelt. Zum Glück haben wir keine Bohrmaschine dabei, aber die Idee allein macht uns schon sauer genug.

Dennoch ist man es noch nicht zufrieden. Das Dach wird nunmehr von oben untersucht, einer der handwerklich begabten Zöllner dreht eine der Schrauben, mit denen das Dachgestell hinten auf dem Wagendach festgeschraubt ist, heraus, um dort erneut mit dem Draht zu pulen. Zum Erstaunen des Zöllners kommt wieder nur Styroporgefrimmel ans Tagelicht. Nach soviel Fehlschlägen scheint es dann doch einfacher, eine Türinnenverkleidung im Fahrerhaus zu lösen, das Handschuhfach umzukrempeln und schließlich mit letzter Hoffnung, doch noch Beweise für unsere kriminellen Charaktere zu erlangen, die Motorabdeckung zu entfernen und den öligen und schmutzigen Diesel anzustaunen. Es folgen lange Diskussionen der Zöllner untereinander, an deren Ende wir endlich einpacken und weiterfahren dürfen. Mit den aufgebogenen Stellen der Deckenverkleidung sieht unser Wagen am nächsten Zoll natürlich erst recht so aus, als sei etwas daruntergeschoben worden. Ein Lichtblick ist da wenigstens die Bankfiliale auf der griechischen Grenzseite, die uns die Restlira anstandslos in Drachmen wechselt.

Unser Auto scheint sich sehr über solche Mißhandlung zu ärgern, jedenfalls klappert es seit der Grenze wieder unaufhörlich mit seiner angeschlagenen Antriebswelle. Um seiner Wut noch mehr Luft zu machen, wirft es auf der schlechten Straße, deren Querwellen es immer wieder erschüttern, die rechte hintere Radkappe von sich.

Von der unberechtigten Verdächtigung einer kriminellen Camperisolation erholen wir uns dann etwas in einem "Kafeneion" kurz hinter Komontini. Auf der Terasse an der Straße nehmen wir voller Bewunderung für solch einen Lebensstandard auf den Plastikschlauch—bezogenen Stahlrohrgartenstühlen Platz, der Deutsch parlierende Chef versucht uns mit dem langersehnten Kaffee in eine philhellenische Stimmung zu versetzen.

Bei der Weiterfahrt erkennen wir viel wieder, was wir auf der Hinfahrt schon gesehen haben, diesmal gönnt sich uns die Landschaft sogar in mildem Sonnenlicht. Vor Kavala geraten wir auf eine Umgehungsstraße, die sich in einem weiten Bogen um die Stadt herum durch die Berge windet. Die Ortsdurchfahrt ist aber wahrscheinlich reizvoller und außerdem kilometermäßig wesentlich kürzer, dafür ist die Umgehung ganz neu, es fehlen sogar noch Schilder und Randbegrenzungen — nicht einmal die berühmten Straßenaltärchen begegnen uns. Irgendwo zwischen Kavala und Drama bleiben wir dann, im Dämmerlicht finden wir einen Platz hinter dem beim Neubau der Straße aufgeworfenen Schuttwall. Bei Musik, Schach und Essen verbringen wir den Abend in unserem eben von beamteter Hand beschädigten Domizil, von dem wir nicht wissen, ob es die 1500 km bis wenigstens zur österreichischen Grenze noch durchhält, denn das Klacken der Welle ist inzwischen zu einem unablässigen Begleitgeräusch geworden.

Den Platz verlassen wir unter Aufsicht von zwei riesigen schwarzen Hunden, die eigentlich Schafe hätten hüten sollen, es aber vorzogen, unserem Frühstück beizuwohnen und uns zur baldigen Abreise von ihrem Terrain zu animieren. Zu unserer allergrößten Erleichterung gibt es an der griechisch—jugoslawischen Grenze überhaupt keine Schwierigkeiten. Erleichtert reisen wir nach Jugoslawien ein, wo der Zöllner ebenfalls völlig apathisch und ohne einen Anflug von Kontrolle im Vorbeirollen unseres Autos seine Stempel in die Pässe setzt. Eigentlich hatten wir unsere Ferien mit einer gemächlichen Rückfahrt durch Montenegro und an der jugoslawischen Küste entlang verlängern wollen, doch entscheiden wir uns dann wegen des angeschlagenen Wagens zur Heimreise über den vergleichsweise kurvenarmen, ebenen Autoput.

Die Straße ist meist gut, nur herrscht ziemlich viel Verkehr. Außer den zum Standardbild dieser Strecke zählenden Lastzügen fallen uns die ungeheuren Mengen an Campern und Reisemobilen auf, die beide Richtungsfahrbahnen bevölkern. Es muß wohl in letzter Zeit stark geregnet haben, überall stehen riesige Pfützen. Am satten Grün der Wiesen, die so ganz anders grün sind als alles, was wir die ganze Zeit vorher gesehen haben, können wir uns gar nicht satt sehen. Etwa fünfzehn Kilometer hinter Niš machen wir Station auf einem vergleichsweise schön zu nennenden Rastplatz, doch schlafen wir uns nicht gut genug für die Abenteuer des nächsten Tages aus, denn wir sind einen solchen Lärmpegel einfach nicht mehr gewöhnt. Entsprechend den miesen Erwartungen begrüßt uns der Morgen mit Nebel und Nieselregen, wir schalten zum ersten Mal wieder die Wagenheizung ein, mal stärkerer, mal schwächerer Regen begleitet uns.

Unterdessen neigt sich die Tankuhr immer mehr dem unteren Ende der Skala zu, doch zu unserer Verwunderung gibt es an der nächsten Tankstelle keinen Diesel. Als es dann an fünf weiteren ebenfalls nur geschlossene Dieselzapfsäulen gibt, aber lange Schlangen von LKWs die Zufahrten blockieren und sich für länger hier einzuquartieren scheinen, wird uns recht mulmig. Zunächst halten wir es für einen Spaß, daß die Fahrer uns raten zu schlafen, bis es wieder Diesel gebe, doch als wir sogar abseits des Autoputs, an einer Landstraßentankstelle den Zapfhahn verwehrt bekommen, will uns auch nichts Besseres einfallen. Ein Mann, der ganz gut Deutsch spricht, rät uns, auf dem Autoput etwa zehn Kilometer bis zur nächsten Abfahrt weiterzufahren und dort in sein Heimatdorf abzubiegen, in dem es zwei Tankstellen mit Diesel gebe.

Hoffnungsvoll machen wir uns auf den Weg, opfern unsere letzten Tropfen Treibstoff auf einer unmöglichen Straße und müssen einen Fluß auf einer Eisenbahnbrücke überqueren. Ursprünglich war der Boden wohl einmal holzverplankt, nur sind inzwischen etliche Bohlen weggebrochen oder verfault, sodaß uns im Angesicht der riesigen, weit hinausstehenden Nägel nichts anderes übrig bleibt. als genau auf den Schienen zu fahren. Wir hoffen, daß gerade kein Zug kommt, halten die Luft an und wagen uns über die vielleicht vierzig Meter lange Brücke. Im Dorf angekommen, sehen wir zwar an den Tankstellen keine Lastwagenkolonnen warten, dafür aber Traktoren und die Dieselquellen von Svilajnač sind eindeutig versiegt. Man sagt uns, daß "Dizelstreik" sei, "vielleicht heute, vielleicht morgen, vielleicht zehn Tage, solange schlafen". Wir drehen um, hoffen, daß die Einspritzpumpe den Tank auswringt, um uns wenigstens noch wieder auf den Put zu bringen, auf dem wir uns weitere zehn Kilometer in Richtung Belgrad später auf einer großen modernen Raststätte einquartieren. Da sich die LKWs hier auch schon knubbeln, ist es keine Frage, daß der Diesel auch an den hiesigen Säulen zu laufen aufgehört hat.

Das Schicksal ist uns gnädig, denn noch während wir vor lauter Langeweile Spiegeleier verzehren, geht ein großes Johlen und Brüllen über den Platz, schwere Motoren werden angeworfen und es herrscht ein quirliges Gedränge, weil alle Fahrer zu ihren Lastwagen rennen. Tatsächlich, es ist ein Tanklastzug aufgetaucht und wir sind mit unserem kleinen Auto sogar flink genug, daß wir von der Portion Diesel, die angeliefert wird, auch noch eine Tankfüllung abbekommen. Doch als Eicke dem Tankwart erwartungsvoll auch noch einen Zwanzig—Liter—Kanister unter den Zapfhahn hält, bekommt er eine lächelnde Absage.

Immerhin, was wir im Tank haben, reicht uns erst einmal und wir genießen die Weiterfahrt auf der nunmehr ganz neuen und prima asphaltierten Straße. Der Autoput wird überall zu einer vier— an den Bergstrecken sogar sechsspurigen Autobahn ausgebaut. Die berüchtigte Gefährlichkeit geht der Straße damit glücklicherweise völlig verloren, die zur Zeit noch gute Teerdecke erlaubt eine gleichmäßig hohe Dauergeschwindigkeit und das Fehlen des Gegenverkehrs macht sich sehr auf die Erhaltung der Fahrkondition bemerkbar. Soviel Bequemlichkeit und Gesundheitsfürsorge hat aber ihren Preis. Die Reisekasse wird empfindlich geschröpft, kosten doch 100 km mit unserem kleinen Camper schon zwischen 7,50 und 10,—— DM. Nur noch von relativ wenigen Betonplatten—Teilstücken zu langsamerem Fortkommen verurteilt und auch nur hier durch die waghalsigen Kolonnenspringer in Spannung gehalten, von deren nicht immer glücklichen Manövern einige Autowracks am Straßenrand zeugen, schaffen wir es an diesem Tag noch weit über Zagreb hinaus in Richtung Ljubeljana, vorbei an teilweise zwar langweiliger Landschaft, aber immer noch schön grün und die Äkker voller glänzender, schwerer Erde. In den Waldstücken leuchten Herbstfarben.

An einer Tankstelle mit angegliedertem Motel wollen wir die Nacht verbringen, doch versuchen wir, uns nicht wieder solch einem Lärm auszusetzen wie hinter Niš. Deshalb folgen wir einem Feldweg, der vom Gelände des Motels aus in ein angrenzendes Waldstück hinaufführt. Eine Ausbuchtung gibt dem Wagen Platz. Wir schlafen wunderbar und in allergrößter Ruhe, hören nichts von Straße und Tankstelle bis wir plötzlich um halb eins von grellen Scheinwerferkegeln und heftigstem Türenrappeln recht unsanft aus sämtlichen Träumen in die Realität eines nächtlichen Polizeialltags gezerrt werden.

Schlaftrunken öffnet Eicke ein Seitenfenster einen Spalt, um zu erfahren, was los ist. Geblendet von einem wattkräftigen Handscheinwerfer wird er sofort barsch angefahren: "Was hier arbeiten?" Zum Glück versteht die Milicija so dicht an der österreichischen Grenze genug Deutsch, daß wir sie von der Harmlosigkeit unseres Aufenthaltes überzeugen können. Gleichwohl konsultiert der langsam in einen wohlgesonneneren Tonfall findende Beamte unsere Pässe und leuchtet dann den ganzen Wagen aus und ab, von dem er sich sämtliche Türen öffnen läßt. Zu unserer großen Erleichterung begnügt er sich dann mit einem Verweis und besteht lediglich darauf, daß wir den Wagen sofort unten auf dem Gelände der Tankstelle parken und verabschiedet sich dann sogar recht freundlich.

Von ununterbrochen entweder ankommenden oder gerade startenden Lastwagen dort an einer Fortsetzung unserer idyllischen Nachtruhe gehindert, verlassen wir bereits in der Frühe um sieben Uhr den Rastplatz, suchen uns den Weg durch dichten Nebel und sehr schöne Voralpenlandschaft, um über den Wurzenpaß nach Österreich und gegen halb elf Uhr nach Villach zu gelangen. Dort stürzen wir uns in ein Cafe und lassen uns ein richtiges Frühstück anrichten. Eier, Schinken, Käse, Butter, Kaffee und Kakao bringt uns die gutmütig—mütterliche Bedienung und nur ganz zaghaft entlockt ihre Neugier ihr die Frage::"Jo mei, wo warn's denn ?", als sie sieht, mit welchem Appetit wir in eine Frühstücksschwelgerei verfallen. Als wir danach noch ein paar Lebensmittel einkaufen, wundern wir uns, an welche Preise wir uns im heimischen Wohlleben gewöhnen müssen. Auf der Tauernautobahn, die sich seit unserer Anreise nicht verändert hat, aber billiger geworden ist — Wintermaut ab 1.10. 100,—ÖS, etwa 15,-- DM — fahren wir nach Salzburg und freuen uns, auch am letzten Grenzübergang unserer Reise nur durchgewunken zu werden.

Die Heimat, weder langersehnt noch von freundlichem Klima, empfängt uns mit ihren rechthaberischen Autofahrern, unverschämten Preisen an den Autobahntankstellen und vielen Polizeistreifen, die gemächlich die Rastplätze kontrollieren. Es herrscht Herbst in Deutschland, als wir zurückkommen und wir brauchen viel Zeit, um uns in der ruhelosen Hektik der Großstädte wieder ein heimatliches Gefühl vorgaukeln zu können.
Aber auch eine noch so schöne Reise geht einmal zu

ENDE

In Kürze von A bis Z

Alle Angaben sind zwar mit Liebe und Sorgfalt zusammengestellt, erheben jedoch keinen Anspruch auf Vollständigkeit.

A
Anreise

Mit dem Auto: Anreisewege sind über Deutschland, Österreich, Jugoslavien oder Ungarn, Bulgarien oder Griechenland möglich.
1) Für die Durchreise durch Ungarn ist ein Transitvisum erforderlich, was auch an der Grenze erhältlich ist. Zusätzlich wird ein ziemlich hoher Zwangsumtausch fällig.
2) Das für die Durchreise durch Bulgarien nötige Visum kann nur noch vor Reiseantritt bei der Bulgarischen Botschaft, Büchelstr. 48, D – 5300 Bonn–Bad Godesberg, beantragt werden, nicht mehr, wie früher, an der Grenze !!! Die Visaausstellung dauert **mehrere Wochen**.
3) Anreise ohne Visum ist über Jugoslavien, Griechenland möglich.
4) Autofähren verkehren von Ende Mai bis Ende September einmal wöchentlich auf der Strecke Venedig – Izmir – Venedig. Von Anfang Mai bis Ende September fährt ein Fährschiff von Ancona über Izmir nach Istanbul, Rückfahrt nach einer Woche. In den Sommermonaten gibt es außerdem noch eine Verbindung von Ancona nach Bodrum. Zu den griechischen Inseln Chios, Samos, Kos, Rhodos und Lesvos bestehen meist zwischen Mai und Oktober Fährdienste. Vorsicht mit großen Wohnmobilen ! Die meisten dieser Inselfähren können nur bis zu zwei PKW befördern oder nur Einzelfahrzeuge bis 1.200 kg.

Mit der Eisenbahn: Istanbul–Express und Tauern–Orient–Marmara–Express von München aus. Von Wien **täglich** mit dem Istanbul–Express, ebensooft von Venedig aus.

Mit dem Bus: Zwischen der Türkei und der BRD, Frankreich, Österreich und der Schweiz sowie Irak, Iran, Jordanien, Saudi Arabien und Syrien bestehen regelmäßige Busverbindungen.
1) Bundesrepublik Deutschland: München – Istanbul, 3 mal wöchentlich durch Bosfor–Turizm, Seidlstr. 2, 8000 München 2 bzw. Bosfor–Turizm, Mete Caddesi 14/18, Istanbul.
ohne feste Termine, daher Anfrage erforderlich, bei Reisedienst Henning Hof, Jägerstr. 1, 5900 Siegen 32 (Niederschölderhütte).
2) Österreich: Bregenz/Innsbruck/Salzburg/Wien – Istanbul durch Varran Turizm, Wien, Südtiroler Platz 7, bzw. Inönü Caddesi 29/B, Topkapı, Istanbul. Wien – Istanbul auch durch Bosfort Turizm, Argentinerstr. 67, A–1040 Wien (Südbahnhof), türkisches Büro wie oben in Mete Caddesi, Taksim, Istanbul.

3) Schweiz: Zürich– Istanbul durch Egat–Tour, Hafnerstr. 13, CH–8005 Zürich bzw. Millet Caddesi 176/3, Şehremini, Istanbul.

Mit dem Flugzeug: Außer den Linienflügen der internationalen Fluggesellschaften bietet sich als preiswerte Anreisemöglichkeit z.B. an: Travel Overland GmbH, Barerstr. 73, 8000 München 40 (Istanbul Hin– und Rückflug Stand Ende 1982: ab 490,-- DM).

Arzt, Krankenhaus

Viele türkische Ärzte haben im Ausland studiert und sprechen zumindest eine Fremdsprache. Krankenhäuser gibt es in jeder Provinzhauptstadt.
Ein Arzt ist ein "doktor" oder "hekim", ein Facharzt für innere Krankheiten ein "dahiliyeci", ein Frauenarzt ein "jinekolog", ein Zahnarzt ein "diş tabibi".
In Istanbul gibt es einige Krankenhäuser unter nichttürkischer Führung, denen eine bessere Pflege und größere Hygiene nachgesagt werden.

– DEUTSCHES KRANKENHAUS Taksim, Siraselviler Caddesi , Der Fortbestand des Deutschen Krankenhauses auf Dauer ist nicht gesichert, da das Bundesministerium des Äußeren, in dessen Trägerschaft sich das Krankenhaus befindet, auf Weiteres nicht gewillt ist, das ständige Defizit der Klinik zu tragen (Rundfunkmitteilung im Dezember 1982) Eventuell vor Antritt der Reise beim Außenministerium in Bonn nachfragen ! Tel. 43 55 00
– AMERICAN HOSPITAL Nisantasi, Güzelbahce Sokak, Tel. 48 60 30
– HOPITAL FRANÇAIS LA PAIX Büyükdere Caddesi, Sisli, Tel. 48 18 32
– HOPITAL FRANÇAIS PASTEUR Taksim, hinter dem Hotel "Divan", Tel. 484756
– OSPEDALE ITALIANO Deftderdar Yokuşu, Tophane, Tel. 49 97 51

Ausreise

Es ist darauf zu achten, daß alle Einträge im Paß gelöscht werden (siehe Einreise). Es wird überprüft, ob die eingetragenen Wertgegenstände wieder ausgeführt werden. Die Ausfuhr von Antiquitäten und Waffen, archäologischen Funden etc. ist nicht gestattet. Gefundene Mineralien können nur mit einer speziellen Erlaubnis, die bei der Leitung des Museums für Kunst und Geschichte in Ankara einzuholen ist, exportiert werden. Zollfrei ausgeführt werden dürfen: Geschenkartikel und Andenken bis zu einem Wert von 15.000 Türkisch Lira. Bei Objekten über 15.000 TL ist durch eine offizielle

Wechselquittung einer Bank nachzuweisen, daß das Stück mit offiziell in der Türkei getauschtem Geld erworben worden ist. Will man einen neuen Teppich ausführen, ist eine Rechnung erforderlich, bei einem alten Teppich muß ein Museumsdirektorat bescheinigen, daß die Ausfuhr erlaubt ist.
Die Handhabung dieser Vorschriften durch die Zöllner ist unterschiedlich eng. Voraussagen sind leider nicht möglich.

Automobilclub

Mit dem ADAC assoziiert: "Türkiye Turing ve Otomobil Kurumu", Büros in Ankara, Iskenderun, Istanbul, Izmir, Mersin sowie an allen westlichen Grenzübergängen. Zu den Leistungen des Vereins siehe auch Stichwort "Unfall". Straßenhilfsdienste siehe unter "Werkstätten".

Autoversicherung

Sollte dies nicht zum selbstverständlichen Leistungsumfang Ihrer Haftpflichtversicherung gehören, so muß die internationale Grüne Versicherungskarte für den asiatischen Teil der Türkei gültig geschrieben werden. Sollte die grüne Versicherungskarte nicht für die gesamte Türkei Gültigkeit haben, kann an der Grenze eine befristete Haftpflichtversicherung abgeschlossen werden. Da die Mindestdeckungssumme türkischer Versicherungsgesellschaften ungefähr bei 200,-- DM liegt, ist es im eigenen Interesse ratsam, eine Kurzkasko–Versicherung abzuschließen. Eine Insassenunfallversicherung ist ebenso sinnvoll.

B

Bakshish

Neben Geld sind in der Türkei besonders beliebt: Westliche Zigaretten, am besten Marlboro oder Camel, aber auch Zigarettentabak wie Drum oder Samson (Keine Werbeabsichten!); Einwegfeuerzeuge in schönen Farben. Kinder drängeln sich nach Kugelschreibern und natürlich Süßigkeiten. Begehrt sind auch Medikamente, zum Beispiel Kopfschmerztabletten, die mehr als Statussymbol als als Heilmittel dienen. Kaffeepulver ist ein sehr hochgeschätztes Geschenk.
Ein kleines Trinkgeld ist für jede noch so kleine Dienstleistung üblich. Es bleibt dem Fingerspitzengefühl jedes Einzelnen überlassen, wem er was und wieviel gibt. Bei Amtspersonen bitte Vorsicht vor Gefälligkeiten, die leicht als Bestechungsversuch ausgelegt werden könnten! Trotzdem: Eine Runde Zigaretten beschleunigt so manche Jandarma Kontrolle am Wegesrand.

Bergsteigen

Bis vor einiger Zeit war es von der bürokratischen Seite her sehr schwierig, besonders für Einzelgänger, in der Türkei zu klettern. Bei einem Türkischen Generalkonsulat mußte ein Antrag gestellt werden. Das Konsulat mußte sodann eine Genehmigung von der Abteilung für kulturelle Angelegenheiten des Türkischen Außenministeriums einholen. Der Erhalt der Erlaubnis war dann dem Kommandanten der Provinz, in der der entsprechende Berg liegt, mitzuteilen. Der Büyük Ağri Daği (Ararat), Berge im Çilo–Sat und die Gipfel der Kackar–Kette am östlichsten zur Türkei zählenden Schwarzmeerufer waren und sind Sperrgebiete und durften bislang von Ausländern überhaupt nicht bestiegen werden. Insgesamt ist der bürokratische Hindernislauf immer noch derselbe geblieben, ausländische Gruppen können sich aber neuerdings an den Türkischen Gebirgsverein: "Dagcilik Federasyonu, B.T.G.M., Ulus Işhani, A–Blok, Ulus, Ankara" wenden, der ihnen mit Rat und Tat zur Seite steht. Es ist sogar möglich, in Begleitung einer türkischen Gruppe den Ararat und die Gipfel im Çilo–Sat zu erklimmen. Die Türkei bietet interessante Gebirgsmassive zwischen 2.500 m und 5.100 m Höhe an.

Bezahlen

Größere Geldscheine (ab 500,-- TL) können viele Händler in Verlegenheit bringen und verführen auch schon 'mal dazu, daß sich beim Wechselgeld verrechnet wird. Es ist gut, sich den türkischen Gepflogenheiten anzupassen und aus einem lose in der Hosentasche zusammengeknitterten Vorrat von kleineren Scheinen zu bezahlen.

Botschaft, Konsulate

1) Türkische Konsulate in der Bundesrepublik Deutschland:

Türkisches Generalkonsulat, Kurfürstendamm 142/43, 1000 Berlin Tel.: 030/8925033
Türkisches Generalkonsulat, Cäcilienallee 41, 4000 Düsseldorf, Tel.: 0211/450999
Türkisches Generalkonsulat, Alfredstr. 307, 4300 Essen–Bredeney Tel.: 0201/42931
Türkisches Generalkonsulat, Zeppelinallee 17, 6000 Frankfurt a.M. Tel.: 0611/772048
Türkisches Generalkonsulat, Auguststr. 2, 2000 Hamburg 76 Tel. 040/222259
Türkisches Generalkonsulat, Goseriede 9, 3000 Hannover, Tel.: 0511/17708
Türkisches Generalkonsulat, Kriegstr. 123, 7500 Karlsruhe, Tel.: 0721/844046, 842140

Türkisches Generalkonsulat, Sachsenring 14, 5000 Köln, Tel.: 0221/317051
Türkisches Generalkonsulat, Am Rosengarten/An der Karlsschanze, 6500 Mainz, Tel.: 06131/82025
Türkisches Generalkonsulat, Menzingerstr. 3, 8000 München 19 Tel.: 089/176093
Türkisches Generalkonsulat, Lotharingerstr. 25/27, 4400 Münster i.Westf. Tel.: 0251/47007, 47008
Türkisches Generalkonsulat, Veillodter Str. 3, 8500 Nürnberg Tel.: 0911/49523
Türkisches Generalkonsulat, Kernerstr. 19 b, 7000 Stuttgart 1 Tel.: 0711/283271

2) Türkische Konsulate in Österreich:

Türkisches Generalkonsulat, Rathausstr. 19 Bregenz, Tel.: 22083–24815
Türkisches Generalkonsulat, Rudolfskai 54, 5020 Salzburg, Tel.: 43680–43672
Türkisches Generalkonsulat, Prinz–Eugen–Str. 40, 1040 Wien Tel.: 652510–653417

3) Türkische Konsulate in der Schweiz:

Türkisches Generalkonsulat, Rue Ferdinand Hodler 17, 1207 Geneve, Tel. 361440
Türkisches Generalkonsulat, Zweierstr. 129, 8003 Zürich, Tel.: 4626155

4) Deutsche Botschaft und Konsulate in der Türkei:

Botschaft der Bundesrepublik Deutschland, Atatürk Bulvarı 114, Ankara, Tel.: 265465–67
Konsulat der BRD, Inönü Caddesi 16/18, P.K. 355, Beyoğlu, Istanbul, Tel.: 450705–8
Konsulat der BRD, Ataturk Caddesi 260, Izmir, Tel. 104916

5) Österreichische Botschaft und Konsulate in der Türkei:

Österreichische Botschaft, Atatürk Bulvarı 189, Ankara Tel.: 254761
Konsulat der Rep. Österreich, Silahhane Caddesi 59/4, Teşvikiye, Istanbul, Tel.: 463769
Konsulat der Rep. Österreich, Atatürk Caddesi 290/14, Izmir Tel.: 255948

6) **Schweizerische Botschaft und Konsulat in der Türkei:**

Botschaft der Schweiz, Atatürk Bulvarı 247, Ankara, Tel.: 274316
Konsulat der Schweiz, Hüsrev Gerede Caddesi 75/3, P.K. 122, Teşvikiye, Istanbul, Tel.: 48 50 70-71

Busverbindung

Busfahren ist in der Türkei in jedem Fall der Benutzung des ohnehin nur schwach ausgebauten Eisenbahnnetzes vorzuziehen, besonders für Frauen, die ohne männliche Begleitung reisen !!!!
Die Überlandbusse verkehren in einem erstaunlich gut organisierten Netz mit beachtenswerter Pünktlichkeit. Busfahren ist preiswert und nur unwesentlich teurer als Bahnfahren. (z.B. Bus Istanbul–Ankara ca. 20,-- DM). Service wie Trinkwasser, Kolonyalari–Besprenkelung und Cassettenmüzik inbegriffen. In größeren Städten steuern die Überlandbusse immer den Busbahnhof ("otogar") an, der in allen unseren Stadtplänen verzeichnet ist. Allein in Istanbul kann die Suche nach dem richtigen Bus etwas schwieriger werden:
Busterminal zum Flughafen: Meşrutiyet Caddesi 30
Busterminal Europäische Seite (Europaverkehr an und ab) Topkapı an der E 5
Busterminal Asiatische Seite (Asienverkehr an und ab) im Stadtteil Harem
In kleineren Städten, in denen es keinen Busbahnhof gibt, laufen die Busse den Ortskern an.

C

Camping

Freies Campen ist noch erlaubt, in West– und Zentralanatolien gut möglich, in Ostanatolien manchmal gefährlich. Dort ist es ratsam, sein Quartier bei einer Jandarma–Station aufzuschlagen. Die Zahl der Campingplätze, besonders an der West– und Südküste, steigt ständig. Nur sehr wenige sind beim Ministerium für Fremdenverkehr angemeldet und von diesem klassifiziert und abgesegnet (21 Plätze in der ganzen Türkei!) und in den offiziellen Straßenkarten, z.B. RV 97, siehe Literaturverzeichnis, Abschnitt "Karten", eingetragen. Bei den nicht offiziellen Plätzen sollte man die sanitären Einrichtungen etc. unbedingt vorher begutachten und dann den Preis aushandeln. Gute freie Campingmöglichkeiten bieten im Allgemeinen die zahlreichen Nationalparks.
Betreffs Campingplätze bietet außer dem entsprechenden ADAC–Campingführer, der in allen Geschäftsstellen des Clubs erhältlich ist, auch der neue ECC–Führer zuverlässige Informationen. Unter dem vollständigen Titel "Europa Camping und Caravaning, Inter-

nationaler Führer" sind dort clubunabhängig auf ca. 700 S. rund 5000 Camps in Europa, Nordafrika und dem Nahen Osten auf dem Stand 1982/83 mit vollen Anschriften und kartographischer Erfassung versammelt. Verlagsauslieferung erfolgt durch: Drei Brunnen Verlag GmbH, Friedhofstr. 11, Postfach 1124, 7000 Stuttgart 1. Zur Zeit beträgt der Preis 16,80 DM.

D

Devisen und Geldbeschaffung

Euro— und Reiseschecks werden zwar theoretisch in größeren Banken sofort eingelöst, bereiten aber außer in Istanbul, der West— und Südtürkei gelegentlich Schwierigkeiten. Bargeld (Dollar oder DM) wird jedoch von jeder Bank umgehend getauscht. Händler, z.B. Teppichhändler, sind häufiger im modernen Scheckverkehr geübt und akzeptieren Euroschecks oftmals weniger umständlich als Banken.
Ausländische Währung darf in unbegrenzter Höhe in die Türkei eingeführt werden, soll zwar am Zoll mündlich deklariert werden, wird aber weder überprüft noch überhaupt danach gefragt. Türkische Lira dürfen nur im Gegenwert von 100 US—Dollar ein— und ausgeführt werden.

In der Türkei Geld nur in Banken tauschen, weil ohne die offiziellen Umtauschbelege weder die Ausfuhr größerer Souvenirs (z.B. Teppiche) noch ein Rücktausch überflüssiger Landeswährung möglich ist ! Pro Wechselbeleg ist auch die maximal erlaubte Rücktauschsumme verschwindend gering (auf 15.000,-- eingetauschte TL werden nur 1.000,—— TL zurückgenommen!!!).

Diebstahl

Diebstähle sind in der Türkei nicht häufiger als anderswo. Vorsicht ist allerdings in Istanbul und Ankara geboten! In Istanbul bietet die Touristenpolizei, Turizm Polisi, Alemdar Karakolu, Sultanahmet, Istanbul, Tel. 285369, Rat und Hilfe. Im übrigen Land sind Diebstähle selten, wenn man durch angemessenes Verhalten dazu beiträgt. Da man dann unter die noch sehr lebendige Tradition der Gastfreundschaft fällt, ist auch das Eigentum sicher.
Bei **Fahrzeugdiebstahl** muß vom Landrat (vali) eine Bescheinigung eingeholt werden, woraufhin bei der Ausreise der Paßeintrag gelöscht werden kann. Vorsicht und Fingerspitzengefühl !!! Die Behörden vermuten gelegentlich, daß das Fahrzeug illegal verkauft worden ist und nun im Paß gelöscht werden soll, um die Verzollung zu umgehen. Möglicherweise ist vor einem solchen Schritt ein Kontakt mit der nächsterreichbaren Botschaft des Heimatlandes in der Türkei (bzw. Konsulat) nützlich.

E
Einreise

Dokumente: Flugreisende aus der Bundesrepublik Deutschland können, wenn sie per Direktflug ankommen, mit einem gültigen Personalausweis in die Türkei einreisen. Gelangt man über den Land– oder Seeweg in die Türkei, reicht bei einem Aufenthalt von bis zu drei Monaten ein gültiger Reisepaß aus. Für das Fahrzeug reichen nationaler Führer– und Fahrzeugschein aus, eine internationale grüne Versicherungskarte ist nötig und muß auch für den asiatischen Teil der Türkei gültig geschrieben sein. Das Fahrzeug wird bei der Einreise in den Paß des Besitzers/Fahrers eingetragen, ebenso größere Ersatzteile und andere Wertgegenstände. Bei einem Aufenthalt über drei Monate ist ein Carnet de Passages erforderlich (zu erhalten z.B. beim ADAC). Für "lastwagenähnliche Fahrzeuge" wird ebenfalls ein Carnet verlangt, was sich mit hartnäckigem Hinweis auf eine Campingeinrichtung umgehen läßt. Fahrzeuge mit Zollkennzeichen dürfen seit August 1982 nur noch fünf Tage kostenlos im Land bleiben, jeder weitere Tag wird bei der Ausreise mit einer Gebühr von 50,-- DM belegt. CB– und andere Funkgeräte dürfen nicht mitgeführt werden.

F
Fahrzeugausstattung

Die Ausrüstung eines Wagens ist natürlich individuell sehr verschieden. Für Westanatolien brauchen keine weiteren Vorkehrungen getroffen zu werden. Für Reisen nach Zentral– und Ostanatolien, wo häufiger mit Schotterpisten zu rechnen ist (siehe auch "Straßenverhältnisse"), sollte man besonders auf angemessene Bereifung achten. (Tip: Wir fahren statt der für unseren 206 D vorgesehen 8–PR –Reifen die strapazierfähigeren 10–PR–Versionen auf 15–Zoll–Felgen). Türkische Vulkanisateure können meist nur Schlauchreifen reparieren. Zur Erhöhung des Reifendruckes auf Schotter unbedingt Luftpumpe, am besten mit Manometer, mitnehmen. Die wichtigsten Ersatzteile gehören ins Gepäck, da sie in der Türkei wahrscheinlich nicht vorrätig sind und ihre Beschaffung langwierig und durch Fracht und Zoll außerdem teuer ist (siehe auch "Werkstätten"). Erkundigen Sie sich bei Ihrer Werkstatt, für welche Defekte Ihr Reisefahrzeug bekannt ist: Wir hatten z.B. eine Kupplungsscheibe, eine Wasserpumpe (Kühlwasser, nicht Trinkwasser) und diverses ausgefallenes Kleinzeug wie Kühlerschläuche und Dieselleitungen dabei.

Nach längerem Genuß von Staub– und Schotterpisten sollte der Wagen abgeschmiert werden. Bei heftigen Staub– und Sandböen, mit denen man mit Einbruch des Herbstes weiter im Osten besonders zu rechnen hat, sollte man eventuell die Scheinwerfergläser verkleben, wie es die Einheimischen tun, um ein Blindschmirgeln der Gläser zu vermeiden. Je nach Straßenverhältnissen, Windrichtung, Verkehrsdichte und Fahrzeugart ist auch bei intensivem Sturm eine tägliche Kontrolle des Luftfilters angeraten.

Feiertage

1. Januar	– Neujahrstag
23. April	– Tag der nat. Unabhängigkeit & Tag der Kinder
19. Mai	– Tag der Jugend und des Sports
30. August	– Tag des Sieges
29. Oktober	– Tag der Republik

Der früher einmal begangene "Tag der Verfassung", der 27.5., wird nicht mehr gefeiert. Er scheint überflüssig geworden zu sein...
Die religiösen Feiertage richten sich nach dem islamischen Kalender und sind darum verschiebbar:

seker bayrami	= Zuckerfest im Anschluß an die Fastenzeit und
kurban bayrami	= Opferfest

Festspiele

15. und 16. Januar	Kamelkampffest in Selçuk
13. bis 17. Februar	Int. Modemesse & Textilfest Istanbul
Ende April/Anfang Mai	Tulpenfest in Istanbul
1. bis 5. Mai	Festspiele in Efes
18. bis 30. Mai	Jazzfest in Istanbul
20. bis 26. Mai	Festspiele in Silifke
Letzte Maiwoche	Festspiele von Bergama
31. Mai bis 7. Juni	Internationale Mittelmeerfestspiele Izmir
1. bis 6. Juni	Wurfspeer-Wettkämpfe in Konya
7. bis 13. Juni	Intern. Festspiele von Bursa
Mitte Juni	Modenschau in Istanbul
9. bis 17. Juni	Kunst– und Musikfest v. Marmaris
Endo Juni/Mitte Juli	Kunst– und Kulturfestsp. Istanbul
5. bis 10. Juli	Nasreddin Hoça Festsp. in Akşehir
8. bis 11. Juli	Kunst– u. Kulturfestsp. von Fethiye
12. bis 15. Juli	Keramikfest in Kütahya
16. bis 20. Juli	Festspiele von Van
21. bis 25. Juli	Nemrut-Dağ-Festspiele in Adiyaman
30. Juli bis 1. August	Kunst– u. Kulturfestspl von Datça–Knidos
30. Juli bis 1. August	Festspiele von Foça
15. bis 18. August	Kunstfestpiele in Ayvalık
20. Aug. bis 20. Sept.	Intern. Messe in Izmir
1. bis 8. September	Kunst– u. Kulturwoche von Bodrum
5. bis 8. September	Ahi–Evran Gedenkfeierlichk. in Kirşehir

6. bis 10. September	Festspiele von Kuşadasi
13. bis 17. September	Kappadokisches Weinlesefest in Ürgüp
16. bis 19. September	Hethiter–Fest in Çorum
22. Sept. bis 1. Okt.	Mittelmeer Textil– u. Modefest in Mersin
6. Dezember	Intern. St. Nikolaus–Fest in Demre
10. bis 17. Dezember	Mevlana–Gedenkfeierlichkeiten in Konya
Mai bis September	Licht– und Tonspektakel vor der Sultan-Ahmet Moschee in Istanbul, jeden Abend
August und September	Licht– und Tonspektakel vor dem Atatürk-Mausoleum in Ankara, jeden Abend

Von Jahr zu Jahr können bei den Terminen geringfügige Verschiebungen eintreten. Die Daten sind daher als annähernd zu betrachten.

Fischen

Angeln und Sportfischen ist in der Türkei überall für Touristen ohne besondere Genehmigung erlaubt. Es dürfen allerdings nur Amateurgeräte benutzt werden, weil kommerzielles Fischen durch Ausländer streng verboten ist. Aus diesem Grund dürfen zum Beispiel Fischfangnetze von Touristen nicht schwerer als 5 kg sein.

Fotographieren

Grundsätzlich verbietet es der Islam, Abbilder von Menschen zu machen, jedoch trifft man in West– und Zentralanatolien nicht mehr auf strikte Ablehnung. Männer und Kinder fühlen sich häufig sogar geehrt, im Zweifelsfall bitte höflich anfragen, ob ein Foto geduldet wird. Frauen verlieren allerdings immer noch ihre Ehre, wenn man sie fotographiert, deshalb ist äußerste Vorsicht und entweder ein gutes Teleobjektiv oder viel Fingerspitzengefühl angeraten. Im Falle einer in männlicher Begleitung auftauchenden Frau müssen auf jeden Fall die zuständigen Herren um Erlaubnis gefragt werden!

Wer eine Sofortbildkamera besitzt, kann damit inzwischen sehr viele Türken erfreuen.

H

Handeln

Die Türkei ist auch hier eine Gesellschaft im Aufbruch: Nicht gehandelt wird bei ausgeschilderten Lebensmitteln, Massenprodukten und Serienwaren. Ebenfalls nicht mehr in ausgesprochenen Touristenshops, die ihre Ware meist auch schon preislich ausgezeichnet haben. Sonst ist die alte orientalische Feilschtradition immer noch allgemein übliches Geschäftsgebaren. Notwendig sind viel

Zeit, Geduld und Ausdauer. Der Wunsch nach dem begehrten Objekt sollte nie allzu deutlich werden. Als Ziel läßt sich angeben, den vom Händler erstgenannten Preis um ca. 30 % herunterzuhandeln.
Es ist unfein, nur zum Spaß zu handeln, wenn man von vorneherein nichts kaufen will.

Hotels, Pensionen

Ein ausführliches, nach Kategorien geordnetes und jährlich aktualisiertes Gesamtverzeichnis aller türkischen Hotels und Pensionen kann kostenlos angefordert werden bei der:
Informationsabteilung des Türkischen Generalkonsulates
Baseler Str. 35 – 37
6000 Frankfurt am Main.
Von Superluxusherbergen zu durchaus europäischen Preisen bis zu erstaunlich preiswerten Unterkünften (Übernachtung mit Frühstück umgerechnet etwa 4,-- DM) ist hier alles verzeichnet.

Hygiene

Klopapier ist rar und wenn vorhanden, teuer, deshalb auch einen für Durchfälle ausreichenden Vorrat mitnehmen. Auch andere hygienische Selbstverständlichkeiten (Tampons, Binden etc.) sind größtenteils unbekannt.

I

Impfungen

Für Touristen aus Westeuropa sind keine Impfungen vorgeschrieben. Wer aus Asien oder Afrika einreist, muß eine Pockenschutzimpfung nachweisen. Im eigenen Interesse sollte man sich auf jeden Fall, wenn man mehr als die ägäische Küste zu besuchen gedenkt, mit einer Prophylaxe gegen Malaria schützen. Empfehlenswert sind darüber hinaus auch Cholera- und Typhusschutzimpfungen.

Informationsmöglichkeiten

Das Fremdenverkehrs– und Informationsamt der Türkei unterhält zwei Büros in der Bundesrepublik Deutschland:
– Karlsplatz 3, 8000 München 2, Tel. 089/594902 – 594317
– Baseler Str. 35–37, 6000 Frankfurt a.M. 1, Tel. 0611/233081 – 82

und je ein Büro in Österreich und der Schweiz:
– Mahlerstr. 3, 1010 Wien, Tel. 0222/52218 – 29
– Talstr. 74, 8001 Zürich, Tel. 01/2210810–12

Auf Anfrage erhält man informative Broschüren und Überblicks-

straßenkarten.
Außerdem verschickt der ADAC, Baumgartner Str. 70, 8000 München 1, Material speziell für Autofahrer, auf Wunsch mit Routenvorschlägen.
Speziellem archäologischem Interesse kommt entgegen:
Historisch – Archäologischer Freundeskreis e.V.
Studtstr. 39 – c/o Forschungs– und Arbeitsstelle "asia minor"
4400 Münster/Westfalen, Tel.: 0251/834564

J

Jugendherbergen

Zur Zeit gibt es nur in der Westtürkei Jugendherbergen:
In **İstanbul**
Topkapı Atatürk Öğrenci Sitesi
Londra Asfaltı, Cevizlibağ Durai, Topkapı – İstanbul
Tel. 250280, 255032, 239488
750 Schlafplätze, geöffnet vom 1. Juli bis 31. August.
Kadirga Öğrenci Yurdu
Çömertler Sokak No. 6, Kumkapı – İstanbul
Tel. 282480, 288481
500 Schlafplätze, geöffnet vom 1. Juli bis 31. August

Ortaköy Öğrenci Yurdu
Palanga Caddesi No. 20, Ortaköy – İstanbul
Tel. 600184, 601035
40 Schlafplätze, geöffnet vom 1. Juli bis 31. August

in **Bursa**
Gemlik Hasanağa Gençlik ve Izcilik Tesisi
Tel. Kumla 289
50 Schlafplätze, geöffnet vom 1. Januar bis 31. Dezember

in **Çanakkale**
Çanakkale–Intepe Gençlik ve izcilik Tesisi
Güzelyalı Mevkii, Tusan Moteli Yani
Tel. Güzelyalı 16
150 Schlafplätze, geöffnet vom 1. Januar bis 31. Dezember

in **İzmir**
İnciraltı Atatürk Öğrenci Yurdu
1881 Sokak No. 24. İnciraltı – İzmir
Tel. 152856, 152980
750 Schlafplätze, geöffnet vom 1. Juli bis 31. August.

Die alte Jugendherberge in Istanbul, lange Zeit die einzige in der Türkei, scheint es nicht mehr zu geben (Cerrahpaşa Caddesi 63,

Aksaray – Istanbul).
Das Ministerium für Fremdenverkehr und Information gibt zusammen mit dem TÖGTÖ (Türkiye Öğrenci ve Gençlik Turizm Örgütü/Türkische Fremdenverkehrsorganisation für Studenten und Jugendliche, Samanyolu Sokak 62/8, Şişli–Istanbul) eine Liste mit Internaten und Unterkunftsheimen heraus, die wie in Istanbul und Izmir ausländischen Jugendlichen vom 1. Juli bis 31. August zur Verfügung gestellt werden.

Übrigens ist das Übernachten in einer Jugendherberge nicht unbedingt billiger als in einer einfachen Pension. Für die Jugendherbergen sind pro Nacht umgerechnet zwischen 3 und 9 US-Dollar zu berappen!
Weiteres ist möglicherweise im Jugendherbergsführer "Welt" oder durch eine spezielle Anfrage beim Deutschen Jugendherbergswerk zu erfahren. Das DJH bittet um Zuschriften ausschließlich auf Postkarte!

Deutsches Jugendherbergswerk
Bülowstr. 26
4930 Detmold, Tel.: 05231/1391

K
Klima

Marmarameer, Ägäis, Mittelmeer: Mediterranes Klima (Heiße Sommer, milde Winter), Badesaison April bis Oktober.
Schwarzes Meer: niederschlagsreiche Küste, Sommer mild, Winter feuchtkalt. Badesaison Juni bis September.
Zentral– und Ostanatolien: kontinentales Klima (Heiße, trockene Sommer, strenge Winter) auch Sommernächte sind kühl !!

Krankenversicherung

Bei Arztbesuch oder Krankenhausaufenthalt (siehe auch "Arzt, Krankenhaus"), wird gewöhlich Barzahlung fällig. Eine Bescheinigung der heimischen Krankenversicherung, daß die Behandlungskosten übernommen werden, wird, wenn überhaupt, nur in den Großstädten anerkannt. Es empfiehlt sich der Abschluß einer Auslandskrankenversicherung.

N
Nationalparks

Es gibt in der Türkei zahlreiche Nationalparks, die als Naturschutzgebiete gelten und Erholungsgebiete meist mit guten Campiermöglichkeiten sind. Die meisten sind auf Straßenkarten (z.B. RV 97, vergleiche Literaturauswahl, Abschnitt"Karten") eingetragen. Inzwischen gibt es 26 solcher Erholungsgebiete, hier seien nur ein paar charakteristische erwähnt:

Uludağ
im Süden von Bursa, höchste Erhebung 2554 m, Wälder, Seen, Geologie, gute Wander– und Picknickmöglichkeiten. Von Dezember bis April. Wintersport (siehe auch "Skifahren").

Kuşcenneti (Vogelparadies)
in der Provinz Balikesir an der Hauptstraße 15, ornithologisches Reservat mit 200 verschiedenen Vogelarten. Interessanteste Zeit: März bis Juli und September/Oktober.

Termessos
mit Ruinen der antiken Stadt, in der Provinz Antalya an der E 24. Berglandschaft, Flora und Fauna. Saison April bis Oktober.

Karatepe–Aslantaş
im Ceyhan–Tal an der E 5, Provinz Adana. Hethitische und Römische Überreste, Berge, Täler, Flora. Saison April bis November.

Soğuksu
in der Provinz Ankara an der E 5 bei Kizilcahamam. Thermalquellen, bewaldetes Berggebiet mit vielen kleinen Tälern. Mit Hotel und Restaurant, Saison von April bis Oktober.

Yedigöller
Fischreiches Seengebiet inmitten von Mischwäldern, in der Provinz Zonguldak an der E 5, Saison April bis Oktober.

O

Öffentliche Verkehrsmittel

Relativ schwach ausgebautes Eisenbahnnetz; gut organisierte, auch in kleineren Städten zahlreich verkehrende moderne Überlandbusse (siehe auch "Busverbindungen"); in Dörfer fahren sogenannte Dolmuş–Taxis (Sammeltaxis, jeder Fahrgast zahlt nur für seinen Platz).

In den Großstädten gibt es meist hoffnungslos überfüllte Linienbusse, statt dessen sind die geringfügig teureren Minibüsleri zu empfehlen, die Dolmuştaxis mit einer größeren Kapazität sind.

Taxifahren ist ziemlich teuer. In jedem Fall muß vor Antritt der Taxifahrt der Preis ausgehandelt werden !!!!

Öffnungszeiten

Behörden: außer Samstag und Sonntag 8.30 – 12.00 und 13.00 – 17.30

Banken: außer Samstag und Sonnteg 8.30 – 12.00 und 13.30 – 17.00

Geschäfte: außer Samstag 9.00 - 13.00 und 14.00 – 19.00

Museen: im allgemeinen Mo. geschlossen, 10.00 – 17.00, manch-

mal Mittagspause.
Diese Öffnungszeiten können nur als Hinweis gelten. Besonders in kleineren Ortschaften werden sie mit orientalischer Individualität gehandhabt. Hinzu kommt, daß die Bezirksverwaltungen jedes Jahr Sommerzeiten festlegen können, in denen Behörden und andere Einrichtungen nachmittags geschlossen bleiben.

Ortszeit
Mitteleuropäische Zeit + 2 Stunden (Deutschland 18.00 = Türkei 20.00). Wenn in Deutschland Sommerzeit verordnet ist, beträgt der Zeitunterschied natürlich nur noch eine Stunde !

R
Rauschgift

Einfuhr, Ausfuhr und Genuß innerhalb der Türkei sind streng verboten und werden empfindlich bestraft. Besonders in Istanbul wird Touristen häufig und gelegentlich recht aufdringlich Hashish angeboten. Wer darauf eingeht ist selber schuld: Die Händler entpuppen sich oft genug als Polizeispitzel.
Die Kontrollen an der türkisch–griechischen Grenze sind streng. Man sollte besonders darauf achten, daß man nicht als unwissender Schmuggler tätig wird. Gelegentlich soll es nämlich vorkommen, daß unbemerkt Rauschgiftpäckchen unter oder im Wagen befestigt werden, besonders wenn das Touristenauto in der Werkstatt war!

Reiseapotheke
Stellen Sie Ihre Reiseapotheke bitte nach Rücksprache mit Ihrem Hausarzt zusammen. Bedenken Sie, daß Sie von Türken häufig um Kopfschmerztabletten gebeten werden und nehmen Sie einen Vorrat eines möglichst harmlosen Präparates mit. Für den eigenen Bedarf sollte dazugehören: Wasserentkeimungstabletten (z.B. Micropur), Mittel gegen Darminfektionen, Breitbandantibiotika, Wund– und Brandgel, Mittel gegen Husten und grippale Infekte, Antiallergicum (gegen Sonnenbrand, Insektenstiche etc,), Mittel gegen Magenschleimhautreizung, Augen– und Nasensalbe, Desinfektionsmittel (z.B. Kodan Spray), Mullbinden, elastische Binden, Salbe gegen Verstauchungen und Prellungen, Pflaster.

Reiseveranstalter
Gewöhnliche Pauschalreisen, auch Rundreisen mit angehängten Badeferien, bietet fast jedes Reisebüro an. Es gibt jedoch einige Veranstalter, die sich durch besondere Programme auszeichnen. Ohne Werbeabsichten oder den Anspruch auf Vollständigkeit seien hier folgende aufgeführt:

Studienreisen
Fahrtenring, Institut für wissenschaftliches Reisen, Unterer Seeweg 44, 8130 Starnberg
Athena weltweit, Adenauerallee 10, Postfach 100103, 2000 Hamburg 1
Studiosus Studienreisen, Postfach 202204, 8000 München 2

Erlebnisreisen
Hauser Exkursionen international, Neuhauser Str. 1, 8000 München 2, (Kultur, Bergwandern, Baden)
Fahrtenring, Adresse s.o. (Wandern in Ostanatolien)
Kontakt–Reisen, Laurentiusstr. 7, 5600 Wuppertal 1 (Kanu, Wandern, Bergsteigen in Mittelanatolien)

Campingreisen
Sonnenreisen, Graf–Adolf–Str. 20, 4000 Düsseldorf 1 (Camping in Istanbul, Izmir und Antalya)

Preiswerte Reisen für junge Leute
Deutsches Jugendherbergswerk, Bülowstr. 26, 4930 Detmold
Jährlich andere Rundreiseprogramme, 1983 interessante, dreiwöchige Ostanatolien–Tour für 18 bis 35jährige.

Reisezeit

Die beste Reisezeit für die gesamte Türkei liegt zwischen März und Juni. Dann kann man auch das berühmte "Steppenwunder" erleben, nämlich wenn die ganze, ansonsten karge und rauhe Steppe Inneranatoliens überzogen ist von herrlichem Grün und tausend Blüten. In der Mitte des Sommers ist es vielerorts sehr heiß, August, September und Oktober bieten an den Küsten von Ägäis und Mittelmeer schönes, warmes Badewetter, in Zentralanatolien mehren sich aber bereits die Herbststürme. Genauere Informationen bei:
Panzram, Heinz
Internationaler Reisewetterführer. Ravensburger Freizeit–Taschenbücher, Ravensburg, Otto Mayer Verlag, 1982
191 Seiten mit farbigen Abbildungen, Tabellen und 61 Reisewetterkarten, zur Zeit 12,80 DM.
oder kurzgefaßt , aber kostenlos in der Broschüre "Türkei – Reisetips und Reiserouten", die man beim Fremdenverkehrs– und Informationsamt der Türkei anfordern kann. (Adresse siehe "Informationsmöglichkeiten")

S

Segeln

Sowohl die lange sonnige Mittelmeerküste als auch die mit Buchten über und über eingekerbte Ägäisküste ist für Segler geradezu

ideal.
Beim Segeln in türkischen Hoheitsgewässern ist folgendes zu beachten:

- Internationale Seefahrtsvorschriften einhalten
- Die türkische Höflichkeitsflagge sollte von 8.00 Uhr Ortszeit bis Sonnenuntergang gehißt werden.
- Um Mißverständnisse zu vermeiden, sollte nicht ständig zwischen türkischen und griechischen Hoheitsgewässern gewechselt werden, andernfalls kann es schon 'mal vorkommen, daß das Segelboot beschossen wird !!!
- Die Küste steht unter strenger Bewachung. Segler sollten nicht versuchen, Antiquitäten aus den Küstengewässern oder von den Ruinenstätten auszuführen, da dies den Entzug des Bootes zur Folge haben kann !

Formalitäten bei der Einfahrt in einen Hafen

- Wegen einer Gesundheitsbescheinigung hat man sich an die Hafengesundheitsbehörde zu wenden (Sahil Sıhhıye Memurluğu).
- Es fällt die Zahlung einer Leuchtturmgebühr an.
- Vorlage der Reisepässe und der sich an Bord befindenden Passagiere bei der Sicherheitsbehörde (Emniyet Amirliği).
- Zollkontrolle (Gümrük Muhafaza Teşkilati).
- Bescheinigung über die Seetüchtigkeit des Fahrzeuges innerhalb von 24 Stunden von Seiten der Hafenbehörde (Liman Reisliği).
- Für Wasser– und Eisversorgung Antrag an die Stadtbehörde (Belediye).

Skifahren

Auch die Türkei beginnt, am Wintersporttourismus teilzunehmen. Erste Versuche auf diesem Gebiet sind die beiden Skigebiete Uludağ bei Bursa und das 42 km von Antalya entfernte Saklikent.

Uludağ

Saison 15. Dezember bis 1. Mai
Vom internationalen Skiverband anerkannte Slalom– und Riesenslalomabfahrtshänge, 3 Sessellifte und 3 Skilifte, mehrsprachige Skilehrer und Skiverleih. 1.500 Betten in den verschiedenen Hotels von Bursa, Bars, Discotheken.

Saklıkent

Skihütten mit 2.500 Betten, ein Hotel mit 200 Betten, eine Slalom- und eine Riesenslalombahn für olympische Ansprüche. Der besondere Reiz dieses Gebietes liegt darin, daß man während der Monate März und April morgens Skilaufen kann und nachmittags bei Antalya im warmen Mittelmeer baden kann.

Über diese und die vier weiteren inzwischen in der Türkei entstande-

nen Skigebiete erteilt der türkische Skiverband Auskunft:
Beden Terbiyesi Genel Müdürlüğü
Kayak Federasyonu
Ulus Işhane, A—Blok, Ulus—Ankara

Souvenirs

Keramik (Westtürkei, besonders Kütahya)
Kupfergefäße
Lederkleidung (besonders Istanbul)
Meerschaumpfeifen (besonders Eskişehir, Südküste)
Messingwaren
Onyxvasen und -figuren (Besonders Kappadocien)
Schmuck (Besonders Istanbul. Bursa)
Seide (besonders Bursa)
Stickereien und Teppiche (regional völlig unterschiedliche Ausführungen)
Gewürze (besonders Istanbul, im Ägyptischen Bazar, Mısır Çarşı)
Tee (besonders Schwarzmeerküste, im ganzen Land erhältlich)

Sperrgebiete

Besonders in Ostanatolien, an der Grenze zur UdSSR, gibt es militärische Sperrgebiete. Für Touristen ist dies zum Beispiel für den Besuch der armenischen Ruinenstadt Ani bei Kars interessant. Die Ruinen liegen im militärischen Sperrgegiet, sind aber mit einer Ausnahmegenehmigung zu besichtigen. Die Erlaubnis erhält man beim Emniyet Müdürlüğü (Sicherheitsbehörde) in Kars.
Weitere Sperrgebiete: der Büyük Ağrı Daği (Ararat), Berge im Cilo—Sat—Gebiet, im Dreiländereck Türkei—Irak—Iran.

Straßenhilfsdienste

siehe "Werkstätten"

Straßenverhältnisse

Die Türkei verfügt über ein gut ausgebautes Straßennetz, dessen asphaltierter Teil ständig wächst. In Westanatolien entstehen überhaupt keine Schwierigkeiten. In Zentralanatolien gibt es derzeit noch ein relativ großes Netz an Schotter— und Staubstraßen, allerdings nur auf Nebenstrecken. Häufig sind diese aber besser zu befahren als manches schlaglöcherübersätes Stück Hauptverkehrsader. Der Ausbau der wichtigen Fernstraßen wird auch hier rasant vorangetrieben. Einzelne Gegenden Ostanatoliens verfügen über schlechte Straßen. Was dort geteert ist, hat meist Schlaglöcher und Wellen, die große Sommerhitze und der strenge Frost des Winters zermürben den Straßenbelag. Man trifft oft auf Schotterstraßen.
Insgesamt ist die gesamte Türkei mit einem normalen PKW zu befahren, in der Straßenqualität gibt es ein deutliches West— Ost—Gefälle.

Mit einem unpräparierten Wagen sollte man den westlichen Teil der Schwarzmeerküste zwischen Ereğli und Samsun sowie die Auffahrt auf den Nemrut Dağ bei Adiyaman meiden.
Weiteres siehe "Fahrzeugausstattung", "Verkehrsverhalten".

Strom
Im Allgemeinen: 220 Volt, in der europäischen Türkei gelegentlich 110 Volt

Studentenrabatte
Für Inhaber von internationalen Studentenausweisen (ISTC) und internationalen Jugendherbergsausweisen, sowie für Personen, in deren Paß Student oder "Lehrer" als Beruf angegeben ist, hält das türkische Fremdenverkehrs— und Informationsministerium Jugendferienprogramme bereit. Näheres kann bei der Informationsabteilung der Generalkonsulate (Adresse unter "Informationsmöglichkeiten") erfragt werden.
Darüber hinaus gewähren manche türkische Organisationen, wie zum Beispiel die THY, Türk Hava Yolari, Türkische Luftverkehrsgesellschaft, Preisermäßigungen für Inhaber von ISTC-Ausweisen.

Türkische Luftverkehrsgesellschaft:	
Internationale Flüge	60 %
Inlandflüge	10 %
Eisenbahn	20%
Turkish Maritime Lines:	
Internationale Schiffahrt	15 %
innerhalb der Türkei	50 %
Museen	50 %
Kino und Konzert	50 %

T

Tanken
In West— und Zentralanatolien sind Tankstellen in ausreichender Zahl vorhanden, Super ist allerdings nicht überall zu bekommen. Weiter im Osten empfiehlt sich eine Tankfüllung Kanistervorrat, auch die Dieselversorgung ist hier nicht immer gesichert ! Preis November 1982:

Normalbenzin (85 bis 87 Oktan)	je ltr.	102,-- TL
Superbenzin (94 Oktan)	je ltr.	110,-- TL
Dieselkraftstoff	je ltr.	68,60 TL

An Tankstellen sind meist kleinere Werkstätten und Restaurants angeschlossen.

Tauchen
Schnorcheln macht in allen Küstenregionen von Ägäis und Mittelmeer dank des klaren Wassers und des Fischreichtums Spaß. Bis vor

wenigen Jahren war das Tauchen mit Preßluftgeräten aus Sicherheitsgründen in der Türkei überhaupt nicht gestattet. Inzwischen ist das Tauchen an vier Stellen, die sehr genau begrenzt sind, erlaubt. Wegen sicherer Informationen wenden sich Interessenten bitte an Informationsabteilung des Türkischen Generalkonsulates, Adresse unter "Informationsmöglichkeiten".

Telefonieren

Auslandsgespräche von der Türkei aus sind langwierig, weil sie handvermittelt werden müssen. Zwischen Anmeldung des Gespräches und Zustandekommen der Leitung können mehrere Stunden liegen. Selbst Inlandsgespräche müssen meist noch über die Vermittlung abgewickelt werden, nur zwischen wenigen großen Städten besteht Selbstwahlverkehr.
Es wird unterschieden zwischen Normal– Schnell– (Acele) und Notfallgesprächen (Yildirim).
Zum Telefonieren aus öffentlichen Fernsprechern braucht man Jetons, die man auf der Post erwerben kann.

Touristenbüros

In jeder größeren türkischen Stadt stehen dem Touristen die Fremdenverkehrs– und Informationsämter zur Verfügung. Ihr Kennzeichen ist die
Sonnenscheibe einer hattischen Kultstandarte.
Das Hauptbüro befindet sich in Istanbul:
Meşrutiyet Caddesi 57, Galatasaray–Istanbul
Tel. 456875 – 76

Türkische Bäder

Wegen der strengen Reinigungsvorschriften im Islam gibt es in der Türkei schon seit dem Mittelalter öffentliche Badehäuser (hamam). Männer und Frauen besuchen gewöhnlich verschiedene Bäder, in kleineren Städten, in denen nur ein Badehaus vorhanden ist, gibt es unterschiedliche Badetage für Männer und Frauen. Der Besuch eines Badehauses wächst sich zu einer umfangreichen Prozedur aus: Wasserbad, Schwitzbad, Durchwalken von einem Bademeister– einer Bademeisterin und Abrubbeln der alten Hautfetzen.
Viele der alten Badehäuser sind architektonisch besonders interessant. In Istanbul gehören zu den sehenswerten Bädern:
Cağoloğu Hamami, Hilâli Ahmer Caddesi (Bei der Blauen Moschee)
Galatasaray Hamamı, İstiklal Caddesi/Suterazi Sokak 24
Der Tourist hat besonders gut in Bursa die Möglichkeit, türkische Badefreuden auszuprobieren. Dem Celik Palas Oteli ist ein altes Bad angegliedert, das aus einer Thermalquelle gespeist wird. Nach europäischem Vorbild dürfen hier Männer und Frauen gemeinsam, dafür aber in Badehose bzw. –anzug, im Wasser planschen. Der Besuch des Bades ist nicht nur Hotelgästen vorbehalten !

Celik Palas Oteli, Çekirge Caddesi 21, Bursa. (An der Ausfallstraße zum Uludağ.)

U

Unfall

Bei einem Unfall muß die Polizei hinzugezogen werden, da ein Protokoll für die Schadensregulierung erforderlich ist. Der Polizist nimmt darin zur Schuldfrage Stellung, deshalb niemals ohne zuverlässige Übersetzung unterschreiben ! Für Mitglieder des ADAC übernimmt der Türkische Automobilklub alle notwendigen Reparaturen und schickt die Rechnung, ausgestellt in Schweizer Franken, an den Eigentümer. Bei Totalschaden muß das nächste Zollamt (Gümrük Müdürlüğü) den Paßeintrag löschen, damit das Land ohne Schwierigkeiten verlassen werden kann.

V

Verkehrsbestimmungen

Rechtsverkehr, Verkehrsregeln wie in Europa (werden aber individuell ausgelegt, manchmal entscheiden Hupe und PS), Höchstgeschwindigkeit außerhalb geschlossener Ortschaften 80 km/h, innerhalb 50 km/h.

Verkehrszeichen:

Bozuk satih	schlechte Wegstrecke
Dikkat	Achtung
Dur	Halt, Stop
Düşük Banket	unbefestigter Randstreifen
Park yapılmaz	Parken verboten
Yol yapımı	Straßenarbeiten
Yavaş	Langsam
Viraj	Kurve

Die Verkehrszeichen werden zwar hin und wieder aufgestellt, stehen aber nicht unbedingt in ursächlichem Zusammenhang mit den auftauchenden Gefahren. Wegweiser sind normalerweise blau, gelbe Schilder führen zu Sehenswürdigkeiten.

Verkehrsverhalten

Nachtfahrten unbedingt vermeiden !!!, grobe Feldsteine auf der Fahrbahn beachten, die ehemals Pannenfahrzeuge abgesichert haben und liegengelassen worden sind. Östlich von Ankara mit Steinewerfern rechnen, besonders in der Gegend des Van–Sees; Frau am Steuer kann männliche Überreaktionen der türkischen Fahrer zur Folge haben; Baustellen sind kaum abgesichert, oft nur einspurig befahrbar: Vorsicht bei Gegenverkehr. Besondere Vorsicht bei Tunneldurchfahrten; in Zentral– und Ostanatolien bestehen auch Hauptverkehrsstraßen oftmals aus Schlaglöchern; Auf Schotterstrecken bei Gegenverkehr auf die Windschutzscheibe aufpassen !

Verständigung
Oftmals mit Deutsch möglich ("...ich sieben Jahre Mannesmann gearbeiten, welche Stadt du komme?...") sonst auch Französisch, manchmal Englisch. Hände und Füße sind ausführlich zu gebrauchen.

W

Wandern
Siehe "Reiseveranstalter". Wanderer, die sich ihre Routen selbst aussuchen wollen, wenden sich bitte an die Informationsabteilung der türkischen Generalkonsulate, Adressen siehe unter "Informationsmöglichkeiten". Den Autoren liegen keine Informationen vor, was Kartenbeschaffung und Wegführung anbelangt.

Wasser
Die Türken sind zwar – zu Recht – sehr stolz auf ihr Wasser, aber nicht jeder Touristendarm verträgt es; Abgefülltes Trinkwasser gibt es nicht zu kaufen, lediglich 0,2 ltr.–Fläschchen stark kohlensäureversetztes Mineralwasser; daher unbedingt Entkeimungstabletten bzw. Filterpatronen mitnehmen. (Ein schlechter Behelf: Abkochen dann aber bitte 10 Minuten mindestens sprudelnd kochen lassen!). Wasserstellen sind ausreichend vorhanden. Trinkwasser ist manchmal mit dem Schild

"Su içilebilir" gekennzeichnet, trotzdem VORSICHT !

Werkstätten
Da der Straßenverkehr in der Türkei in der Personen– und Güterbeförderung eine überragende Rolle spielt, sind Reparaturwerkstätten ausgesprochen häufig. Ein kleinerer Betrieb ist meist an Tankstellen angeschlossen. Fachwerkstätten ausländischer Fabrikate sind jedoch seltener. Die türkische Autoindustrie stellt in Lizenz Renault 12, Fiat – PKW verschiedener Modelle, Mercedes–Benz Reisebusse und MAN – LKW, sowie Ford–Transit–Kastenwagen und Busse und größere Ford–LKW her. Mit Reisefahrzeugen dieser Typen wird man nie Schwierigkeiten haben, ebenfalls nicht mit fast allen Ford–PKW–Typen. Fast jeder Dorfschmied kann diese Wagen, die in der Türkei ausgesprochen häufig und begehrt sind, reparieren.

VW gibt offiziell folgende VAG–Service–Stationen in der Türkei an:
İstanbul
Importeur Ciftciler Ticaret ve Sanayi T.A.Ş.
Levent, Zincirlikuyu Meydanı 62, Tel. 665195

İstanbul
Ciftciler Ticaret ve Sanayi T.A.Ş.
Levent, Zincirlikuyu Barbaros Bulvari 62, Tel. 665195

Ankara
Bahcelievler Otonam Nebahat Demirkaya
Doegol Caddesi Mechul Asker Sokak 12/18, Tel. 132660

İzmir
Servis Oto Ticaret LTD.STI.
Atatürk Caddesi 124, Tel. 148886

Darüber hinaus sind aber zahlreiche weitere Werkstätten in der Lage, z.B. einen VW–Bus zu reparieren, da das Fahrzeug über einen ausreichenden Bekanntheitsgrad verfügt.

Mercedes Benz bietet in der Türkei folgenden Service:
İstanbul
Mengerler Ticaret T.A.Ş. Taksim, Cumhurriyet Meydanı 9/1
Tel. 491241/496700 (Importeur)
İstanbul
İstanbul Motorlu Araçlar Ticaret ve Sanayi A.Ş.
Davutpaşa, Burmali Çeşme Sokak, Askeri Fırın Yolu 52/54
Tel. 761264 (LKW und PKW)
Adana
Akdeniz Motorlu Araçlar Tic. ve San. A.Ş.
İskenderun Yolu 5 km, Tel. 11524 (LKW und PKW)
Ankara
Ankara Motorlu Araçlar Tic. ve San. A.Ş.
İstanbul Yolu 10 km, Tel. 212018, 241210 (LKW und PKW)
Antalya
Antalya Motorlu Vasıtalar Tic. ve San. A.Ş.
Havaalni Karşısı, Tel. 4956 (nur LKW)
Diyabakir
Günedoğu Araçlar Tic. ve San. A.Ş.
Inönü Caddesi 95, Tel. 3462 (LKW und PKW)
Edirne
Trakya Motorlu Araçlar Tic. ve San. A.Ş.
İstanbul Devlet Yolu üzerinde, Tel. 2204 (LKW und PKW)
Erzurum
Haskaya Motorlu Vasıtalar Tic. ve San. A.Ş.

Erzinan Yolu 10 uncu km, Tel. 1485, 1773 (LKW und PKW)

Eskişehir

Hasemek Motorlu Vasıtalar Tic. ve San. A.Ş.
Ankara Asfaltı 11/B, Tel. 19597 (nur LKW)

Gaziantep

Hasel Motorlu Vasıtalar Tic. ve San. A.Ş.
Inönü Caddesi 182/A, Tel. 16692 (nur LKW)

İzmir

Egemer Otomotiv Tic. ve San. A.Ş.
Cumhurriyet Bulvarı 136/A, Tel. 35119, 42660 (keine Angaben)
Egemer Mercedes Benz Servisi, İzmir–Bornova Yeni Karayolu (Tel. 161818 (LKW und PKW)

Kartal

Haslar Makina Tic. ve San. A.Ş.
Ankara Asfaltı Üzeri Yakacik, Tel. 533646 (LKW und PKW

Kayseri

Merkay Motorlu Vasıtalar Tic. ve San. A.Ş.
Sanayi Bölgesi – Caddesi 27, Tel. 2936 (LKW und PKW)

Samsun

Karadeniz Motorlu Araçlar Tic. ve San. A.Ş.
Ordu Yolu Tekeköyü Kavsağı, Tel. 4308, Tekeköyü 76 (LKW und PKW)

Trabzon

Hassoy Motorlu Vasıtalar Tic. ve San. A.Ş.
Söğütlü Köyü Yali Mevki Akçaabat, Tel. 1367, 1453, 2050 (LKW und PKW)

Zwischen Ankara und der Grenze nach Iran und Syrien/Irak befindet sich ein mobiler Service mit zwei Werkstattwagen im Dauereinsatz. Zu erreichen über die obengenannten Adressen.
Werkstätten anderer Fabrikate sind sehr selten in der Türkei. Ihre hiesige Fachwerkstatt kann Ihnen vor Antritt Ihrer Reise aber eine Liste mit allen türkischen Adressen besorgen. An der Straße Edirne –Ankara (E 5) gibt es überdies Straßenhilfsdienste in

– Babaeski zwischen Edirne und Istanbul
– Tavşantepe 26 km hinter Istanbul
– Boludağı 202 km hinter Istanbul
– Esentepe 302 km hinter Istanbul
– Çamlıdere 363 km hinter Istanbul
– Pinar/Karagasekmez 70 km vor Ankara

Z

Zeitungen

Deutschsprachige Zeitungen sind nur in den Metropolen erhältlich; und zwar mit einem Tag Verspätung. Manchmal bekommt man, ebenfalls einen Tag nach Erscheinen, auch in bekannten Ferienzentren Zeitungen.

Zollbestimmungen

Zöllner, und seit dem Militärputsch vom 12. September 1980 auch die dazugehörigen Soldaten wissen, daß sie sehr, sehr wichtig sind. Man sollte sie daher, wenn überhaupt, nur mit Glacehandschuhen anfassen. Unter der Militärregierung ist es auch nicht ratsam, durch kleine Aufmerksamkeiten in den Genuß einer großzügigeren Kontrolle geraten zu wollen ! Bei der Einreise wird eine mündliche Erklärung verlangt, zollfrei eingeführt werden dürfen:

Persönliche Gebrauchsartikel, eine Reiseschreibmaschine, Körperpflegemittel und Sportartikel, je eines der verschiedenen Musikinstrumente, eine Kamera, 10 belichtete und unbelichtete Filme und kleine Vergrößerungsgeräte für Kameras, ein Fernglas (mit Hülle), ein Kofferradio, 10 Schallplatten, 10 Cassetten und 3 Videocassetten, eine Filmkamera und ein Projektor bis zu 8mm und 10 belichtete und unbelichtete Filme, ein Handfön, ein Massagestab, ein Diaprojektor, je ein, maximal 10, Kinderspielzeug der verschiedenen Art, 400 Zigaretten oder 50 Zigarren, 200 g Rauchtabak und 200 Blatt Zigarettenpapier oder 200 g Pfeifen— oder Kautabak oder 200 g persischer Tabak oder 50 g Schnupftabak, ein kg Kaffee (3 weitere kg Kaffee können zusätzlich durch Zahlung von Zoll eingeführt werden), 500 g Pulverkaffee, 1 kg Tee, 1 kg Schokolade oder 1 kg Konfekt, 2 Alben ohne (!) Fotos, 5 0,7ltr.—Flaschen Alkohol, jedoch dabei nicht mehr als 3 der gleichen Sorte, Eau de Cologne oder Vergleichbares bis zu einem Liter sowie fünf Parfums und Duftstoffe. Campingausrüstung.

Wertvolle Stücke und größere Ersatzteile für den Wagen werden im Paß registriert, damit sie auch wieder ausgeführt werden. Waffen dürfen nicht eingeführt werden, Treibstoff in Kanistern ist "in angemessener Menge" (?) zollfrei.

Weitere Zollbestimmungen siehe **Einreise, Devisen und Geldbeschaffung, Ausreise, Impfungen.**

LITERATURAUSWAHL

1) Vorgeschichte und anatolische Kulturen bis ca. 300 v.Chr.

Überblick:

Alimen, Marie–Henriette und Marie–Joseph Steve (Hrsg.)
Vorgeschichte
Bd. 1) der Fischer–Weltgeschichte
Frankfurt /Main, Fischer Taschenbuch Verlag, 1966

Cassin, Elene; Jean Bottéro und Jean Vercoutter (Hrsg.)
Die altorientalischen Reiche
Bde. 2), 3) und 4) der Fischer–Weltgeschichte
Frankfurt/Main, Fischer Taschenbuch Verlag, 1965 – 67

Speziell:

Alkim, U. Bahadir
Anatolien I.
Taschenbuch – Lizensausgabe Bd. 9) der Reihe "Archäologica mundi"
München, Wilhelm Heyne Verlag, 1978

Klengel, Horst und Evelyn
Die Hethiter
Wien, München, Schroll Verlag, 2. Auflage 1975

2) Griechen und Römer

Bengtson, Herrmann (Hrsg.)
Griechen und Perser
Bd. 5) der Fischer Weltgeschichte
Frankfurt/Main, Fischer Taschenbuch Verlag, 1965

Schneider, Carl
Kulturgeschichte des Hellenismus; 2 Bde.
München, Verlag C.H. Beck, 1967

Grimal, Pierre (Hrsg.)
Der Hellenismus und der Aufstieg Roms
Bd. 6) der Fischer–Weltgeschichte
Frankfurt/Main, Fischer Taschenbuch Verlag, 1965

Kornemann, Ernst
Weltgeschichte des Mittelmeerraumes von Philipp II.
von Makedonien bis Muhammed.
Herausgegeben von Hermann Bengtson
München, Verlag C.H. Beck, 1967

Brown, Peter
Welten im Aufbruch: Die Spätantike von Marc Aurel
bis Mohammed
Bergisch–Gladbach, Gustav Lübbe Verlag, 1980

3) Das Byzantinische Reich

Haussig, Hans Wilhelm
Byzantinische Geschichte
Urban Taschenbücher, Bd. 117
Stuttgart, Kohlhammer Verlag, 1969 (Neuausgabe 1981)

Maier, Franz Georg (Hrsg.)
Byzanz
Bd. 13) der Fischer–Weltgeschichte
Frankfurt/Main, Fischer Taschenbuch Verlag, 1973

Zakythinos, Denis A.
Byzantinische Geschichte 324 – 1071
Wien, Köln, Graz, Hermann Böhlaus Nachfolger Verlag, 1979

4) Geschichte der türkischen Reiche

Klever, Ulrich
Das Weltreich der Türken. Vom Steppenvolk zur modernen
Nation.
Bayreuth, Hestia Verlag, 1978
jetzt auch als Taschenbuch erschienen im:
Bergisch–Gladbach, Gustav Lübbe Verlag, 1981

Peters, Richard
Geschichte der Türken
Stuttgart, Kohlhammer Verlag (Urban Bücher), 1961

Werner, Ernst
Die Geburt einer Großmacht. Die Osmanen 1300 – 1481.
Ein Beitrag zur Genesis des türkischen Feudalismus.
Wien, Köln, Graz, Hermann Böhlaus Nachfolger Verlag, 1972

5) Geschichte der türkischen Republik

Keskin, Hakki
Die Türkei. Vom osmanischen Reich zum Nationalstaat.
Werdegang einer Unterentwicklung.
Berlin, Olle & Wolter Verlag, 1978

Steinbach, Udo
Kranker Wächter am Bosporus. Die Türkei als Riegel
zwischen Ost und West.
Würzburg, Verlag, Ploetz, 1979

6) Zeitgenössische Geschichte, Gesellschaft, Politik

Roth, Jürgen und Kamil Taylan
Die Türkei – Republik unter Wölfen
Bornheim, Lamuv Verlag, 1981

Özkara, Sami
Gegenwärtige soziale Struktur der türkischen Gesellschaft
Kaynar Verlag (o.O.u.J)

Baumgartner–Karabak, Andrea und Gisela Landsberger
Die verkauften Bräute. Türkische Frauen zwischen
Kreuzberg und Anatolien.
Reinbek bei Hamburg, Rowohlt (rororo), 1978

7) Die Religionen

Onasch, Konrad
Einführung in die Konfessionskunde der orthodoxen Kirchen
Berlin, Walter de Gruyter Verlag, 1962

Erbstösser, Martin
Die Kreuzzüge. Eine Kulturgeschichte
Gütersloh, Bertelsmann Lexikon Verlag, 1977

Renz, Alfred
Geschichte und Stätten des Islam von Spanien bis Indien
München, Prestel Verlag, 1977

8) Kunstgeschichte

Akurgal, Ekrem
Die Kunst der Hethiter. Aufnahmen von Max Hirmer
München, Verlag Hirmer, 1976

Akurgal, Ekrem
Die Türkei und ihre Kunstschätze. Das Anatolien der frühen Königreiche. Byzanz. Die islamische Zeit.
Genf, Sikra Verlag, 1966

Amiet, Pierre
Die Kunst des alten Orient (Reihe "ars antiqua" I, Bd. 3)
Freiburg i.Br., Herder Verlag, 1977

9) Reisebücher

Überblick:

Kündig–Steiner, Werner (Hrsg.)
Die Türkei. Raum und Mensch, Kultur und Wirtschaft in Gegenwart und Vergangenheit
Tübingen, Erdmann Verlag, Neuauflage 1981

Weiss, Walter
Türkei
ca. 150 S., Großformat, unzählige, meist Farbfotos
München, F. Bruckmann Verlag, 1980

Dörner, Friedrich–Karl (Hrsg.)
Vom Bosporus zum Ararat
ca. 400 S., Schwerpunkt Archäologie, ca. 40,-- DM
Mainz, Verlag Philipp von Zabern, 1981

Reiseführer:

a) Istanbul

Sumner–Boyd, Hilary und John Freely
Istanbul. Ein Führer
608 S., zur Zeit 38,-- DM
München, Prestal Verlag, 1975

Polyglott Reiseführer Nr. 763
Istanbul
63 S., zur Zeit 5,80 DM
München Polyglott, 11. Auflage 1981/82

Reclam—Kunstführer
Istanbul (mit Bursa, Edirne, Iznik)
über 600 S., zur Zeit 42,80 DM
Stuttgart, Reclams Universal—Bibliothek Nr. 10262, 1976

LN — Touristikführer
Rob, Gerda
Istanbul kennen und lieben. Mit Westküste, Bursa u.a.
ca. 150 S., zur Zeit 11,80 DM
Schwerpunkt Badeferien
Lübeck, LN Verlag

Barisch, Klaus und Lissi
"Richtig Reisen" — Istanbul
339 S., zahlreiche Abbildungen
Köln, DuMont Buchverlag, 1971

b) Türkei

Baedecker
Baedecker's Türkei
480 S., zur Zeit 39,50 DM
Stuttgart, Baedecker, 1968

Hell, Vera
Türkei 3 Bde.
je Band zur Zeit 48,-- DM
Stuttgart, Kohlhammer Kunst— und Reiseführer, 3. Auflage 1978

Bean, G.E.
Kleinasien 3 Bde.
je Band zur Zeit 38,-- DM
Stuttgart, Kohlhammer Kunst— und Reiseführer, 2. Auflage 1975

Grieben—Reiseführer Nr. 297
Türkei
207 S., zur Zeit 9,80 DM
München, Thiemig, 2. Auflage 1979

Polyglott—Reiseführer Nr. 787
Türkische Mittelmeerküste
ca. 60 S., zur Zeit 5,80 DM
München, Polyglott, 7. Auflage 1981/82

Der große Polyglott Nr. 729
Türkei
zur Zeit 17,80 DM München, Polyglott, 1981/82

Walter Reiseführer
Türkei
Istanbul, West– und Südküste, Mittelanatolien
über 600 S., zahlreiche Schwarz–Weiß–Abb., z.Zt. 32,-- DM

Goldstadt–Studienreiseführer Nr. 4217
Radel, Hartmut
Türkei–Kunst– und Kulturgeschichte, Routenvorschläge, Ortsbeschreibungen mit Ausflügen
258 S., Schwarz–Weiß–Abb., trotz 2., überarbeiteter Auflage teilweise veraltete Angaben

Guides bleus/Die blauen Führer
Türkei
Paris, Hachette, 1968

Blohm, Kurt Wilhelm
Städte und Stätten in der Türkei. Ein Begleiter zu den Kunstwerken Istanbuls und Kleinasiens
ca. 275 S., zahlreiche z.Tl. farbige Abb., zur Zeit 26,80 DM
Köln, DuMont Kunst–Reiseführer, 1971

Schmitt, Eberhard u.a.
Türkei – Politik, Ökonomie, Kultur und praktische Reisehinweise (Routenvorschläge). Auch für Jugoslawien, Griechenland, Ungarn, Bulgarien. Ein politisches Buch mit Reisetips.
Reihe Roter Rucksack Bd. 1)
375 S., Schwarz–Wei–Abb., zur Zeit 18,-- DM
Berlin, Express Edition GmbH, 1980

speziell für Autotouristen/Camper zusätzlich zu empfehlen

Schettler, Rolf
100.000 Km Orient. Reisehandbuch für Nordafrika, Vorderen Orient, Mittleren Osten für Globetrotter.
Tips, Tips und Tips
Hattorf am Harz, Buchvertrieb Gerda Schettler,
zur Zeit 28,-- DM

Zur Zeit der Drucklegung dieses Buchs wurde der Titel:

TRAVEL AIDS FÜR ABENTEURER

BAND 18: TÜRKEI

vorbereitet.
Er wendet sich speziell an Globetrotter und Rucksack-Reisende.

10) Karten

Türkei und Naher Osten
RV 97, offizielle Karte des Türkischen Automobil– und Touring–Clubs
Türkei (aber nur West- und Zentralanatolien!) 1:800.000, sehr gut, mit Kennzeichnung und Namen vieler Sehenswürdigkeiten. Naher Osten (darin die gesamte Türkei noch einmal) 1:2,5 Mio., recht klein, keine Nebenstraßen
Berlin, Reise– und Verkehrsverlag, zuletzt 4. Auflage 1979/80

Türkei
Kümmerly und Frey Nr. 1177
West– und Zentralanatolien 1:1 Mio., recht genau, Ostanatolien im Maßstab 1:5 Mio. ziemlich ungenau in eine Ecke geknoddelt!
Bern, Kümmerly & Frey, zuletzt 1981

Östliches Mittelmeer
Ravenstein Nr. 865
1:2 Mio., nicht empfehlenswert, Ostanatolien fehlt vollständig, archäologische Stätten sind zwar eingezeichnet, tragen aber keine Namen, die Straßenklassifikation ist mehr als ungenau, manchmal falsch.

Türkei – Naher Osten
Hallwag – Straßenkarte
1:3 Mio., Maßstab außer für Türkei–Transit viel zu klein, Straßenführung manchmal ungenau
Bern, Hallwag, zuletzt 1980/81

Naher Osten
1;2 Mio., Straßenführung und Klassifikation im Groben und Ganzen recht gut, Sehenswürdigkeiten, wenn auch ohne Namen, eingezeichnet. Der westliche Teil, also die gesamte Ägäisküste, fehlt, für Osttürkei empfehlenswert
Wien, Freytag & Berndt, zuletzt 1981

11) Weitere Literatur

a) Memoiren

Xenophon
Anabasis – Der Zug der Zehntausend
Stuttgart, Reclam, 1970

Moltke, Helmut von
Unter dem Halbmond. Erlebnisse in der alten Türkei 1835 – 1839
Herausgegeben von Helmut Arndt
Tübingen, Erdmann, 1979

Kemal Pascha, Mustafa (Atatürk)
Der Weg zur Freiheit 2 Bde.
Leipzig, 1928

b) Belletristik

Füruzan
Frau ohne Schleier. Türkische Erzählungen
München, dtv, 1981

Die Pforte des Glücks, Die Türkei in Erzählungen ihrer besten zeitgenössischen Autoren
Ausgewählt und redigiert von Walter A. Oerley unter Mitarbeit von H. Wilfried Brands
Herrenalb/Schwarzwald, Erdmann, 1963

Hikmet, Nazim
Menschenlandschaften
– Lyrik –
Berlin, Buntbuch–Verlag, 1981

Türkische Volksmärchen
(Erschienen in der Reihe: "Märchen der Weltliteratur")
Düsseldorf, Diederichs–Verlag

Eçevit, Bülent
Ich meißelte Licht aus Stein. Gedichte und zwei Essays.
Frankfurt a.M., Berlin, Wien, Klett–Cotta im Ullstein Taschenbuch 1982

Kamphoevener, Elsa Sophia von
Anatolische Hirtenerzählungen.
Reinbek b. Hamburg, Rowohlt rororo 4317, 1979

TRAVEL AIDS

BUCHVERTRIEB
GERDA SCHETTLER
D-3415 HATTORF

BLOCKHÜTTEN-TAGEBUCH

RAINER HÖH

Travel-Report 1

Schettler

Travel-Report 1

Als weitgehend unveränderte Wiedergabe eines Blockhütten-Tagebuches, wie es in den Wäldern Nordkanadas entstanden ist, schildert dieses Buch den Bau einer Blockhütte und das Leben in den Wäldern so, wie der Verfasser es erlebt hat: den Blockhütten-Alltag und weniger alltägliche Begegnungen mit Grizzlybären; Schwierigkeiten und Härten einer Wanderung über die verschneiten Berge im kanadischen Winter und paradiesische Tage im Sommer mit Badewetter und 24 Stunden Tageslicht; wochenlange Einsamkeit in der Hütte und ausgelassene Feten in den Kneipen und Straßen von Dawson; eine 700 Kilometer Kanufahrt auf dem Yukon und die Mühen des Treidelns stromauf; farbige Landschaftsbeschreibungen, Stimmungen und Impressionen des faszinierenden 'Indian Summer'; Gedanken und Empfindungen, geprägt von der Stille und Weite jener ursprünglichen Wälder – ein Kaleidoskop unterschiedlichster Facetten, die zusammen ein lebendiges und anschauliches Bild vom Leben in den Wäldern ergeben.

Darüber hinaus enthält das Buch dank detaillierter Beschreibungen und anschaulicher Skizzen und Fotos eine Fülle sachlicher Informationen – wertvolle Tips und Hinweise für den, der ähnliche Unternehmungen plant: eine Beschreibung der Flußstrecke auf dem Yukon zwischen Whitehorse und Dawson City beispielsweise, Hinweise zum Kanufahren und Treideln, Informationen über Ausrüstung und Durchführung einer solchen Unternehmung, Proviantmengen und –zusammenstellung und ganz besonders natürlich eine Fülle von Tips und Erklärungen zum Bau und zur Ausstattung einer Blockhütte.

Das Buch soll nicht nur über "Abenteuer" berichten,sondern in lebendiger Weise das tägliche Leben in den Wäldern schildern und die Atmosphäre des Blockhütten–Lebens einfangen mit Zusammenhängen, Hindergründen, Reflektionen, Stimmungen etc. Es soll das "Ganze" des Blockhüttenlebens dem Leser vergegenwärtigen und miterlebbar machen. Es soll ein abgerundetes Bild schaffen vom Leben in den kanadischen Wäldern.

ISBN 3–88953–000–1

Travel Report 1: Rainer Höh
BLOCKHÜTTEN-TAGEBUCH

Travel Report 2: Horst H. Schulz
TRAUMSTRASSE
– Wirklichkeiten einer Reise durch Lateinamerika

Travel Report 3: Martina Leson / Eicke Schüürmann
TÜRKISCHE TAGEBÜCHER
Bericht einer Reise nach West- und Inneranatolien

Travel Report 4: Matilda Schorer
NEUSEELAND-TAGEBUCH
Ein Jahr am anderen Ende der Welt

Gerda Schettler D-3415 Hattorf

TRAUMSTRASSE
Wirklichkeiten einer Reise durch Lateinamerika

Horst H. Schulz, 1944 geboren, schreibt über seine Erlebnisse während einer einjährigen Reise durch Lateinamerika. Erzählt werden Wirklichkeiten, aus den Ländern westlich und nördlich der Anden, die nicht nur traumhaft sind.

Der chilenische Fischer, der die Traumstraße auf dem Wege zu seiner nassen Arbeit überquert, die hungernden Kinder, die an ihrem Rande die Hand aufhalten, der mexikanische Kleinbauer, der auf der Traumstraße seine Ernte zum Markt trägt; sie stehen genauso im Mittelpunkt der Einzelerlebnisse wie die Billardspieler der Kneipen in La Paz, die Touristen in Machu Picchu oder die Indiomärkte Ecuadors.

Die Traumstraße, länderverbindende Arterie Amerikas, ist nicht mehr nur Symbol für eine grandiose Landschaft und abenteuerliche Exotik – sie ist auch Wirklichkeit eines erwachenden Weltteils, in dem, neben den großen gesellschaftspolitischen Problemen, für den Reisenden die nicht zählbaren Tagesereignisse ihre Bedeutung haben. Darüber wird berichtet.

Traumstraßen sind überall.